第四届《安徽古籍叢書》編審委員會

主任委員

黄德寬

副主任委員

諸偉奇

丁　放

彭君華

委員（按姓氏筆畫順序）

卞　利　方錫球　牛繼清　王啓才

吴先伍　施立業　胡傳志　紀健生

陳　林　張玉才　曹小雲　曹天生

程德和　楊　軍　楊應芹　趙國華

鮑　恒　樊嘉禄

安徽古籍叢書萃編

劉銘傳文集

清·劉銘傳 撰

馬昌華 翁飛 點校

黄山書社

图书在版编目(CIP)数据

刘铭传文集 / (清) 刘铭传撰；马昌华,翁飞点校. —合肥：黄山书社, 2014.1
(安徽古籍丛书萃编)
IISBN 978-7-5461-4323-1

Ⅰ. ①刘… Ⅱ. ①刘… ②马… ③翁… Ⅲ. ①刘铭传（1836~1896）-文集 Ⅳ. ①Z425.2

中国版本图书馆 CIP 数据核字(2014)第 005543 号

刘铭传文集

出 版 人　任耕耘
策　　划　任耕耘 赵国华 汤吟菲
执行策划　汤吟菲 徐娟娟
责任编辑　汤吟菲 徐娟娟 张元婷

装帧设计　未　氓
责任印制　戚　帅

出版发行　时代出版传媒股份有限公司(http://www.pressmart.com)
　　　　　黄山书社(http://www.hspress.cn)
　　　　　官方直营书店(http://hsssbook.taobao.com)
　　　　　营销部电话:0551-63533762 63533768
　　　　　(合肥市政务文化新区翡翠路1118号出版传媒广场7层 邮编:230071)
经　　销　新华书店
印　　制　安徽联众印刷有限公司

开本　880×1230 1/32　印张　18.75　字数　300千字
版次　2014年9月第1版　2014年9月第1次印刷
书号　978-7-5461-4323-1　定价　200.00元

序

黄德寬

值此《安徽古籍叢書萃編》編輯出版之際，欣逢新時期安徽古籍整理出版工作步入而立之年！三十年來安徽的古籍整理出版工作，很值得認真地進行一番回顧總結。

一九八一年，中共中央發布《關於整理我國古籍的指示》，成立了以李一氓同志爲組長的國家古籍整理出版規劃領導小組，正式拉開了新時期古籍整理出版工作的序幕。一九八四年，中共安徽省委決定建立安徽省古籍整理出版領導小組，由時任省人大常委會副主任魏心一同志挂帥，聯合了省新聞出版局等政府部門和安徽大學等高等院校、研究單位，正式啓動安徽省古籍整理出版工作。同年，安徽專業古籍出版單位黄山書社也宣告成立。安徽古籍整理出版工作由此翻開了嶄新的一頁。

三十年間，安徽省古籍整理出版工作堅持初衷，克服困難，在政府部門的支持和社會賢達的關心下，經過學者們的艱辛努力，取得了豐碩成果，其最有代表性的成果就是《安徽古籍叢書》的編纂出版。

《安徽古籍叢書》凝結了當代安徽傳統文化研究領域衆多學者與專家的心血和汗水。以吴孟復先生爲代表，組成《安徽古籍叢書》第一届編審委員會，賡續安徽先哲編刊地方叢書盛業，梳理文獻綫索，擬訂叢書子目，擘劃編纂體例。遵循嚴格的學術規範，《安徽古籍叢書》自一九八九年三月刊出第一種——《舊聞隨筆》，截至二〇一三年底，連同修訂再版，出版已突破百種，成爲我國當代古籍整理一個有影響力的品牌。

收入《安徽古籍叢書》的各類古籍，既有朱熹、戴震、俞正燮、凌廷堪、程瑶田、黄生、包世臣、楊仁山、吴汝綸等學術巨擘的著作，也有張孝祥、錢澄之、方苞、方文、施愚山、姚鼐、吴敬梓等文學名家的作品；此外，包拯、朱升、朱元璋、阮大鋮、姚瑩、方孝標、劉銘傳等皖籍著名歷史人物的著述也盡在其中。正是因爲歷代賢哲創造的精神財富，使得《安徽古籍叢書》一經出版即蜚聲海内外，産生了廣泛的社會影響。李一氓同志曾經撰文，欣喜地表示：

『現在有一個好現象，安徽要編印新的《安徽叢書》。』當代著名學者金克木、胡道静、張岱年、程千帆等先生稱道『這是安徽文化事業的一項盛舉』。法國漢學家戴廷傑也對《安徽古籍叢書》堅持嚴格的學術規範稱賞不已。

《安徽古籍叢書》的順利編輯出版，還因爲改革開放帶來的時代機遇。改革開放三十多年來，我國經濟文化繁榮昌盛，使得《安徽古籍叢書》能够得到有關方面的財力支持。上個世紀八十年代，《安徽古籍叢書》編纂在發軔之時，就不斷有項目入選國家古籍整理出版規劃，得到國家各方面的有力支持。最新公布的《二〇一一—二〇二〇年國家古籍整理出版規劃》中，包括《方以智全書》在内的新列《安徽古籍叢書》項目品種就多達四十八種。安徽古籍的整理編纂工作，正是在改革開放的大背景下，在全國古籍整理出版工作的大格局中，取得了突出的成就并展現着美好的未來。

《安徽古籍叢書》的編纂出版，安徽大學『省古籍整理出版辦公室』發揮了重要作用。古籍辦的同志們長期堅守在古籍整理出版崗位，甘於清苦，默默奉獻，辛勤耕耘，爲《安徽古籍叢書》的編纂和安徽古籍整理出版工作做出了突出的貢獻。二〇一〇年，在『全國專業古籍出版社社長年會暨全國優秀古籍圖書評獎會』上，時任國家新聞出版總署副署長鄔書林同志作題爲《無愧歷史 珍惜時代 出好精品》的講話，指出：『安徽是堅持地方古籍整理工作最好的省份。不少地方古籍辦幾乎都撤了，或名存實亡，安徽則堅持不輟，并做了大量工作。』

黨的『十八大』從戰略層面提出扎實推進社會主義文化强國建設，豐富人民精神文化生活，『建設優秀傳統文化傳承體系，弘揚中華優秀傳統文化』。《安徽古籍叢書》立足鄉邦文獻的整理編纂，因應了國家文化建設的宏偉規劃，是文化强省乃至文化强國建設事業的題中應有之義。這項事業遠非一兩代人所能完成，正如一九八一年中央三十七號文件所指出的，『整理古籍是一件大事，得搞上百年』。

《安徽古籍叢書》煌煌巨制，結構開放，歷時久遠。回顧過去，出版較早的圖書有些已經絶版；叢書版式、裝幀也屢經變更。爲適應集中展示、收藏和研究的需要，對已經出版的《安徽古籍叢書》進行階段性的集中梳理，適當遴選，統一版式，影印出版本套叢書是十分必要的。

作爲首套《安徽古籍叢書》選編本，我們希望通過這套書的出版發行，能使更多的讀者瞭解、認識和利用好《安徽古籍叢書》，有更多的皖籍、非皖籍專家學者參與到安徽地方歷史文獻的研究整理工作中來，讓《安徽古籍叢書》在未來不斷發展壯大。這是我們在新時期安徽古籍整理出版事業三十年之際的殷殷屬望！

二〇一四年六月

凡例

一、本編從二〇一〇年（包括二〇一〇年）以前出版的《安徽古籍叢書》中選取文獻資料價值大、校點整理質量上乘、學界仍有需求的圖書進行重印。

二、二〇一〇年以後出版者因市場上新書尚多，此次不復列入。早期所版《文學研究法》《舊聞隨筆》《桐城文學淵源考·撰述考》《桐城耆舊傳》《爾雅翼》等雖均爲叢書的中堅，因已有修訂新版，此次亦不復列入。《安徽古籍叢書附輯》整體不予列入。

三、所選圖書按初版時間先後順序編排。

四、采用原版掃描影印，不重新録排，儘量保存原書面貌。原書頁眉中的明顯編輯錯誤，逕改不出校；《竇山公家議校注》《康輶紀行 東槎紀略》兩種原書無頁眉，現統一補加。

五、重新設計製作封面，統一規格、工藝。一律采用大三十二開本，精裝。《説文假借義證》一書原版爲十六開，一個頁面放兩個中國頁，此次按統一開本重新排版，一個頁面放半個中國頁。

并新附《説文假借義證索引》於該書書末，以方便讀者檢索。《毛詩後箋》《吴汝綸全集》《田間詩學》《説文假借義證》等原書規模較大，爲方便讀者閲讀，現重新分册。另，《竇山公家議校注》保留原書西式裝訂方式。

六、收録叢書文獻由於各種原因，還存在這樣那樣的不足，請讀者批評指正。

第四届《安徽古籍叢書》編審委員會

二〇一四年六月

安徽古籍丛书

刘铭传文集

〔清〕刘铭传 撰
马昌华 翁飞 点校

黄山书社

（皖）新登字 05 号

责任编辑·彭君华
装帧设计·班　古
责任校对·悝　生

安徽古籍丛书（第二十九辑）

刘铭传文集

［清］刘铭传　撰　马昌华　翁飞　点校
安徽省古籍整理出版规划委员会
安 徽 古 籍 丛 书 编 审 委 员 会　编
黄山书社出版（合肥市金寨路 381 号）　新华书店经销
合肥科星电脑公司照排　　安徽星火印刷公司印刷
开本：850×1168　1/32　印张：18.875　字数：300,000
1997 年 7 月第 1 版　1997 年 7 月第 1 次印刷
印数：0001－2000

ISBN 7－80630－028－7/K·548　　定价：22.50 元

安徽古籍丛书编审委员会

按姓氏笔画排列

学术顾问　吴小如　吴作人　周一良　周绍良　金克木　胡道静　常任侠　蒋元卿　舒　芜

主任委员　吴孟复

副主任委员　刘永年　祖保泉　施培毅　贾文昭

委　　员　朱一清　任弘毅　刘学锴　孙文光　纪健生　杨应芹　汪福润　沙宗复　夏秀流　徐谈云　诸伟奇　傅玉章

安徽省古籍整理出版基金会

理 事 长　崔剑晓

副理事长　丁继哲　杜维佑　胡　坦　陶有法　潘锷镡

秘 书 长　汪慎琳

常务理事　马素英　卞兆龙　田照临　朱邦福　孙伯耀　吴存心　吴孝雨　张其果　张振明　李昌清　郑英保　钮　涟　钱　进　陶显斌　潘培成　穆建科

安徽省古籍整理出版规划委员会

顾　　问　丁继哲　王惠鹏　杜维佑　李广涛　张立一　郑　锐　郑淮舟　胡　明　胡　坦　胡云龙　侯　永　崔剑晓　傅大章　潘锷镡

主　　任　魏心一

副 主 任　王　坦　龚存玲

委　　员　刘学锴　陈贤忠　余焰炉　汪石满　周心田　严云绶　诸伟奇　黄德宽　黎　洪

安徽古籍丛书编印缘起

我国历史悠久，典籍丰富。我省地处南北之交，学术尤擅其盛。数千年来，哲学、史学、文学、艺术、语言、科技，作者辈出，著述如林，或自名一家，或蔚然成派，多为中华民族文化之菁华，有裨于社会主义文化之建设。允宜及时整理，以广流传。

粤自明清，以至近世，南北郡邑已有《泾川丛书》、《龙眠丛书》、《贵池先哲遗书》、《南陵丛书》诸刻。一九三一年，复有《安徽丛书》之编刊，所收皆皖人著作，分期影印。出至第六期，以抗战军兴而中止。盛业未竟，论者惜之。

今者，中央倡导整理古籍，我省领导对此尤为关心。省古籍整理出版规划委员会几经商讨，决定编纂《安徽古籍丛书》。编纂宗旨是在历史唯物主义指导下，批判继承，古为今用，弘扬民族优秀传统文化，为建设有中国特色的社会主义服务。最其体例，约有数端：一、所收皆为历代皖人著作，时间一般以「五四」之前为限，根据内容，分类成辑。注意稿本、稀见本之搜辑与传布。二、整理方式包括辑、校、标点和注释、今译。校勘，力求采用善本为底本，校以他书，或加补辑、编次。标点，采用新式标点。注释，务求精确，但不作烦琐考证。整理中，尽量吸收国内外研究的新成果。三、先秦、两汉著作及文字、训诂之书，皆用繁体字；其余则多用简体字，版皆竖排，以期一律。四、凡热心于本丛书编印及捐资助刊者，得于书内题名。

安徽古籍丛书编审委员会

一九九四年六月修订

目次

卷四　抚番略

卷十 惩暴略

大潜山房诗钞

整理说明

刘铭传（一八三六——一八九六），字省三，自号大潜山人，清安徽合肥西乡人。道光十六年七月二十七日生，兄弟六人中最幼。祖居大潜山下四方郢，世代以农为业。一八五三年，太平天国势力所及长江中下游地区，合肥乡间团练纷起，「堡寨棋置」，时有官团民团之分。刘铭传亦在四方郢南之旱庄筑圩寨办团练，是为民团。一八五九年，刘铭传跟随六安举人李元华，配合清军作战，「收复」六安。第二年又解寿州之围，以军功保千总。一八六二年，刘铭传率团练参加淮军，编为铭字营，随李鸿章赴上海。在江浙与太平军作战，铭军成为淮军主力，三年间由千总升至总兵。太平天国失败后，刘铭传又率军北上攻捻，「年二十九遂拜提督畿疆之命」。捻军失败后，受封一等男。一八七〇年，「奉诏督师关中」，率军赴陕西。后以病请假回籍，归隐田园，悠游山水。一八八四年，中法战争爆发，刘铭传奉诏复起，以巡抚衔督办台湾军务，抗法保台，血战经年。一八八五年台湾建省，旋授为首任巡抚。刘铭传在台湾巡抚任内，除加强海防、整顿吏治和清理田赋增加财政收入外，还致力于修筑铁路、开办煤矿、发展商业及创办新式学堂，对台湾的开发建设作出了重要贡献。一八九一年，以病乞休归里。五年后病逝，终年六十岁。追谥壮肃。

刘铭传遗有奏稿、诗文传世。《刘壮肃公奏议》，起自其一八七〇年督师关中后可以专折奏事的奏疏，凡二十二卷，以台湾事独多。光绪三十二年，桐城人陈澹然将刘氏奏议编订为十卷，谓之十略：出处、谟议、保台、抚番、设防、建省、清赋、理财、奖贤、惩暴。各略又别为小序，以括其端。原刻卷首收录刘铭传的《清史稿》本传等。《大潜山房诗钞》，有同治七年刻本和民国元年排印本。《盘亭小录》，盘亭为庋放虢季子白盘之亭。一八六四年，清军攻下常州，刘铭传得此盘于太平天国护王（陈坤书）府。一八七一年，运回肥西刘老圩，第二年置亭收藏，曰盘亭。同治十一年，刘铭传将虢季子白盘拓片、考证文字及皖抚英翰的序、全椒薛时雨和合肥徐子苓的记及自己的跋，汇刊为《盘亭小录》。虢季子白盘历经战乱和时局变革，刘氏后人始终将之珍藏，秘不示人。建国以后，政务院于一九四九年十二月即电皖北区党委，查找国宝虢季子白盘，经由肥西县官亭区潜山乡政府找到刘铭传的曾孙刘肃曾，从刘老圩夹墙内小屋地板下取出虢季子白盘，当即运至合肥，送往北京。当时《皖北日报》以「国宝归国，献宝有功」的标题予以报导。

《刘壮肃公奏议》、《大潜山房诗钞》和《盘亭小录》的整理工作，是在一九八五年于合肥召开的「刘铭传首任台湾巡抚一百周年学术讨论」以后进行的，整理中增补了刘氏散佚的诗文和孙家鼐撰写的刘铭传行状，并对一些历史事件、地名、方言等加以注释。完稿后即束之高阁。今年适值刘铭传逝世一百周年，又是台湾建省一百一十周年，在合肥举行「海峡两岸纪念刘铭传逝世一百周年学术研讨会」。安徽省古籍整理出版规划委员会决定出版刘氏著述，书名易为《刘铭传文集》，列入《安徽古籍丛书》。

昔年旧稿，未能细加磨勘，错谬之处，敬祈指教。

一九九五年十一月

刘壮肃公奏议

刘壮肃公奏议卷一　出处略

赴陕督师折

督师陕西请训折 同治九年十月

本月初四日，内阁奉上谕：「前任直隶提督刘铭传著督办陕西军务，并由兵部传知。军机大臣面奉谕旨，刘铭传著即请训。钦此。」

窃臣少长江淮，适丁寇乱，淮南千里，发、捻交讧，骸骨邱山，田园茂草。仰奉诏行团练，转致强暴迭兴，苗、李纵横，黔黎殆尽。微臣弱冠读书，未娴军旅，独念生庐、六之郊，当中原之蔽，丕兴堡塞，畴保乡邻，爰起健儿，孤撑群寇，苟全性命，无志勋名。

会当同治初元，大学士曾国藩视师皖上，察其保庐之状，录其援寿之劳，猥以姓名上尘天阙。更值大学士李鸿章创起淮师，远征吴会，诧臣年少，召领偏师，遂乃感激，殊知驰驱王事。常州之战，勉克强酋，广德之围，倖回危局。三年吴越，一介孤寒，竟令提督畿疆，仰荷圣朝殊赉，宠逾涯量，祗悚冰渊，惧蹈愆尤，乞还田里。旋以中原捻炽，再任前驱，六省奔驰，五年冰雪，方以群酋久殲，愧九重特达之知，岂期巨寇粗平，荷五等崇封之锡。凡此迭邀异数，已非梦想所蕲，是用养疴田间，不敢妄图进取。

兹复仰承巽命，俾总师干，闻诏自天，拜惭无地。伏念关中古帝王都会之区，山河险塞，形势之胜雄绝中华，回汉杂居，久称难治。况臣客军悬寄，无地方赏罚之权，又当陕省凋敝之余，饷馈既忧不给，更值陇表进攻之会，后路更虑难防。微臣赋质粗疏，深惧贻羞陨越，惟有吁求宸训，敬谨遵循，秉胜算以宣威，作将士前驱之气；审边防而决策，分朝廷西顾之忧。谨陈感悚微忱，无任企切屏营之至。

按，同治九年，天津民闹教，杀法领丰大业，曾文正方督畿辅，李文忠督师关中。法人汹汹，调兵决战。文正惧开边衅，请诸朝。实则德意志与法仇，方举国兴师，败法帝拿破仑第三，降之，遂入巴黎，残其国，法固无能与我战也。乃中国方平发、捻，国兵未充，不谙西势，急调诸将卫京师。先是同治七年，公方平捻寇，以直隶提督晋一等男爵，引疾请开缺家居。及是，李公自关陕召入都，代曾公为总督。法事未定，奏调公出山。公至，曾公已奉朝旨与法廷议和，遂命公承李公后督陕西军务。此公受特达之知之始也。陈澹然记。

国朝近制，提督为武职大员之冠，然受总督节制，除到任谢恩具折由总督代奏外，不准专折言事。公督办陕军许专折，体制乃与督抚同，此咸、同用兵来新制也。陈澹然记。

恭报到陕日期并暂难扼守缠金折 同治九年十一月初八日西安发

窃臣于闰十月二十七日陕州途次，准军机大臣字寄，闰十月二十二日奉上谕：「定安奏遵拨官兵赴乌会剿，并陈归绥吃紧情形，边外望援，不可不设法筹拨，著刘铭传迅派大枝劲旅，由靖边、安边取道宁条梁，驰赴缠金，扼要屯扎，以保粮源等因。钦此。」十一月初二日，行抵潼关，复准兵部火票递回洛阳拜发原折，承准军机大臣字寄，闰十月二十五日奉上谕：「昨谕刘铭传派大枝劲旅驰赴缠金，即著该提督兼程赴陕，速行派队扼守缠金，以保粮源，其余边内边外，并著统筹全局，择要布置，毋稍疏虞，钦此。」仰见圣谟广运，训示周详。

臣于本月初六日统兵行抵西安，计由天津绕道山东、河南到陕，不下三千里，长途跋涉，军士苦寒，现拟稍息疲劳，藉观贼势。查缠金至陕省，尚有二千余里，中隔北山千余里，人稀道险，游勇土寇，啸聚成群。扼守缠金，分兵匪易，军需饷项，转运尤难。应请饬下定安，就近拔队扼守缠金，俾免贻误。臣俟后队入关，饷项军火运到后，应防应剿，当与抚臣蒋志章随时会商，竭力赶办，断不敢稍事推延，仰负朝廷委任。再，闻此次回陷乌城，实由通昌、通贵窜去之贼，无论乌城克否，蒙古地阔人稀，此后宁灵一带无归之贼，必以蒙地为掠食之区，非得大军专顾边防，不足以遏贼窜。

查湖南提督宋庆，忠勇敢战，忍苦耐劳，所部现驻黄甫川，而兵多分散，其在宁夏刘廷一军，暂难撤并；其守潼关李成先一军，论目前地势贼情，似可调归北路，潼关尚有马德昭六营，堪资扼守。如当紧急，臣必随时派兵策应，以保中原门户。河南抚臣李鹤年久镇中州，素关大局，应请饬下李鹤年，仍将李成先一军调回北地，照旧归宋庆统领节制，以厚兵力。将来臣军疏通北山之后，兵驻定靖，山西河务较松，宋庆即可以包头为老营，会合定安马队，专为蒙地游剿之师，遏贼东窜之路，实于军务大局有裨。

十一月十五日奉上谕：「刘铭传奏到陕日期，暂难拔队扼守缠金，并请调李成先一军仍归北路一折，前因乌城失陷，当谕刘铭传拔兵扎守缠金，以便富勒珲统带马队起程赴乌。兹据奏称，缠金距陕较远，分兵不易，转运尤难，请饬定安就近派队扼守等语。乌城窜匪，据张廷岳等奏，已于十月二十三日仍回肃州。此时该提督兵勇，既暂难拔赴缠金，即著定安遵令富勒珲照旧严防。仍著刘铭传俟后队入关，饷项军火运到后，派拨得力队伍前往缠金，节节进扎。并将应防应剿处所，与定安蒋志章随时会商，妥筹布置。宁灵贼匪，围剿已穷，难保不以蒙古为掠食之地。刘铭传请令驻扎潼关之李成先一军仍回北路，所筹亦是。即著李鹤年饬令李成先，统率所部，移赴北路，照旧归宋庆调遣，以厚兵力。刘铭传于疏通北山后，即驻兵定靖，俟山西河防较松，即咨商宋庆，以包头为老营，会合定安马队，为蒙古游击之师，遏贼东窜。钦此。」

分队扼要筹商大略情形折 同治九年十一月十六日西安发

窃臣于本月初六日行抵西安，业于初八日奏明在案。连日审观地势，筹画边防。查陕、甘接壤之区，甘回窜陕，或由庆阳、宁州以达乾耀，或由定靖以入北山，或由秦州、清水以扰汧陇，道路纷歧，非分防扼要，不足以遏贼窜。已于十二日派令记名提督刘盛休、王德成等马步十四营，进驻乾州；记名提督吴宏洛、总兵张佩芝等马步九营，驻扎耀州，以防中路。复商抚臣蒋志章，派提督谭仁芳所部七营，移驻凤翔，会合李辉武一军，以防南路。拟调记名提督唐定奎所统周口武毅军十五营，作速来陕，由韩城、宜川以入北山，屯定靖，以防北路。惟昨接唐定奎来信，本月初十内外，始能接收武毅各营，将弁既待更张，勇丁更须挑补，定期拔队，急切尤难，当饬其速加整顿，务于年内到陕，以便进兵。部署粗定，臣即于十八日督率亲兵炮营，移驻乾州。其后路粮饷军需，俱交前甘肃藩司林之望督委各员迅筹接济，俾免稽延，仰副圣主垂念关中至意。

十二月初二日，在乾州奉旨：「知道了，著即督饬各队，认真防堵，毋稍疏懈，北山伏莽尚多，并著派得力队伍，实力搜剿缠金一带，仍遵前旨，派军前往扼扎，以厚兵力，钦此。」

同治九年十一月十六日，奉上谕：「兵部奏请饬各省督抚，及各路统兵大臣，依期咨报兵勇数目各折片。军兴以来，舍兵用勇，本系权宜之计，而勇丁遣撤，易兹事端，流弊日甚。若不将绿营及早整顿，致国家费千百万帑项，养之于平日，不能用之于临时，身任封疆者，问心何安？现在天津之案，虽经了结，何可复事因循。况甘肃、滇、黔各省军务未靖，我君臣卧薪尝胆，正宜力图自强，以期有备无患，著各直省督抚，将所管各营设法整顿，限奉旨后六个月，将如何汰弱募强、如何分日操练及各省可得有精锐士卒若干之处，详晰奏闻。直隶、天津、江苏、上海及刘铭传军营，均练习枪队炮队，步伐尚为整齐，号令尚为严肃。其教演之法，著各该省自行咨取章程照办，总期实事求是，变疲弱为精强，不得空言粉饰，以致有名无实。年来各督抚曾有裁兵减饷，及酌调额兵训练之奏，然为政不在多言，而在实力奉行，若以一奏塞责，日久又渐形废弛，甚非朝廷倚任疆臣之意也。将此各谕令知之，钦此。」

按，本朝乾隆以前，旗、绿各营，战胜攻取，声震百蛮，不可谓非一时之盛。迨嘉庆时，川、陕教匪猝兴，旗、绿各兵，皆难抵御，固已盛极而衰。然满将中额勒登保、明亮辈，汉将杨遇春，杨芳，皆擅知兵名，故不敢恃旗、绿各兵，而别求召募。于是罗思举、桂涵之属，崛起盗贼之中，建节而为大将，固已阴相变计矣。乃事平之后，枢臣兵部类皆起自翰林，无一能知大计，不知裁绿营以任募兵，遂致道光海战，靡不溃亡，创巨痛深，似亦宜知变计矣。直待发、捻、回、苗之乱，仅一向忠武起自绿营号称名将、塔忠武杂收兵勇战必先登外，此外未闻有用绿营制胜者。然此二公者，虽名起绿营，所用实皆新募，则绿营之宜革，明效更较然矣。乃事平之后，乡勇灭贼成功而散之，使为会党。及同治九年天津案后，枢臣犹津津整饬绿营，迄今更四十年，而绿营尚存名色，补一守备，奏请纷纶，部臣犹以合例与否，以为允驳。而旗兵议归农垦，乃至群起纷拏，幕雀釜鱼，嬉然自得。呜呼！岂非天哉。澹然记。

又按，此谕称直隶、天津、江苏、上海及刘铭传军营，均练习枪队炮队，步伐整齐，号令严肃。其教演之法，著各省督抚自行取章照办，总期实事求是，化弱为强，等因。观此知西人枪炮队法，惟淮军独精，公军尤为独擅，至为通国导师。惜乎，未有能遵办者。公奏台澎善后章程言，湘军老将，与言西人枪炮之精，抵死不信。及光绪十一年春基隆一战，湘军死亡独多，始信臣言之非诳，云云。呜呼！中国之大，积弱一至于此，是岂一朝夕之故哉！思此不禁三叹。澹然记。

宁灵回寨收复陕北防务已松并陈北山防剿情形折 同治十年正月七日乾州发

窃臣于上年十一月十六日奏报移驻乾州，分兵驻防扼要。十二月初二日奉旨：「知道了，著即督饬各队，认真防堵，毋稍疏懈。北山伏莽尚多，并著派得力队伍，实力搜剿缠金一带，仍遵前旨，派军前往扼扎，以厚兵力，钦此。」又奉十一月二十八日上谕：「蒋志章奏铭军进扎中路，并派军分防南北一折。据称，刘铭传统率所部到陕后，当即饬令提督刘盛休等十四营，进扎乾州；吴宏洛等九营，分扎耀州；该提督复率亲兵，前往乾州驻扎；并商派提督谭仁芳各营，移扎凤翔，与李辉武一军，声势联络；北山一带，亦经严饬派防陕军会哨分防，等语。著蒋志章、刘铭传饬令派出各营，协力巡防，严密堵御，毋任甘回窜扰陕疆。至北山自宜洛以达定靖，地旷人稀，游匪零回，时虞纷窜，并著蒋志章、刘铭传悉心会商，先就现派陕军，饬令随时侦探，认真搜捕，俟唐定奎一军到陕，即令前进，以顾北路门户。蒋志章即饬成定康等举办赈济，招集流亡，使游匪无从勾结，以靖边陲，钦此。」仰见圣虑周详，无任钦悚。

臣于移驻乾州后，曾拔记名总兵丁汝昌、蒋希夷等，各率马队百余名，分往延安、定边一带，察看地势。其时尚不知乌城已复，金积就抚，故拟派唐定奎一军，驻防定边，以固北路。现据金积堡探差回称，回匪窘饥乞抚，后尽缴马械，渐毁寨墙，其能战之贼，半逃西去。河北王曈等寨，亦经金顺、张曜攻克，宁灵一带，已可肃清。惟金积未复以前，北山地旷人稀，每有土匪游勇，百十成群，肆行抢劫。上年冬季，经抚臣蒋志章严饬驻防二十余营，分段巡哨。臣复派记名提督吴宏洛由耀州抽拔两营，并蒋希夷马队一哨，驻扎延安，会同陕军，勤搜密捕。叠据署延榆绥道成安康、延榆绥镇刘厚基报称，该处镇道等于榆绥境内，屡次斩擒游匪多名。蒋希夷、喻步莲亦于安定、保安各属数有捕获，并陆续收捕百余人，分别遣散，山内粗安。以后能得良将严师以镇之，良吏实力以抚之，渐次招徕，遗黎即可复业。抚绥安集，固非仓猝所能奏功。善后经营，亦非大军所能为力也。唐定奎一军，于上年十二月十二日自周口拔队，于二十六、七等日，先后入关，现在北路无事，似可毋庸驱健卒于山谷之中劳师耗饷，已令分扎华阴、朝邑，暂行屯息，照常操练，将来军情何似，再定进止。

奉旨：「览奏已悉，著严饬各官兵认真防堵，毋稍疏懈，唐定奎一军，即分扎华阴、朝邑等处，实力操防，另备调遣，钦此。」

缠金道远贼势南趋仍请饬定安拨队驻守折

同治十年正月二十八日乾州发

窃臣于本月二十六日奉正月二十日上谕：「定安奏请饬副都统回任一折，据称归化城副都统事务繁剧，刻下宁灵军务已定，后路稍松，请饬富勒珲回任等语。著照所请，饬令富勒珲即回本任，以重职守，其留防缠金马队，即交萨萨布统带，认真防范，毋稍疏虞。前据该将军奏，俟刘铭传之队一到缠金，即饬富勒珲统带该两省马队一千二百名，取道乌拉特旗，驰赴乌境协剿。当经饬令刘铭传派兵填扎该处，以便腾出吉林、黑龙江马队，起程赴乌。刘铭传何以久未派拨？著懔遵前旨，迅派一军，驰赴缠金驻扎，毋再推诿。定安俟刘铭传派兵到后，即饬萨萨布统带前项马队，驰赴乌城。钦此。」

查定安前以乌城失守，奏令臣派队防缠，以便派兵远赴乌城。时臣尚未到陕，所部随行，亦只铭字一军，无能分拨，曾经据实复陈，请饬定安就近拨守，仰蒙恩准，令缓拨兵。唐定奎一军甫经入关，本拟派赴北路，适因宁灵回寨剿抚粗安，边内边外皆无战事。叠据探报，河州回匪三千余骑，于腊月杪，潜越洮河，窜至岷州，与官军接仗，复窜巩昌阜阳川，长驱东下，分扰距秦川数十里之平南川、娘娘坝、盐关、李子园等处，时有战马二、三百匹游掠，饬民实多。又据探称，岷州叛勇仍与官军相持，虽经议抚，拒抗如故，若更图东窜，唐定奎所部，即须移屯汧、陇，以固陕防。此外，仍无可拨之队。现奉饬催派军赴缠驻扎，以便萨萨布统军赴乌，臣何敢更行推诿。

缠金去陕二千余里，北山外尚有草地千余里，道路隔绝，久无人烟，若由陕分兵，必由山西、归化、包头，计程四千余里，悬军远隔，声势不相联络，将官无所禀承，且淮军皆操枪炮，军需重滞，不惟转运多艰，远塞奔驰，更虑运资无出，艰难情状，想在圣明洞鉴之中。现闻黄河冰冻已开，贼在数千里外，河防无事，以臣度之，北路各军，足资展布，应请饬下定安，就近由河防内拨军驻守缠金，以免迂缓。倘虑河冻虽开，贼踪虽远，河防仍不能松，或由定安指段交臣就近拨守，以便定安拨军赴乌，似此接防俱易，转运无难，彼此均无可诿。是否有当？伏乞训示遵行。

调防边境并探报情形折 同治十年四月二十四日乾州发

窃臣于奏报唐定奎一军填扎宝鸡一折，奉四月初四日上谕：「刘铭传奏派兵填扎宝鸡一折，据奏，唐定奎一军，已由华阴拔队，驰赴宝鸡，分驻陇州、凤县。著刘铭传饬令实力严防，遇贼即击。甘省秦州一带，与宝鸡接壤，刻下有无贼踪？范铭所部叛勇，虽已收降，有无余匪滋事？金积堡克复后，降众是否安置妥协？抑尚有余匪窜扰河州。

刘铭传如探有确实情形，随时奏闻。北山一带，伏莽未清，该提督仍当派队搜捕，以靖地方，并饬所部各营，认真操练，勿滋事端。钦此。」仰见圣虑周详，曷胜钦悚。

查秦州一带，自臣到陕后，叠据探称，虽有零回时来滋扰，尚未大害地方。本月初一日，突自河州窜出回匪一股，分掠两当、徽县一带，当经李辉武所部于两当城外堵剿获胜，回遂败折而西。复据平凉探报，本月十六日，隆德县周其俊，会同恪靖马队，于马厂、野鸡岘地方，遇贼接仗，周其俊并帮带官同时阵亡，现在平凉派队出剿，等语。查隆德、固原游匪零回出没无定，兼之叛回马彦泷党众四百余骑，潜伏其中，贼知陕境严防，固不敢轻来掳掠。惟现当二麦登场之时，特恐贼骑飘忽，扰及陕边，除饬唐定奎一军严密分防外，复调记名提督吴宏洛所部铭字左军六营步队，自耀州移驻长武。并派记名提督陈凤楼所部马队三营，由三原移驻周至。记名总兵张佩芝马队三营，由富平移驻邠州。据吴宏洛报称，现已料理拔队赴防。至于陕北一带，自春至今，抢案殊少，能得防军营规，整饬有司，吏治安详，自可日渐起色。抚臣蒋志章正躬率属，必能饬在防文武，弭盗安民，仰副朝廷绥靖地方之至意。

遵旨密陈左宗棠军情片 同治十年四月二十四日

再，查金积堡未复以前，悍贼逃并西去甚多。克复后，所余皆妇女老弱，经左宗棠安插得宜，谅无反覆。惟西路贼势甚大，金积堡虽克，军事稍有归属，岂得谓已定已安。左宗棠固实心任事，奈所部兵将堪战者稀，自金积堡克复后，诸将星散，至今尚无进剿之期。贼骑肆掠巩、秦之间，如入无人之境。兵贵乘势，乃有虚声，抑或猛攻，乃见实力。今特迁延岁月，不计虚糜，贼势未衰，兵气已散。揆形度势，既恐蒇事无期，叛勇降回，犹恐变生意外。臣目睹心忧，情难自默，仰蒙天语下询，用敢据实密陈，伏求圣鉴。

请撤铭军留谭仁芳军驻陕折 同治十年七月初九日

窃臣一介武夫，毫无建树。上年十月，仰荷圣慈逾格，诏令专阃入关，谬督陕军，抚躬惭感，原冀稍图尺寸，庶几仰报涓埃。到陕之后陕境已无贼踪，惟有督率练操，藉资镇抚，俾得流亡安集，边鄙无惊。不料，入夏以来，头风肝气，坐卧难安，渐入秋寒，愈增羸剧，足不出户，已逾兼旬。若果关中事急，贼势东趋，自应力疾在营，藉维秦局。现在秦、徽、盐、固之间，游氛日少。左宗棠将驻静宁，甘军已图西进，纵不能克日荡平，谅可严扼洮河，遏贼东窜。此后秦关千里，更无风鹤之惊。惟汧、陇一带，接壤秦、徽，略须防兵，以时缓急。

查记名提督谭仁芳所部七营，前以湘警时闻诏还鄂土，现在湘中会匪已平，似可毋庸回鄂。该提督久驻秦中，情形熟悉，主客既能相得，兵民亦可相安，若令屯驻陕南，足资防守。

臣所部四十营，每月正饷杂支需银不下二十万，当此民生凋敝，赋财乏缺之余，似未便筹饷于万难之中，养兵于无用之地，坐视拊髀太息，精锐潜销，纵令忍耻虚縻，抑复何裨大局。且军营纪律成之数年而不足，败之一旦而有余，久无战事，锋锐寖衰，训练稍疏，辄成暮气。臣抱疾日久，尤恐废弛，入关经年，寸长未效，虽已负惭于既往，安敢贻误于将来。倘蒙圣鉴，陕事粗安，饬知两湖督臣李瀚章，仍将谭仁芳一军留陕，撤回淮军，臣当力疾率部出关，商请两江督臣曾国藩、直隶督臣李鸿章，酌量遣留，用期妥协。否则，惟有仰恳派员接办陕军，以重职守。即请赏假三月，俾臣得回里就医，一俟病体就痊，无论如何军务，得效驰驱，定当赴营从事，决不敢自甘沦弃。仰负裁成，无任悚惶恳命之至。

复陈暂难出关恳假离营养病折 同治十年七月二十五日乾州发

窃臣于七月二十三日准军机大臣密寄，奉上谕：「刘铭传奏因病请假离营调理一折，览奏，实深廑系，现在秦、徽、盐、固一带，游氛渐少，陕省无须多兵，谭仁芳一军，即着留扎该省，以资弹压。该提督所部各军，毋庸撤遣。本日据总理各国事务衙门奏，俄国派兵，于五月十七日代为克复伊犁，已谕荣全驰往筹办。惟闻该国尚有派兵窥取乌鲁木齐之信，心生觊觎，渐不可制，倘乌鲁木齐再为所得，将来藉词要挟，办理更形棘手，本日已谕景廉、成禄，先后带队前进，相机规复乌鲁木齐，期以先发制人。惟景廉、成禄带队无多，亟须精兵劲勇，接续西行，庶足以壮声威。该提督忠勇性成，情殷报效，且以有用之兵，置之无用之地，尤属可惜，即著督率所部，由乾州鼓行而西，绕出兰州之北，由甘、凉、肃一路出关，节节前进，为收复新疆各城之计。刻下河州、西宁逆氛未净，关外如乌鲁木齐等城，又不能任令外人从而生心。该提督惟有力疾从公，专任其难，以副朝廷厚望。后路饷需，已令曾国藩、李鸿章宽筹接济矣。钦此。」跪诵之下，仰见圣虑宏深，无远弗届，曷胜钦悚。

惟查伊犁至嘉峪关五千二百余里，与乌鲁木齐相距一千九百二十里，自乾隆二十年勘定以来，新疆用兵，皆以肃州为粮台重地，节节安设，转运车驼，需费浩烦，不可胜计。当时财赋充盈，甘肃无事，运以天下全力，故能师出有功。目前肃州贼尚盘踞河湟，逆势方张，自静宁以西，非大队不能前往，臣即督带所部，转战出关以后，饷项军需，隔绝数千里，运道不通，何由接济？此道路暂难出关之情形也。

臣部淮军，多隶江皖，步队居多，器械烦重，耐寒行远，非其所长，且勇非营兵，去留无能限制，一旦驱之关外，逃散必多，尤恐中途溃败，滋成事端，大局更多妨碍。此兵勇暂难出关之情形也。

臣夙患头风，请告家居，原期休养数年，除去病根，再图报称。上年五月，天津民夷滋事，奉饬到营，其时畿辅只有铭字一军，臣若不星驰赴急，上无以报国恩，下无以励士气。初拟天津事定后，仍乞假归养疴，不期行至中途，渥邀赏赉，甫瞻天阙，即令专征，自顾何人，叠蒙高厚，敢不竭诚图报，勉效驽骀，且恃年力正强，虽夙疾在身，尚可勉图支柱。不料到陕后，任大事繁，偶一操劳，头风即发，交秋更剧，饮食日微，兼之肝气上冲，或遇风雨将作，或当意外繁劳，轻则昏晕片时，不省人事，重则脑痛欲裂，坐卧难安。据医家云，从前头受枪伤，出血过多，疮口未平，复经风雨，病根久远，非药石能遽为功。计惟静养不劳，或可渐图轻减。臣再四思维，日久不能视事，深恐贻误戎机，致负圣朝委任，故前折陈情，乞归调养，武夫粗直，言必由衷，何敢稍存伪饰？似此沉疴不减，安能从事疆场？惟有吁恳天恩，赏假三月，离营调养。所有营务一切，暂交记名提督骆国忠、河南简放知府方策勋，会同照料。一俟病体稍痊，定即回营视事，决不敢偷安退避，自外生成。倘蒙圣主矜全，恩施逾格，从此有生之日，皆天恩再造之年，曷胜惶恐待命之至。

详奏转运情形并恳续假三月回籍调理折 同治十年九月初九日自乾州发

窃臣前奏暂难出关，并请离营养病一折，奉八月初七日上谕：「刘铭传奏，复陈兵勇道路情形，暂难出关，并请赏假离营养病一折。新疆远在西陲，朝廷本欲俟甘肃肃清，再行筹饷筹兵，力图大举。近因伊犁地方经俄国代为收复，并有代规乌鲁木齐之说，若不迅赴事机，为先发制人之计，竟令邻国得遂狡谋，以后更难措手。是以特命刘铭传率旅西行，力任其难，建兹伟绩。兹据所陈各节，河湟未靖，转饷艰难，江皖之人，不宜冲寒涉远，自系实在情形。刘铭传又因伤疾举发，亟须静心调养。披览之余，曷胜廑念，惟边外事机紧迫，万不可置为缓图。淮军素称节制之师，且非刘铭传居中调度，亦难兵将一心。刘铭传赏假一个月，在营安心调理，一俟病痊，即行督率所部，陆续西进，由甘凉一带，转战而前，即在肃州屯扎，毋庸出关，庶声威较壮。成禄等军，即可一意西行，不至跋前疐后。该提督军饷，应于何处设立转运粮台，并著斟酌情形，详晰奏明，与曾国藩、李鸿章酌度办理。钦此。」仰见圣恩宽大，训示周详，莫名钦感。

查由陕州赴肃州，北自固原、中卫以达凉州，素非官道，人烟稀少，城郭萧条，觅食采薪，军行不便，须由平凉、会静以达兰州，迤逦而西。惟洮河以东，贼氛未靖，大军启行，自无阻碍，以后转输饷械，必能随地屯兵，随时护送，始克奋袂而前，如甘军之在狄道。叠据各统领函称，转运不济，困苦异常，尤为明证。淮军到肃，呼应既无甘军之灵，车驼又无甘军之众，道出甘军二千里外，彼此相形艰阻，情状谅在圣明洞鉴之中。且闻肃州一带，兵乱迭更，民居寥落，一旦屯数万之众，必得近地有粮可办，方能持久无饥。

臣奉旨后，即派员往察情形，商请曾国藩、李鸿章妥筹饷项，拟俟病体稍痊，即行统军西上。不料两月来，病势日增，毫无轻减，八月初两足肿痛，举步维艰，卧榻兼旬，青肿愈甚，边方瘠苦，既乏良医，军事纷劳，尤难静养，更虑久不视事，营规日渐废弛，积久患生，难保不滋贻误。病中忧急，彻夜难安。今假期已满，痼疾难瘳，惟有仰恳天恩，续假三个月，回籍调理，所有部下淮军，并清派员接统，迅赴事机，曷胜惶恐待命之至。

密荐曹克忠接统替归片 同治十年九月初九日

再，肃州形胜之地，能得劲兵强将，坐镇其间，既可为关外声援，更可分河湟贼势，圣谟广运，规画周详。微臣自应力疾西行，勉图报称，且明知淮军部伍易将为难，奈病势日增，万难支柱，踌躇再四，不敢坐误事机，惟淮军自立门户，越兰州而西，进驻肃州，三千余里，贼踪飘忽，后路未清。若由平凉安设粮台，节节屯兵，随时护送，纵有转输之费，亦无护运之兵。且恐主客相猜，各存界限，尤非军务所宜。

查前任甘肃提督曹克忠，有谋敢战，久悉西情，回寇惮其威略，若将臣所部，分配马步二十营，令其统赴兰州，归穆图善会商调度，由甘、凉相机前进，兵数较少，转运稍易。其饷即由李鸿章按数拨归西征粮台袁保恒搭解，运至兰州，再由穆图善派队护运，即可免分门别户，又无须添饷增兵，似于西军大局所裨甚巨。如蒙圣明采纳，曹克忠现在天津，即请旨饬下李鸿章，饬该提督克日来陕，接统臣部，以期早赴事机。臣当俟曹克忠到陕后，交代清厘，再行回籍。其余军队，或就地遣裁，或撤回两江，交曾国藩、李鸿章，酌量留遣，并乞皇上训示遵行。

军机大臣字寄，同治十年九月十六日奉上谕：「刘铭传奏病难速痊，恳恩赏假，回籍调理，并请派员接统淮军各折片。刘铭传著赏假三个月，回籍调理，至请饬曹克忠来陕西，统带马步各营，本日已谕令李鸿章传知该提督，即行前往矣。甘省军情紧要，曹克忠未经到陕以前，刘铭传仍当妥筹布置，不得以接统有人，遽行诿卸。曹克忠到陕，该提督再行回籍调理，以重防务。钦此。」

召筹俄事折

俄事入都目疾请假就医天津片 光绪六年十一月初二在京发

再，臣于八月奉诏入都，本因目疾请假两月，十月初八日，由籍起行，赴天津就医调治。兹奉十月初四日上谕：「刘铭传不必拘定假期，迅速来京等因。钦此。」遂于二十六日力疾就道。十年田里，久恋天颜，仰蒙召谕，殷拳弥深，依慕方喜，藉依阙下，稍舒犬马微忱。不料到京之后，目疾愈重，疼痛不已，寝食难安，若不速就医疗，日久恐成盲废。天津西医精审较胜华医，往时目疾屡婴，皆赖津医治理，拟恳天恩，赏假二十日，至津就医。一俟目疾稍痊，即行来京销假，谨附片具陈。

假满疾沈仍请续假回籍折 光绪六年十一月二十四日借天津道印发

窃臣于本月初二日，在京附片陈明目疾，请假至天津就医。仰蒙天恩，赏假二十日，钦此。遵即来津延医诊视，原期日渐就痊，回京销假。只以抱病日久，沿途受风，旬日以来，两目更形障痛，据医云，红筋俱满，非一日所能奏功。

臣远闻诏命，力疾赴京，原恐外患猝乘，驰驱图报，雪壮士枕戈之耻，杜天骄跋扈之忧。日来揆度势机，当可粗安无事，且臣所部唐定奎等军，久戍江南，两江总督刘坤一奏明不能远调；刘盛休一军，保卫畿疆，尤难远去津沽。臣即无疾病，落落一身，何关军国，边尘未定，报称有时，将来目疾可痊，行年未老，苟承明诏，自当远赴阙廷，决不敢坚卧山林，仰辜高厚，现在目疾日沉，急难调治，惟有仰恳天恩，续假三月，回籍调理，出自逾格鸿慈。

恳续假回籍折 光绪七年正月借天津道印发

窃臣于上年十一月二十四日具奏，目疾日沈，请假三月，回籍调理，奉旨：「刘铭传著再赏假一月，安心调理，无庸回籍等因，钦此。」仰见圣恩高厚，体恤至周，莫名钦感。

伏念臣解兵十载，伏处田间，被命来京，即行乞退，纵无蠖屈求伸之意，岂无犬马恋主之情，况蒙恩假，迭邀綦维殊切，更何敢以病躯微悃，屡渎宸严。奈目疾日沈，肝风更作，现当春木发舒之际，正肝火益旺之时，肝目相通，两目更形昏障，津医数月，轻减无期，假满至今，未能陈奏。目前事机大定，时局已安，惟有仰恳天恩，续假三月，俾得归田调理。倘蒙逾格矜全，庶冀残躯可愈，则感生成于此日，尚可图报于将来，急切微忱，伏乞慈鉴。

按，此三折，因光绪六年秋俄占伊犁，召公速入都，询方略，公至津，诏复促之。既入觐，知廷意主和。乃奏请开铁路，以图自强。附片请假，至天津以待。至津三月，和议已成，乃连奏假归。始焉，朝旨仍令毋庸回籍，继则不俟报行矣。陈澹然记。

补授福建巡抚谢折 光绪十年十一月十二日请闽督代缮

窃臣于十月初五日，据厦门民船，由鹿港间道到台，钞到北洋大臣李鸿章电寄，本年九月十一日，总理衙门奉上谕：「刘铭传补授福建巡抚，仍驻台湾督办防务，著竭力筹办，以副委任等因。钦此。」

伏念臣猥以谫陋庸材，渥荷生成知遇。南征三载，提督神畿。北讨五年，忝邀爵秩。养疴田里，谬拜督师关陕之荣。久卧江干，屡邀奉诏入都之宠。凡荷圣慈之曲逮，辄惭图报之无从。今夏督师台疆，尤切枕戈待旦，只以才非远驭，莫由展效涓埃，屡迫孤军困守之难支，上烦圣主忧劳之远系，深宵绕泣，徒唤奈何？

兹复仰被恩纶，畀以封圻重寄。承命战栗，莫知所为。窃念我朝武臣中如赵良栋、岳钟琪、杨遇春等，皆以非常勋烈，特简专圻，微臣自顾何人？膺兹殊遇。且当闽、台危迫，援饷俱穷，纵竭驽骀，终虑难胜险巨。加以海程围塞，飞渡无从，莫由远觐天颜，敬聆慈训。泥首北望，弥切悚惶，惟有殚竭血诚，将谕旨饬办事宜，随时设法密商督臣，妥为办理。蜡丸奉表，弥深犬马依恋之忱；战壁拜恩，矢图顶踵捐糜之报。现当法轮禁海，商船皆肆掠搜，不能恭折专赍，上呈天阙，谨缮稿密遣渔人潜达督臣代缮。拜稿零涕，不知所云。

按，公初以巡抚衔督办台军，急切仓皇，只身东渡。抵台之日，法兵轮已环布基隆。二十日，即行开战。当时左文襄方以大学士视师闽浙，总督、巡抚株守福州。台湾道刘璈以文襄旧部，莅台四年，专兵专饷。公以督师孤寄，无地方督抚之权，遂致刘璈敢肆诪张，迫之死地。昔者粤寇之乱，曾文正以侍郎督师湖南北、江西之间，所至督抚抵牾，州县抗其威令，崎岖奔走，卒以父丧径谢以归。故胡文忠抗疏力陈，谓非督抚身任地方，不能治兵讨贼。文正卒得江督，乃展其才。厥后，左、李分师，皆授吴、越抚臣，始得各行其志。公初以提臣督办陕军，迭辞归里，固以关中无事，亦未尝不有鉴于斯。此次渡台，廷臣独以武臣不肯骤加巡抚，上下牵制，险与台亡。犹幸于法船禁海，饷援俱绝之中，得授巡抚，然后官民上下，生死相依，卒能坚守待援，强敌无能逞志。故详著其事，为后之任将者法焉。陈澹然记。

再，正具折间，准督臣杨昌濬密派委员刘烈藩，由民船潜渡来台，抄奉九月间三次电谕，仰荷圣慈逾格，既免微臣退守之罪，复示援兵进剿之机。天鉴昭回，縻躯莫报，奉书泣拜，涕泗横流。谨当固守危局，以俟师期，仰副圣主矜悯微臣之至意。

督臣筹援筹饷，竭力经营，体国公忠，感佩无地。臣已将援师应于台南设法潜登之处，密告督臣。台南北团练乡民，已令一律举办，士绅稍有乡望，皆已礼罗练勇，苟能奋杀敌师，臣皆先行记奖，声明汇保。台绅林维源，远避泉、厦，臣已函致督臣，就近谆催，俾令遵旨还台，共支危局。谨附片覆陈，仰慰宸怀。

法兵已退请开抚缺专办台防折 光绪十一年六月初五日

窃臣渥承恩命，督办台军，旋授福建巡抚，受命于战阵忧危之际，自应曲陈于军势粗定之余。臣一介武夫，不谙吏治，持兵台岛，未立寸功，仰蒙皇太后、皇上破格恩施，畀以封疆重寄，力所能效，敢不殚此血诚！惟外察时势，内审残躯，有不得不沥陈于君父之前者。

台湾为东南七省门户，各国无不垂涎，一有衅端，辄欲攘为根据。今大局虽云粗定，而前车可鉴，后患方殷，切设防、练兵、抚番、清赋诸大端，均须次第筹办，纵使专心一志，经营十年，尚恐难收实效。福建巡抚，曾经前两江督臣沈葆桢奏请，移驻台湾，寻以通省事繁，殊难兼顾，于是议令半岁驻台，究之倏往忽来，终属有名无实。虽若前抚岑毓英，勤明果锐，不遑启居，卒乃于台奚补？

臣平居私议，常谓台湾孤悬海外，土沃产饶，宜使台地之财，足供台地之用，不须取给内地，而后处常处变，均可自全。此次莅台，经年访求利病，深见台事实可有为，深叹前此因循之误。固知补牢未晚，而时会所迫，势不能并日兼营。况臣才质驽庸，即竭力谋台，已恐才难胜任。若更加疆寄，内地九府公事繁多，而又远阻重洋，凡督臣所商榷，司道所禀承，函牍往来，究形间隔。若驻台日久，则顾此失彼，必致远旷闽官。若驻台不常，则一曝十寒，更属何裨台局？

臣宿患目疾，到台后，瘴烟风雨，昏障益深，公牍稍多，汗流眥赤，昏眊痛涩，几不自持。况乃全省簿书，病目安能胜任，与其贻误于后，曷若陈乞于前。再四思维，惟有乘此未受抚篆之时，仰恳天恩，准开臣福建巡抚本缺，俾得专办台防，庶几勉效寸长，或可无致陨越，台事幸甚，微臣幸甚。

军机大臣奉旨：「本日已有旨，令杨昌濬兼署福建巡抚矣。刘铭传督师无功，正当力图自赎，着将台湾善后事宜认真整顿，以观后效。所请开缺之处，不准行。钦此。」

按，此折实系审时度势，台、闽不能兼筹，故有此请。夫闽、台相较，闽抚何安？台防何危？闽抚何逸？台防何劳？兼任闽抚，地大而权尊。专督台防，不过一虚名钦使，平时设防，兵饷仰人鼻息，一有外患，辄当其危，虽愚者亦乐去台而抚闽。公奈何独辞闽而就台？盖公一生血性，既已身当台难，必思安治台地，以自有之利，办自守之防，不至仰人接济，然后可保七省门户，以快其心计，非辞闽任台不可。不然，公岂不知从容台上，拥闽抚之威权为乐哉？任闽抚则必治闽事，治闽则必不能专力筹台，故不若舍安就危，舍逸就劳，舍大地专权而就一台之无牵制。英雄举动，每思独辟规模，实非寻常所能窥测也。陈澹然记。

再请开巡抚缺并销督办差回籍养疴折

光绪十一年九月二十五日发

窃臣久患头疾，举发不时，治兵二十年，迭乞假归在案。近六七年，更罹目眚，复经迭陈。到台年余，感蒙风热蛮烟瘴雨，晨夕内攻，元气既伤，目疾因之日剧，曾于本年六月初五日奏请开缺。八月初七日恭奉上谕：「本日已有旨，令杨昌濬兼署福建巡抚矣。刘铭传督师无功，正当力图自赎，著将台湾善后事宜认真整顿，以观后效。所请开缺之处，不准行。钦此。」跪聆之下，悚感莫名，顾念训勉优加，恩施逾格，既原情于已往，更策励于将来，敢不力疾从公，亟图报称。

谨将善后应办事宜，择尤先办，庶期稍盖前愆。惟基隆五月以来，疫疠横流，将士十病八九。七月而后，死丧益多，勇不能工，军无可爨。既伤逝者，益用自怆。回顾残躯，乃居绝域。独念台防重要，未敢苟延，先将沪尾炮台购料兴筑，分建水雷，遍资防护，开设制造、军械各局，为制造弹药、屯储军械之区。一面乘轮驰赴安平、旗后、澎湖，往还二千里，察看形势，筹画设防。方期殚竭血诚，力求整顿，不料台南往返，风燥日侵，目疾日增，精神益惫，左目障满，久废无瞳，今右目并昏，新翳陡塞，微光一线，茫不知人，数武相离，闻声始辨，若再迁延不治，必至双目俱盲。台湾既鲜良医，又无珍药，瘴深疫重，断非北人所可久安。

臣自东渡以来，随从文武将官，十亡四五。现在建宁镇总兵苏得胜、营官郑洪胜，皆婴猝疾，旦夕濒亡。以此人人自危，纷纷乞骸归里，天下苟非战争，富贵之念终不敌其畏死之心；性命所关，虽王法不能强之不去。感群僚之竞返，伤衰病之孤羁，怅望海天，生还何日？

伏念臣自上年五月只身渡台，猝临大敌，内忧外患，环掣交攻，孤孑艰危，无复生人之趣，自分不死于敌，必死于谗，冰蘖孤怀，至今心悸。仰荷圣明万里，委任不摇，海外孤臣，幸逃谗诼。每念圣慈再造，碎顶莫酬，乌敢自外生成，妄图引退？惟臣智识驽庸，赋性愚直，才力既不能胜艰巨，德望又不足洽同寮。督师不力，既经负罪于前，补过无方，焉敢贻误于后。且台疆危险，全赖练勇办防，早办一防，早得一防之效，多练一勇，多得一勇之功。

微臣目疾已六七年，断非数月假期所能调理，思维再四，与其病躯恋栈，无补涓埃，何如披沥渎陈，免虞丛脞。惟有仰恳天恩，并开差缺，迅简贤员，不胜迫切待命之至。臣受恩深重，虽赴汤火，所不敢辞。际此时艰，岂复忍耽暇逸。倘荷圣慈许归田里，两目不致俱盲，定当趋谒阙廷，乞供驱策，万不敢饰词诿避，自悖古人鞠躬尽瘁之忱。惶悚微诚，伏求慈鉴。

光绪十一年十月二十二日，奉上谕：「本日据刘铭传奏，目疾日重，恳请开缺一折。刘铭传经朝廷特简，督办台湾事宜，正当次第经营，力图报称。上年督师不力，谤书盈箧，仍复曲予优容，尤宜奋勉图功，以期自赎，何得因目疾未愈，遽请开缺？著赏假一个月，毋庸开缺。该抚筹办善后尚属认真，仍将兵事吏治，及地方一切利弊，力疾妥筹，悉心办理，凡事当行之以渐，持之以恒，总期成效可观，方为不负委任。钦此。」

按，宣圣有言，使臣以礼，事君以忠。我朝列圣，优礼大臣，情文甚挚。近世以来，枢臣不知体要，拟呈诏令，往往奴叱贤豪。台湾之役，公以孤军死守，援绝饷穷，从容退军，保全根本，相持半载，孤岛以全。而沪尾一战，以寡摧众，法人至图画战状，张于巴黎，诧为近世奇功。乃枢臣不知其深谋，徒见以基隆委敌，遂时以督师无功等词相龁，宜乎公之脱焉求去也。陈澹然记。

目疾未愈续假两月折 光绪十二年正月二十四日

窃臣于上年九月二十五日，因目疾日重，奏请开去差缺，回籍调理一折。奉上谕：「据刘铭传奏，目疾日重，恳请开缺一折。刘铭传经朝廷特简，督办台湾事宜，正当次第经营，力图报称，上年督师不力，谤书盈箧，仍复曲予优容，尤宜奋勉图功，以期自赎，何得因目疾未愈，遽请开缺？著赏假一个月，毋庸开缺。该抚筹办善后尚属认真，仍将兵事吏治，及地方一切利弊，力疾妥筹，悉心办理，凡事当行之以渐，持之以恒，总期成效可观，方为不负委任。钦此。」臣跪读之下，惶悚莫名。

伏念臣起家行伍，遭际圣明，特简于海疆紧要之区，优容于众口交谗之会，钦聆训勉，弥益惭惶，惟有懔遵谕旨，于台防善后，兵事吏治，及地方一切利弊，力疾经营。如现应筹办之抚番缉匪，开垦丈田，设官分治，筑台购炮诸大端，无一非目前要务。臣愚以为，御侮首在自强，攘外必先安内。台湾民番仇杀，土匪横行，上下欺蒙，视为常事。臣已派署台湾镇总兵章高元、记名提督柳泰和，专办嘉、彰土匪；记名提督刘朝祜、道员林朝栋、总兵翦炳南、副将张兆连、周鸣声，分抚诸番。现在生番归化日多，土匪亦渐敛迹，拟即丈田分治，招垦开山。基隆、沪尾、安平、旗后各海口。派令道员方策勋、总兵苏得胜、记名提督王贵扬、杨金龙、方春发等，赶办防务，修筑炮台，工竣之后，兵勇不任版筑之劳，方能严行操练。维内抚生番，外办海防，以及清赋、招垦、开路、伐木一时并行，既虑难得人材，尤恐难筹经费。臣固不敢因循衍饰，亦不敢急切图功，惟谨遵圣谟，凡事当行之以渐，持之以恒，以期办有成效，庶不负圣主谆谆开训诫之苦心。所幸上年腊月底，台湾天气陡寒，积雪满山，土人诧为从来未有之事，开霁后，瘴气顿销，将士卧疾者一时皆起。

臣本拟正月初九日内渡赴省，遵旨与督臣杨昌濬会商一切，不料交春以来，目疾又发，左目障翳未销，右目又生红肿，畏见风日，更剧于前，阅视公牍，模糊莫辨。现在已满假期，万分焦急，思维至再，合无仰恳天恩，再行赏假两月，冀得稍痊，一切善后事宜，谨仍力疾筹办。微臣生性戆直，从无欺饰之词，受恩过深，目疾纵难速痊，一日不盲，必尽一日之职，断不敢蹉跎贻误，上负朝廷。区区恳挚微忱，伏求慈鉴。

军机大臣奉旨："著赏假两月，钦此。"

帮办海军谢折 光绪十六年四月十六日

窃臣于本年四月十四日，承准海军衙门暨吏部咨，光绪十六年三月初二日奉上谕："朕钦奉慈禧端佑康颐昭豫庄诚寿恭钦献皇太后懿旨，著台湾巡抚刘铭传帮办海军事务，钦此。"拜命之下，震越莫名。臣尝综览环球，独居深念，谓中国负山俯海，雄绝六州，自鸭绿划朝鲜，北行至旅顺，极山海关；南下径大沽、烟台，走胶、墨，略赣榆，遂达崇明，趋定海，匝琼、台，抵钦、濂，延绕万三千里，虎视环球，实有秦人开关延敌之势。故汉、唐之盛，海外万国，奔走来王。自欧美崛兴，利炮坚船，横轹海表。中国数千年一统之势，廓焉尽变。

其初，臣尝发愤太息，谬思得雄才大略，总括海疆，内厉耕商，外兴制造，船台雷炮，战守相资，循此十年，且将纵横万国。今者，欣逢皇太后、皇上创兴海部，综肃全纲，肇中国数千年未闻之盛，仰蒙总以贤王，佐之上相，经纶缔造，固宜震慑遐方。臣何人斯？敢参巨任。况臣抚台六载，壮志徒殷，既荷青宫少保之殊荣，更邀戎部长卿之旷典，诏书迭赉，褒语频加，称其久历戎行，熟谙韬略，勤劳不懈，懋著殊勋。微臣自省疚愆，能无惭怍。矧当海军创始，赞任需贤，复蒙懿旨遥颁，嘱臣佐理，俯循涯量，倍益惭惶。际兹国步艰难，未敢虚文引避，降拜登受，如见天颜咫尺之尊严；感激驰驱，勉乘海宇澄清之岁月。谨摅谢悃，拜表以闻，无任感悚屏营之至。

按，公于光绪十五年正月二十二日，因慈禧皇太后归政，加恩封疆大臣有战功者，公加太子少保衔。十六年正月二十六日，因皇上二旬万寿庆典，公加兵部尚书衔。至是，复有帮办海军之命。考海军衙门之设，醇贤亲王为督办大臣，李文忠与将军善庆为会办。十五年冬，醇邸于善公薨，乃命公与山东巡抚张勤果公曜为帮办。张公亦自提督授巡抚，负时名。然归政之恩，公加少保，张公则未逮焉。盖公之战功，非时贤所及也。陈澹然记。

耳目俱病请假一月折 光绪十六年四月二十日

窃臣素患目疾，今已十年，叠奏乞假调理在案。到台之后，军事尤劳，两耳并聋，时发时愈，多方医治，左耳目俱废，右耳目尚赖保全。舍左用右，见闻犹未尽塞也。上年八月间，右耳闭气流水，初以为湿气上升，未尝着意。今春三月，亲剿宜兰番社，感受瘴湿，病痢旬余，几成危疾。不料痢疾粗安，手足木麻，酸痛不止，右耳闭塞转甚昔时。方就医疗，右目又加红肿，下生云翳，上幕黑睛，阅看公文，昏花流泪，偶见僚佐，视听俱茫，连诊数医，俱称大病之后，原气未复，心经过亏，风湿随心火上攻，非静摄不能奏效。仰恳天恩，赏假一个月，俾资调理，所有地方例行公事，檄令署藩司沈应奎代折代行，遇有要公，臣仍力疾自治，不敢稍滋贻误。谨恭折具陈。

因病恳请开缺折 光绪十六年六月初五日

窃臣前因手足木麻，耳目俱病，本年四月二十日，奏恳赏假调理。钦奉朱批："赏假一个月，钦此。"钦遵之下，调理至今，原冀稍为痊愈，即可奏明销假，免致旷官。不料医治多方，手足木麻如故，耳闭日重，目障日深，端节以来，又增咯血，衷气喘促，举步奇艰。医谓瘴湿内侵，关窍阻塞，原气亏损，脏腑过伤，断非医治一时所能奏效。伏念臣受恩深重，未报涓埃，及今年力未衰，正思殚竭血诚，仰酬万一，苟能勉支岁月，纵不能效古贤尽瘁之义，又何敢存引身乞退之心？奈积疾已深，心神久惫，耳既重听，目又不明，辗转筹思，不得不沥陈于君父之前。

微臣到台七年，先后随来旧部文武员弁不下二百人，相继死亡，十不存一，兵勇死丧，更仆难终，固由瘴疠之乡，水土恶劣，亦因海外孤岛，医药不时。臣病本由瘴湿而生，安有日居瘴湿之中，而可望其痊好。自乞假弥月，署中公事悉委署藩司沈应奎代折代行。现在新授藩司于荫霖不日到台，应奎自筹交代，无暇再替臣劳，若再恋栈迁延，必致事多贻误，应恳天恩，俯准开去台湾巡抚实缺并帮办海军要差，赏假三个月，俾得还家医治。微臣年未六十，报效之日方长，如能医治稍痊，咯血诸证减轻，耳目不致聋瞶，即行销假，出效驰驱，决不敢坚卧山林，上负圣主肉骨死生之至意。

再请开缺折 光绪十六年九月初九日

窃臣前因患病，奏蒙赏假，嗣以病势增重，复于六月初五日吁［请］开缺。钦奉朱批：「著赏假三个月，毋庸开缺，钦此。」跪聆之下，仰见圣恩优渥，眷畀逾恒，感荷鸿慈，急图调理，方冀如期销假，勉报涓埃。不料痼疾已深，咯血不止，手足耳目，有甚无瘳，加以七月中旬，寒热并增，吐泻俱作，内亏外感，纷至沓来，饮食俱废，肌肤锐减，颠连床褥，疼痛不支，梦绕松楸，神魂飞越。臣年力未衰，苟能勉强支持，何敢再三陈渎，无如百病丛生，精神颓靡，公牍不能阅看，见客倦于语言，偶一用心，咯血头昏，几若身非己有，元气亏损，断非一时所能骤痊。

伏念台湾海外危区交涉、军防尤难措理，稍不留心筹度，即有丛脞之虞。臣自五月至今，非极紧要事件，皆付藩司，徒拥虚名，丝毫无补，若以恋栈贻误，臣身不足惜，臣心何以自安？用敢沥情吁陈，望圣慈俯准开缺并帮办海军要差，赏假回籍调理，一俟病体痊可，即当出效驰驱，勉酬高厚，无任迫切待命之至。

再，臣自四月抱病请假以后，委令藩司沈应奎代折代行。七月中旬，病势益危，至今不能起坐，地方公事，悉令沈应奎主持办理，措置裕如。台湾虽设省分，究止三府一厅，经臣奏请兴办，诸大端皆已逐渐就绪，以后公事清简无多。臣久抱沉疴，呻吟待毙，海外无医无药，断非在任所能医疗，倘蒙圣主矜怜，俯准开缺，不特微臣有再生之望，亦免台防有陨越之忧。否则，拟恳天恩赏假三个月，内渡就医。台湾巡抚印，务请旨即派沈应奎暂行兼护，如臣调理稍痊，假满即行回任，决不敢因水土恶劣，畏避迁延，自负圣明委任。谨附片具陈。

三请开缺折 光绪十六年十一月二十七日

窃臣前因假满病剧，续于九月初九日奏请开缺。钦奉九月二十八日上谕：「刘铭传奏，假期届满，病势增剧，请开缺调理，复称，如不得请，恳赏假内渡就医各折片。率意渎陈，殊属非是，著传旨申饬，仍着赏假三个月，在任调理，勿庸开缺，钦此。」臣病久神昏，陈奏率渎，仰蒙圣主宽仁，不忍罢斥，仍复留任调理，逾格优容，自分何人，膺斯高厚，跪聆之下，感愧莫名，遵即悉心调理，冀得稍痊，即行销假。无如内受损伤，咯血头晕，午后潮热横生，外感烟瘴，左半耳目闭昏，手足木麻，酸疼日劳，医药不见微功。医云纵能残喘苟延，亦恐半身痿废。

伏念臣到台七载，竭蹶艰难，今春始将内治大端经营就理，尚有省城并铁路未竟之工，若非病势沉重，万难支持，纵不恋禄位之荣，安忍弃垂成之绩。奈自夏秋大病之后，委顿异常，既不能接见绅僚，又不能阅视公牍，呻吟床褥，忧惧不安，辗转筹思，万不敢恋栈贪荣，徒滋咎戾。且臣兼管学政，现当科试，亟须按临各郡就试生童。似此沉疴，断非一时所能痊愈，惟有吁恳天恩并开差缺，免致上误军国，下误台疆，无任哀恳屏营之至。

光绪十六年十二月二十三日，奉上谕：「刘铭传奏假期届满，病仍未痊，吁恳开缺一折，着再赏假三个月，毋庸开缺。所有台湾科试事宜，著派唐景崧暂行代理。钦此。」

奉旨革留谢折 光绪十六年十二月初一日

窃准吏部咨，台湾煤矿招商承办章程请停办一折，钦奉上谕，户部、总理各国事务衙门会奏，台湾煤矿招商承办章程，种种纰缪，请饬停办一折。刘铭传以特旨敕令另议之件，并不奏明请旨。辄即议立章程，擅行开办，尤非寻常轻率可比，刘铭传著交部议处。钦遵到部，刘铭传应照违制律私罪革职。八月二十二日奏，奉上谕：「吏部奏遵议处分一折，福建台湾巡抚刘铭传，应得革职处分，著加恩改为革职留任，钦此。」跪聆之下，悚感莫名。

伏查基隆煤矿，臣屡次办理乖方，咎无可逭，仰蒙圣主格外恩施，曲加原宥，仅予革职，仍复留任。闻命自天，抱惭无地。臣惟有勉竭愚忱，倍加谨慎，力图自效，稍赎前愆，冀答高厚鸿慈于万一。北望泥首，不知所云。

四请开缺折

光绪十七年三月初四日

窃臣前以假期届满，病仍未痊，上年十一月奏请开缺。奉上谕：「著再赏假三个月。毋庸开缺，所有台湾科试事宜，著派唐景崧暂行代办，钦此。」仰见天恩高厚，格外矜全。遵即多方调治，原冀病稍轻减，即行力疾从公，免至再三之渎。无如咯血日多，饮食日少，筋骨疼痛，坐卧不安，左目已盲，右目又生云翳，红肿昏暗，咫尺不辨人形。皆由瘴湿过深，关窍阻塞，内亏外感，气血难通，补泻两穷，群医束手。佥以病情过杂，元气过亏，必须静心调理，非一时医药可以奏功。

伏念臣受恩过重，福薄灾生，年力未衰，遽婴痼疾。好生恶死，人之至情，一息苟存，不无倖生之望。皇上如不以臣为不肖，准假北归，俾得稍宽时日，从容调理，以救危驱。倘能医治就痊，不归废弃，一旦边尘有警，尚可出效驰驱。似此病骨支离，迁延尸位，既不获委心任事，又不获珍药良医，一日在台，即多一日贻误，于朝廷何取焉？且台湾地险民强，新开省治，一切规模制度，大都草昧经纶，非若内地循守旧章，皆可从容卧治。臣即康强无病，聚精会神，尚恐变生不测，彰化已事，前辙昭然，况乃经年累月，病榻呻吟，万一奸宄生心，乘兹间隙，臣一身不足惜，如大局何？微臣孤啸悲怀，不能不哀乞于君父之前者此也。倘蒙天恩，准开差缺，迅简贤员，俾得回籍就医，免臣再渎，地方幸甚，微臣幸甚。

光绪十七年四月二十三日，奉上谕：「刘铭传奏，病仍未痊，恳请开缺一折。福建台湾巡抚刘铭传，著准其开缺，并开去帮办海军事务差使。钦此。」

开缺假归谢折 光绪十七年四月二十五日

窃臣前因假期届满，病仍未痊，续于光绪十七年三月初四日，奏恳天恩开缺回籍。四月二十三日，奉上谕：「福建台湾巡抚刘铭传，著准其开缺，并开去帮办海军事务差使。钦此。」拜命之下，感戴莫名。

伏念臣一介武夫，幸遭圣主，受任危难，遽领岩疆。守台一年，动滋挠谤。抚台七载，徒切焦劳。猥荷圣慈曲加原悯，鉴其孤撑无助，察其愚戆无私，温诏时矜，殊恩转沛，既拜青宫之秩，复加司马之尊。自省斗筲，久逾涯量，况乃天恩无际，异数频颁，要令仰赞贤藩，远参海部。凡此文臣所罕遘，岂期末将之频邀。虽鸟鱼之性，时恋江湖；而犬马之情，敢忘刍秣！况臣久暂战场之马革，忍怀湖上之蹇驴？方冀殚竭血诚，勉酬殊遇，讵料屡撄奇瘴，竟染沈疴。福薄灾生，恩深命蹇，经年药鼎，难回冰雪之春；万里炎荒，徒洒松楸之泪。遂使一筹莫效，五疏哀陈，屡渎天颜，乞还骸骨，复荷天心曲挚，恩假时颁。讵期臣命孤危，哀呼愈迫，何幸汉廷飞诏，喜仲升生入玉关；转惭交趾无功，笑新息虚镌铜柱。从此余生未老，皆我皇再造之年；但令一息尚存，矢异日二天之报。归来已晚，山中之松菊都荒；壮士长歌，海上之鲸鲵已靖。翻恨匈奴未灭，惜残躯于瘴雨蛮烟；且欣绝域生还，话恩泽于田夫野老。束装待命，期已逾年；脱屣还山，决诸三日。除将交卸日期，另行奏报外，谨陈感激下忱，无任忭舞屏营之至。

按，公于四月二十五日具折谢恩，二十八日即行交卸。八年台抚事牍殷繁，三日即脱然归去，盖其摒挡归计久矣。陈澹然记。

刘壮肃公奏议卷二　谟议略

俄事入都折

筹造铁路以图自强折 光绪六年十一月初二日在京发

窃臣以菲材渥承恩遇，自解兵柄养疴田园，每念中国大局，往往中夜起立，眥裂泣下，恨不能竭犬马以图报于万一也。近者被命，力疾来京，仰蒙召见，训诲周详，钦感莫名。窃念人臣事君之道，知无不言，况事变至迫，利害甚巨，敢不竭其缕缕，为我皇太后、皇上敬陈之。

中国自与外洋通商以来，门户洞开，藩篱尽撤，自古敌国外患，未有如此之多且强也。彼族遇事风生，欺陵挟制，一国有事，各国环窥。而俄地横亘东西，北与我接壤交错，拊背扼吭，尤为腹心之患。我以积弱不振，不能不忍辱含垢，遇事迁就，不惜玉帛以解兵戎。然而和难久恃，财有尽期，守此不变，何以自立？今论者动曰用兵矣。窃谓用兵之道，贵审敌情。俄自欧洲起造铁路，渐近浩罕，又将由海参崴开路，以达珲春。此时之持满不发者，非畏我兵力，以铁路未成故也，不出十年，祸且不测。日本一弹丸国耳，其君臣师西洋之长技，恃有铁路，动欲逞螳螂之臂，藐视中国，亦遇事与我为难。臣每私忧窃叹，以为失今不图自强，后虽欲图，恐无及矣。自强之道，练兵造器，固宜次第举行，然其机括，则在于急造铁路。铁路之利，于漕务、赈务、商务、矿务，以及行旅、厘捐者，不可殚述，而于用兵一道，尤为急不可缓之图。

中国幅员辽阔，北边绵亘万里，毗连俄界。通商各海口，又与各国共之，画疆而守，则防不胜防，驰逐往来，则鞭长莫及，惟铁路一开，则东西南北呼吸相通，视敌所驱，相机策应，虽万里之遥，数日而至，虽百万之众，一呼而集，无征调仓皇之虑，无转输艰阻之虞。且兵合则强，兵分则弱，以中国十八省计之，兵非不多，饷非不足。然各省兵饷，主于各省督抚，此疆彼界，各具一心，遇有兵端，自顾不暇，征饷调兵，无力承应，虽诏书切责，无济缓急。若铁路造成，则声势联络，血脉贯通，节饷裁兵，并成劲旅，防边防海，转运枪炮，朝发夕至。驻防之兵，即可为游击之旅。十八省合为一气，一兵可抵十数兵之用。将来兵权、饷权，俱在朝廷，内重外轻，不为疆臣所牵制矣。

方今国计绌于防边，民生困于厘卡，各国通商争夺权利，财赋日竭，后患方殷。如有铁路收费，足以养兵，则厘卡可以酌裁，并无洋票通行之病。裕国便民之道，无逾于此。且俄人所以挟我，日本所以轻我者，皆以中国守一隅之见，畏难苟安，不能奋兴。若一旦下造铁路之诏，显露自强之机，则声势立振，彼族闻之，必先震詟，不独俄约易成，日本窥伺之心亦可从此潜消矣。

本年李鸿章奏请沿海安设电线，此亦军务之急需。但电线须与铁路相辅而行，省费既多，看守亦易。或者以铁路经费难筹，无力举办为疑。窃谓议集商股，犹恐散漫难成，今欲乘时力办，莫如议借洋债。借洋债以济国用，则断断不可。若以之开利源，则款归有著，洋商乐于称贷，国家有所取偿，息可从轻，期可从缓，且彼国惯修铁路之匠自愿效能于天朝，此诚不可失之机会也。

查中国要道，南路宜修二条：一由清江经山东，一由汉口经河南，俱达京师；北路宜由京师东通盛京，西通甘肃。虽二费浩繁，急切未能并举，拟请先修清江至京一路，与本年议修之电线相表里。此路经山东、直隶地界最多，或谓于民间坟墓庐舍有碍，必多阻挠。不知官道宽广，铁路所经，只占丈余之地，与坟庐墓舍尚不相妨。即偶有牙错，亦不难纡折以避。臣昔年剿捻中原，屡经各该省，其地势民情，固所稔知，非敢安为臆断也。

事关军国安危大计，如蒙俞允，请旨饬下总理衙门，迅速议复。若辗转迁延，视为缓图，将来俄约定后，筑室道谋，诚恐卧薪尝胆，徒托空言，则永无自强之日矣。微臣无状，将不知所税驾矣。迫悚上陈，无任惶恐待命之至。

军机大臣密寄大学士直隶总督一等肃毅伯李鸿章、两江总督刘坤一，光绪六年十一月二十一日奉上谕：「前据刘铭传奏请筹造铁路，当经谕令李鸿章等妥议，兹据张家骧奏称，开造铁路约有三弊，未可轻议施行等语。著李鸿章、刘坤一悉心妥筹具奏，原折均著抄给阅看，将此各密谕知之。钦此。」

抚台论事折

复陈津通铁路利害折 光绪十五年二月初八日台北府发

光绪十五年二月十六日，承准军机大臣字寄，钦奉正月十五日慈禧皇太后懿旨：「前据总理海军事务衙门奏请，由天津至通州接修铁路，当经降旨允准。嗣据御史余联沅等先后奏请停办。均谕令总理海军事务衙门，会同军机大臣妥议具奏。兹据会商筹议，逐款胪陈，详加披阅，所陈各节，辨较精详，敷陈剀切。其于条陈各折内，似是而非之论，实能剖析无遗。惟事关创办，不厌求详。在廷诸臣，于海防机要素未究心，语多隔膜。该将军、督抚等身膺疆寄，办理防务，利害躬亲，自必讲求有素，著按切时势，各抒所见，迅速覆奏，用备采择等因，钦此。」并钞各折片，遵旨寄信前来。

查阅海军衙门会奏一折，洞中窾要，纤悉靡遗。微臣意正同符，实觉无从置议。惟圣怀虚挹，仰荷垂询，特就原奏资敌、扰民、失业三条，推阐海署未宣之蕴，为我皇上敬陈之。

窃维天下大事，惟断乃成，万国纷拏，惟一乃定。五大洲幅员辽阔，驾驭为难，于是铁路与电报兴焉。此固囊括中外之机缄，统一环球之功用也。仰维朝廷屡垂明诏，锐致富强。倘通盘筹画，综揽势机，苟有加于铁路者，抑何苦轻贻众谤，效法西人。无如外审海疆之形势，内揆战守之机宜，纵览环球，计实无能逾此。故臣于十年前即有创修铁路之奏，徒以格于迂论，议不果行。今者圣明在上，与在廷王大臣坚持定见，决意举行，臣等方额手称庆，以为从此推行尽利，庶几富强可以立致，敌患可以潜消。不谓言者转疑为资敌也。自火器之制日精，舍海口炮台，险无可扼，奥、法、俄、德诸国，牙错唇依，铁路纵横，并通都会，城垣故迹毁弃无存。如谓藉端寻衅，兵车即到都门，则列邦相忌，屡起衅端，固已吞并殆尽，何仅于海上兴问罪之师，不闻都下有要盟之举，其不足虑，固以皎然。

言者又谓山溪沟堑为敌所忧，林木纷丛，为敌所患；一旦边尘偶动，彼将挟其枪炮，驱火车以入都门，其患将不可测。玩其词意，若指海口未失而言，则安得若许洋人从容布置，而我之官兵竟同木偶，任其所为乎！若指海口已失而言，则津、通相距二百里，皆属坦途，即无铁路，亦何难长驱直入。至若山溪林木，关堑沟渠，臣熟经其间，视若无睹，敌何胆怯如斯，而忧之患之耶？夫海口者，京师之门户，安危所系，固宜呼吸相通。臣以为铁路建至京师，方为尽善，有事则津沽之劲旅，即为宿卫之禁军；无事则遣神机营，与海口各军合队并操，联为一气，临变策应，进退绰如，是遏敌者莫如铁路。而顾以为资敌，岂不慎哉！

不谓言者又疑为扰民也，非特室庐邱墓呈诉无多，即令群起纷挠，而事关军国安危，亦当权衡轻重，安能以小不忍而乱大谋。且世之讲求风鉴，而改葬其亲者众矣，给以重价迁地，抑复何伤？兵家筹备于平时，无异决胜于临敌。王者克敌，初不闻以伤残物命为嫌。倘以筹备为扰民，则是两国交绥，断断于重伤二毛之说矣。方今强邻环伺，其敢与我难者，乘我之无备耳。诚择沿海冲要之区，遍开铁路，一省有警，数省环攻，一省有兵，数省资调。天下惟能守而后能战，亦惟能战而后能不战以屈人兵。洋人趋避最工，谁肯远涉风涛自取覆亡之祸。如此，则和局可恃，上以奠亿万年有道之基；阖境胥安，下以全亿兆姓生灵之命。是卫民者，莫如铁路。而顾以为扰民，岂不异哉！

不谓言者又虑民之失业也。溯自河运废而转输全改为海道。北五省人烟寥落，旅店荒凉，久非嘉、道繁华景象。果使铁路自通州建至清淮，则运货无沈失之虞，行人免风涛之苦，将见上海商民，尽归腹地，夺洋人之权利，即以廓小民之生机。洋人无利可图，必将废然思返。乃一则曰，车脚店行势将歇业，再则曰船户水手糊口无资。不知铁路仅设于大道通衢，至于港汊纷歧，船行如故，村镇罗立，车载益多。试观长江轮船，往来不绝，几见舟人失业，坐毙江湖？是厚民生者，莫如铁路。而顾虑民之失业，不尤重可笑哉！

尤可怪者，谓铁路为开辟所未闻，祖宗所未创。不知人事随天道为变迁，国政即随人心为旋转，今之人既非上古先朝之人，今之政岂犹是上古先朝之政？使事事绳以成例，则井田之制，自古称良，弧矢之威，本朝独擅，行之今日，庸有济乎？泰西制造之精，日新月异，中国踵而行之，已居人后，若再因循坐误，一旦变生仓卒，和战两穷，其将何以自立？臣前阅俄报载其君拟由托木司克城增建铁路，至距黑龙江六百余里之司他城，计长六千一百里，已深讶之。旋据德商面称，此路俄君谕令日成十里，两岁告竣。虽成功迟速，原不可知，而其经略东方壮志，已可概见。际此中俄无事，尚能未雨绸缪，待其既发而后乘之，必且噬脐莫逮。预防之法，断非铁路不为功。微臣所为瞻顾旁皇，不能自默者，此也。

或谓外洋以商为国，自强实在经商，中华立国在民，爱民斯为邦本。不知商即民也，商务即民业也，经商即爱民之实政也。歧而二之，是尚足为知大计者乎？抑臣更有请者，恒心必根恒产，足食方可足兵，中国生齿日繁，土田日寡，谋生乏术，缓急堪虞。故欲自强，必先致富，欲致富必先经商。西国官商一体，在下无不达之情。中国官商久暌，在下多难言之隐。颇闻前借洋战之款，多属华资，贿托洋人为之营息。从古因民建国，保国惟民，顾令肝胆乖离，腹心疏逖，非所以疗贫振弱，自振拔于倾侧扰攘之时也。

当此改弦易辙，发愤为雄，亟宜讲求商政，特派廉正大员，认真督理，举凡丝、茶、纺、植、垦、矿、制造诸大端，招集股商，广筹资本，妥议保商防损章程，各就所能，分途认办，银钱出入，商自主持，官但察其赢亏，护其艰阻。内地办理得宜，然后推之边省。中土行销既畅，然后推之外洋。五行百产之菁，环顾全球莫吾华若。徒以地利未辟，遂致民气日衰。如此行之十年，且将无敌于天下，尚何敌国外患之足虑哉！

夫不聚敛于民者，不能不藏富于民。不与民争利者，不能不与敌争利。此事与铁路相辅而行，关系綦重，应否筹议，伏候圣裁。

臣自督办台防，适值法人肆扰，占踞基隆，向非仗国威灵，沪尾一捷，全台重地且属他人。无他，无铁路兵轮为之手足也。故和议甫成，即请开办铁路，明知山路崎岖，溪流梗阻，凿山开道，筑路建桥，费巨工艰，视内地且将倍蓰。所为不辞劳怨，毅然独行者，良以台疆千里，四面滨海，防不胜防，铁路一成，则骨节灵通，首尾呼应。此中利害，自非身亲大难，未易决其深微。

人情乐与观成，难与谋始。往者削平发、捻，全恃抬枪、劈山炮制胜疆场。湘军老将狃视前功，语以西国后膛枪炮，恒鄙夷不屑，及与法交锋，始叹格林炮、黎意枪运用之灵，命中之远。夫物之精粗，经用而始显；事之利害，亲历而后知。今之訾议铁路，必为异时赞美铁路之人。伏愿皇上宸断独操，宣示大计，俾天下晓然：铁路一事，为安内攘外刻不容缓之急图。使知非一隅之利，乃四海之利；非一时之利，乃万世之利；非一二人之私利，乃千万人之公利。众志既协，财力自充，成效既彰，浮言自息。臣身膺疆寄，目击时艰，大局所关，不容自已，谨披沥上陈，伏乞圣鉴。

按，铁路大计，惟公独见于举世挠沮之先，故前后两疏，曲折深至如此。所称铁路一成，则兵饷大柄咸属朝廷，疆吏无能掣肘，尤为透抉无遗。惜当时张家骧阻之于前，刘腾鸿扼之于后，千秋大计，竟格不行。至甲午中东之战，各省私其兵饷，不助北洋，至日人有二十二行省如二十二国之诮。然后知兵饷出自朝廷，所见为独远也。陈澹然记。

越事在都折

遵筹整顿海防讲求武备折 光绪十年闰五月初二日在京发

窃自泰西各国争开商埠以来，或占海疆，或吞藩属，无端欺藐，遇事生风，一波未平，一波又起。每当外患纷来，言战言和，纷纷不一。言战者，当审兵将是否可战，器械是否可战，炮台是否可战，兵船是否可战，空谈无补，后祸焉穷。言和者，当思伊犁和而兵费倍偿，天津和而义民受戮，台湾和而琉球坐失，越南和而藩服无存。剜肉补疮，欺陵胡底？

夫战不如人，而欲图强，犹井中求火也。器不如人，而不知变，犹当暑著貂也。今中国战不如人，器不如人矣，不思改图，后将奚立？朝廷虚怀下问，询及刍荛，仰见圣主廑念时艰，力图振作，无任钦佩。惟自古办极大极难之事，必须存愈久愈坚之心。倘外承严旨，内托空言，或畏难而苟安，或始勤而终怠，或狃于成见曲示沮挠，或昧于知兵故为饰辩。甚或以为和约既定，永无兵端，侥幸一时，顿忘实祸，反谓忠诤之士，好为激烈之鸣。种种因循，久在圣明洞鉴之中。

此后惟望上下一心，始终不懈，卧薪尝胆，奋发图存，整顿海防，以济当时之急。讲求武备，以立自保之基。若谋富强，图久安，尤非铁路不可，此中利害，臣已于光绪六年具奏，并由李鸿章详细复陈，无庸再渎。除将所拟炮台图式送呈军机处外，谨将应行整顿海防、讲求武备诸大端，敬陈十条，恭候采择。

一、沿海设防，宜分缓急重轻，以期扼要也。泰西各国，远涉重洋数万里，与我开衅，势必批亢捣虚，为专注之谋。中国七省各海口，惟广东可由香港拖带民船，装兵上岸。若北趋闽、浙，万不能拖带民船。惟以兵轮尝试，无论敌轮多寡，中国海口纷歧，万无处处设防之理。用兵之道，实宜合而不宜分。守御之机，在扼要，尤在守险。查各国以商埠为要区，轮船以煤炭为性命，如将各商埠及产煤之处，布置周密，守御得宜，各国商贾货财皆已入吾掌握，一国称兵构怨，实非各国所乐。闻其兵轮久居海中，既无煤炭，又无淡水，即得我沿海一州一邑，无关大局之区，坚力以持，当可不战自困。且外洋群趋环视，全以强弱为重轻，即寻常无事，见我致力于通商口岸，防守精严，必不敢轻相欺侮，此通商各口设防宜重宜急者也。

一、各海口炮台，亟宜改建，以严防守也。外洋现造炮位，大者重至数百墩。城营之守御，万不能用墙垣为障蔽。查各口所筑炮台，虽形势各殊，细究皆不合法度，外人恒窃议之。臣现制炮台图式，恭呈采择。究之，筑台虽坚，尤须炮利。兵不善守，与无兵同。现计各口防军，虽重地两面设防六营，已无不足。次则二、三营，皆可支持。惟必用炮队，兼操水雷，方足以资战守，否则兵多糜饷，败益难收。尤可虑者，敌以陆兵由他口潜登，袭攻瑕之故智，则后路必筹游击之师，庶免重战轻防之失。然非有铁路呼应，终不能灵，此则大可忧耳。

一、洋面水师兵轮，宜次第筹办，以固海疆也。海防以船为命，无师船即无海防，各国皆然，中国岂能独缓。综计沿海七省，须备兵船百只，方可以敷战守。惟急于购办，微特经费无出，亦虑管驾无人。海军为各国专门，将领尤为难得。自海防议起，环顾海内，惟李鸿章一人，留心讲求，选将造器，稍为可观。管驾多闽厂学生，未经战阵，或陆营将弁，未解测量。朝廷廑念海防，似宜另设海部衙门，于南北洋、闽广要区，各设海军学堂，慎求教习，先教管驾之才，次练水手，必使技艺娴熟，习业专精，再令出洋游历。泰西皇子，无不先入海军充当水手，以次而升。故人才勃兴，战无不克。应请令八旗贵介，多入海军，以固国本。一俟妥筹船费，按岁递加，岁必造船数只。大铁舰价值过昂，现既购有数艘，余可稍从缓议。以铁船财力先购钢快各船，计一铁船之价，可购钢快船五六只，费非过巨，岁易增加。且可暂就现有之兵船，先为整顿，程功既速，缓急可资，似较铁船之旷日筹资，尚足以收急效。一切海军制度学校章程，均应责成海部，以免纷歧。

一、长江、太湖水师，急宜改制，以收实用也。军兴以后，曾国藩、彭玉麟创设长江太湖各水师，原备严防内寇，现在枪炮精利，轮电飞驰，内寇万难猝发。水师散驻，渐成额兵，与绿营并归无用，岁耗兵饷造船之费且百万金。若改铁面十丈小轮，每支不过万金以外，每镇酌裁师船五成，改制小铁轮数只，较之长龙舢板奚翅天渊，万里江湖，声势且将立壮，既可以当外侮，又可以节饷需。将来即以管驾小轮已效之将弁，酌升外海兵轮之头领。此外，江、湘、闽、粤水师，皆可仿行，储将之谋，莫捷乎是。

一、福建船政局、上海机器局，宜加紧整顿，以求实济也。自沈葆桢创设福建船政，原冀开拓风气，以图远大。惟一铁一木，皆取材于外洋，每造一船，计值实昂于外购。查近来商船多用钢壳，价既不昂，且能经久。其船内修造，尽可搭用中国材料，取价尤廉。大抵船厂承办工员，每持必用外洋油木之议。查从前美国造船之费，不如英价之廉，美商皆赴英购造，执政患之，严定限制，简明价值，仍令国人自造。究其用意，惟虑制船之学中衰，其用意甚深，正与中国今日之势相合。应请饬下船政大臣，开台湾之铁矿，采后山之木材，考工匠之技能，以定赏罚，较船价之廉贵，以便推行。某船宜行某处，某船宜用某材，某船宜安某炮，详细考核，刊定章程。不独专造兵船，即商人亦可群来取购，并可广制船之学，使之日进高明，不至半途中辍。上海机器局每年需费五六十万。自开局以来，办工监造，每不得人。枪炮制成，适用殊寡。南北洋互相推诿，不严赏罚，敷衍成风，匪特经费虚糜，且为外洋所诮。应请饬南北洋大臣，严加整顿，或照福建船政章程，特派大员督办，以专责成，庶可渐求实效。

一、请筹购大批枪炮，以节经费，而免欺朦也。中国制局虽开，枪炮不闻精利，计其价值，转倍外洋。每有军事，各省仓皇分购，洋商索价骤昂，辗转侵渔，所增辄倍。而考其所购，无一精良。查英、法官厂，皆不制枪，大抵购之民厂。商民造器，必经官厂验收，苟不中程，剔还无贷。此等弃物，外洋无可出售，类皆运至中华，以为销路。各省徒慕虚名，不求实际，莫明优劣，甘受欺朦，既糜国帑，更误军需，一有争战，败征且见。应请饬下总理衙门，会同北洋大臣李鸿章，筹款四、五百万两，专派熟悉洋务精通枪炮之员，赴西洋各厂订购后门枪十万杆、一尺径口以外大炮数十尊、一尺径口以内炮并拖炮数百尊。枪炮分三年解清，价值亦分三年清给。一面分饬各省，按年缴价，以实军储，免致纷纭贻误。外洋枪炮零购则贵，趸购则廉，如新到黎意枪，零买每杆需价银十四两，多购减至七折。炮亦如之。是枪炮价银，总计四五百万两，趸买已省银百万。且可就该厂逐细考查，不致收其废弃，既节经费，又免纷歧，一举数善，莫急乎此。

一、稽查军机，整顿矿务，宜特设军器局，切实经营，以专责成也。各省购买枪炮，新旧参差，前门后膛，过时辄废。查外洋简器，夙号精严。一国之兵，必用一律之械。新精于旧，然后举国更张。故操法可并一途，战阵不虞错杂。应请旨于天津，或金陵、上海，特设军器局，由京慎选严明精核大员。饬下各省督抚，将购存枪炮，开列呈明，分别新旧，以旧枪专备操练，以新枪归军器局收储，以备战时领用。惟洋枪忌湿，锈即弃材，存械之区，屋必高厂，分门别类，毋致混淆。某枪用某子，某炮用某弹，某项水雷，某项火药，分存编号，位置秩然，然后取之不乱。尤有陈者，制造为自强之本，矿务为制造之原。尔来开矿招商，类多诳骗，富强大业，转若畏途，其将何以自立？以后应由军器局特开矿学，延访名师，招生研究，或先筹公款，试开一、二处，以为之倡，矿质果精，再招商股，商自经理，而官为保护，盖官难持久，不能不归之商，商畏官挠，不能不因势以导。外洋各国，时以矿尽为忧。中国矿产丰饶，皆归废弃，我不自取，人将代谋，此尤情势之较然者。

一、酌裁募勇，参用练军，以节饷需也。查近来偶有兵端，纷纷募勇，未经训练，焉能抗御列强。其他沿海防军，固多精练，余或未知新法，仍用刀矛，拘执成规，牢不可破。亟须妥定军制，严限日时，务使饷械、衣粮、号令、操法，一律遵守新章。各省新募之军，一俟越事就竣，即应酌加裁并，归入练军。十年为期，连环具保。计每勇每月饷银三两六钱，每月扣存一两，十年积存百二十两，以为遣撤之资，庶不至流而为匪。且逃一勇，即失一枪，利器劫人，尤为地方之害。此不得不预防者也。今绿营久成无用，各省练军之法，多与勇同，即可推行办理。合计一省绿营，严除老弱，度饷项之盈虚，定练兵之多寡，务令五年为断，全数练齐，更迭番休，周而复始。无论马战守兵，凡调练者，除坐饷外，加饷与勇粮等。其未入练者，酌留守护之资。余则概归严汰。自古有强将无弱兵，故外洋有撤兵养将之法。倘仍旋招旋撤，始招之勇，半系有业农民，久驻防营，遂成骄惰，一朝遣散，势岂能耕？不为游民，即为盗贼，故议者每思改勇为兵。实则绿营积弊，由于习气太深，诚能严汰烟病老弱之徒，认真训练，多一可用之兵，即少一外募之勇，数年之后，无用皆归有用，安见制兵之不可战哉？是在统将之得人耳。

一、严定赏罚，以求将材也。防营久无战事，叙保格于成例，登进无阶，将材安出？查地方州县，尚有三年考绩暨特疏密保之条。海运河工，亦邀奖励。沿海兵将，边省驻防，非冒风涛，即婴烟瘴，偶违军律，执法既严，若不明定赏格，何以拔人材而作士气。惟军营结习，偶邀朝廷宽大之恩，辄起滥保越阶之弊，似宜严定章程。沿边某省，勇队若干，练军若干，自统将至弁兵，以及帮办文员，何年成军，何年到营，先令造册送部。所有边海驻防、游击之师，平时操练，一以枪法之精粗为赏罚之准则，一年内本军统领考验两次，凡中五枪四枪三枪者，皆由统领注册。先考营哨，次考兵勇，期以三年，请保一次，择其纪律技术宿优者列保，每营酌保八十人。其在腹地驻防，操练有效，每营三年酌保四十人。如有督操勤谨约束严明之将领，准由督抚专折奏保。其营、哨官，或由统将声明咨请，越保一级。其余严禁越级，以杜冒滥。其未经册报者，概归驳斥。若将领嗜好多端，操练不力，亦应随时参革，以免效尤。

一、请设局译刻西书，引导后进，以广人材也。自海上多事以来，朝廷屡下征才之诏。顾或通洋务而昧于兵机，或识兵机而不谙洋务，甚或迂拘之士，鄙洋务为不足言。扪龠扣盘，原无足怪。查外洋于中国精要之书，多取译行海外。其西国兵农、食货、制造、测量诸籍，月异日新，翻译既微，何用考镜。夫御侮贵在得情，而致用尤先博览，不究其治军交邻之要政，何以得情？不研其制器造术之本原，何由致用？伏见我圣祖仁皇帝，因钦天监与西人互相争测算，特合中西之法，勒为成书，一时群才蔚兴，象数之学，遂超前古。应请旨饬下总理衙门，并北洋大臣李鸿章，或在京师，或就天津，特开译局，延访通才，取外洋实用之书，先行译刻，发行各省，务使人人讲求，父诏兄勉，人材庶可奋兴。承学既多，谤疑自少。由是，按其学科，广其登进，决不至若科名愚暗，贻害苍生。

台疆应诏折

密陈武备废弛亟宜整顿并遵保将才折 光绪十三年闰四月二十一日台北府发

窃臣于本年四月初四日准军机大臣字寄，光绪十三年四月初八日奉上谕：「各省提镇大员，均有专阃之责，必须才略素优，方足以资整顿。迩来军务敉平，尤应安不忘危，物色将才，用备任使。著各直省督抚，于军营著绩人员内，无论实缺、候补，各就其人之才具，或长于陆路，或熟于水师，出具切实考语，分别保奏。其曾经引见，发往各省差委之提镇各员，本欲令其练习营伍，以备缓急，并著随时留心察看，如有才识出众之员，一并奏保听候简擢。各该督抚身膺疆寄，以知人为最要，务当确切考察，勿采虚声，勿徇情面，用副朝廷访求人才整顿武备之至意。钦此。」遵旨寄信前来。仰见圣谟远大，安不忘危，莫名钦佩。

窃维国用不足，兵伍不精，实为国家之大患。目前财用匮乏，已不待言。兵武不精，尤非一致，有操后门枪炮者，有操前门枪炮者，有终年不操者，大约不操者十居八九，操者十不二三，暮气日深，将贪卒惰，虚名空额，习为故常，竟成积重难返之势。若不切实整顿，筹饷于万难之中，养此游手好闲，无事非烟即赌，有事非溃即逃，何以备捍乱保邦之用？泰西各国，武备日新，其练兵有一定课程，一日不懈。今各省所购后门枪炮甚多，若不操练，枪久则机器锈损，炮久则零件遗亡，俱成废物。整顿之法，惟有严肃营规、认真操练，方足挽回积习。神机营与直隶督臣李鸿章所部，均经久练，步伍整齐，请旨饬下海军衙门王大臣，详定营规、操练章程，刊行各省，严定赏罚。如一省防军万人，能练劲旅三千，可资征调，则缓急犹为可恃，不至巨饷虚縻。

惟练兵必先选将，将才端在朴诚。今记名提镇，每多贪滑钻营。疆臣公事繁多，考察将才，但观其表，刚劲者黜，便辟者升。本原既隳，复何振作？朝廷整顿武备，物色将才，必先实技，或枪炮命中，或操练优娴，或明中国地舆，或悉外洋战法，身体强建，才略深长，督抚均应保荐。俟海军衙门议立营规、操练章程，刊行各省后，限期一年，将各疆臣所保将才，调京考验，如所保与考语不符，即将原保大臣议处。并请每年特派知兵大员，巡阅沿江沿海各营，考验枪炮，操练阵法，查点勇丁，严其赏罚。朝廷之精神一振，山泽之猛士云兴，在我皇太后、皇上加意而已。

臣一介武夫，仰蒙天恩，破格成全，畀以封疆重任，事关军国安危，何敢因循缄默，谨将知虑所及，聊献一得之愚，用备圣明采择。至臣部将官，如提督方春发、柳泰和等，营伍废弛，已经参革。其可为干城之选者，自应遵旨保荐，以备任使。统带澎湖防军记名提督吴宏洛，临阵勇决，布置有方，操练勤劳，营规严整。统带沪尾防军记名提督李定明，勇于任事，临敌身先，文事粗通，枪能命中。该二员才勇俱优，均足独当一面。其余如驻防安平总兵万国本，驻防淡水副将余德昌，栋字营营官已保都司郑有勤，或勤奋有为，或才勇出众，年力强壮，均堪造就，为国家有用之将才。至若外省实缺提镇，臣所深知者，福建水师提督彭楚汉、九江镇总兵朱淮森，俱忠勇朴勤，持躬纯谨，实心实力，办事认真。该二员如蒙圣主饬办防练各军，稍假事权，必能竭力整顿。其余非臣所知，不敢滥保，有负朝廷访求人才整顿武备之至意。

五月二十日，奉慈禧端佑康颐昭豫庄诚皇太后懿旨：「刘铭传奏整顿武备，请饬海军衙门详定营规、操练章程，刊发各省，并遵保将才一折，除所保各员已交军机处存记外，其余所陈各节，均著该衙门议奏。钦此。」

复陈台北情形请旨查办李彤恩一案以明是非折［光绪十一年正月初六日］

窃臣于正月初二接准大学士左宗棠来咨，具奏抵闽详察台湾现在情形一折，恭录十年十一月十八日上谕：「左宗棠奏详查台湾情形妥筹赴援一折，据称八月十三日基隆之战，官兵已获胜仗，因刘铭传营务处知府李彤恩驻兵沪尾，以孙开华诸军为不能战，三次飞书告急，坚称沪尾兵单将弱，万不可靠。刘铭传为其所动，遽拔大队往援，基隆遂不可复问。李彤恩不审敌情，虚词摇惑，拟请即行革职，递解回籍，不准逗留台湾等语。前敌军情，关系极重，必应确切查办，不得含糊了事。李彤恩所禀刘铭传各情，人言藉藉，果系因此贻误，厥咎甚重，非递籍所能蔽辜。前谕杨岳斌迅速赴闽援台，即著该前督于到台后，详确查明，据实参奏。李彤恩著即行革职，听候查办等因。钦此。」知照前来。

伏查基隆退守情形，已于上年八月十五日奏明在案，无庸渎陈。谨将左宗棠所参各节，为我皇太后、皇上陈之。

臣渡台时，随带亲兵一百二十名。其次，臣孙开华三营，曹志忠六营，每营精壮只三百余人。当由台南调来章高元淮勇两营。其时台南疫疠盛行，兵丁多病，仅来五百人。嗣又添调巡缉营一营，合之刘朝祜百余人，张李成土勇一营。统计基隆、沪尾两处，共只四千余人。左宗棠疏称，基隆各营数且盈万，不知何所见闻？自七月杪基隆疫作，将士十病六七，不能成军。八月十三日之战，九营仅挑选一千二百人，内中尚有抱病勉强应敌者。

当孤拔未来之先，初九、初十两日臣接香港、上海电报，知其全股犯台。其时沪尾只孙开华三营，刘朝祜一百余人，并张李成新募土勇一营，甫经到防。炮台尚未完工，又无营垒，地势坦平，无险可扼，危迫情形，不待旁言，臣早已忧虑及之，曾函致孙开华、李彤恩，如果敌犯沪尾，臣即撤基隆之守来援，嘱令坚守以待。一面派员赴下游赶雇船只，将军火笨重之物，先运下船。

十二日，孤拔率大帮兵船进口。臣料敌兵必由仙洞登岸，当同曹志忠等密商，如敌兵明日战后，即扎仙洞，则不致遽攻沪尾；如战后收队下船，我军即须预备回援沪尾，以保后路。

十三日酉刻，敌军收队，全行下船。当接孙开华、李彤恩、刘朝祜先后来信，俱称法船五只直犯口门，升旗开炮。臣同孙开华、李彤恩已有成约，无用李彤恩虚词摇惑。左宗棠疏称李彤恩三次飞书告急，即孙开华、李彤恩、刘朝祜三人三次之书，非李彤恩一人之书也。臣当即传令拔队，惟四十磅大炮二尊，不能运动，埋于山下，其余军装锅帐，以及伤病勇丁，毫无遗弃。若果因李彤恩三次飞书告急，仓猝拔队退回，军装焉能毫无遗失？基隆退后，敌兵上岸住营，兵势已分，往攻沪尾，不足千人。若不撤基隆之守，敌必全队攻犯沪尾，无兵往援，虽提臣孙开华骁勇敢战，器械不敌，众寡悬殊，何能保其不失？

二十日之捷，左宗棠前据刘璈禀报，奏称孙开华所部并淮勇土勇三路迎战获胜。此次又奏系孙开华数营战胜，不独于台事未加访察，即奏报中亦自相矛盾，不加斟酌。所陈台北距沪尾三十里，如果危急，地方官当慎重过于他人等语。查基隆至沪尾，水程只八十余里，顷刻可至。臣五里安设一站往来通信，尚恐闻警应援不及，若俟地方官禀报，必至沪尾失后，敌至台北城下，方能回援。

台北府知府陈星聚屡次禀请进攻基隆，并有土著之人愿告奋勇往攻基隆者，皆有其事。自沪尾捷后，俱以李彤恩所募张李成土勇得力，提臣孙开华、曹志忠、苏得胜、柳泰和，各请添募千人。台北府陈星聚等联名禀请，基隆通判梁纯夫招募土勇二千，候补知县周有基禀请招募一千，俱告奋勇，进攻基隆。其时，记名道朱守谟请假尚未销差，倡言多招土勇，迅攻基隆，至于饷项军械之有无不计也。忽有台北府书识陈华声称，愿招土勇一千五百人，自备枪械，包取基隆，每月每勇需银洋十二元，托亲兵哨官奚松林来说。当经臣申饬，不许多事。朱守谟闻有包取基隆之说，即私许陈华招募，及臣以淮楚营制，每营只月饷四两二钱，陈华大言轻敌，不知能否得力，即给如此重饷，何以服老勇之心？坚执不许添增口粮。该勇俱知台北府无兵，只亲兵数十名，即聚众呐喊鼓噪。臣派弁往看，陈华所募，皆城外艋舺市井之徒，器械毫无。当传陈华来见，谕以兵饷不能加增，如果能克基隆，立给赏号银二万，先发十日口粮，令其带赴水转脚，听候曹志忠调遣。嗣曹志忠见其勇多滋扰，器械毫无，不能见敌，不肯节制。臣令苏得胜亲至曹志忠营，与之密商。陈华土勇，先行挟以兵威，裁去五百名，复调三百名赴观音山，归柳泰和裁并。其余随即一并裁撤，费饷一万余两。周有基募勇尚未成军，即闹饷鼓噪，经臣将已募四百余人，派归柳泰和节制。梁纯夫见土勇不遵约束，屡次滋事，不敢招募。此即左宗棠疏中所称各将领以及土著之人愿告奋勇，往攻基隆者，系九月初旬事也。又绅士陈霞林等屡言内山御番土勇常见仗，可以挑募。臣告知各军，前往内山选募。一面令工匠连夜修理各营所缴旧枪，分拨应用。搜查饷项，仅敷月余。各军招募有尚未成军者，亦有成军尚无器械者。

时值疫气染至台北、沪尾一带，军民俱病。提臣孙开华、署台湾镇总兵章高元、总兵柳泰和等，俱抱重病。曹志忠六营营官，无不病者。臣随从文武员弁，日殁数人。自封口后，内地音信不通，兵单援绝，土匪四起，臣日夜忧急，无所措手。

台北府知府陈星聚，每见必催进攻基隆。臣因其年七旬，不谙军务，详细告以不能进攻之故，奈该府随言随忘。绅士陈霞林，并署淡水县知县刘勋，皆明白晓畅，见将士多病，土勇尚未募齐，器械缺乏，俱知不能前进。陈星聚除面催进攻外，复禀请进攻。臣手批百余言，告以不能遽进之道。该府复怂恿曹志忠进攻，并以危言激之。曹志忠一时愤急，遂有九月十四日之挫，幸伤人不多，未损军锐。敌于十五日即渡河，耀兵七堵。陈星聚妄听谣言，谓基隆法兵病死将尽，又谓业已退走上船，故日催进攻。自十五以后，该府始自言不谙军务，不再妄言。此即左宗棠疏称陈星聚屡次禀请进攻基隆之原由也。

左宗棠参臣坐守台北，不图进取，机宜坐失。臣曾将兵单器乏不能进攻情形，叠奏在案。基隆近靠海岸，敌船入口，即不为我有，故于六月十六日之捷，并未奏报克复。曹志忠所守营垒，逼近海边，如法人添兵添船，即须退守山后，亦经臣附片密陈。我之所恃者山险，敌之所恃者器利。彼来攻我，我得其长。我往攻彼，彼得其长。且敌营据山傍海，兵船聚泊其下，若不能逐其兵轮出口，纵穷陆师之力，攻亦徒攻，克犹不克。如果易攻，现在两军俱在疲乏之际，王诗正统带劲旅三千，不日当可奏功，以雪臣懦怯株守之耻。

臣治军三十余年，于战守机宜，稍有阅历，惟事事求实，不惯铺张粉饰。若空言大话，纵可欺罔朝廷于一时，能不遗笑于中外？臣实耻之。臣渡台时，军务废弛已极，军装器械全不能用，炮台营垒毫无布置，接战于仓猝之间，所部多疲病之卒，历尽艰难，支持半载。临敌应变，大小十余战，幸无挫失。若听局外大言，轻敌浪进，上月初十日，孤拔添兵大举，战无策应之师，守无可据之险，必至一败不能立脚。军事瞬息千变，其中动止机宜，固非旁观所能尽知，亦岂隔海所能臆度也。

至浙江候补知府李彤恩，本系沪尾通商委员，臣到台北，提臣孙开华称其办事勤能，熟悉洋务。现因身弱多病，决意乞退。臣商之提臣，台北现在用人之际，不可任其乞退，托其致书慰留。六月十二日，臣同提臣并台湾道刘璈，至沪尾察看炮台地基。李彤恩扶病出见，瘦弱不堪，臣令其赶紧调养，不必请假，当委兼办沪尾营务。六月十五基隆开仗以后，李彤恩禀请买船填石塞口。时值秋茶上市，英商阻挠。李彤恩同英领事往复辨论，始将口门堵塞。隔日法船即至，英兵船告以口门封塞，随即驶回。七月二十日，臣至沪尾查看炮台。孤拔亲坐三号兵船，亦至沪尾，查探水道，并托英兵船代觅引港之人。若非李彤恩先期塞口，法船混入一只，台北已不堪问。绅士陈霞林等每晤谈时，辄称其功。臣到台北，有言招募土勇者，臣因其所用土枪，不能御敌，不肯操练，未曾招募。李彤恩力保张李成打仗奋勇，请募五百名，发给后门枪二百杆，令其操练助防。八月二十日之战，张李成包抄得力，官绅共见共闻。十月初，臣因饷项支绌，札令李彤恩来城，同福建候补知县郑建中，会同官绅，办理捐借饷事。该守到后，即同陈霞林等议，向城乡殷户借银票二十余万元，毫无勉强，现已办成。如果李彤恩有误大局之处，绅民当共切齿，曷有听其分派捐借者。该守不领薪水，未邀保奖，究其所办数事，有裨于大局，皆非浅鲜。

左宗棠甫到闽一日，不加访察，遂以刘璈之禀，并朱守谟挟嫌倾陷、颠倒是非之言，率行奏参。臣若缄默不言，使出力有功之人忽遭不白之冤，当此孤岛险危之地，军务万紧之时，臣何以用人办事？应恳天恩，将已革浙江候补知府李彤恩，开复原官，并请暂免查办。一俟军事稍定，请旨饬令杨岳斌，或专派大员，渡台逐细访查。如果左宗棠所参情事属实，臣妄用匪人，办理不善，贻误事机，应请将臣一并从严治罪，以明国法而昭公允。诚如圣谕，关系极重，非李彤恩革职递解所能蔽辜。事愈久则是非愈明，臣无任惶恐待命之至。除记名道朱守谟规避钻营，业已具折严参外，所有左宗棠奏参台北情形，具实详陈，伏乞圣鉴。

条陈台澎善后事宜折 光绪十一年六月十八日台北府发

窃法兵退让澎湖，已同前陕甘督臣杨岳斌于本月十七日会奏在案。臣前因澎湖未退，虽遣撤台南北土勇，各海口仍未撤防，除基隆设立抚恤局，先将被毁民房派员查明抚恤外，其余善后各事，未敢预奏。现在澎湖兵退，急需举办数端，谨为我皇太后、皇上陈之。

一、台、澎防务，急宜设筹也。查全台各海口，大甲以南至凤山，沙线远阔，兵轮不能拢岸，远则四五十里，近则二三十里，较易设防。大甲以北新竹一带，海口纷歧，直至宜兰，兵船皆能近泊，至远不过三五里。基隆、沪尾两口，虽能停泊兵轮，尚多山险，如有水雷大炮设防，尚可为功。至新竹一带，沿海平沙、后陇、中港，三号兵船皆能出入，地势平衍，全恃兵营，殊难着手。然以视澎湖，犹较胜焉。澎湖弹丸孤立，臣派提督吴宏洛察看情形，据称其地不生草木，沙石迷漫，片土难求，四面惊涛，无能设险，惟港内天然船坞，最宜停泊兵轮。臣到台一年，纵观全局，澎湖一岛，非独全台门户，实亦南北洋关键要区。守台必先守澎，保南北洋亦须以澎、厦为筦钥。澎、厦驻泊兵轮，设防严密，敌船无能停泊，万不敢悬军深入，自蹈危机。此澎、厦设防，实关全局，非仅为台湾计也。姑就澎湖而论，若云设防，要当不惜重资，认真举办，纵兵船一时难集，陆兵不过三千；必须多购大炮，坚筑炮台，制办水雷，聚薪屯粟。计买炮、筑台诸费，约需五十万金，非一二年不能竣事。若漫图敷衍，不如不防，既节数营兵饷之需，亦免临事覆军之累。进退迟速，伏候圣裁。此防务之不容缓者也。

一、台、澎军政，急宜讲求也。查台湾军务，久号废弛，湘、淮各军，已成弩末。欲挽积习，杜虚縻，非讲求操练不可。即演习洋操，非认真数月，步法不能整齐，手法焉能娴熟。将官点名，责令小操一次，则顶替之弊可除。近来各营多用后门枪炮，尤非勤练不为功。倘令枪码不明，则远近高低，茫无准的，是有枪与无枪同矣。且枪之精者，拆机磨擦，奥窍深微，雨湿沾潮，锈霉辄损，重价购之，随意弃之，苟有人心，能无慨惜？此器械之不容漠视者也。更有难者，台湾烟瘴之地，勇丁多半病烟，兵滑将贪，宽则玩而不振，厘奸剔弊，严则去而之他。臣时欲改弦更张，严定营规，坚明约束，事烦目剧，未易猝图。现同沈应奎、陈鸣志详酌，裁留数营，除镇标练兵不计外，拟留三十五营。台南合澎湖十五营，台北合宜兰十五营，中路新竹、嘉、彰拟派五营，稍资镇摄。论势则台北为重要，论地则台南为绵长。当此百端缔造，区区营数，力已难支。然较往时，一道岁糜百万，仅守台南，饷项无增，全局已为一振。此军政之不容缓者也。

一、全台赋税，急宜清理也。查台湾田产，甲于东南，一年两熟，淡水一县，每年额征钱粮银仅七百八十余两，官庄谷才九千余石。宜兰一县，钱谷无征。其余各县粮税亦寡。通计全台盐、茶、百货税厘，岁入银壹百零数万两。将来整顿各项税厘，剔除中饱，岁可百二十万。核以台、澎三十五营之饷，岁需百二十万，乃适相资。惟轮船经费，一切杂支，并须添设制造局，岁需银约百五十万，所亏实多。若能将各县赋税，一律清查，以台湾之入，供台湾之需，尚可有盈无绌。惟清赋一事，要在得人。臣不谙吏治，昧于理财，时与沈应奎商量。办理之法，必先清查户口，再谋次第举行，恐须一二年，方可以收实效。此清赋之不容缓者也。

一、全台生番，急宜招抚也。查台湾番族，从前多在外山，客民愈多，日侵月削，挤归山内，种类滋繁，迩来亦知耕种为生，各相统属，平日往来山外，居民亦颇相安。惟土匪成群，聚集番民交界之处，抢劫居民，或侵番族田庐，或诓番民财货。争端一起，械斗不休，奸民被杀，则诉冤于官，官辄兴师剿办。番族被冤，则无官可诉，类多集众复仇。番祸一兴，杀掠生番者转得置身事外，而生番杀掠多系良民。将恐积怨日深，终至民番俱毙。不谋招抚，必致陕、甘回乱之忧。即以防务论，台疆千里，防海又须防番，万一外寇猝临，阴结番民，使生内乱，腹心之害何以御之？诚令全番归化，内乱无虞，外患虽来，尚可驱之。御侮既可，减防节饷又可。伐内山之木，以裕饷源。此抚番之不容缓者也。

查设防、练兵、清赋三端，皆可及时举办，惟抚番须待三者办成之后，方可议行。其次设电、购轮、造桥、修路，以通南北之邮。理屯、兴垦、开矿、取材，以兴自然之利。臣智识庸驽，难胜艰巨，御敌既无方略，办事又乏精诚，每念时局艰难，不获报称万一，傍徨中夜，惭疚万端。惟有殚竭愚忱，勉图职守，虽目疾万分沉重，残驱苟可支持，不敢片刻稍休，尤不敢自安缄默。除俟台南北各营撤定后，再将选留兵将，分扎地方，另行续奏外，谨拟台、澎善后诸大端，驰陈圣鉴。

按，清赋条，自言不谙吏治，昧于理财，时商沈应奎，以求办理之法，推贤让能，非古大臣不能与此。此其所以成大功也。陈澹然识。

复陈抚番清赋情形折

光绪十四年十二月十六日台北府发

光绪十四年十二月十三日，承准军机大臣字寄，光绪十四年十一月十一日奉上谕：「有人奏疆臣不胜职任，据实纠参一折，据称，刘铭传于抚番、清丈，徒事铺张，致有埤南激变之事；并任用非人，漫视民瘼，以致奸民土匪乘机作乱，官激民变，确有明征；用人办事，颟顸竭蹶各节。又片奏：彰化各处，因科派单费，一乡尽逃，台南尤甚。及投效函招各员委署凤山等缺，变通补署，未免偏私各等语。刘铭传自简任台湾巡抚以来，办事尚为得力，惟恐操之过急，任用或不得人，措置不无失当，以致民心未协，激成近日番变。参折所陈，均不为无因，著即钞寄刘铭传阅看。该抚当仰体朝廷开诚训诫，示以谤书之意，于折内所陈，平心省察，据实复奏。一面清厘正赋，禁革规费，并严查贪吏，从重惩办，勿稍瞻徇。至片奏台省缺员，应请拣发一节，并著该抚酌核具奏。将此谕令知之，钦此。」仰见圣恩宽大，开诚训诫，信任不疑。臣何人斯，承兹眷遇。拜诵之下，感激涕零。

臣一介武夫，渥荷破格殊恩，畀以封疆重任，涓埃未报，惶悚滋深。惟莅台以来惨淡经营，不辞劳怨，区区愚诚，妄冀孤岛自强，固七省海疆锁钥，仰副朝廷慎重海防至意，抑亦微臣经营海表之初心。

台湾之抚番也，言者谓：番丁归化，宜有以善其后，乃十五六万之众，未闻驭之何人，处之何地，何以筹其生计，何以驯其性情。不知抚番者就而抚之，非迁而抚之也。台湾平埔民地居四，高山番地居其六，番社错处，各有家室，各有田庐，耕凿自安，何须处之以地？且地多旷土，番人自垦外，尚招民垦，概未升科，何待筹其生计？各社本有头目曰社长，按社之大小，月给粮饷，钤束番丁。从前沿山垦民被杀，岁常千数百人，近则绝无仅有。番性虽犷，而舐犊之爱，转越恒情，乃择强大之社，饬令社长送子入学，与之衣食，教以语言，俾令粗识字义。大嵙崁抚垦局，所收番童已二百人，乃父若母，时来探望，莫不鼓舞欢欣。启番童之颛蒙，即以资众番之观感。其余抚垦十余局，均饬一律仿行，力筹教养。台湾抚番久矣。从前番民仇杀，官莫谁何，遂至纷争无已，徒以气质难驯，只可潜移，未容强致，此则阴阳气化之偏，虽圣人有不能骤夺者。

言者又谓，犒赏不赀，保奖优异，不免糜滥邀功。不知开道抚番，事皆艰巨。以经费言之，前江督沈葆桢创议举行，奏请每年开抚经费银二十万两，由闽协台。臣到任，闽省每年只协军饷银四十四万两，并无另协开抚经费。现在统计全台各局经费，各社番目口粮，及番童学塾岁销，不足十万两，较之以前，抚番多而用费少，奏销可稽。以保奖言之，各营分布后山，数年来战亡病故，自提镇至千、把，不下百余，兵勇死者二千余，均经奏报有案。除臣先后三次亲入内山，剿抚叛番外，各将士年年苦战，择其尤为出力者，随时保奖一二人，或十余人。三年之久，收抚生番十余万，辟地数百里，综计请奖，不满五十人，保案可稽。此抚番之实在情形也。

台湾之清丈也，言者谓甫报升科，旋有埤南激变之事；彰化等处，如果官民相安，何忽遍地皆贼？官激民变确有明征，不知埤南本皆番变，非起自民。吕家望著名强社，犬羊反复，乃事之常。奸匪张兆晖等以外籍游民，乘机抢劫。番地本无清丈，兆晖等又无尺寸田园，无论委员有无勒索，兆晖等断非被索之人，于清丈何与？台湾民情浮动，强悍异常，嘉、彰尤甚。从前抢斗巨案，无日不闻。臣莅任后，严拏著匪百数十，立置重典，抢斗之风稍戢。所谓嘉义、新彰交界匪徒，究其踪迹，无非乘乱窃发，抢劫民财，其人无业无粮，又于清丈何与？惟彰化逆匪围城，谓因清赋激变，不为无因。但系绅激民变，非激自官。臣已将逆绅施家珍等挟仇谋逆等情，具奏在案。如果官激民变，宜乎合县皆变矣，何以抗粮只鹿港一堡？会盟围城，又只鹿港附近数十村庄。其余各堡，匪特无变，如田产最多之绅士道员林朝栋，尚且力解城围，不遗余力。然此或谓臣委用，不能不仰助官军。郎中蔡占鳌，彰化第一巨富也，帮同解散胁从，拏匪首蔡芳正法。世职洪磬安、训导杨春华等，亦各带练助剿，岂清丈独苛于鹿港一隅耶！

言者又谓，委员实未丈量，不过意为科派，单内赋额，官可轻重，富者几罄其家，彰化一乡尽逃，台南尤甚。是以升科经久之规，加为官吏勒派之罪。不知清丈图册可凭，原契可验，非将分数、坵段、壤则、户名逐一清查，单不能填，赋何由定？若谓随意科派，转瞬上下忙例限綦严，纵能欺饰于目前，岂能弥缝于日后？十三年十月，臣已片陈各属田亩溢额，概免究追，由藩司发给丈单，为执业之据，仿照江苏等省，酌收丈费，每亩不及二百文，以偿经费。各属清丈给单业将竣事，不料嘉义、凤山两县贻误事机，先据清赋局司道详请二县，先征新粮，缓收丈费。又值本年夏秋台地谷遭虫毁，臣即奏明，丈费一律缓收，已缴者准抵新粮，以昭公允。丈费微末，就令照旧抽收，何至罄富民家产？即寻常小户，亦何至弃田而逃？既谓一乡尽逃，何又聚数千众围攻县城，胁命县官焚烧丈册？若谓台南尤甚，台北单粮收数最多，追呼更急，何又不肯逃亡？清丈田亩，本未易言，台湾民情，尤为难办，自隶版图，田赋从未清理。台南粮赋，皆沿郑氏成规，上则田每甲征供粟至八石八斗，每石折收洋银二圆。其余征粟征银，参差不一。兵屯民亩，轻重悬殊。南北新辟田园，有大租、隘租、番租、香灯租、通事口粮，无非土豪私纳之名目。此次一律清丈，仿照同安下沙则升科，计上则田每甲仅完银四圆零，于台南固大为轻减，即台北亦有减无增。其大租等项，初由绅士认垦收租，毫无资本，名为代完正供，其实并无完纳。数十年来，官不清查，辗转纷纭，竟成世业。臣犹恐此次就田问赋，业户完粮，大租无着，饬令台北府、县，商同绅士折中定议，就大租酌扣四成，贴业户完粮，余仍照纳。业户既免向隅之弊，更无亏累之虞，大租应完，正供无从推托，以故绅民鼓舞，上下翕然。综计全年赋额溢出四十万，而民不劳，岂有他哉？减重赋之粮，受惠者咸存余粟；征无粮之地，执业者永杜争端。此清丈之实在情形也。

若云请款，臣到台即遭法乱，库局一空，购炮买枪，日不暇给，曾蒙户部拨银六十万，此外未尝乞求。即闽省岁协四十四万，且奏请五年为限，限满即无协济分文。往者闽省济台八十万，养兵才及数千，未闻举办何事，今闽岁少济三十六万，养兵几二万人。开山抚番，修筑炮台，办理清丈，建造城衙庙宇，安设水陆电线，建制造局，买枪炮，购机器，造铁路，置轮船，前后相衡，是否虚糜，无待微臣自白。

若云用人，臣以武职忝任危疆，未娴吏治，用人难，知人尤难，惟是有功立赏，有罪立罚，不怀成见，不徇偏私而已。臣之所用如罗建祥、李嘉棠、吴元韬、陈灿，皆尝称荐其才，一旦同时获咎，不能因人多而减去之，亦不能因埤南、彰化滋事之后而讳饰之。倘所劾者，谓任用非人；所保者，谓邀功欺饰。必且旁皇瞻顾，冀逭人言，后将何以用人？何以办事？所陈各节，有无虚伪，天下自有公评。

台湾一海外孤岛耳，自改设行省以来，用项较前倍繁，协饷较前转绌，若坐安简陋，何以自强？若拘守例章，何以自保？举凡抚垦以广幅员，清丈以裕供赋，整顿厘税，裁汰陋规，臣所以竭力图维，任劳任怨者，无非就地筹款，为国家建远大之谟。成效既彰，后便不必仰资邻省。顾利之所在，人有同情，苟有裨于公家，即不能无损于私橐。谤书所自，臣固逆知其然。徒以区区血性，苟利于国，死生以之，自问无惭，谣诼抑何能恤？天下大事，言易行难，当局苦衷，安能求谅于局外，幸荷圣明开诚训诫，不敢不详悉上陈。除台省缺员应否拣发另片具奏外，理合遵旨据实复陈，伏惟圣鉴。

光绪十五年二月十二日奉朱批：「览奏，均悉。复陈各节，均属明晰，叙述现办情形，亦尚核实。该抚嗣后务当实力图功，虚心集益，固不必顾恤浮言，亦不可固执成见，慎终如始，用副委任，勉之。钦此。」

台湾暂难改省折 光绪十一年十月二十七日

十月十九日准兵部咨，九月初五日钦奉慈禧皇太后懿旨：「醇亲王奕譞等奏称，台湾要区，宜有大员驻扎。台湾为南洋门户，关系紧要，自应因时变通，以资控制，著将福建巡抚改为台湾巡抚，常川驻扎。福建巡抚即著闽浙总督兼管。一切改设事宜，该督抚详筹奏办。钦此。」

臣查台湾一岛孤悬海外，为南洋门户要枢，诚如圣谕，关系紧要，自应因时变通，改设巡抚，以资控制。惟微臣到台年余，情形稍悉，此中奥曲，不得不沥陈于圣主之前。台湾所出财赋，较之贵州、新疆则有余。惟沿海八县之地，番居其六，民居其四，重洋远隔，依傍一空。猝有难端，全恃闽疆为根本，声气联络，痛痒相关，以助孤危之境。上年法人之乱，督臣杨昌濬未到之时，何璟罢官之际，前藩司沈保靖尚能力筹接济，以救艰危，诚以本省受兵，义难辞却。即沿海州县文报往来，尚通声气，亦以地归本省，不敢膜视。

其间若改设台湾巡抚，与闽省划界分疆，即督臣顾全大局，一视同人，司道以下，畛域分明，势必不相关顾。即以饷论，以后仍须闽省照常接济，方能养兵办防。现在筹饷艰难，除不得不用之费万难减省，以误要需，其稍可缓减者，即须力求撙节。惟视事之缓急轻重，次第分筹。臣前陈善后折，以办防、练兵、清赋、抚番为急图。现既诏设台湾巡抚，必先渐抚生番，清除内患，扩疆招垦，广布耕民，方足自成一省。臣查台番与云贵苗民、甘肃番回迥异。台番不相统属，各社所占膏腴之地，高山宜茶，平地宜谷，一旦教之耕种，皆成富区。从前抚番虚糜巨款，皆由举办未能认真，一抚就降，遂若无事。台南降番甚众，仇杀依然，声气仍归隔绝。以臣度之，若认真招抚，示以恩威，五年之间，全台生番，计可尽行归化。然后再筹分省，土地既广，财赋自充，庶可无劳内地。刻下外办防务，内抚生番，巨款难筹，时形竭蹶。一经改设巡抚，省城必建彰化县北适中之地。前抚臣岑毓英察勘形势，昭然核计，建造城垣、衙署、庙宇之需，又非百万不可。

臣目疾沉重，业经奏乞假归，如蒙恩准，无论何人接替，若外办防务，内办清赋、抚番，又造城垣、衙署，万端草创，纵使经费有著，亦恐才力难支。但台湾重地，经醇亲王等统筹全局，冀保海疆，自应派大员驻扎，似可仿照江宁、江苏规制，添设藩司一员，巡抚以台湾为行台，一切规模，无须更动，全台兵政吏治由巡抚主持，内地由总督兼管。如此分而不分，不合而合，一俟全番归化，再行改省，以重严疆，既可宽此数年，从容筹办，目下又可节省巨款，腾出资财，抚番设防，先其所急。此臣审度事势，拟从缓设巡抚之大略也。如蒙采择，应请饬令王大臣等，公同议奏，以期万全。

至台湾防务要需，业经片请筹拨，借存洋款，核计设防饷项，惟仗闽省协筹，应请旨饬令将军古尼音布、督臣杨昌濬，自十二年正月起，月由厦门海关协济饷银三万两，每年协济银三十六万。俟三五年后，台事有成，或减或停，再行核议。是否有当，伏候圣裁。

奉光绪十一年十二月十二日上谕：「据刘铭传奏，筹度台湾情形，暂难改省，又据杨昌濬奏，筹议台湾改设事宜，请添设藩司，各一折。台湾为南洋门户，业经钦奉懿旨，将福建巡抚改为台湾巡抚。刘铭传所称从缓改设，著毋庸议。杨昌濬所奏，添设台北道不如添设藩司，为因地制宜起见，自可准行。惟此次该督所奏，尚系大概情形。所有一切应办事宜，均未筹商定妥。台湾虽设行省，必须福建联成一气，如甘肃、新疆之制，庶可内外相维。著杨昌濬、刘铭传详细会商，奏明办理。钦此。」

洋商子口半税应声明约章划清界限折

光绪十四年三月初三日台北府发

本年二月二十七日，准北洋大臣李鸿章电开总理各国事务衙门奏，奉谕旨：「台湾为通商口岸，洋商向不抽厘，既据该使臣等屡次据约陈请，著将抽收洋商厘金一事，即行停止。至该省应如何征收落地税厘，另行设法办理。钦此。」

伏查台湾停止船货厘金，改抽百货厘金，经臣于光绪十三年四月间，附片陈明在案。开办以来，华商照章完厘，凡洋商入内地买土货，领有三联单者，完纳子口半税；如未领三联单者，饬令补完内地税厘，均照约章办理，数目持平，各商称便。间有无耻华商，串通洋人，不领单，亦不完厘，希图偷漏。经臣严饬局卡委员，设法抽收。奸商计无可施，怂恿各使臣屡向总理衙门言及，台湾系通商口岸，非比内地，洋商不应领单，亦不能完厘，中国征收洋厘系属违约等语。由北洋大臣李鸿章转电前来。

该使臣等所谓台湾系通商口岸者，殆指英国条约十一款内开台湾府城口准其买卖而言。夫仅准其买卖，原不能遽作为通商口岸。今即略予通融，府城口为通商口岸，亦不过滨海一隅之地，凡府城口以外之地，皆属内地，既入内地，即应领单，倘不领单，即与华商无异，应照华商一律完厘。又所谓不应领照，不应完厘者，系指就通商口岸购买土货而言。夫购买未经完厘之土货，照约本宜补完内地税厘，今即稍示通融，于通商口岸不令完厘，此外非通商口岸，即应领单完半税；不完半税，则应完厘，又所谓征收洋厘系属违约者，盖知我征收子口税，本照约章，原无不合，而故创此洋厘名目，为抵制之谋。

据台湾、沪尾口税务司三次来商，并持送总税务司赫德条议各款，有华船洋船进出，子口半税由新关并征，谅各公使可以允订之说。当以事关大局，未便轻许其言。然同此口岸，同此半税，何以在我仅收其一，尚觉其难；在彼兼收其二，转形其易。此中狡谲，已在圣鉴之中，臣亦何庸置辨。

顾臣所窃虑者，台湾土货以糖与茶为大宗，茶在台北，商家包办厘金，相安已久。台南之糖，有洋人发本交华人代办者，有华商诡托洋商购买者，互相影射，真伪莫明。臣既钦遵训示，专收落地税厘，自应增设局卡，堵截歧途。洋商无利可牟，未必不别生诡计。况洋人于公文字句，往往断章取义，惟利是图。此次恭绎谕旨，于体恤洋商之中，仍寓声明约章之意，明白晓畅，误会何由？特恐洋人得步进步，以为既云台湾系通商口岸，即不能专指府城一处为词，既仅云洋商应完正税，即不能再以子口半税为词，从此入内地概不领单，出口概不完子口税。将来华商势必尽冒洋商，厘金胥归乌有。台地事烦费巨，若再失巨款，何以自存？除将赫德条议抄呈总理各国事务衙门外，应请旨饬下总理各国事务衙门，照会各使臣，将府城口通商暨内地子口半税二事，声叙明白，以示限制，而绝觊觎。国计幸甚，台防幸甚。

光绪十四年三月二十二日，奉朱批：「该衙门知道，片并发。钦此。」

再，正缮折间，准北洋大臣李鸿章转达总理衙门电开：凡通商之处，无论是城是镇，皆为口岸，抽华商厘金原与洋商无涉。至领联单、纳半税，系指往内地贩土货而言。所谓内地者，离约内指明口岸外，皆是也。

伏查，英约内载台湾府城口，系指府城所属之港口，即洋商贸易之安平口。府城与安平口，陆路相距八里，其停船运货之处，且远至十余里，即如潮州之汕头口，登州之芝罘口，虽均隶府城约内，与台湾同款，列作府城口，未闻潮、登府城皆为口岸。若谓通商之处无论城镇皆为口岸，则尝考约章而辨之矣。英约载广州五处领事等官，准居城邑，而通商则指明港口。又，美约载各港口市镇居住贸易一语，市即他约内所指之市埠，与城不同。此外未见城镇作口岸明文，不识总理衙门是否另有所本？臣所以亟亟辨明者，台南以糖为大宗，糖廍多半逼近府城，若非就府城堵截，此外无可扼要之区。且洋商买糖，率系上年预发本资交华商代办。一旦将府城笼作通商口岸，则土货出处，洋商必谓已经入手，华厘何自而征？臣初非欲于府城抽收洋商之半税，实为顾全土货出处之华厘。况英约内明明载定，府城口据定口字立言，洋商亦不能违约置辩。谨附片上陈。

光绪十四年三月二十二日，奉朱批：「览。钦此。」

台勇长夫不能再裁折［光绪十三年十一月］

光绪十三年十月，准户部咨称，本部筹议河工赈需用款一折。奉旨：「览奏，均悉。裁撤长夫、暨盐商捐输、当商汇号交银三条，著照所请行。钦此。」自本年十一月初一起，无论沿海沿边，各营长夫，全行裁撤。每月节省饷银，限于年内迅速奏报。腾出银数，专备河工等因。咨行到台，除原单所指盐商，当商等项，台湾向无此商。

查各营长夫一项，当军营废弛不堪之际，经前大学士臣曾国藩创立湘军营制，苦心擘画，特恐各营以勇作夫，不事操练，力除积弊，不能不多给长夫，即外国辎重工程各队也。嗣后，淮军遵照旧制，历今二十余年，虽不能精劲如前，外貌尚称观美，赖有长夫一项，未致空勇废操。若全行裁减，将来各营势必以勇代夫，军政何堪设想？若谓目前无事，岂特夫可裁，即勇亦可裁，惟兵可百年不用，不可一日无兵。泰西各国，讲武历军，日强月盛，精神注于造器，国用绌于养兵。环伺中朝，尤堪悚惧。

我朝近年筹办海防，方以整顿戎行为急务，似未便于军营搜兹微款，使贪将惰卒得以藉口废弛。一有兵端，虽加百倍，亦不足偿所失。惟当此黄河决口，费用支绌之时，部臣百计搜罗，诚非得已。以臣管见，可裁冗费，如河海漕粮、各省驿站，若能变通办理，每年可节数百万金。利国便民，有益无损，似较胜于搜求微末，无补度支。惟更革旧章，能否破除成例，愚臣草昧，未敢妄陈。已将详细情形，函达大学士臣阎敬铭，请其酌办，如能采择，谅可据情入告，以抒宵旰之忧。

至臣部各军，三十五营兵勇，十一年十月已片奏，每营裁减长夫八十名。数年以来，修筑沿海炮台，兼以剿抚生番，不时征调，与内地军营不事工作、无所征调，情势迥不相同，长夫一项已经裁减，万难再减，谨据实复陈圣鉴。

光绪十三年十二月初十日，奉朱批：「户部知道。钦此。」

刘壮肃公奏议卷三　保台略

法事赴台折

恭报自津起程日期并遵旨会商情形折 光绪十年闰五月十六在天津发

窃臣于闰五月初四日奉命督办台防，十二日请训，仰蒙圣谟垂念，海疆险要，训谕周详。陛辞后，束装就道，十四日驰抵天津。现值法兵日急，亟应迅莅台疆。猥当畿辅戒严，旧部铭军势难分拨。江南唐定奎八营，亦接曾国荃电函，不克远离。广东吴宏洛五营，情势亦难分调。颇闻台湾驻防之兵数虽二万，操练不力，器械不精，必待选将严操，方能御侮。事机促迫，断难仓猝图功。

连日会商北洋大臣李鸿章，深虑微臣临难渡台，孤身无助，既不克妥筹防务，且恐难控台军。商令记名提督刘盛休部十营内，选派教陆操者百人，教炮队者三十人，教水雷者四人，都计一百三十四人。并派铭军旧将提督王贵扬等十余员，给带毛瑟后门枪三千杆，配齐子弹。并请南洋大臣曾国荃，由上海机器局筹拨前门炮十尊，另饬道员龚照瑗，由上海制造局筹拨后门小炮二十尊，水雷数十具。并此数者，勉为目前基隆一口之防。此外仍当由臣速购炮枪，以期分布。现将各种炮枪子弹，一律配齐，定于本月十八日乘轮南下，到台后应如何布置再行奏闻。

再，臣奉命督办台湾事务，奏疏公牍应行钤用关防，以昭信守，谨刊就木质关防一颗，其文曰：「巡抚衔督办台湾事务前直隶提督关防。」即于闰五月十六日在津开用，理合陈明。抑臣更有请者，方今法势鸮张，微臣至台，自以设防练军为急。澎湖、基隆各炮台，闻皆不能合度，急须次第改修，枪炮尤须早办。虽临渴掘井，究胜亡羊补牢。此次路经上海，拟选妥实炮厂，订购口径一尺内外炮数十尊，后门枪数千杆，并计改修炮台之费，统需银四十万两。现值海防急迫之时，固应速筹举办，即海疆事定，亦未可视为缓图。应恳饬下闽浙总督臣何璟、抚臣张兆栋，于应解台饷之外，由藩库、关局、道库迅拨银四十万两，归臣速办，以济急需。其枪炮价银，修台经费，事竣再行据实报销。事关台事安危，伏求圣鉴。

闰五月十八日奉上谕：「刘铭传奏，现值海防吃紧之时，此次路经上海，拟订购枪炮。澎湖等处炮台，须次第改修，请饬拨银两等语。著何璟、张兆栋迅即筹拨银四十万两，解交刘铭传，俾资应用。至炮台应否改筑，必须详细查勘。著刘铭传于到台后，查明确实情形，会商何璟等妥慎筹办。将此由五百里各谕令知之。钦此。」

恭报到台日期并筹办台北防务折 光绪十年六月初四日台北府发

窃臣前抵天津，当将自津启程日期，具报在案。拜折后，即乘轮南下。二十四日，行抵基隆，当即登岸，查勘炮台形势，周历数日，于二十八日移驻台北府城。拟再往沪尾，察看形势，相机布置。

窃维台湾孤悬海外，为南北洋关键，矿产实多，外族因而偎伺。综计全台防务，台南以澎湖为锁钥，台北以基隆为咽喉，澎湖一岛，独屿孤悬，皆非兵船不能扼守。历经闽省派轮船四只，「永保」、「琛航」两船，专任台北装煤载货，「万年青」、「伏波」两船，专备台南调遣往来。现在四船俱赴闽、沪，尚未回防，不独与闽疆音问不通，即台南北亦声气隔绝。近值南风水涨，台南轮船不能泊岸，防务暂可稍松。海上一有战争，香港、日本皆以公法所关，不能济敌船煤炭。惟基隆煤矿，久为彼族觊觎，以故声言攻取。且口门外狭，船坞天成，不虑风涛胶搁，仿佛燕［烟］台。其地旧有炮台，势居低下，且在口门以内，不能远击敌船。现已详察地势，在外海口门扼要岸，鳞墩、社寮两山对峙之区，各筑炮台一座，别建护营一座，以遏敌船进口之路。商令统领庆祥等营福宁镇总兵曹志忠，面授规模，拨支款项，十二十八日即令督勇兴工。惟一材一料，类皆取购厦门，现无轮船过海，望洋束手，万难迅速告成。沪尾海口距台北府三十里，中外通商轮船易入。其次苏澳等口，船亦易通。一俟购炮到台，均须次第设防，以期严密。此臣现抵台北，急筹防守之情形也。

至全台物产，饷源所系，实以茶、盐、樟脑为大宗。盐厘各局，台北较多。台南陆路则阻大溪，水程则须泛海，公牍往返，动逾旬时，自系鞭长莫及。臣拟俟防务稍布规模，即将煤矿、盐厘详查整核，兴地方自有之利，养全台防守之兵。各营月饷，亦须总核分明，力祛糜滥。

查全台防军共四十营，台北只存署福建陆路提督孙开华所部三营、曹志忠所部六营而止。台南现无大患，多至三十一营。南北缓急悬殊，轻重尤须妥置，臣旧部章高元武毅两营，现经饬调北来，作为护队。其余尚须审择将领，徐整戎规，固非一时所能猝办。台北统将孙开华，器宇轩昂，精明强干。曹志忠性情朴实，稳慎过人。该提镇等于器械操练虽少讲求，要皆久著霆军，饱经战阵。臣连日接谈简器练兵之法，类皆鼓舞欢欣。如能不畏艰险，于兵事切实讲求，皆不负国家干城之选。臣以驽骀，仰蒙天恩，畀以重任，既不敢因循粉饰，亦不敢急切图功。惟当殚竭微诚，图报万一，仰副圣主绥保危疆之至意。

光绪十年六月十二日奉上谕：「现派曾国荃等在沪与法使议约，该使无理要求，婪索巨款，万难允许。虽经美国照约出为调处，成否尚不可知，亟须豫备战守。况法舰现聚闽口，彼族诡计多端，伺隙攻瑕，均未可定。沿海各省防务吃紧，该大臣、将军、督抚等，不得因有调处之说，稍涉疏懈，仍当振刷精神，懔遵叠次谕旨，极力筹备，坚持必战之心，勿存游移之见，庶不至因循贻误，致干咎戾。将此由六百里各密谕知之。钦此。」

请饬南洋遣回四轮片 [光绪十年六月初四日]

再，台湾孤悬海外，一举一动，皆非兵舰不行。且澎湖一岛，地处要冲，尤非兵船不能设守。现往来台南北之船，「永保」、「琛航」在台北，专装煤货，「万年青」、「伏波」两兵轮，专住台南，年久行迟，断难应敌。

查船政局素有「澄庆」、「登瀛洲」、「靖远」、「开济」四船，均经拨赴两江。目前台防需船，较他处为倍急。两江设守应用兵船，只有江阴、吴淞两处，其次皆无事兵船，各船往来，不过供差之用。而管驾水手，久居沪上华丽之地，不居船内，惧涉风涛，游惰已成习惯。不独虚糜饷项，且致贻诮外人。现在南洋新购钢快二船已到，合之旧轮，为用已敷，如能将「澄庆」等四船遣回台湾，臣与张佩纶随时督练，察看管驾贤否，长令梭巡海面，尝试风涛，非只有裨防务，且于师船一道，切实讲求，尤为扩张海军之地。应请饬下署两江督臣曾国荃，迅饬该兵轮即行回台，以后饷需经费，当由闽台筹给，闽防既固，南洋亦可稍减海防经费之资。伏求圣鉴。

按，张佩纶时以翰林学士署副都御史会办闽防，故篇内及之。不一月，闽防大败，兵船廿艘，无一存矣。

军机大臣奉旨：「叠据曾国荃、陈宝琛电报，此时拨船赴闽，适以饵敌，且江南防务亦殊吃紧。已准其暂缓调拨矣。钦此。」

按，曾公时任南洋，陈则为会办也。

敌陷基隆炮台我军复破敌营获胜折 光绪十年六月十六日台北府发

窃臣前将抵台日期，并勘基隆炮台，恭折陈报在案。前月二十五日，即有法人兵船一艘湾泊基隆，询所由来，答以游巡海口。臣即密饬各军，严行戒备，督促海口社寮炮台日夜筑修。惟运料无船，万端束手，当即飞函闽省，请将「永保」、「琛航」两官船拨台应急。奈闽口音信隔绝兼旬，由沪运炮赴台之商轮，又久迟不到。

自本月朔，时有法兵船巡泊基隆，半日即去，而前次所到之法船一艘，仍泊不行。当以和战未定，未便衅自我开。适「伏波」兵船自台南载新调提督章高元毅军勇五百甫到基隆。闽省复调「伏波」装澎湖两营以去，台兵益寡，轮舰一空。当饬章高元扎近基隆炮台，藉资辅助，提督苏得胜佐之。其自上海运炮之委员游学诗，因中国各轮惮于南下，初九日始雇德商「万利」轮船，十二日始来沪尾。维时臣正赴沪尾，督令孙开华所部赶造炮台，见军装运到，即令将雷炮仍由「万利」船运布基隆。及到基隆，法兵酋坚阻不令卸载，德船不能久候，仍回沪尾口门。臣方回至淡水城，正拟改船装运，忽于十四日续来法兵船四艘，直逼基隆。其兵酋李士卑斯，遣告苏得胜、曹志忠，据称和议不成，限期已届，随带战书、告示，定于翌晨攻击炮台。诸将一面严防，一面飞报。

臣于十五日黎明接信，当以基隆炮台本无可恃，前折业经奏明。当即亲驰督战，行至半途，炮声震地，趱行速至。法人已于辰刻开炮攻台，营官姜鸿胜督炮还攻。台上只存洋炮五尊，炮台仅有当门一面，敌由旁击炮，即不能旁攻。章高元、苏得胜各带百余人，潜伏炮台墙外沟中。敌炮猛攻不息，自辰至午，血战不休，竟毁炮台前壁，火药房亦被敌轰毁。章高元、苏得胜密令姜鸿胜率军退出，伤亡弁勇六十余人。炮台既毁，我不能支，法亦未踞。此炮台被毁之情形也。

臣愤法人之轻我也，非诱之陆战，不足以折彼凶锋，赶将海滨难守各营，饬移后山，以避敌炮。曹志忠营虽近海，中隔小山，仍令照常严守。一面激励各军坚筹血战，誓挫凶威。十六日卯刻，法兵四五百人，半在曹志忠营北山上筑营，余二百人直薄曹志忠之垒，仍用轮船炸炮助攻，自卯至午枪炮不息。曹志忠一面饬守本营，亲督王三星等率队二百人出战。臣即令章高元、苏得胜，率队百余人袭其东。复派已革游击邓长安率亲军小队六十人，绕击其西。曹志忠见两路夹攻，士气益壮。法见我军之夹攻也，连轰巨炮以敌之。枪战逾时，我军所持后膛枪，皆能命中，击倒山巅拥纛之法酋二人，与山下法兵头一人。敌军大溃，我军一鼓登山，当破敌营，夺获洋枪数十杆，帐房十余架，并获其二纛，斩首一级。探报法兵伤亡百余人，逐北至船边始返。我军伤亡才数人。二纛者，皆国徽，尤为万国行军所大耻。此法犯基隆，陆战获胜之情形也。

伏念基隆炮台不固，炮位无多，彼族久经窃议，今突以五船相犯，实瞰我军船炮俱无，睥睨乘危，妄思窃踞。今幸仰荷天威，将士用命，有此血战，稍挫凶锋，实足以抒激愤。惟当逐北抵船之际，海口若有兵轮，首尾夹攻，敌船皆为我有，失此机会，慨惜如何！法人自入中国以来，未经此败，势岂能甘？必将增兵增船，一雪斯耻。我军兵单器乏，何以御之？合无仰恳天恩，俯念海外孤军，事机万急，飞敕南北洋大臣暨闽省督抚速拨能战兵轮十只，择将来台助战，无蹈各安疆土，坐令微臣独陷危机。曷胜急切待命之至。

所有此次尤为出力之统领霆、庆等军，记名提督、福建福宁镇总兵曹志忠，亲驻海滨，孤军突战，且于炮台攻倒后，鼓励将士，毁挫敌营，其功实非寻常可比，可否吁恳天恩，赏穿黄马褂，以示优奖。统领武毅军记名提督章高元、记名提督苏得胜，平日认真操练，临敌尤能奋不顾身，助守炮台，保护守台弁兵，全行退出，未甚伤夷，拟恳天恩，遇有海疆总兵缺出，即行简放，并请赏换清字勇号。总兵衔尽先副将王三星，拟请以总兵记名简放，并请赏给清字勇号。已革游击邓长安，拟请开复原官，用示鼓励。其余文武立功将士，可否择尤保励，出自逾格鸿慈。

光绪十年七月初二日，内阁奉上谕：「刘铭传奏，台北基隆炮台为敌攻陷，我军复踏毁敌营，获胜情形一折。法国兵船驶至台北基隆口岸，于六月十五日叠开巨炮，将该处炮台击毁。十六日，法兵上岸，直扑营垒，经刘铭传及总兵曹志忠等督军迎击获胜，敌兵溃败。刘铭传调度有方，深堪嘉尚，著交部从优议叙。尤为出力之记名提督、福建福宁镇总兵曹志忠，著赏穿黄马褂。提督章高元、苏得胜，均著遇有海疆总兵缺出，即行简放。章高元并赏换年昌阿巴图鲁名号，苏得胜并赏换西林巴图鲁名号。副将王三星，著以总兵记名简放，并赏给额腾依巴图鲁名号。已革游击邓长安，著开复原官。其余立功将士，及出力文武员弁，准其择尤汇请奖励。钦奉慈禧端佑康颐昭豫庄诚皇太后懿旨，著于内帑节省项下，发去银三千两，赏给此次出力兵勇，著刘铭传查明尤为奋勇者，传旨赏给。钦此。

至基隆炮台，前据刘铭传奏，修筑未能合法，本不足恃，此次失事员弁，著免其置议。嗣后倘有守御不力，以致挫失情事，定当按照军律从严惩办，决不宽贷。所有伤亡弁勇，即著查明请恤。另片奏解运军械办粮转饷各员，恳请奖励等语。基隆通判梁纯夫，著赏换花翎。县丞游学诗，著以知县补用。盐大使钱寿益，著免补本班，以知县仍留原省归候补班，前补用游击孙安邦，著以参将补用，并赏加副将衔。已革道员裕庚，著准其留营效力。又片奏道员朱守谟等恳请留营等语。记名道朱守谟、郎中罗廷玉，均著准其留营效力。该部知道，钦此。」

请将曹志忠移扎山后并拆移煤矿机器片〔光绪十年六月十六日〕

再，臣自沪渡台之日，正事机紧急之时，随带亲兵百余人，文武员弁十余人，猝临强敌，内地音信不通，台兵素无纪律，恩信未孚，诸务无从措手。惟有宣示朝廷威德，激励将士苦战，以保危疆。惟敌人船坚炮利，若再增兵增船，曹志忠所守正营中营，离海过近，难支敌炮，拟令移扎后山，以保兵锐。其八斗煤矿，已派擢胜营官杨洪彪督拆，机器移至山后，并将煤矿房屋一并烧毁，以绝敌人窥伺之心。谨附片具奏。

再，正缮折间，接据基隆税务司帮办英人鲍琅荣函称：法乐提督意甚殷勤，欲邀臣赴彼船面商事件。臣以体制有关，未便前往。惟彼族既以礼来，当约该税务司，于十八日巳刻，在基隆相晤，询问该酋所商何事，再行驰奏。谨抄该税务司原函，恭呈御览，伏乞圣鉴。

法拟调陆兵来攻台北片 光绪十年七月二十八日

再，台北军情，自七月初九法船出闽后，即以三艘近泊基隆，势极猖獗，挂旗索战，连日不休。七月初十、十一两日，敌兵开炮猛攻，我勇凭山为障，开炮还击，屡中其船，彼炮反无所施其毒。彼劳我逸，敌颇伤亡，然后退泊口外。

沪尾海口离基隆八十里，该处仅孙开华三营，复经李彤恩添募土勇一营，兵单力薄，危急万分。彼族不得志于基隆，十四、二十等日，复窥沪尾，当经孙开华、李彤恩赶将沪尾前备堵口石船，接连沈塞。法船屡到，探视口门，即行驶去。臣于本月十九日，亲至沪尾，添派炮勇百人，稍加布置，即日仍返基隆。现基隆口门仍泊三船未动。

闽口驶出兵船不知何往，声言调陆兵四千，来攻基隆。台岛孤悬，兵单援绝，前奉谕旨，饬拨江阴援兵刘朝祜等四营。顷接曾国荃电复，谓设法雇船，可载一营先渡。北洋所拨三营，尚待觅船。八月以后，台南浪涌渐平，更形吃紧，台疆千里，在在堪虞，忧急既深，不知所措，惟有就现在防兵竭力支持，以待援应。除大概情形均经随电总理衙门外，谨将近日军情，附片密陈。

本年十月十九日，奉到原折后开，军机大臣奉旨：「览奏，已悉。前有旨令南洋、闽、粤速筹援应，著刘铭传就现有防兵，严密布置，力筹战守，并将军情随时迅速电奏。钦此。」

法船并犯台北基沪俱危移保后路折 光绪十年八月十五日台北府发

窃臣前将法人拟调陆兵攻扰台北各情，于七月二十八日片陈在案。拜折后，敌人日以一两船拦泊沪尾口门，遇船即搜，以绝援应。商船畏阻，音问不通，驰折无从，万分焦灼。

八月初二日，飓风大雨之中，上海所雇「汇利」、「万利」两船，载江阴刘朝祜勇六百人驶到，赶用剥船接卸百余人，而风势紧急，两船皆避风入海。「汇利」仍装原勇折回上海，「万利」仅装五十人，于次日回台，卸兵甫毕，敌已上船搜查，见无军装始去，当将前折由「万利」赍赴上海转呈。初九日，龚照瑗所雇「华安」轮船，装勇三百人，甫来沪口，遇敌追回，初十日由新竹上岸，至今未到基隆，其危迫难至如此。

三法船停泊基隆，日以巨炮轰击。十二日，复有八船突至，并前泊共十一船，兵势益盛。十三日黎明，敌兵千人自口外西山登岸，恪靖营营官毕长和，各带百余人接战，往复冲荡，血战两时。敌复自山巅抄击，章高元、陈永隆等退出山口，血战抵持，直至酉刻，敌更猛扑我军，复经陈永隆等击退，阵斩一酋，我勇伤亡逾百。

自六月既望以来，将士血战两月，日在炎瘴溽湿之中，病者十居八九，八营之众，能战不过千人。曹志忠、章高元、苏得胜等，身自博战，誓死不挠。正当全力相持之际，忽报沪尾敌船五艘直犯口门。沪台新造，尚未完工，仅能安炮三尊，保护沈船塞口。敌炮如雨，孙开华、刘朝祜督饬张邦才等用炮还攻。炮台新壅泥沙，不能坚固，被炮即毁，阵亡炮勇十余人，张邦才负伤亦重，飞书告急基隆。臣以基隆万分危迫，沪尾又被急攻，基隆无兵可分，沪尾又当基隆后路，离府城只三十里，仅恃一线之口，商船声息稍通，军装粮饷尽在府城。沪口除沈船外，台脆兵单，万无足恃。倘根本一失，前军不战自溃，必至全局瓦解，莫可挽回，不得不先其所急，移师后路，藉保府城，乃夜率曹志忠、章高元各营，自基隆赶回淡水，立派曹志忠、章高元、苏得胜，共率奋勇数百人，驰救沪尾，军装队伍搬运无遗。刘朝祜所部百余人，原助孙开华守沪，敌船连攻两日，孙开华、刘朝祜伏军海岸，屡遏敌锋。曹志忠既退，现抵沪营，敌舰无增，或可暂支危局，臣惟有勉循伤病，力守危疆急迫情形，想邀圣鉴。

伏念臣以疲病之卒，当破闽之师，两月孤危，情见势诎，兵单援绝，坐困较然。敌人自破闽江，声言必攻台北，稔知我军势蹙，全力环攻。兵力过单，智勇俱困，微臣怜士卒之疮痍，虑全军之覆灭，仅能拔之出险，先顾本根，不能力保基隆，咎何能逭？亟应请旨，将臣从重治罪，以示国威。惟法既全力注台，淡水新城尚未完工，无险可守，台危累卵，旦夕难知。伏求圣明，迅施方略，以救阽危，无任激切待命之至。

军机大臣奉旨：「览奏，均悉。台防万紧，朝廷殊深焦虑，昨又谕南北洋大臣，派拨兵轮援应。刘铭传素有谋略，务当勉力筹防，联络绅民，出奇制胜，挫彼凶锋，以保台湾全局。所请治罪之处，著加恩宽免。钦此。」

敌攻沪尾血战获胜折 光绪十年八月二十四日台北府发

窃臣前将法船分攻沪尾，拨队援守等情驰报在案。自是以来，我军严防沪尾，不料十六日，法人又到三船，通计八艘，巨炮日击沪尾炮台，守兵茫无驻足。孙开华、章高元、刘朝祜等，昼夜率军分伏海滨林莽，风餐露宿，不敢少休。

二十日清晨，敌船忽散，孙开华决其势必登岸，亲督右营官龚占鳌伏假港中，营官李定明伏油车，别令后营官范惠意为后应。章高元、刘朝祜各率营官朱焕明等伏北台山后，防袭我台。李彤恩所募士勇张李成一营伏北路山间。部署粗定，敌炮轰数百响，烟尘涨天，炸弹如雨，复以小轮分道驳兵千人，猝登海岸，攻扑炮台。孙开华见敌兵既逼，立率李定明、范惠意分途截击，章高元等自北路迎战。敌兵各执利枪，自辰至午，枪声不绝，屡挫复进，鏖战不衰。我军拔短兵击杀，张李成领队袭之，孙开华斩执旗法酋，夺旗锐入。我军见敌旗被获，士气益张，斩首二十五级，内有兵酋二人，枪毙三百余人。敌乃大溃，我军直追至海岸，敌兵溺海者更七八十人，敌船急护败兵，开炮乱击，自伤小轮一只，并遗格林炮一尊，我军俱获以归。

是役也，提臣孙开华中后两营，首犯敌冲，鏖战最久，阵亡哨官三员，伤亡勇丁百余人。其余各营弁勇，俱有伤亡。战后，孙开华举战胜各情，具报前来。

臣查此次敌兵猛扑沪口，蓄锐猝登，志在必克，当敌划送兵上崖，各划皆开入海中，自断归路，以决死战。我军自基台被毁，无炮还攻，全赖军士赤手短兵，誓死不退，虽枪炮如雨，士气益奋决无前，竟能斩将搴旗，遏其凶焰。沪尾英人登山观战，拍手狂呼，无不颂孙开华之奋勇绝伦，馈食物以鸣欢舞。

伏念各将士忍饥裹创，野宿山隈，当呻吟疲病之余，处绝险孤危之地，奋身血战，以弱摧强，实属异常劳苦，所有统领擢胜等营署福建陆路提督记名提督漳州镇总兵孙开华，身先士卒，忠勇善战，危局独支，厥功尤伟。该提督历著战绩，已蒙恩赏穿黄马褂，并赏给清字勇号，现署福建陆路提督，官职较崇，微臣未敢擅请，可否破格以奖战功之处，恭候圣裁。记名提督绰罗泰巴图鲁龚占鳌，陷阵冲锋，杀敌最众，可否赏穿黄马褂，以示优殊。提督衔记名总兵健勇巴图鲁李定明、记名提督朱焕明二员，均拟请交军机处存记，遇有总兵缺出，先行请旨简放。李定明拟请赏换清字勇号，并以提督记名。副将衔闽浙补用游击范惠意、尽先游击孔光治二员，均拟请免补游击参将，以副将留于闽浙，尽先补用，并加总兵衔。范惠意仍拟请赏给清字勇号。尽先副将毕长和、陈永隆二员，拟请以总兵记名简放。记名总兵梁秉成，拟请赏给巴图鲁勇号，并加提督衔。蓝翎尽先都司、沪尾营守备萧定邦，拟请以游击尽先补用，并赏换花翎。五品军功张李成，拟请以守备尽先补用，并赏戴花翎，并加都司衔。军功陈振泰、黄国添、蔡国梁三弁，均拟请以千总尽先拔补，并赏给五品蓝翎。江苏候补从九品刘恕，拟请免补从九品县丞，以知县留闽补用。以示鼓励之处，出自逾格鸿慈。其余出力员弁，应请汇入前次保案，择尤请奖。阵亡弁勇，亦俟查明，汇奏请恤。

再，此次非常恶战，海关英人皆叹啧无已。将士风餐露宿，艰苦万端，孙开华军尤多出力，所请奖励，不免稍优。惟当此饷穷援绝，惟恃重奖以励人心，不能不稍从其厚，故敢照原请上闻，未能遽加删减。可否仰恳天恩，廑念海外孤军血战之艰，俯赐俞允，以收士卒奋勉图功之效，无任惶悚之至。至章高元，前于基隆获胜案已邀奖励。刘朝祜系臣侄孙，均未敢随折上请，合并陈明。

光绪十年九月二十日，军机大臣奉上谕：「刘铭传奏法军攻扑沪尾，官军接仗获胜情形一折。法船分泊台北、沪尾等处，八月二十日，法兵猛扑上岸，提督孙开华督军分路迎击，提督章高元等亦带队进剿。法兵挫而复进者数次。我军短兵相接，孙开华率队直前。阵斩持旗法将一名，并夺其旗，毙敌约三百名。敌势不支，纷纷溃散，其退至海边争渡，覆溺者无算。在事尤为出力各员，自应优予奖励。」

「署福建陆路提督记名提督漳州镇总兵孙开华，身先士卒，忠勇善战，深堪嘉尚，加恩赏给骑都尉世职，并赏给白玉翎管一支、白玉搬指一个、白玉柄小刀一把、火镰一把、大荷包一对、小荷包两个，以示优奖。提督章高元，据奏基隆案内已邀恩奖，总兵刘朝祜，系该抚侄孙，均未奏请奖励。该提督等均著战绩，自应一体加恩。章高元、刘朝祜著各赏给白玉翎管二支、白玉搬指一个、白玉柄小刀一把，大荷包一对、小荷包两个。章高元并交部从优议叙。刘朝祜并赏加提督衔。提督龚占鳌，冲锋陷阵，卓著战功，著赏穿黄马褂。总兵李定明、提督朱焕明，均著交军机处存记，遇有总兵缺出，先行请旨简放，李定明并以提督记名，并赏给博德恩巴图鲁名号。游击范惠意、孔光治，均著免补游击参将，以副将留于闽省，归前先补用，并赏加总兵衔，范惠意并赏给额腾依巴图鲁名号。副将毕长和、陈永隆，均著以总兵记名简放。总兵梁秉成，著赏给克勇巴图鲁名号，并赏加提督衔。沪尾营守备萧定邦，著以游击尽先补用，并赏戴花翎，赏加都司衔。陈振泰、黄国添、蔡国梁，均著以千总尽先拔补，并赏给五品蓝翎。从九品刘恕，著免补从九品县丞，以知县留于福建补用。钦奉慈禧端佑康颐昭豫庄诚皇太后懿旨，著发去帑银一万两，赏给此次出力兵勇，著刘铭传查明尤为奋勇者，传旨赏给。钦此。该抚务当激励将士，同心御侮，共奏肤功，渥膺懋赏。余著照所请办理。该部知道。钦此。」

密陈台疆危迫援饷俱穷片［光绪十年八月二十四日］

再，台岛万分危迫，已于前折并电报沥陈。现在沪尾之捷，仰托天威，稍摧敌焰。惟营台俱为炮毁，军士无立足之区，露宿抵防，暂救目前危急。彼族大队，俱集于斯。基隆四山皆筑铁营，势非得全台不止。我军苦战，伤病死亡，器械药丸无能为继。前者南洋装兵，竭尽无穷之力，三次仅到六百人，万分险阻。顷上海忽有「华安」轮船在海被劫之谣，各船皆不敢再装兵械，海天寥廓，接济已穷。官绅坚请招土勇数千，以辅官兵不足。乌合之众，器械毫无，安能御敌？

现在饷需益绌，台南道库，据台湾道报称，仅敷目前，请咨闽省，速为援济，尚未知能拨若干，如何转运。台北所存，不足十万，以台北出入之数计之，不过仅支一月。台北税厘，因军事日危，毫无所获。过此以往，呼吁无门，尤堪悚惧。

从前基隆既失，沪口一线，商船犹可往来，藉得稍通消息。此后商船日绝，音信难通。台南潮势将平，统将无能一战，敌船若攻台南，则四路断绝。南北洋之船，又不能远来台地，坐而受困，援救伊谁？臣一身不足惜，将使全台千万生灵，尽罹涂炭，能不寒心！况敌人踞此，更将横扰南洋，大局何堪设想。臣受恩深重，何敢一字虚饰，上渎宸聪。徒以援济俱穷，势且坐而待毙，情危势迫，不得不冒死哀陈。敢乞宸谟广施方略，以中原全力，救此危疆，无任激切待命之至！附片密陈，伏求圣鉴。

按，此足见当时情状之危，非公安能保此绝地。厥后十一月，奏陈台绅捐资募勇，自言当时竭蹶万分，已无生望。始知公铁路疏兵饷出自朝廷，督抚不能牵制，所见为独远也。陈澹然识。

军机大臣奉旨：「览奏，已悉。现谕令南北洋大臣，调拨兵轮，克日前往援剿。并令杨昌濬将兵饷军火，妥筹接济。该抚务当激励将士，联络绅民，妥筹战守，迅复基隆，毋稍松劲。钦此。」

台绅捐资募勇屡战获胜并各军分守情形折 光绪十年十一月初九日台北府发

窃臣屡奉谕旨，垂念台岛孤危，饬令劝集义团，协力助战。当即宣示德音，悬赏激励，俾令敌忾同仇。绅民感沐皇仁，竭力从事。

自敌踞基隆，附近之暖暖、深澳、四脚亭、鲽鱼坑、六堵、七堵、八堵等处，地皆相接，始则派夫修垒，不从则侵掠随之。暖暖隘口、石梯岭、乌嘴峰一带，逼近基隆九弓山，敌营兵屡犯。暖暖练董武举王廷理、周玉谦等，捐资募勇三百人，与深澳等处各董练丁扼守，每处或数十百人，凭险堵御。臣恐民练力薄，当饬曹志忠派营勇三百人，屯扎暖暖，助之战守，并发款饬王廷理等，增募土勇三百人，拨发洋枪，参用土枪，以备风雨。九月二十日后，法攻暖暖三日，周玉谦等严守山隘，挫之，毙法兵十数人，并毙其三画兵酋一人，土勇亦伤亡十数人。练勇见山险可恃，保守益壮，不时宵入敌卡，斩首以归。臣亦立即给赏，以示鼓励。十月二十五日黎明，敌众百余人，突自九弓山分扑乌嘴峰营卡，练丁悉力抵拒，势且不支，适各处营勇练丁俱至救应，枪伤敌众十余人，夺获红旗一面，敌始败退。

彰化绅士郎中林朝栋，生长将家，急公好义，闻状，独备粮饷两月，募勇五百人助剿。臣大喜，急拨军械，令赴暖暖，共图守御。新竹绅士郎中林汝梅，亦筹款两月，募练勇二百人，协守新竹。其地离海才八里，海口纷歧，当台南北关键，初仅游击张得贵合土练勇五百人，不敷防布，屡请增兵，莫能分拨，今南防较缓，已檄刘璈酌拨一营，前来协守。

沪尾南岸观音山一带，仅总兵柳泰和楚勇一营，甚为吃重，曾令添募土勇八百名，只可聊为声助。地势绵长，无险可据。其地离府城才十余里，尤为可惧，法自沪尾败后，愤恨益甚，时购奸探察看水雷多寡，安置某所，声言兵到必水陆俱攻。经孙开华拿获奸探五人，讯明正法。冬来水浅，敌且多集小轮船，以待大兵。臣已令就海口添设浮桩八百个，以备不虞。陆路亦经孙开华、章高元督修暗穴，安设地雷。惟该处地形洼下，营台辄为船炮所摧，八月以来，兵皆露处，入春水涨，更难措置。

基隆之达沪尾，以五堵为要隘，曹志忠所部现扎五堵，并添募土勇千人，分驻六堵、大武仑一带，皆与基隆接壤。苏得胜新募土勇千人，驻防水返脚，以资策应。以兵数言，除宜兰土勇千人外，台北通计一万三千人。惟敌聚我分，彼此莫能援救，且老勇死伤过众，精锐无多，士兵器械不精，操练未熟，况兵多饷重，匮缺则哗溃乘之。十月以前，将士病危，敌势猖獗，饷尽援绝，士寇纷乘，臣竭蹶万分，已无生望。幸荷天恩，屡饬各疆臣多方援济。十月初，直隶督臣李鸿章、闽浙督臣杨昌濬，各派厦绅叶文澜兑银通信。复经两江督臣曾国荃，令道员龚照瑗雇轮载送淮勇五百人，并由民船解到黎意枪一千杆。两广督臣张之洞，雇船由澎湖接济饷银三万两暨火药等项，台北军势差得生机。

惟本月初二日，安南降人并法船舌人密报，法在安南运兵且至，坚嘱严防。敌踞基隆陆兵多病，三次共增一千五百人，分守七营，依山傍海。倘能趁敌兵未到，内地运增劲旅三千人防守，方能有济。否则，法兵齐到，支柱实难，昨已电商张之洞，请将臣旧部吴宏洛五营，抽调渡台，张之洞接济饷项军装，不遗余力，或可允副所求，要非大队兵船护运，殊难即达。法人以兵舰纵横海外，以我之兵轮与之海上争锋，固非可恃，乘间护运，势尚可为。已电请杨昌濬，速趁敌兵未到之先，台南巡船尚少，迅调劲旅渡台，免成后着。臣当督各军相机防剿，以待援师。惟基隆山势奇险，敌以兵舰护营，仰而攻之，徒伤精锐，显图进取，势更艰危，谨密选敢死之徒，悬以重赏，使之夜袭边营，法人器利守坚，得手尚难逆料。惟盼援兵早渡，兵力稍充，方免瞻前顾后。

台北府城为粮械本根重地，前仅土勇二百人，臣谨调刘朝祜率所部，并江阴新到勇八百人，聊资守御。所幸土匪已平，地方安定，军民辑睦，差堪仰慰宸怀。除捐练绅民汇案请奖外，谨将练丁获胜，及各军防守待援各情，驰陈圣鉴。

军机大臣奉旨：「览奏，均悉。台北绅民捐资助防，御敌获胜，实属急公好义，著刘铭传查明，奏请优奖，仍激励团勇，会合官军，迅克基隆，同膺懋赏。钦此。」

密陈饷绌请令闽督早筹并法人封口劫杀商船片〔光绪十年十一月初九日〕

再，据曹志忠报称，二十三日夜，法兵五百余人分两路，自深澳坑、月眉山潜袭我军，当经廖得胜探知，早为准备，曹志忠督饬各营分头堵击，并飞告刘朝祜、林朝栋率队往援。法兵直扑濠外拔梅桩，我军枪炮迭轰，战至五鼓，法兵死伤过多，始行溃退。自是以来，法人日夜迭攻，该处风雨连绵，急须制造油衣，以便战守。现已饬作速制衣三千件，赶赴前敌分用。惟台地产衣素少，海封既久，百物时亏，苦难速办。

前因军饷奇绌，臣等商之各营，月饷暂计四十日一关，有饷再行补发，以便腾挪。值此战事方殷，百货奇贵，军无足饷，困苦尤深。且闻，湘军王诗正援台之勇，增给口粮，吴鸿源所部均颁足饷，现在援兵日集，用度益繁。前因暖暖孤危，饬令林朝栋并粤派总兵徐赞彪各增土勇一营为助，加以淮军续到数营，台南北月各需饷银十一万两。据刘璈禀请，截留津、广协银数万，支发台南北军饷，不过勉支明年二月，深虑竭蹶，必赖早筹，应请饬下督臣杨昌濬，赶筹大批饷银，或解或兑，均交沈应奎收储，统筹支发，以免哗噪之忧。伏求圣鉴。

再，正缮折间，据报沪尾法船又添三艘，基、沪两口共十三船。新竹县官绅日报称，敌船至新竹诸港，日事游巡，逢船劫搜，见人击杀，内地商船偶至，辄为炮箭毁伤。有舟人潜通入台，据称有军装二船，并为敌劫。船来何处，询访无从。又据英商言，英兵轮携来书信，法人皆令露封，此后安能再赍台信。似此情形，内信略通，又将梗塞。且敌船日伺海口，屡见军装登岸，故示截搜，更须慎之又慎。臣已密电南北洋、闽省，倘资饷械，勿用民船，免资强敌。惟盼兵轮护解，援兵早至，庶可力解重围，免致孤军覆没。此后台军情状，仍当转电南北洋、闽省，由总署代陈。伏求圣鉴。

复陈封口后兵危饷缺劝绅捐助各情片〔光绪十年十一月初九日〕

台湾自法船封口，文报不通，奏牍无从递送，屡将危急情形电乞总署代奏。电文皆托英商，且重价雇人，由民船潜渡，能达与否，茫不可知。焦灼如焚，生还已绝。适初五日，厦商附民船偷渡来台，始奉九月初八、十一、十二三次电寄谕旨。仰荷圣慈逾格垂念台危，温谕叠颁，谆饬各疆臣悉力救援，谋通消息。奉诏涕泣，莫知所云。臣处此万分危迫之中，一息尚存，终当死守待援，仰答鸿慈于万一。

惟厦兑北洋、闽省饷银，至今无船，未能东渡，当派福建候补知县郑建中，设法于台北华洋各商贴息筹兑，期济艰危。台北绅士三品卿衔林维源，认捐洋二十万元，屡请宽期分缴，臣已遵旨力催，本年可缴十万元，缴清即当奏奖。林维源早渡厦门，其友同知刘寿铿阴相劝助，臣并传旨知照刘寿铿，随办来台。惟台北商店现银无多，不敷兑用，商令函致林维源借资筹济。林维源重洋远隔，信息不通，能否遵行，尚难遥度。

臣始渡台，随员甚少，凡在台官绅有可用者，无不广致礼罗。彰化绅士郎中林朝栋，好义急公。新竹绅士郎中林汝梅，任事勇往。二绅皆有才识，物望所归，当令林朝栋带练助防台北，林汝梅带练至新竹协防。其余绅士，知府陈霞林等皆令设局办团，以期联络，官民一气，上下翕然，可纾廑注。

惟法围基、沪，分船四面环台梭巡，遇有民船，即行搜劫。昨英国兵船到口，所带厦门文牍，已被截回。现据基隆探称，新至小轮七只，将攻沪尾口门，情势益岌。雇人赍信，貌作行商，乘船夜渡，信缝衣底，冀避劫搜。奏折体严，未能照缮，谨稿送督臣，乞代缮呈，迟速浮沈，尤难预决。军中情状，仍由电达南北洋、闽省，转电总署代陈。惟冀仰仗天威，援兵早至，救全台将士生民于垂死，解微臣吁天乞命之危情，不胜痛切哀鸣之至！

军机大臣奉旨：「览奏，均悉。林维源业经降旨优奖，自当感激图报。此外台绅，并著该抚善为激励，辅助兵力，共奏肤功。至南北洋、闽、粤筹济兵械，均已电催速办矣。钦此。」

台北极危请饬速调劲兵援救折 光绪十年十一月二十二日台北府发

窃臣于十一月初九日，将台北防剿情形，恭折具陈在案。十月二十日电寄谕旨：「南北洋援台兵轮，克日进发，法人必图抵御，不能专顾封口，正可乘此机会，另雇商轮，运载兵械，伺隙抵台。著曾国荃、彭玉麟、张之洞，速即电商，各拨得力数营，雇定洋轮，于七船赴闽之日，相机潜渡。此次兵轮前进，首在牵制敌船，以松台围。沪、粤两处，及时设法雇船运助，实为救台第一要策。该督等务当速办，与左宗棠等互通消息，以应事机。长沙现有备调八营，南洋如能酌拨刘铭传旧部援台，即速调湘中八营填扎。马祖澳法船二艘，倘能设法扫荡，可挫敌焰，并著酌量办理。刘铭传亦应激励兵勇，迅复基隆，不得懦怯株守，致敌滋扰，等因。钦此。」仰见圣主垂念台危，无微不至。

查台湾自六月十五日基隆开战以来，至今半载，仅江阴数次调到淮军一千三百人，虽募土勇五千，器械不精，难当大敌。沪尾海口，尤关台北安危，通计淮、楚七营，土勇三营。基隆一路，仅曹志忠所部六营，其余苏得胜、林朝栋等土勇五营，分扎暖暖、六堵一带。九月十四日三鼓，曹志忠率队欲趋狮头岭，袭取九芎坑敌营，山高路险，为敌所知，甫至山下，敌即炮伤四十余人。曹志忠见敌有严备，收队退回。臣坚令稳扎五堵，扼水陆要冲，勿轻进以伤精锐。用兵之道，攻坚最难，仰攻尤险。基隆山势险峻，道路崎岖，敌营傍海依山，兵轮环护，明攻尤难。曹志忠所部伤病之后，精锐不过千余，倘再伤亡，淡水以东更难支柱。且攻坚必须巨炮，今炮枪弹药存者无多，用尽更难御敌。臣屡函诸将，三令五申，坚止图功轻进，若为基隆一隅失台北大局，微特获罪更重，且虑挽救无从。法兵远涉重洋，利在速战，旷日持久，彼更难支，我军惟有固守待援，相机进取。此臣因海岛孤悬，兵单器乏，接济为难，期保危局，不敢孟浪进攻基隆之所由来也。

左宗棠与督臣杨昌濬，先后到闽，督臣于济饷一事竭力筹维，猥因海道不通，援兵难渡。左宗棠据刘璈之禀奏攻基隆，实未知台北兵单之苦。据法船译人欧姓二十日密报，法兵四千来台，为安南截留十五日，孤拔亲赴安南调兵。十九日，有英商二船，为之运粮基隆，似有大兵速至。现在基、沪水陆四千余人，兵轮十六只，小轮七只等情。臣前接该译人密报法人添兵，即叠次电请督臣，速派劲旅三千，乘台南现无法船，尚可登岸。至今未接回信。今叠蒙恩诏，饬两江、两广督臣拨臣旧部渡台。值此军情万紧，惟有仰恳天恩，迅饬两江督臣曾国荃，将江阴未来一营，并厦门淮勇二百，速即运台，自台南登岸。并请饬两广督臣张之洞，迅调吴宏洛所部五营来台。倘吴宏洛未能速来，即请饬令左宗棠、杨昌濬，迅拨楚军三千归孙开华节制，以救孤危。

军机大臣奉旨：「览奏，已悉。法人久踞基隆，亟应迅图进取，若云攻坚为难，何以竟被彼族攻据？该抚务当竭力设法，联络土勇，出奇制胜，克期攻复，毋得稍存退阻，贻误事机。所请饬吴宏洛五营赴台，已谕令张之洞筹拨矣。钦此。」

密招敌探仍留敌中通信片［光绪十年十一月二十二日］

再，臣叠奉密谕，饬将被胁越人设法招徕，臣即行遵办。本月初一日，暖暖土勇拿获越探陈番娄一名，解至府城，臣即温言抚慰，赏给番银，嘱令仍还基隆，密招诸探。旋来越探十余人，并抚慰之。陈番娄密言，法船中越两国翻译五人，暨本地汉奸五十余人，均愿投诚自效。惟越人作工营内，防守甚严，未能俱逸。臣见诸探既愿来归，正可置之敌中，以通声息，若命全出，翻隔敌情。现已密谕诸人密探以报，遇机进取，内应官军，亦散党伐谋之一道也。

军机大臣奉旨：「知道了。所有投诚人等，该抚务当妥为驾驭，所称留敌中以通消息，尤当加意慎重，毋为所绐，致堕狡谋。钦此。」

再，臣前将法添兵情形，于十一月二十二日，恭折奏报在案。旋据林朝栋报称，二十四日，法兵百余人，在大牛埔一带察勘地形，与营勇接战，互有伤亡，旋即退去。二十五日清晨，九弓坑、纱帽岭各路敌营同时开炮，轰击我营。林朝栋度其必来扑犯，当饬营官苏树森、团总王廷理等严队待之，分饬各营官、团总严守诸隘。果有法兵千人，由狮球岭、乌嘴峰、石梯岭、大水窟，四路环攻，持战逾时，即经周玉谦等击退。惟红衣悍敌五百余人，猛扑林朝栋所驻之大牛埔、大水窟一路，锋锐异常，林朝栋伏枪以待，俟其逼营，即行轰击，敌屡却辄前，枪如雨发。基隆山上诸敌垒，亦开放炸炮助攻。我勇以逸待劳，坚持不退。曹志忠驰兵援救，愈战愈励。自辰至戌，血战不休，勇兵伤亡百余人。阵毙三画、五画兵酋各一人，始行败退。夜半，复来抢尸，又经帮带林朝昌率勇击毙数人，斩杀七级，夺获洋枪衣帽多件。我勇亦死伤十余人。二十六日以后，敌守不前。惟船兵以大炮遥击等情。

臣查十一月中旬，法人增兵千余，敌焰方张，窥探大水窟一带，山势稍平，锐意必克。林朝栋督勇力战一日夜，敌兵死伤狼籍，实足以挫其凶锋。林朝栋为殉难福建提督林文察之子，忠荩之裔，久孚物望，今复自筹资饷，带勇五百人，经臣派驻暖暖，统率各团土勇，甫临大敌，即能督战有功，实属忠义勇敢。其余武举王廷理、周玉谦、刘廷玉、陈维乐等，皆捐资募勇，数月来苦守血战，竟挫敌锋。亟应奏请恩施，以昭激劝。兵部候补郎中林朝栋，拟请赏加道衔，并赏戴花翎。候选员外郎苏树森，拟请赏加四品顶戴，余俟查明奏奖，以励绅民。

军机大臣奉旨：「林朝栋等均著照所请奖励，余依议。该部知道。钦此。」

法攻暖暖月眉山连日获胜并现在战守情形折 光绪十年十二月廿四日台北府发

窃臣等前将法人添兵，并十一月二十五日暖暖接仗各情形，于十二月初三日片陈在案。法自十一月底至十二月初旬，陆续增兵二千。自上月二十五以后，日寻争战。本月初五日，以兵百余探路于暖暖附近之大武仑，经团勇击退。曹志忠见其地兵单难守，即拨王三星、陈士贵两营，前往助防。

初十日清晨，法兵千余，分攻大水窟、圆窗岭，别船载兵四百，自八斗上岸，抄袭深澳坑后路，以备夹攻。该处仅有守隘民团，寡不敌众，一时俱溃。敌遂进至暖暖对河之月眉山。林朝栋与桂占彪等分途截击，营官张仁贵率勇二百，冲入山下竹林中，拒战竟日，勇寡被围，巨雨昏宵，竟夕几殆。十一日清晨，林朝栋驰往援救，对敌方殷，适曹志忠所部营官廖得胜、叶友胜，亦各带楚勇三百人，奋力夹攻，敌兵稍退，张仁贵始出重围，喘息未安，敌又增兵千余，前来接战，以百人夺踞月眉山，分犯大水窟、圆窗岭一带。

月眉山绵亘数里，山势最高，敌据其巅，暖暖、大水窟各营，不攻且溃。廖得胜、张仁贵等奋力仰攻，枪毙山上敌兵十数人，血战一日，始夺踞其巅。其分犯大水窟之兵，亦经林朝栋击退。圆窗岭仅有桂占彪楚兵一哨、苏树森土勇一营，兵单险甚。敌攻时，苏得胜命营官邓长安以土勇三百合练兵百余人助之血战，敌三路蹙之，自巳至酉，大雨淋漓，夜战莫能息。曹志忠闻报，虑其孤危，十二日黎明，亲赴督战，直至十三日逾午，枪毙兵酋，敌始败退里许，仍伏月眉山、圆窗岭山下不归，我军坚守月眉山顶，互相枪击。十五日，曹志忠见敌不退，筑垒月眉山待战，敌亦筑垒山下，枪声始息。

自两军血战五日夕，大雨不休，将士冒雨忍饥，目不交睫，遍身沾湿，冻馁堪怜。曹志忠、林朝栋皆跣足督战泥淖中，险绝忧劳，言之泪下。是役也，我军死者九十余人，伤者百余人，敌乃死伤三百余人，并阵毙三画、七画兵酋各一人。十六夜，曹志忠、林朝栋乘敌垒未成，会商攻袭。曹志忠亲率廖得胜、邓长安等，四路往攻，已得其首垒，基隆敌全队死争，血战至黎明，始收队回营，各死伤数十人。二十日，敌兵四百复犯大武仑，营官陈士贵、林则荣率队奋击，敌死伤二十余人，始退。

查敌自增兵前进，冒雨血战，连日夕不休，幸赖曹志忠、林朝栋督兵血战，力保月眉山，得支危局。惟敌兵日益基岸已四千，开山运炮，轰击我营，殊难抵御，臣已命曹志忠赶就大水窟至月眉山一带十余里，开造深沟巨洞，暂避敌炮。惟战久疲劳，苦无后继，且自月眉前敌以至暖暖，而达六、七堵，横亘大武仑，周回三十余里，险隘十余所，皆须严密御防。地阔兵单，顾此失彼，前因暖暖战争，曹志忠、苏得胜所部，尽已前驱，敌若乘虚，则归途悉绝。当饬驻守台北府刘朝祜所部淮勇千人，分赴暖暖、六堵间协战。杨金龙楚军两营，自彰化移驻关渡，修筑炮台。吴鸿源新军接防彰化，并拟令抽拨两营来台北助剿。此实无可调拨，不得不免强腾挪。此守兵之近状也。

顷接左宗棠等电，知南北洋兵舰初三日自沪启行，计当抵闽。杨岳斌、程文炳已到闽疆，当系候轮东渡。左宗棠所派王诗正一军已抵澎湖。李鸿章所派聂士成淮勇八百五十人，得报十三日已自卑南登岸，臣已飞饬赶程北来，惟卑南去台北一千三百余里，道路难行，非一月不到，山海迢阻，实用忧劳，此援兵之近状也。

义中营营官张仁贵，本宜兰巨盗，曹志忠开其壮勇，设法招致，选带精壮一百人，屡告奋勇，夜袭敌营，路滑山高，两攻未获，该营官异常愤懑，每战辄先登，此次血战阵亡，实堪悯惜，应请旨将军功张仁贵照守备阵亡优恤。其阵亡哨官副将衔湖南参将秦正福，请照副将优恤。都司衔守备孔得胜，请照都司优恤，以慰忠魂。所有尤为出力之将官廖得胜、桂占彪等，容汇案请奖。谨具折以闻。

军机大臣奉十一年二月初七日旨：「览奏，已悉。著该抚懔遵叠次电寄谕旨办理。张仁贵等均著照所请，分别从优议恤，尤为出力之廖得胜、桂占彪等，准其汇案请奖，该部知道，钦此。」

法攻月眉山大水窟一带众寡不敌各营退守河南折 光绪十一年二月初二台北府发

窃臣等前于十年十二月二十四日，将法人添兵接仗，并王诗正等援兵渡台未至各情，驰报在案。王诗正所部，于正月十五日驰抵台北。聂士成所部及陈鸣志新募土勇，亦于十六、十七等日到防。当即赶凑军械，拨济饷需。王诗正统带恪靖五营，于十八日即赴前敌。臣铭传拟将聂士成、陈鸣志两军，饷械料理就绪，带同续发。而前敌飞报，十八日法人添兵大至，以四舰济兵，自八斗登岸，猝袭月眉山，曹志忠、刘朝祜共派七百人，坚守戏台山，堵战终朝，飞书告急，苏得胜土勇两营，防守六堵，已派一营分守竹枝蘑隘卡，仅剩五百人，闻信驰援。

十九日清晨，敌兵二千，自枕头山、竹篙山、龙潭堵，三道进逼。曹志忠所统楚军六营，即以两营分扎大武仑，又以三百守戏台山，于时仅率一千四百人分守月眉山，深澳坑长墙十七里，兵单地阔，敌径犯之。曹志忠与苏得胜挥兵抵御，敌见其兵寡，突以千兵自深澳坑抄袭墙背，将戏台军截断，我军腹背受敌。苏得胜所部营官梁善明中枪阵亡，邓长安亦被重创，曹志忠勇丁死伤益多，不能抵御，乃退守一山以待。法兵既袭长墙，遂攻破月眉山头卡，并以炸炮夹击深澳坑，新筑长墙，雨久多坍倒，营官萧清福御敌受伤，守卡兵勇仅百余人，当时溃退，法遂直犯月眉山巅，廖得胜之兵勇，皆为曹志忠率去，逆战守垒才百人，适刘朝祜率勇三百人，合力拒守，血战经时，敌已匝月眉三面。刘朝祜、廖得胜因勇丁死伤甚多，乃退至山下，合曹志忠、苏得胜，暂壁新煤厂，以待援师。

当是时，林朝栋据大水窟，苏树森据四脚亭，尚坚持未败。十九日夜，臣铭传闻前敌败状，大惧，六堵空虚，敌自狮头岭拦截我军，则暖暖诸军皆无归路。当夜即率聂士成所部四百人，驰赴六堵，策应前军。十八日，王诗正至五堵，闻报，翌日即派威、良两营疾赴六堵救援，因至暖暖必过敌垒，白日不便行走。二十日夜，王诗正率兵潜进，臣令合曹志忠先据暖暖，夹河为营，保大水窟后路，坚约二十一日夜亲至暖暖，商度机宜。

敌兵既集月眉山巅，日以巨炮轰击林朝栋、苏树森营垒，势甚危岌。王诗正未至暖暖之先，二十日逾午，威、良两军乘间攻袭月眉山尾，威营营官刘见荣，良营营官易玉林，皆依山蛇进，敌数十人抵死拒之，刚营自山后绕至，敌退至山腰，遂夺月眉山尾一卡。王诗正当令威、良、刚等四营分屯卡后。二十一日黎明，会合曹志忠，进攻月眉山巅，敌已集基隆水陆全军以待。王诗正向前猛攻，哨官胡少亭、罗国旺等屡次奋进，敌炮如雨，两弁皆中炮阵亡。哨官李经青、龙春芳夺回两尸，亦各受重创。刚营营官申道发殿军死战，伤足始退，敌既败我月眉军，三道逼进，王诗正、曹志忠率各营血战抵拒。敌分两道：一自月眉山袭暖暖之前，一自鸟嘴峰袭大水窟之后，包匝我师，两军前后受敌，乃退河南。于是大水窟、四脚亭亦三面受敌，林朝栋、刘朝祜抵据长墙敌兵，救出苏树森土勇，合同夺围而出。西路乌嘴峰团勇俱溃莫能支。是夕，王诗正、曹志忠始退还五堵。

是役也，自卯至申，我军靡不誓死血战，奈敌势过众，枪炮过精，无能相敌。林朝栋、刘朝祜两军死伤尤多，闻敌亦伤亡四百余人。自十九日以来，每战敌辄以悍卒更番墙进，前死后继，尸弃不收，实为历战以来所仅见。二十日，臣抵六堵，见前敌败退，痛愤莫可如何。现河北要区，悉为敌踞，我军悉退河南。王诗正一军屯五堵，曹志忠一军屯六堵小坑，林朝栋两营屯小坑前之草兰尖山顶，暖暖绅董王廷理等屯暖暖街后河。臣亲督聂士成、苏得胜、刘朝祜，屯驻六堵间，以扼台北孔道。惟各军败后，兵锐已伤，刻难遽振。更虑敌兵乘势分窥沪尾，谋袭府城。臣开华已督饬沪防各军，筑堑掘濠，扼沪河严备以待。此十八日至二十一日，暖暖战退及退军布置之情状也。

顷据生擒法兵色博供称，十七日，孤拔带兵千人返基隆，一意攻犯台北。二十日，敌兵数百自暖暖造桥以济白杨琛，土勇开枪击退。

臣铭传防守中路，令曹志忠、林朝栋防守南路，王诗正防守北路，均于阴雨之中赶筑营垒。今中南两营皆已扎定，惟北路王诗正一军初到，形势未详，尚须察看，始克定营。臣惧敌自狮头岭直犯河北，据山设炮，则六堵各营势且危急，现已令苏树森以土勇往守赵水坑，桂占彪、张仁照带勇三百人屯扎港孜。该处逼近狮头岭下，犹恐兵力过单，复令苏得胜以一营移守河北，陈鸣志亲将土勇千人，与苏得胜营相辅防守火炭坑、马陵坑一带，营垒尚未筑成。曹志忠所部六营，自上年六月至今，伤亡过众，屡修营垒，疲苦异常，军额多缺，现令裁并二营，以节饷需。统计六堵一带，兵数虽有万人，枪械未精，不能当敌。

臣铭传稍知敌势，严防浪战，惧损军锋，故相持半载，法兵未多，幸无挫失。今敌兵骤至，我军众寡既殊，枪矛尤钝，以此致败，情势昭然。目前固守坚持，或可勉支危局。惟饷项奇绌，枪弹无多。王诗正、陈鸣志所部渡台，先由台南借银二万两，复由台北支银二万六千两，月需军米二千石。吴鸿源所部四营，原议广东济饷，敌封海口，兑解阻艰，仍由台发。现在饷需，台南业已告罄，台北仅支一月，实无可筹，臣铭传现驻前军，徒深焦灼，合计全台月饷需银三十万，一旦告竭，溃裂堪危。仰恳天恩，如何设法救济，立赐施行，无任急迫待命之至。

再，此次月眉山、大水窟一带，未经退守之先，曹志忠兵单，不敷分布，屡乞增兵，臣铭传无兵以应，此次退守，实以兵单地阔，堵御殊难，非战守不力之故。其营官总兵衔副将龙惠南、叶友胜二员，不能力战，业已撤去营官，应请革职，留营效力，以示惩戒。所有力战阵亡之记名提督梁善明、升用提督总兵胡少亭二员，均请敕部照提督阵亡例，从优议恤，参将衔游击陈玉堂、花翎游击陈得升二员，均请照参将阵亡例从优议恤。花翎都司王先仁，请照游击阵亡例从优议恤。花翎都司衔守备罗国旺、蓝翎守备邹继圆，均请照都司阵亡例从优议恤。守备衔千总吴子元，请照守备阵亡例从优议恤。六品军功高春和、李国斌二弁，均请照千总阵亡例从优议恤。以慰忠魂。

军机大臣奉旨：「览奏，均悉。现在法已议和停战，著刘铭传等督饬各军稳扎严守，以备不虞。所需饷项，即与左宗棠、杨昌濬筹商济用。副将龙惠南、叶友胜，均著革职，留营效力。阵亡之提督梁善明等，均著照所请分别从优议恤。该部知道。钦此。」

刘壮肃公奏议卷四　抚番略

法定治台折

剿抚滋事生番现经归化折 光绪十一年十月二十九日台北府发

窃据彰化、新竹交界罩兰庄地方生员詹景星等联名数十庄禀称，庄地逼近番巢，出入居民，时遭惨杀，历年既久，指数无从。以近事计之，自上年八月至今年九月一岁间，被割去男女头颅二十八级，枪毙四人，不堪扰虐，恳请派营堵剿。并据道员林朝栋详同前情。

又，据淡水县屈尺庄董事刘夙夜等禀称，淡属拳山堡大溪一带，迫近内山，生番出没无常，前有垦民自备资斧，募勇守隘。近因经费不给，隘勇遣散，番遂不时出山，耕作居民横遭杀戮。计本年正月至今，被杀男妇十二人。本月十九日，复杀二人。居民相率移避，田园尽荒，恳请派兵剿抚，以卫民生等情，前来。

臣查屈尺庄在淡水东南，离城只三十里，该处生番八社，男妇不过八百余人，总目马来，号称鹜桀，曾经前抚臣岑毓英招抚未成。此次臣派令刘朝祜于本月十七日带领亲兵百人，会同近庄绅士候选县丞李秉钧、训导刘廷玉，先往屈尺察看地势、番情，随饬译人入山，劝谕马来就抚，否则，定于二十日派兵攻剿。马来闻臣劾治副将潘高升，谓其不袒官民以虐番也，则大喜，十九日亲至屈尺庄求抚，所有八社番丁，皆愿薙发归化。臣复令淡水县知县李嘉棠，驰赴屈尺，会同刘朝祜，妥为收抚。议定规章十条，每社头目派为社丁，月给勇粮。其总目马来，月给口粮银六两，按月亲至淡水县署领取，藉通声气。八社头目各选子弟□人至城读书。生番地界，各归各业，不许军民侵占。现已陆续来营薙发矣。将来八社归化之后，其附近南路生番，再能招抚，遂可径达宜兰，不虞横隔。惟内山番地，自三月至九月，烟瘴过重，不利用兵，即台地土人，亦不敢久住。臣现饬刘朝祜督带张李成土勇一营，趁此隆冬，造桥开路，先通马来八社，徐图入山，相机办理，但求成效，不计近功。此淡水东南生番归化之情形也。

查罩兰庄为新、彰交界僻地，距后垅海口三十余里，东南一带全系生番，新设埔里社，绕在生番之后，中隔百余里。该地番社较多，人亦悍甚，时出杀人滋事。臣因道员林朝栋家居邻近，熟悉番情，当同面商剿抚之策。该道性情豪侠，不避艰苦，力任其难，议将所部土勇千人，拨留一半驻防新竹、后垅两处海口，该道自带一营，驻扎罩兰庄。并派新竹绅士道员林汝梅会同前往，相机剿抚，如有战事，即令驻防彰化。总兵柳泰和楚勇三营，出队助剿。先令译人入社劝导，如肯就抚，即无须用兵。别檄副将周鸣声带练兵一营，屯扎埔里社，周鸣声率兵到防，林朝栋甫经拨队。据周鸣声十月初三日禀报，该营自到埔里社后，见生番出山杀人，因令译人前往劝谕。旋据沙里兴等七社头目开具男女清册，九百八十余人，至营乞抚，请薙发为民等情，请示前来。

臣查生番为虐，不难招抚，要在招抚之后，声气不相隔绝，地方官抚驭得宜，教之耕耘，使饶衣食，方可无虞反复，不致虚掷饷需。已令周鸣声会同埔里社通判，加意抚绥，壹是章程，即照马来八社办理。查台湾向有抚番经费，由台湾道在屯租项下拨给，如将来番抚日多，用费日巨，臣拟将屯兵一项酌量裁减，以济实用，即可无须另筹经费。除俟林朝栋所部剿抚如何，再行续奏外，谨将生番滋事，经派兵剿抚，现已归化各缘由，缮折具陈。

剿抚生番归化请奖官绅折 光绪十二年四月十八日台北府发

窃臣于光绪十一年十月二十九日，会同署提臣孙开华，奏陈生番滋事，派营剿抚，并归化情形一折。奉旨：「览奏，抚番情形已悉。著督饬官绅，次第妥为开导，遇事持平办理，以期日久相安，余依议行。钦此。」等因。仰见圣恩浩荡，训示周详，莫名钦佩。

方马来八社之就抚也，臣即饬刘朝祜开山辟石，碇路百余里，自马来通至宜兰，上年十二月已一律竣工。马来就抚之后，极奉约束。惟淡水东南大科崁、三角涌，新竹境之盐菜瓮一带，生番仍出杀居民，叠经该处绅民请兵防剿。臣查盐菜瓮、大科崁离城六七十里，三角涌离城三十五里，距城皆迩，乌可任番杀掠，以苦吾民？自应剿抚，以安民命。惟大科崁一带，久号悍强，屡次招抚，皆不听命。该处绅士武举黄希文，与福建典史陆陈谦禀请，愿自备粮饷，各率土勇数十人，前为乡导。臣于本年正月十三日，派令刘朝祜率所部四营，复令驻防沪尾张广居一营，各出八成队伍，开赴大科崁，相机剿抚。

旋据刘朝祜禀称：十五日，率队进扎头寮，即有大科崁东北十三社番目马来、犹力等，来乞抚，当令薙发，给予衣裤。惟东南竹头角、猫里翁等社，独集众番，共谋抵御。十三日，刘朝祜进兵南雅，生番百余人方守隘口，因令提督唐仁元等迎敌，并令营官尤福聚、张广居分左右夹击，番即大奔。刘朝祜当饬诸营驻扎南雅，与番社隔河而军，适值连日大雨，河水陡涨，各营莫前，乃用炮遥击竹头角，以震慑之。五社大惧，诸番目泗水乞降。而猫里翁八社，抗拒如故，屡经陆陈谦、黄希文各选译人，反复开导，不肯就抚。刘朝祜拟俟开霁渡河，忽染瘴气，吐泻交作，病甚沉重。

臣闻报，急于二月初三日亲至大科崁督剿，适署台湾镇章高元来见。初四日，臣乃督同唐仁元、尤福聚、赵宗连等三营过河，由东路入。令章高元督同张广居、黄宗河两营，由西路入。陆陈谦、黄希文各率土勇二十人前驱辟道。是夜二鼓，番目流明姑笃率番百余人，前来劫营，当经唐仁元率队击败。初五日，两军除道，并集猫里翁社，踞山开炮，各社惧而奔逃。臣复令竹头角番目劝令来降，可无祸患。初六日，猫里翁各社头目，乃至营乞降。流明姑笃素性凶悍，杀人独多，惧不敢出，乃邀集马武督诸社，自盐菜瓮乞降。

初，臣到大科崁时，已别檄新竹县知县方祖荫，会同游击袁绍从、都司张李成，各率所部一营，驰赴盐菜瓮，乘势招抚。及是，猫里翁番社势蹙乞降。所有三角涌、盐菜瓮、南连、大湖六十余社，咸悚惧输诚，一律就抚，诸番既定，乃于初九日驰还府城，以黄宗河土勇一营驻防南雅。别令唐仁元代统刘朝祜一军，修造石营以图久驻。

内山烟瘴，夏令尤甚，臣虑将士久淹生病，特檄唐仁元归防休息。忽接三角涌并屈尺各局绅先后禀报，三角涌附近之紫微坑，于本月中旬，不知何处生番杀害六人，屈尺、马来境内，亦杀害两人。查据降番马来、瓦丹、带么等称，紫微坑所杀六人，系竹家山生番，屈尺所杀两人，系加九岸生番，并能指出名字，恳兵剿抚，且愿为乡导，免其再来伺杀等语。臣当饬唐仁元自三角涌进兵，该处山路绝险，约五十余里至竹家山，又五十余里至加九岸。

加九岸地近宜兰，距台北府城一百五十余里，万山壁立，番社独多，鸟道蚕丛，荒无人径。唐仁元督驱兵勇，逾越险阻，并令绅士陈玖英率领民夫，帮同开导，十余日始抵竹家山。番目舌摆鹤等，率同八社男女千余人，及白鸭尾社总番目马来瓦丝，芯石抚老社番目有千抚砣等率众乞降。乃开道抵加九岸，番目马来诗徽等闻大兵深入，亦率九社番目么诣挪咱等，恳随降番马来带同乞抚。二番既顺，臣始饬唐仁元整队归防。此北路冬夏以来，开山剿抚之情形也。

中路林朝栋驻兵罩兰，据报十月十七日，附近之荣社凶番出哨铳杀民夫刘阿古等数人，并率番众数百人截断水源，修筑铳柜，以图抗拒。林朝栋于十一月初二日，饬令哨官苏益元、庄启川等，潜入东势角，绕出武荣社之后，自督本营直逼武荣社，开炮轰击。苏益元等绕至东势角、上新庄，武荣社暨老屋峨社诸番目均慑惧乞降。内有强悍之司马限、马那邦等十余社，亦先后就抚。尚有带目禾、芦翁等二十余社，处万山之中，路绝艰险，自度大军难入，隅负抵御。臣见林朝栋兵力过单，当檄驻防彰化柳泰和一军，出队助剿。柳泰和到后，即会同林朝栋，饬降番眉熟麻风驰往劝谕。番目油格自恃盘踞于危崖邃谷之间，不肯就抚，并阻扼苏鲁、马那邦二社来降。惟该社小头目苏笔禄率番丁三十余人，来营乞抚。林朝栋复谕苏笔禄开导油格。十一月三十日，苏笔禄率番目善阿月到营禀报，油格畏军威逃遁，巢穴已墟，其余邻社俱愿就抚，亦即先后来营薙发，所有罩兰一带番社，全行就抚。

十二月初六日，林朝栋又据新竹之大湖地方庄民金协和等禀称，该庄与番毗邻，叠遭酷虐，十一月初九日，凶番四十余人，突毁枋蘩庄民宅，枪伤三人。越一日，复毁三叟庄宅。又五日，夜半火劫八雁庄。又三日，攻劫枋蘩。急求官军防剿等情。林朝栋当同柳泰和，自罩兰辟道四十里，以达大湖，西通后垅。廿六日，林朝栋等禀称，师行至大坪，方开道筑营，近地即有苏武落社番到营就抚，已令营官林机会，率勇二百，合苏武番目招抚大湖。十三日，下楼、八卦、力大、木准诸社番，复来营乞抚。二月初三日，林朝栋、柳泰和复申报，两军已扎大湖，筑营于田蘩，当有北港、下楼仔等七社番相率归顺，内有大南势、小南势及武城蕖诸番，强鸷不肯受抚，当饬老屋峨社副目眉熟往谕。未几，武城藁、打捞淮席两社番，均诣营薙发，遂命打捞淮席为乡导，招抚余社。初六日，打捞淮席率出流明、卑乃薄伏诸社来营薙发。大湖之大南势番众悉归。惟小南势雪博学、油叭盖诸社未卜。林朝栋、柳泰和乃率所部，伐木开道七蔡山，置炮山巅，遥击其社。是夜风雨昏黑，雪博学屡率番众前来劫营，杀毙开路民夫五人，经林朝栋、柳泰和率队击败，雪博学弃巢以遁。十六日，副目瓦丹率男妇乞降，大湖一带番社毕下。林朝栋复令营弁合降番远探，至玉山无一番社。遂派都司郑有勤率勇，自大湖北入狮潭、南浦一带，招抚诸社，与盐菜瓮相接所有彰、新两县前山番社一律归化。此中路冬夏以来开山剿抚之情形也。

南路自土匪横行嘉义，道路不通，臣饬署台湾镇章高元，专壁嘉防任剿土匪，由该镇拨派副将周鸣声，率练兵一营，屯扎埔里社，招抚诸番社。叠据周鸣声及埔里社通判林桂芬先后禀报，自冬至夏，该处东至后山花莲港，西抵罩兰诸番社，经遣派舌人逐社开导，就抚者凡六十余社，未烦一兵。

又据驻扎后山统领副将张兆连禀称，该军分防恒春埤南、花莲港一带，地亘数百里，自奉檄抚番，开导诸酋，先后就抚一百七十二社，均经薙发归顺。其在深山未降番社尚多，禀请派兵嘉义，开道直达埤南，两面夹抚。且称此路开通达埤南，才五六日程，可免自恒春盘绕数百里。臣考地图，见其所议极是，遂于二月二十八日檄饬驻防安平记名提督杨金龙、署台湾镇章高元两军，各出七成队伍，于三月初旬自嘉义进兵。先期经嘉义知县罗建祥令垦户叶阳春驰赴前山大南势诸番，劝谕归化。罗建祥又亲往招抚，所有上下八社社长阿巴里等一千七百余人，咸薙发归化。章高元、杨金龙于三月十八日，由后大浦开道设桥梁，招抚未降番社，并用降番二十人作为乡导。惟师行过雁里溪、八潼关等处，实属险阻，入夏之后，溪涨辄经旬不落。八潼既过，两军方可与张兆连所部联络。臣已谕饬该统领等步步稳慎，妥商办理，不求近功。此南路冬夏以来开山剿抚之情形也。

臣查台湾生番，横亘南北七百余里，尽占腹心之地，犬牙错处，无一不与民地为邻，岁杀居民至千余人之多。匪盗藉番地以为巢，聚众抢劫。土豪藉防番以敛费，养勇抗官，官令不行，民粮纷扰。绝海瘴厉之乡，官如传舍，相率苟安，生番杀人，视如未睹。臣忝膺斯土，谬领重兵，绅民诉番凶虐，民生不聊，安忍漠焉恝置。

综览全台形势，如人之一身，生番横亘胸腹，四肢血脉不通，呼吸不灵，百病丛作。当此强邻迭伺，一岛孤悬，内患不除，何由御外？故前船政大臣沈葆桢，创议开山抚番，识量宏远，驻台未久，遽任两江。臣渡台以来，即奏请以办防、清赋、抚番为急务。办防、清赋尚易举行，惟剿抚诸番，官绅辄多疑惮，或谓番情反复，叛服无常，或谓山险难通，告藏无日。且历年开山抚番，虚糜巨款，久无实效，覆辙何为。臣与前贵州藩司沈应奎、道员林朝栋，力排众论，一意经营，所恃不增一兵，不增一饷，纵无成效，抑复何伤？今幸仰赖天威，半岁之间，招抚四百余社，薙头归化逾七万人。前山旧垦田地二万亩，畏番弃置，灌莽塞途，现已重新垦熟，既可开疆设县，为国家久大之谋；又可建营分屯，杜民番仇杀之祸。所裨于台湾全局实大且深。所剩后山生番，居处零落，约计不过十万人。现在夏气炎蒸，内山瘴气过重，将士多病，未便兴师。臣已檄饬于四月底俱回防营休息，秋冬之际，再行分路入山。

查光绪元年，沈葆桢派兵剿服狮头等社，目见将士劳苦，地入穷荒，请将员弁官绅给奖。前督臣何璟派令署提臣孙开华、台湾镇吴光亮，攻剿后山各番，将士亦请优奖。俱蒙恩准施行。臣于征调诸将开山之际，即三令五申，不准诳杀焚掳，捏报战功，实有战功，或异常劳绩，方准请奖，惟林朝栋、刘朝祜两军，自冬至夏，披荆斩棘，凿石开山，颠踣于悬崖烟瘴之中，屡战于风雨昏茫之际，艰危万状，劳苦功高。提督刘朝祜因病假归，无庸给奖。选用道世袭骑都尉林朝栋、头品顶戴升用提督陕甘遇缺简放总兵柳泰和，始终勤奋，艰苦异常，均请赏给勇号。林朝栋并请赏加三品衔。记名简放总兵彪勇巴图鲁唐仁元，拟请以提督交军机处记名，遇总兵缺出，先行请旨简放。记名提督辑勇巴图鲁尤聚福，拟请赏给一品封典。两江补用参将张广居，拟请免补参将，以副将仍留原省尽先补用。福建候补典史陆陈谦，拟请以县丞仍留福建补用。武举黄希文，拟请以守备补用。六品军功陈玖英，拟请赏给五品蓝翎。其余出力将士，拟俟全番一律归化，再行择尤请奖。

光绪十二年五月初八日奉上谕：「刘铭传奏各路生番归化，请将开山剿抚尤为出力官绅恳恩给奖一折。上年冬间，台湾生番滋事，经刘铭传督饬官军分路剿办，并派员赴各社反复开导，该番等慑于兵威，率众就抚，现已招抚四百余社，归化七万余人，办理尚为妥速。刘铭传调度有方，深堪嘉尚。刘朝祜、章高元随同办理剿抚事宜，颇资得力，该二员均著交部从优议叙。其余出力员弁、官绅，不无微劳足录，自应量予奖励。道员林朝栋，著赏给劲勇巴图鲁名号，并加三品衔。总兵柳泰和，著赏给健勇巴图鲁名号。唐仁元著以提督交军机处记名，并遇有总兵缺出，先行请旨简放。提督尤福聚，著赏给一品封典。参将张广居，著免补参将，以副将仍留原省尽先补用。典史陆陈谦，著以县丞仍留福建补用。武举黄希文，著以守备补用。军功陈玖英，著赏给五品蓝翎。另片奏前藩司沈应奎，赞助抚番，筹画经费，异常出力，请逾格恩施等语。沈应奎著赏还原衔花翎。余著照所议办理。该部知道，钦此。」

督兵剿中路叛番并就近巡阅地方折 光绪十二年九月初二日台北府发

窃臣到台以来，业经两至澎湖，一赴台南。惟中路彰化一带地方，未暇巡阅，本拟俟秋后大甲溪水平，再行前往。七月初十日，据道员林朝栋禀称，六月二十二日，彰属罩兰庄垦丁在途突被苏社凶番杀死四人，毁园蔴二座，请兵剿办。臣当批饬林朝栋往谕该社，交凶惩办，如敢抗违，即会同柳泰和各督所部相机剿办。去后，旋据林朝栋、柳泰和会禀，该社不惟抗不交凶，且勾结马那邦等六社，同背官军，缴还归化旗，以示决绝，并聚众马那邦山，戕杀采煎樟脑居民。

八月十一日，林朝栋、柳泰和率军抵罩兰之大陨山，逾二岭即为马那邦社，苏鲁等社在其东南。剿办苏鲁，必先由马那邦社经过。林朝栋自山上逼攻，柳泰和自山下以进。马那悍甚，力拒官军。林朝栋等督兵击退，抵其巢穴，烧毁番屋二十余间。十三日，林朝栋等分三路环剿马那邦社，其酋分途迎敌，众至千余，潜伏林菁，扼其隘要。林朝栋等分兵前后夹击，伤毙凶番十数人，余众始遁。是日，栋字营勇阵亡者六人，并枪伤哨长林荣枝。同日，又据东势角禀报，分驻埋鹤坪之栋字营后哨，于十二日被凶番二百余人攻围甚岌，自辰至午，枪毙番众十余人，始行退去，哨勇死者三人。

十五日，林朝栋、柳泰和饬诸勇伐木造桥，进攻苏鲁社。该番埋伏深林，开枪拒敌，春字营勇阵亡二人，栋字营勇死伤十余人。经并力奋击，苏鲁山外番社悉被攻毁，各番乃退聚山中。当接战时，后路大隙山运粮勇夫十余人，复被截杀，柳泰和督兵回击，始行退走。是日，移驻大隙山，以顾后路粮道。二十日，林朝栋亦移扎大坪，以规苏鲁内社。同日探知生番潜袭后路，伏兵待之。及午，番众果出劫运夫。春字副营管带李惟义率部前驱，与林朝栋前后夹击，枪毙生番二十余人，败走而去。林朝栋、柳泰和会禀，两军分防山海各要隘，地段长远，调攻番境，军不及千，兵力过单，不敷剿办，请增调营勇，以竟全功。

臣查苏鲁、马那邦各社生番，素称凶悍，与罩兰民庶仇杀频年，经林朝栋招抚归诚，仍相仇杀。犬羊反复，良不足言。乃于大兵进山查办之初，辄敢勾结各社番，公然抗拒，杀伤官兵，顽梗不灵，殊难理喻，若徒怀以柔德，乌足以儆其凶顽。且中南北三路降番数万，归化不久，未尽输诚，苏鲁叛番不加严剿，风声所播，继叛必多，番事何由大定？此次严示兵威，妥筹剿抚，不独已降之番不敢生心，再叛未降之众，亦易就我范围。臣于本月初三日，自台北启行，檄饬驻防澎湖提督吴宏洛四营，驻防沪尾提督朱焕明三营，暂停炮台工作，各带六成队伍，乘轮至鹿港、后垅两处登岸，驰赴罩兰，听候调遣。一俟剿抚事竣，臣即由彰化、新竹沿山一带，查阅地势，审定将来建省分治之区，仰副国家经画岩疆之至意。

军机大臣奉旨：「览奏，已悉。该番反复无常，聚众抵抗，自宜示以兵威。即著该抚督饬各统领，相机进兵，妥为剿抚，务令各番知惧知感，倾忱向化。钦此。」

督兵剿抚中北两路生番请奖官绅折 光绪十二年十一月十一日台北府发

窃臣于九月初二日，曾将中路生番滋事督兵往剿各情，具奏在案。十月十九日，递回原折，恭奉谕旨：「览奏，已悉。该番反复无常，聚众抵抗，自宜示以兵威。即著该抚督饬各统领，相机进兵，妥为剿抚，务令各番知惧知感，倾忱向化。钦此。」仰见庙谟宏远，指示周详，于德威并用之中，寓剿抚兼施之意。跪诵之下，钦佩莫名。

臣于九月初十日，行抵彰化之罩兰，提督吴宏洛澎湖四营，提督朱焕明沪尾三营，各带六成队伍，乘轮登岸。林朝栋所带土勇驻大陨山巅，逼近番社，后路隔绝，粮道不通，势甚危迫。臣于十三日先带亲兵百人至大坪一带，察勘地势。查由罩兰至苏鲁诸社三十余里，高山峻岭，柳泰和所开之路，扎营于深林茂草之中，地势低洼，凶番日事抄劫，先后被杀勇夫七八十人。平日营伍废弛，督队不力，当予撤退，另派记名提督李定人、携沙袋进扎雪山坑、以扼武荣社救援苏鲁之路。
老屋峨山巅、命朱焕明于苏鲁对面山巅筑营安炮。二十日、仿朱焕明、林朝栋各派勇百直前、连破雪山坑番卡二座、李定明面中三创、时已曛黑，乃仿收军。十九日、臣移扎勇由左而入、李定明自山边进攻。该番枪法精严、发必命中、两军伤亡五十余人、奋勇溪、攻击苏鲁番。该社番狡甚、紧扼山口、修筑石卡、遍布竹签、并力死拒。林朝栋率进。苏鲁见官军逼近、隔溪开枪、击伤兵勇数人。林朝栋、李定明当即出队、凫水过字三营、随臣下山、十八日由大陂山移扎溪边、吴宏洛亲带小队、自溪底渡河凫水而谷、挑选屯丁民夫、开路搭桥。复仿化番老屋峨社番目白眉峰为乡导。调李定明新统春通房里溪径道、以便运粮。当夜飞仿吴宏洛、由白布棚绕溪而进、并仿兼理彰化县蔡嘉鲁、马那邦两社之中。臣到大陂山后、见山势险峻、粮运奇艰、凶番日劫后路、急须开伏番暗枪狙击、均经各营击退。是日、林朝栋、朱焕明亦各率所部、进扎溪底、直通苏进。十七日、臣由大坪进扎大陂山、攀藤附葛、逾岭数重、半系陡壁悬崖、林深箐密、
臣于十五日、移扎大坪。十六日、令吴宏洛率部进扎白布棚山顶、由房里溪边前通山道。
明接统其军、改由崙子肚开路至大陂山顶。十七日、朱焕明会同林朝栋、添雇民夫、开

二十二日，命各军分三路进攻苏鲁社，春字副营营官李惟义先率三营攻番石垒，吴宏洛一军由溪东堵击马那邦等社援师，林朝栋自雪山坑堵击武荣社援众。苏鲁番恃有石垒，死拒不休，我军自山头迭施炸炮，轰击番卡，李惟义率军鼓勇而上，立破苏鲁社石营，夺获刀枪多件，烧毁番屋数处。各番越岭而逃，马那邦、武荣等社，屡致死来援，经吴宏洛、林朝栋两军击退，营勇伤亡四十余人，阵亡哨官一员。

苏鲁既克，番众无家，乃聚屯于出火山，其山三面陡绝，惟后路可登。该处为司马限等七社出入要道，诸番垒石死拒，必攻破此山，绝七社之声援，方克制其死命。查武荣、司马限等七社，悍番不足七百余人，余皆附近各社裹粮暗助。臣当饬化番白眉峰召近地大、小南势十余社番长至营，剀切晓谕，赐以酒食，不准帮助叛番，各番长皆指天自誓，愿奉约束。司马限等社，势益孤单，惟死守出火山，不敢攻劫后路。二十五日，吴宏洛军至，即令会同林朝栋，自东冻山绕出火山后袭之。黎明时，吴宏洛乘雾以进，连破冻山巅番卡二处，林朝栋下山攻破一硐，随即滚营前扎。二十九日，连破硐卡七所，齐抵出火山口，诸番就山腰垒石为长墙一道，两面深林茂草，处处埋伏。吴宏洛、林朝栋各率所部，仰攻三日，死伤弁勇百余人，该番负隅死拒，未能攻破。

十月初二日，臣派李惟义等开路逼山腰，分其兵势，复调署台湾镇总兵章高元三营，自彰化集集街前来助剿。初三日，吴宏洛、林朝栋帕首当先，誓以必克，猛攻出火山腰长墙，用炸炮火箭烧杀林内伏番，诸勇乘势一鼓而登，毙番甚众，余皆滚崖而逃。臣登山观其山状类马鞍，约长五里，吴宏洛等夺据东巅，番复死守西面，中隔深涧，惟山脊一线可通，番筑石碉五座，复图死拒。吴宏洛自山脊鼓勇驰进，林朝栋亦自山边并进。初五日，李定明又裹疮督战，进攻山腰。三军会合，于初六日破碉三座，造桥涉深涧，群番犹聚山顶，死守石营。初七日，章高元率副将万国本一营并炮军先到。初八日，自西面合攻，万国本等破碉二座，遂将出火山三面合围。初九日，章高元所部全到，乃令吴宏洛等四面环攻，营官钟玉镛率队先登，枪伤阵亡，自辰至午，弁勇受竹签伤者百余人。该番死守不退，镇海营营官提督万本华，率奋勇六十人，蛇伏深林密草中，瞰竹签稀处，进逼石墙，舞𧆞大呼，各勇皆逾墙竞入，枪毙凶番百余人，出火山石营立拔。

初十日，苏鲁等七社番长，哭求化番白眉峰代为乞降。臣见兵威已立，当即允许。十二日，七社番长到营，誓天归化，不敢再背天朝。誓毕，仍泣言居民欺虐情状，官抑不伸，发愤报仇，竟罹此祸。臣念民番皆朝廷赤子，既经悔过，心实恻然，当将罩兰抚垦委员撤换，另派熟悉番情者代之。清结民番积欠，以息纷争。并令林朝栋划明地界，谨遵圣谕，务令各番知惧知感，免致再肇兵端，仰副朝廷一视同仁之至意。

臣于十三日振旅返罩兰，令章高元还集集街，仍辟后山水尾之道。当臣赴中路时，有北路未降生番白阿歪等社，屡出杀掠，八月间连杀防勇二十一人。经内阁侍读学士臣林维源咨报前来。臣乃于十五日，自罩兰起行，令吴宏洛、朱焕明送伤勇回防，所选带精锐，并万国本一营，随臣于十八日返大嵙崁，与林维源筹剿白阿歪诸社。先期檄调基隆防军三营，令道员方策勋统带；以淡水铭军三营，令提督唐仁元统带，进扎南雅、义兴一带。唐仁元至义兴后，积劳病没，适提督刘朝祜病愈来台，即令仍统其军，相机进讨。

叠据方策勋、刘朝祜禀称，白阿歪等社，地险山深，十余里深溪悬崖，一线羊肠攀藤乃上。该番堆石山巅，聚众设守，一夫当道，万众趑趄。林维源密购竹头角化番为向导，又募得加飞社番丁前驱引路，逾山数重，直抵白阿歪社后，自南雅修路五十里以达，官军束马悬车，尽系崇山峻岭。二十日，臣始得坦怀锐入，当派吴宏洛总统前敌各军并屯军土勇，由加飞开路。臣督带朱焕明、万国本，自竹头角辟道以往。仍令刘朝祜由义兴开路。白阿歪社长马来诗昧，大集十六社生番，严壁加九岸前山。吴宏洛凿石开山，二十九日直逼白阿歪山后。番众骇然，马来诗昧惧甚，称病不出，令副目携众诣吴宏洛乞降。吴宏洛因马来诗昧未到，不许其降。三十白阿歪山。马来诗昧率妻子出降，并携卓家山等十七社，同来乞抚。臣念马来诗昧两月之间杀害民勇二十余人，面数其罪，拟正典刑，该酋长俯首流涕，诸酋亦代为乞恩，乃囚禁军中，令乞化番为保状，方准邀免。旋据义兴社长来结保，誓不杀人，乃赦之。所有淡宜交界未降诸番二十余社，一律归化。臣于初三日收队至大嵙崁。初五日，回抵台北。此臣督军剿服中、北两路生番之情形也。

查生番情势，不难于抚降，而难于感化。林维源办事忠实，然诺无欺，北路抚垦设防，皆其承办，以后诚信昭著，番情自可翕然。南路已由署台湾道陈鸣志会同副将张兆连、陶茂森，续行招抚，后山凤山一百七十余社未化者稀。中路则林朝栋令都司郑有勤，续招狮潭五指山生番四十余社。宜兰之番，本年四月臣已令道员方策勋，会同苏得胜，剿服溪头三十余社。同时，复令提督王贵扬、副将袁绍从，剿服新竹境之南河二十余社。此外未降生番，知名者仅新竹内山京孩儿数十社、猫里埤塘三十余社，余则小弱，无害治安。臣惟督饬诸将不求近功，以期渐归围范。

惟此次攻剿中路叛番，林朝栋被困旬日，坚守不退，吴宏洛等苦攻恶战，履险如夷，开路转运，各员历尽奇艰，不辞危难。除督队不力，营伍废弛，提督柳泰和别片奏参外，提督吴宏洛有谋能战，动合机宜，拟请赏穿黄马褂。三品衔道员林朝栋，拟请赏给二品顶戴。提督李定明，拟请赏给头品顶戴。提督朱焕明、万本华，均拟请赏给正一品封典。两江补用副将万国本，拟请以总兵记名简放，并赏给勇号。候选县丞洪熙、候选县丞祥集，拟请以知县不论双单月归部选用。拣选知县郭名昌，拟请仍以知县归部选用。并同知衔兼理彰化县知县、福建候补通判蔡嘉谷，请俟补缺后以同知用。已保福建候补巡检陆陈谦，附贡生梁成枬，均请以县丞归福建候补。军功刘加辉，请以千总补用，并请赏给守备衔。候选巡检蔡焕章，请赏戴蓝翎。所有阵亡营官副将钟玉镛、总兵衔副将刘煦［章］、都司李春山、守备刘复盛、千总陈贤卿、向斌廷、把总林相，均请交部从优议恤。其余出力将士，可否由臣汇案请奖，以示鼓励而明赏罚，出自逾格鸿施。

按，番酋马来诗昧连杀二十一人，既降不杀，儒者议之，然生番未化，岂能律以平民？武侯七擒孟获，卒赦使归。英雄作用，固有非可以常度测者，是乃所谓大略欤。陈澹然记。

光绪十二年十二月十二日，内阁奉上谕：「刘铭传奏督兵剿服中北两路生番，请将出力员弁奖励一折，览奏均悉。台湾中路叛番，经刘铭传于本年九、十月间，督率各军，开路搭桥，节节进剿，先后将各番社攻破，所有苏鲁等七社，均已悔罪乞降。旋经该抚商同林维源，进剿北路叛番，示以兵威，白阿歪等处生番二十余社，亦均归化。刘铭传筹办剿抚，深合机宜，著交部从优议叙。在事员弁，奋勉出力，亦应量予奖励。提督吴宏洛著赏穿黄马褂。道员林朝栋著赏给二品顶戴。提督李定明，著赏给头品顶戴。朱焕明等均著赏给正一品封典。副将万国本，著以总兵记名简放，并赏给壮勇巴图鲁名号。县丞洪熙等，均著以知县不论双单月归部选用。知县郭名昌，著仍以知县归部选，并加同知衔。通判蔡嘉谷，著俟补缺后以同知用。已保巡检陆陈谦等，均著以县丞归福建候补。军功刘加辉，著以千总补用，并赏给守备衔。巡检蔡焕章，著赏戴蓝翎。阵亡之副将钟玉镛、刘煦章、都司李春山、守备刘复盛、千总陈贤卿、向斌廷、把总林相，均著交部从优议恤。余著照所议办理。该部知道。钦此。」

各路生番归化请奖员绅折

光绪十三年四月初四日

窃臣于光绪十二年夏秋，剿抚南北社番，先后奏明在案。旋据署台湾道陈鸣志、副将张兆连禀称，后山番社未抚尚多，跧伏万山之中，北抵苏澳、歧莱，南至埤南、恒春，绵亘数百里，若由后山水尾适中之地，与前山彰化除道成梁，声气联络，先抚后山中路，其余当闻风向化，无俟招徕。否则招抚虽多，声气终隔，劳费虽重，驯服仍艰。当檄署台湾镇总兵章高元，统带炮军、练勇、民夫，自彰化集集街凿山而东，张兆连自水尾凿山而西，两面刻期并开孔道。

章高元率勇自拔埔社开至丹社岭，造路一百二十二里，张兆连自水尾开至丹社岭，造路六十里，均系崇山峻岭，峭壁深溪。该镇等自冬至春，凿崖伐木，一律告竣。张兆连开山时，军声震岩谷，诸番社已惮威慑服，因命营官黄定国先抚水尾南北川、丁仔老等二十四社，番丁四千余人，悉薙发归化，就立社长，以钤束之，颁发宪书，设立条教，使奉正朔。次由花莲港至歧莱沿山一带，他良等十二社番丁二千余人亦悉招抚。诸番既定，仅有毗连歧莱之大鲁阁、木瓜诸社番恃众抗拒。张兆连因大鲁阁社为北路最强之番。若能慑服，则邻社自易招抚，乃亲帅三营驻扎山口，声言开炮攻剿，该社长廉画溢等果大惧乞降。邻近大马鞍、大吧垄等五十三社，亦均乞降薙发，共得众一万五千余人。此后山北路，由水尾至花莲港诸番归化之情形也。

北路既定，张兆连复会同埤南同知欧阳骏，移军向埤南、平辅一带内山，招抚南路之番，以吕家旺为强族，尝以地大番众，雄视一隅，闻诸番薙发，出而阻止，各社因而观望。张兆连、欧阳骏当令通事前往劝谕，一面耀兵山下。吕家旺番长下海盈见官军逼近，势在必剿，聚谋数日，始合邻番二十六社，薙发归命。并有八栳南等十三社，亦闻风以归，统共番丁一万三千余人。

后山自恒春、凤山两县，皆层峦叠嶂，而番社独多。凤山之番，以三条仑为大支，恒春之番以牡丹湾为大支。张兆连既平吕家旺诸社，威振穷荒，遂督同凤山都司蓝凤春、营官林维源，分道入山中，招抚三条仑等十五社、牡丹湾等二十二社、中心等四十二社。复令黄定国、毕宝印招抚大兰、打腊、打南等十一社。该处地极幽邃，诸番皆伏居山顶，寒苦异常。于是自吕家旺至大兰，凡一百二十九社，番丁三万五千余人，皆已薙发归顺。此后山南路埤南、恒、凤诸番归化之情形也。

凤属前山，尚有未抚番社，臣上年檄饬副将陶茂森，率兵自牛栏棍内口招抚沙摩溪等六社，复自猪门招抚柏叶等十八社，自万全招抚粪箕等四社，统计二十八社，番众一万二千余人，均薙发以归。其连近台湾、嘉义两县内山未降者，经署台湾道陈鸣志檄饬镇标中军易豫俊，招抚大喃等二十四社，番丁四千三百余人。又派游击刘智坤续抚大武等四社，番丁四百余人。章高元由彰化水底藔通路至埔里社，沿山又招抚北港、万雾等五大社，眉毛、纳吻吻等四十四小社，共番丁九千余人。又由拔埔社通路至牡丹社，沿路招抚卓大、意东等六十一社，番丁八千余人。

中路嘉、彰之交，经斗六门县丞陈世烈于云林坪设局，招抚沿山郡番十六社，蛮番、丹番、樟脚等四十四社，番丁五千余人，均先后薙发归顺。

新竹前山诸番上年虽归化，而内山石加禄、京孩儿等百余社，犹然凶悍，降番垦民，日见戕杀，番民屡乞兵往剿。臣乃饬道员林朝栋帅兵千人，往前剿抚。林朝栋以正营敌石加禄南路，别令营官郑有勤攻其北路，各率化番以为向导，开路七十里。石碌、哇西等二十二社，见官兵深入，畏威乞降，并导京孩儿等二十四社亦薙发归顺，此前山各路续行开山抚番之情形也。

查台湾番种繁多，处处与民仇杀，自上年九月，臣督大军剿抚前山中、北两路，数月间，后山各路凡二百一十八社，番丁五万余人，咸奉约以归。前山各军亦续抚二百六十余社，薙发者三万八千余人。水尾、莲港、东势角、云林可垦田园数十万亩。此皆朝廷威德远播遐荒，使深山幽谷穴居野处之伦，向化归仁，化獉狉而登衽席，实非微臣之愚始愿所能及。比惟招抚愈多，经费愈大，今捐输既截，费绌异常，乃饬各军仍回防所筹画，设官分治，以图久安。财用稍充，再行续抚，庶几全台番属尽入帡幪，仰副圣朝覆帱无疆之盛治。

查前后山将士自开山抚番以来，披荆斩棘，奔走于穷谷深崖之地，寝馈于蛮烟瘴雨之乡，寒暑再更，艰危万状，不能不择尤奖励，以劝方来。所有尤为出力总兵衔补用副将张兆连、补用副将协勇巴图鲁陶茂森，均拟请以总兵记名简放。守备郑有勤，拟请以都司尽先补用，并赏加游击衔。其余在事出力员弁，可否由臣汇案请奖，出自逾格鸿慈。

光绪十三年闰四月十六日奉上谕：「刘铭传奏台湾各路生番归化，并开山招抚情形，请将出力将领奖励一折。台湾前后山各路生番，于上年十月，经刘铭传札委将领开通道路，设法招抚。数月之间，后山南北两路生番二百十八社，番丁五万余人，前山各路生番二百六十余社，番丁三万八千余人，均各次第归化，可垦田园数十万亩，办理尚为妥速。刘铭传督率有方，深堪嘉尚。副将张兆连、陶茂森，均著以总兵记名简放。守备郑有勤，著以都司尽先补用，并赏加游击衔。其余在事出力员弁，准其汇案请奖，毋稍冒滥，余著照所议办理。该部知道。钦此。」

中北两路化番滋事派兵剿复折 光绪十三年十一月初一日

窃臣于光绪十三年闰四月初四日，曾将招抚各路生番归化情形，奏明在案。本年五、六月间，台湾内外山疫疠大作，守隘勇丁避疫山外。番社被疫尤重，其俗杀人禳灾。叠据统带北路土勇都司郑有勤禀报，大科崁、盐菜瓮、三角涌化番，恒出杀人，查而诘之，皆推为未化生番。久乃访知，尖石社番长流明孩容，实率其子戕杀居民杨阿树等四人，当经擒获，讯认不讳。复查有竹头角社丁有干老敏兄弟，戕杀土勇林笼一人；

大坝怡磨社戕目瓦丹有老番杀伐木匠三人。均经该都司先后拿获，讯明正法。

七月初三日，又据三角涌抚垦委员、候补典史谢文藻禀报，该处土民王阿房等四人，入山伐木，被番戕杀，旋又戕杀防勇三人。饬勇入社索其凶番，竟取所杀头颅，高悬社门，以示威武，勇目吴得禄与之理论，该番复并舌人、防勇共计十人，一并戕杀，勾结塾乐、插角等七社，背抚抗官。时暑深瘴结，臣未敢遽令师行，乃商请太常少卿林维源，亲至大科崁檄防勇仍扎山内，查明杀人番社，惟大坝独多。该社去淡水城六十余里，民地环之，自恃路险山深，抗凶不予。

八月二十四日，暑气稍退，乃令提督李定明，以四营随林维源就近剿办。二十六日，林维源令守备陶麟徵先剿近地褒懂社，毁其屋庐。九月初一日，李定明自紫微坑剿大坝西面，进壁牛角坑，大坝七社番合谋抗战，自午至戌，枪毙凶番多名，烧毁番社十余所，伤勇二十余人，番始败退。李定明自西路滚营进扎，番众并力而西。林维源复命陶麟徵合副将李桂成，自东南逾山二十余里径捣大坝番巢。初三日，陶麟徵、李桂成潜至外插角，袭攻大坝，番由西路还旅抗拒，弁勇死伤十余人，番力不敌，七社相率遁去。李定明令所有番社，悉行焚毁。初五日，大坝七社总番目夭月舌，率诸目乞降。陶麟徵悉送交林维源议抚。旋准林维源与臣函商，大坝七社归化逾年，今杀掠无已，据番目言，彼众无属，不能相安，请徙诸山外，另召垦农入山，彼此交通，庶几可治。臣查大坝七社，番丁男女不及千人，其地周围数十里，土壤肥腴，以民垦之，二三年后，即可以垦租给七社口粮，目前必由官筹资给食。经函商数次，乃定议收抚，分饬各营回防。此北路剿平滋事化番之情形也。

又据中路营务处道员林朝栋禀报，五月二十二日，初里冷番社潜杀垦民二人。翌日，白茆社番复杀垦民一人。获犯送至台北，经臣讯明正法。该两社人众势强，闻凶犯正法，即声言背抚，八月十一日，复杀佃民防勇八人。林朝栋请调驻防彰化提督朱焕明所统武毅军，前来助剿，林朝栋于八月十五日进攻白茆社，夺踞山顶。该社同里冷等两社凶番五百余人，自黎明血战至日落不休，经我军枪毙凶番十余人，始行败退。林朝栋滚营前进，于二十日夜袭破里冷社，接战竟日，火其房屋多所。二十一日，朱焕明率队会合林朝栋，壁其隘口，诸番死战抵拒。二十三日黎明，凶番三百余人，围攻林朝栋营壁，当经林朝栋、朱焕明分路接战，毙番二十余人，夺获枪械多件。帮带营官游击张国理，奋勇争先，中枪阵亡。自八月十五日至九月初一日，无日不战，我军死亡三十余人，番死尤多，势穷力竭，乃悔罪乞降。九月二十五日，林朝栋议明，该两社地界有杀伤案件，惟该番目是问，埋石誓天，乃准收抚，拔队回防。此中路剿抚之情形也。

臣查生番野性难驯，杀人为乐，招抚后仍出杀人，一经拿办，即行背叛，若不严加剿办，乌足以儆凶残。此次中北诸番剿抚，尚为妥速。林朝栋、李定明、朱焕明、余应璜等军，拟由臣分别记奖。都司衔守备陶麟徵，冒险猛进，有勇有谋，拟请免补都司，以游击尽先补用，并请赏加勇号。游击张国理力战阵亡，请交部从优议恤，以励戎行。

光绪十三年十二月初十日奉朱批：「陶麟徵著免补都司，以游击尽先补用，并赏给捷勇巴图鲁名号。张国理著照阵亡例，从优议恤。余依议，该部知道，钦此。」

埤南叛番围攻厅治派兵解围折 光绪十四年七月十六日台北府发

窃臣于光绪十四年六月二十九日，接据统领后山镇海后军总兵张兆连、署埤南同知陈灿会禀，埤南附近吕家望社，素称强悍，役使邻近百数十里内之各番社，号曰番王，前已就降，仍出杀劫。上年戕杀射马干社番两人，抗犯不交。今年五月，哈水社番负米归社，复被劫杀。当经索犯，讯明正法。六月二十五日，该社忽勾结埤南辖境大庄诸化番七百余人，焚劫大庄民宅，除寄居之粤人外，概被杀戮，并戕杀分防营弹压营弁暨委员雷福海等，率党趋埤南，焚杀数十里，围攻厅治，并逼攻张兆连军垒。张兆连所部凡三营，分防六百里，留驻埤南不及三百人，番变猝至，疾驰报台湾镇道乞援，一面躬备战守。叛番众至四千余人，围攻埤南镇，焚杀男妇百余人，全台大震。

埤南僻在后山，由陆路至台北府城一千三百余里，非兵舰莫能援救。其时台北轮船，皆差遣他出，势甚危岌，延至十日，威定一轮始回，即令提督李定明以三营并炮队，急行开往。台湾镇总兵万国本，驻台南差近，得报后即命两营，与总兵陶茂森派队自陆路疾驱。十四日，万国本自将中营，鼓轮前往，遥见叛番环攻张兆连军垒，即饬帮带曾喜照连放炸炮，率勇登岸，张兆连见援兵已至，亦开壁出战。李定明诸营续至，内外轰击，番众大奔，重围始解。

臣查吕家望夙号番王，人众丁强，外降内抗。臣因前山初抚，势未尽驯，屡饬张兆连暂尔羁縻，与民休息，此次杀毙哈水社番，社长交凶，殊出意计之外，一旦勾结大庄化番，围攻厅治，戕杀委员，蓄叛已非一日。事起仓猝，张兆连所部不及三百人，卒能与同知陈灿苦守十七昼夜，水米俱穷，坚忍不摇，力支危局。万国本慷慨当锋，率先杀贼。李定明一军续至，合击解围。臣现添派澎湖镇总兵吴宏洛，率带所部二千四百人，会同万国本、李定明、张兆连，严行剿办，以儆凶顽。另檄台湾道派员，会同陈灿抚恤难民，免致失所。除将各军剿办详细情形，再行续奏外，谨将埤南叛番滋事，并筹办大略情形，恭折具陈。

光绪十四年八月初五日奉朱批：「览奏，均悉。仍著饬令派出各员，分别妥为剿抚，以靖地方。钦此。」

攻克后山叛番并北路获胜请奖官绅折 光绪十四年九月初二日台北府发

窃照埤南吕家望叛番，勾结大庄一带化番围攻厅治，经臣派兵解围，并电请北洋两兵轮助剿，均已奏明在案。查吕家望社，在埤南之南，周围十余里，与大巴两社相依，左以邦邦社为犄角，室庐鳞栉，竹树周遮，距大庄九十里。埤南解围后，臣饬诸统将查明，分别剿抚，各番社争先归命，莫敢抗违。独吕家望恣睢不服，逼胁邻社，帮同拒守，该社竹围累匝，围外长濠列堑，窖布竹签，石墙高砌丈余，路径往来，遍置荆榛地窟。

七月二十二日，万国本、李定明、张兆连三路进攻，番党恃险守拒，各军斫进竹围两道，死伤四十余人。二十五日，移屯近逼，万国本、李定明各以三营分列左右，张兆连坚守埤南后路，保护两军粮械，并断大庄援番。是夕，该番扑李定明军，当经击败，斩番首一级，夺获枪械多件。八月初一日傍晚，万国本施放火箭，焚毁番宅数百间，合李定明进蹙该社，而邦邦社凶番复蜂拥扑救。两军开枪竞击，毙番七人，越番硐二座，麓，将士蒙霜露宿寒林，毫无怨怼。要隘既得，我军居高临下，番势穷蹙，莫知所为。

邦邦社既克，大军直蹑后山，万国本进壁山巅，李定明进壁山半，吴宏洛进壁山克邦邦社。番众二千余家，俱遁入吕家望社，以避其锋。

鏖战逾时，我军虽有死伤，毫无退志，卒将头卡攻破，毙番数十人，乘势夺碉五座，遂头卡攻击，丁汝昌取快炮骤轰，声震陵谷，各军鼓勇疾驰，甫及碉边，番众猝出死拒，进。是夕，吴宏洛会商各营，各就所部挑选奋勇三百人，悬以重赏。十五日昧爽，指定丁汝昌放巨炮，各军分路夺碉急登，番众伏枪竹林，发必命中，军士死伤甚众，未能逼昌、吴宏洛会议，先攻邦邦社，绝其党援，斩除林竹，将各营一律扎定。八月十四日，竹树深翳，径道茫如，惟西路邦邦社有路可通，已经该番筑有五碉，扼径严守。丁汝项，用炮攻击，不能取胜。乃命丁汝昌携快炮四尊，赴陆军帮同猛击。该社石壁坚峻，甚令分赴台南北，运送军火。既念吕家望地踞后山，形势险绝，我军非袭取后山，驻军山

北洋水师总兵丁汝昌，率带「致远」、「靖远」两兵轮，于七月二十五日抵台，臣即伏竹林，开枪狙击，吴宏洛为所伤，当即击退。

敢前。初四日，澎湖镇总兵吴宏洛全军至埤南，与张兆连驰赴前敌，察看地势，诸番潜社内枪发如雨，我军伤亡六十余人。大庄诸番迭次来援，张兆连令营勇沿溪截击，使不

十六日，李定明命勇士冲锋，万国本、丁汝昌分率枪炮队，自山边抄袭，吴宏洛督后队接应。两军血战，枪炮震天，我军攻破西门而入，番众毕奔，石壁竹林，皆成绝地，死者数百人，遂拔吕家望社。于是大巴两社争出乞降。此官军攻克吕家望社之情形也。

方吕家望未克之时，大庄叛番既畏官军，不敢援救，则思由蹼石阁、水尾一带北攻花莲港，以掣我师。臣密饬都司王廷楷、李得胜，率带炮队驰赴花莲港，严密防守。时奸民陈宗献聚党二百余人，抢劫水尾抚垦局，潜至花莲港，煽惑诸社，经李得胜捕获正法，八月初四日，大庄叛番千余人，径夺鲤鱼山，势甚猖獗。李得胜选派番勇，乘夜迎剿，杀毙叛番十余人，始行遁走。二十六日，番复迫胁蹼石阁一带化番二千余人，自荳兰、薄薄、饱干各社，直攻花莲港小营。王廷楷发巨炮击中番队，李得胜乘势出击，番遂大奔。花莲港总理陈得义率同化番抄击其后，南势诸化番亦追剿，以助官军，生擒番目二人，斩首三十一级。此大庄叛番两犯花莲港，官军获胜之情形也。

臣查吕家望番社，盘踞后山，最称强大，纠合大庄叛番，围攻厅治，戕杀官吏，官军剿捕，尚敢负隅。大庄叛番，两攻北路，幸得南势、花莲港诸番助剿，立挫凶锋。吕家望经各军苦战十余日，弁勇死伤至三百余人，始行攻克，实足以伸国威而儆凶顽。所有在事各将弁，不无微劳，足录其尤为出力之记名提督直隶天津镇总兵丁汝昌、记名提督福建澎湖镇总兵吴宏洛，均拟请赏给头品顶戴。福建台湾镇总兵万国本、记名总兵张兆连，均拟请以提督记名简放，张兆连并请赏加勇号。记名提督李定明，拟请赏穿黄马褂。管带「致远」兵轮总兵衔副将勤勇巴图鲁邓世昌，拟请以总兵记名简放，并加提督衔。管带「靖远」兵轮游击捷勇巴图鲁叶祖圭，拟请以参将尽先补用，并加副将衔。补用副将固勇巴图鲁李万有，拟请以总兵记名简放。副将衔参将协勇巴图鲁龙斌概、副将衔参将徐学仁，均拟请以副将尽先补用，并加总兵衔。补用游击澎湖都司林文和，拟请免补游击，以参将在任候补，并加副将衔。游击衔都司刘思盛、花翎都司蓝凤春、都司万国标、李宗瑜、李得胜、王廷楷，均拟请以游击尽先补用，并加副将衔。候选县丞孙渥，拟请免选本班，以知县不论双单月前先选用。外委毕宝印，拟请免补千、把，以守备尽先补用。已革副将鄷炳南，拟请开复原官。其余将士，可否由臣汇案请奖，出自逾格鸿施。阵亡将弁勇丁，容臣查明请恤。现饬各军稍息，再剿大庄各社，并饬地方官妥办善后事宜。埤南难民已发银五千两，交张兆连会同地方官，确查抚恤，差以仰慰宸廑。

九月二十六日奉上谕：「刘铭传奏官军攻克番社，迭次获胜，请将出力人员奖励一折。福建台湾埤南厅吕家望社叛番，勾结大庄等处番匪，胆敢抗拒官军，伤毙弁勇，并围厅治，实属愍不畏法。经刘铭传檄饬将弁，分路攻击，复调派轮船运兵协剿，当将吕家望番社攻克，歼毙凶番数百名，并将大庄等处番匪先后击散，斩馘甚多，办理尚为得手，在事出力人员，自应量予奖励。总兵丁汝昌、吴宏洛，均著赏加头品顶戴。万国本、张兆连，均著以提督记名简放，张兆连并赏给胜勇巴图鲁名号。提督李定明，著赏穿黄马褂。副将邓世昌，著以总兵记名简放，并加提督衔。游击叶祖圭，著以参将尽先补用，并加副将衔。副将李万有，著以总兵记名简放。参将龙斌概等，著以副将尽先补用，并加总兵衔。都司林文和，著免补游击，以参将在任候补，并加副将衔。刘思盛等均著以游击尽先补用，并加副将衔。县丞孙渥，着免选本班，以知县不论双单月前先选用。外委毕宝印，著免补千总把总，以守备尽先补用。已革副将酆炳南，著开复原官。余出力各员弁，并著汇案核实请奖，毋许冒滥。阵亡将弁勇丁，准其查明请恤。仍著该抚督饬各军，将大庄各社分别剿抚，以清地方。余著照所议办理。该部知道，钦此。」

全台生番归化匪首就擒请奖官绅折 光绪十五年二月十三日

窃自后山吕家望叛番造乱，剿后投诚，大庄各番亦咸就抚，饬拿匪首刘添汪等惩办各情形，经臣等先后奏报在案。兹据统带镇海后军提督张兆连、署台东直隶州知州吴本杰禀称，吕家望就抚后，查明该社副社长康车哪起意抗官，当饬捆送到营，讯明正法。

惟大庄匪首刘添汪等未获，即派都司黄定国等赴大庄，设法诱拿。张兆连复率兵亲巡其地。刘添汪等恐怖出降，携党二百余人，匿枪刀为备。张兆连知其狡诈，首令民番返庄社，随即擒获刘添汪等四人研讯。据供称：去年夏间，有鹿港施阿蛮售买火药，勾结徒党，约会该逆在后山起事，俟官军赴剿，施阿蛮乘间破前山诸城，得有财帛，约与平分。谋定，而吕家望之乱作，遂攻埤南厅，杀害委员。供认不讳，当即就地正法。全台番社，南路略驯，先后就降，尚无反覆，独吕家望、大庄诸社，地险丁强，负隅图抗。匪徒刘添汪等，乘机勾结，遂犯城池。今逆首就诛，诸番咸服，此南路就抚之情形也。

中路埔里社厅所辖数十社，惟北港、万雾等社素称强悍。归化后，通判吴本杰饬每社选精壮数人，入营补勇，以期牵制。旋因酗酒滋事，畏罪逃去，肆杀如初，吴本杰令垦民设卡遏之。一岁之间，该番出劫十数次，皆经吴本杰督勇击败。复严禁食盐、火药入山，番众困迫，屡次乞抚。吴本杰调任台东。据北路协副将林福喜、现署埔里社通判李春荣禀报，北港、万雾四社长，携带男女三百余人，到厅乞抚，意颇肫诚，仍愿送番丁隶营勇，送子弟读书，自应准予招抚。此外，林朝栋所抚近埔、罩兰三十余社，久已相安，不复滋事。此中路就抚之情形也。

北路自大坝社剿办后，经臣铭传饬令防军开山扼隘，臣维源招集垦民，将荒地一律垦辟，民番亦渐相安。惟树木绕、食纳诸番，仍屡出劫杀，经统带台北隘勇都司郑有勤督率隘勇化番分道剿办，并牒请宜兰防军扼扎林望眼社，以为声援。复饬营官刘朝带简选精兵，攻入树木绕社，开炮轰击，该番抗拒，受伤而遁。郑有勤复进剿食纳社，并查有已降之竹加山诸番亦随同出掠，复令营官吕贤亿、林建庸分投攻剿，两社俱质子以降。郑有勤又见衣卯、碧霞山、哪阿诸社尚未就抚，亦乘势克之。时届暑瘴，兵勇病疫，乃撤队回防休息。

外尚有宜兰县辖之内溪头四社，新竹县辖之大也甘等十余社，屡出杀人。臣于上年冬间，分饬郑有勤与总兵陈罗前往剿抚。据郑有勤禀报，其地道远山深，粮运艰阻，商派抚垦委员陆陈谦驻马武都社，以接济军食。十一月，郑有勤进屯六蓄社，督令林建庸攻剿木树仁社，刘朝带攻剿内马、里旺、达都懒社，诸营冒雾宵征，占扎南社对面山顶，纵炮轰击。达都懒为大也甘等社第一门户，该番死力拒守，经郑有勤督率诸营，四围环击，始行败逃。我军遂占马来社山顶，已见大也甘各社形势，内有也为细妹一社，控扼要隘，其番掘沟断路，遍插竹签，红衫佩铃，鹄立待战。刘朝带察看地形险绝，未可径攻，禀请郑有勤，飞饬林建庸自大也甘后路抄袭，并令顾金魁率军接应。

十六夜大雾，刘朝带挑选精勇、化番，掩旗息鼓，遴派番目为导，潜出也为细妹社之旁，袭其不备，所过皆鸟道羊肠，自古不通人迹，狂风骤雨，士卒蛇行，挽臂攀藤，鱼贯而上。天明，绕出马来社，直入也为细妹腹地，旗鼓大作，奋力猛击，番众猝未及防，纷纷窜走，焚毁番屋数十间，毙番十余人，夺获镖枪百数十具。是夕，哨官徐耀基亦攻夺大也甘社，与刘朝带会合，顾金魁亦攻破京孩儿南两社。郑有勤饬令诸营，各踞所破番社，严设防守，御止焚杀。番众畏甚，遂约同打马等十三社，送子乞降，缴土枪百余杆。维时竹角英等两社，观望未降，刘朝带移师向之，数日亦送子求抚。所有新竹内山京孩儿以东二十社悉平。郑有勤禀请收队，臣当檄令就近移师，会同统带镇海中军前营总兵陈罗剿抚内溪头四社。

据陈罗禀报，十二月进逼牛斗山，募外溪化番造桥除道，直趋下墨社，攻剿内溪，诸番弃社逃遁，斩首四级，营官陈锡常抄袭大马龙社后，截杀十二人，营官曾友成追斩拜阿暖社番首六级。两路毙番数十人，焚毁番屋三十余所。适值大雪粮匮，乃振旅而还，行抵外溪头埤兰社口，伏番数百纵枪镖断我师，陈锡常中枪阵亡，军士死者十三人。游击王廷楷闻信急援，番始退，还守牛斗山。郑有勤会剿之师，自大也甘拔队，分屯树木绕、竹加山，营官刘朝带、林建庸由加拿鹤社开路，直入内溪，扼其隘要，获得外溪伤番十余人。讯称：宜兰官军进剿残杀，内外溪八社一空而避，非敢劫杀官军等语。十二月二十一日，外溪头四社番目，央托化番带赴郑有勤营中哭诉：陈罗因浮桥冲失，疑为该番拆毁陷害，官军杀戮化番六人，众番不服，因枪毙营官兵勇十余人，非敢背叛，请招抚内溪四社番，以赎其罪。并缴所获枪炮多件。郑有勤随将番目送至台北，经臣铭传察明情实，急将陈罗撤罢。于是内溪四社番，俱送子为质。并毗连后山之拾高摇等十四社，亦相率以降。此北路就抚之情形也。

伏查台湾生番，各分气类，嗜杀则同。从前逐隘严防，地皆荒弃，已开之土，转属虎狼盗贼之乡。前船政大臣沈葆桢，创议开抚十余年，才得埤南、恒春一厅一县。自嘉义迤北，绵延数百里，番社多未及降，岁杀垦民数百人，为政教所不及。臣铭传当法事解严，察勘全台情势，番山腴地多荒，民番日相仇杀，官置不问，实非政体所宜。且既设行省，不能不辟土分治；缉匪安良，断非抚番不可。乃于光绪十一年十月奏明开办。数年以来，各军出险入幽，不避瘴疠锋镝，将士死亡数千人，仰赖天威，生番一律就抚。虽气质骤难变化，惟当示以威信，有犯必惩。一面教养番童，开其知识。臣维源广招垦户，务使声气相洽，情志相通，庶可转移故俗。除将新旧归化番社、人数、地址，详细绘图，续行呈送军机外，所有在事人员，不无微劳，足录其尤为出力之北路副将林福喜，请以总兵记名简放。花翎游击衔留闽尽先补用都司郑有勤、花翎游击衔都司刘朝带，均拟请免补参游，以副将尽先补用，并请赏给勇号。都司黄定国，拟请免补都司，以游击尽先补用。澎湖水师右营千总林胜标、蓝翎千总林建庸、五品蓝翎陈玖英，均拟请以守备留闽尽先补用，并赏戴花翎。同知衔福建试用通判王维叙，拟请开复原官原衔，并免缴捐复银两。福建候补县丞陆陈谦，拟请免补本班，以知县仍留原省补用。至历年剿抚诸将，并各局抚垦委员，均属不避艰险，曾经臣铭传奏明，俟全台生番一律归化，汇请恩施，可否择尤汇同剿办吕家望各番，并历次剿抚各案，一并奏请奖励，以昭激劝，出自逾格鸿施。

光绪十五年三月初五日奉上谕：「卞宝第、刘铭传、林维源奏全台生番一律归化，逆首就擒，请将出力人员奖励各折片。台湾各路、吕家望等番社负隅梗化，经刘铭传督率官军，剿抚兼施，将逆首刘添汪等拿获惩办。现在全台生番一律归化，仍著该抚等将抚番开垦事宜，妥为办理，以靖疆圉。所有尤为出力之副将林福喜，著以总兵记名简放。都司郑有勤等，均著免补参将、游击，以副将尽先补用。郑有勤并赏给强勇巴图鲁名号，刘朝带并赏给奋勇巴图鲁名号。都司黄定国，著免补都司，以游击尽先补用。千总林胜标等，均著以守备留于福建，尽先补用，并赏花翎。已革通判王维叙，著开复原官原衔，并免缴开复银两。县丞陆陈谦，著免补本班，以知县仍留原省补用。其历年剿抚各军出力员弁，并各局抚垦委员，准其择优汇保，毋许冒滥。另片奏彰化、嘉义绅士保卫乡里，缉匪弭患，恳请奖叙等语。郎中蔡占鳌，著赏加道衔。主事林启东，著赏加五品衔，该二员均赏戴花翎，以示鼓励。该部知道，钦此。」

副将开山战没折 光绪十五年九月二十四日

窃据统带宜兰防勇副将刘朝带禀称：苏澳、花莲港一路，光绪初年，经提督罗大春自海边筑硐渐进，大兵既退，旋复荒芜。今社番抚定，请由山内逐渐开修，直达花莲港，以免迂绕。臣见其深明地利，当即批饬相机办理。

九月初五日，据宜兰军管带王廷楷禀报：九月初一日，刘朝带督弁勇五百人，入山开路，距苏澳五十余里之光立岭地方，将队伍扎该岭东西两面。其地去老狗社尚二十余里，蔓草荒山，四无人迹，刘朝带分队跋山，另遣差员黄德昌携带化番二十余人，前往探路。营官曾友成率勇一百五十人，正在岭西开路。不虞黄德昌甫过山岭，忽有伏番无数，枪如雨发，黄德昌与随从二十余人，均被戕害。该凶番乘势围杀曾友成开路勇夫。刘朝带督率弁勇，开枪接战，番围过众，竟与营官曾友成等弁勇二百数十人，一并阵亡。王廷楷相离较远，救援不及等情，前来。臣闻悲叹不已。

自来番性嗜杀，每至秋际八九月间，名曰「做享」，专事杀人。今刘朝带所开之地，仅老狗社与加九岸番毗连。加九岸仇杀居民缉凶未获，诸社竟敢潜伏路左，杀害官弁二百余人，豺狼之性，怙恶不悛，实属异常悖虐。臣得报后，另委总兵滕国春接统所部，严饬各营防御，以卫垦民。确查出草凶番，究归何社，派军严剿，以儆凶顽。

伏查副将刘朝带，忠勇性成，敢于任事，连岁入山剿抚，夺隘歼渠，战功卓著，及统所部驻防宜兰，其地夙多匪类，分结党徒，一曰西皮，一曰福禄，不时械斗，扰害闾阎。刘朝带到防后，叠获渠魁，两党为之敛迹，闾阎安堵，爱戴尤深。一旦督军开山，恃勇深入，阵亡山僻，骸骨无存，宜兰绅民辄为流涕。可否仰恳天恩，准照总兵阵亡例，从优议恤。其余阵亡之副将衔参将黄德昌，都司曾友成、李胜钟、孙得胜，守备滕国顺，千总陈嗣锦、刘如意、曾民立、张云祥，把总任承恩、刘学疆、王维城、许海龙、陈新华、林汉卿、丁元泰、张言诚，外委黄品芳、张德坤、王占魁，暨勇丁通事等，共二百七十三人，并恳饬部分别优恤，以慰忠魂。其救援不及之营官副将衔游击王廷楷，副将顾金魁，虽重山间隔，闻报已迟，究属救援不力，应请革职留效，以励军威。

光绪十五年十月二十日奉上谕：「刘铭传奏副将进山开路，中伏阵亡，恳恩优恤一折。据称九月初间，副将刘朝带因番社抚定，进山开路，猝遇凶番伏路戕害等语。全台生番，前据该抚奏称，一律归化，何以宜兰各社，辄复逞其凶狡，设伏戕害，当时办抚未能尽善，已可概见。此次戕害官弁至二百余人之多，若不大加惩创，恐受抚各社闻风效尤，后患更不可胜言。著刘铭传督饬现派之员，查明叛番确系何社，严行剿办，以儆凶顽。所有已抚未叛各社，应如何通路镇抚之处，尤应妥慎筹办，切勿轻率从事，是为至要。副将刘朝带，著照总兵阵亡例，从优议恤。参将黄德昌，都司曾友成、李胜钟、孙得胜，守备滕国顺，千总陈嗣锦、刘如意、曾民立、张云祥，把总任承恩、刘学疆、王维诚、许海龙、陈新华、林汉卿、丁元泰、张言诚，外委黄品芳、张德坤、王占魁，及勇丁通事等，共二百七十三名，均著分别从优议恤。游击王廷楷，副将顾金魁，救应不力，著一并革职，留营效力，该部知道。将此由五百里谕令知之。钦此。」

剿办台北内山番社获凶正法移驻宜兰折 光绪十六年正月二十五日

窃上年九月，宜兰伏番狙杀统兵官刘朝带等二百余人，经臣奏报在案。当饬确查出草凶番，派军剿办，并饬沿山隘勇，严密防范。

旋据大嵙崁抚垦总局禀称，加九岸迁出十七社，总番目有敏阿歪于九月间，突挈妻子返故地，阴结卓家山、树木绕诸社，连杀隘勇四十余人，内山垦民惧而思徙。统带台北隘勇营游击郑有勤亦禀称，隘多勇寡，不敷防御，请益募土勇千人，以资分布各等情。

经臣批准，暂招千人，严密防御，俟剿办后，即行裁撤。一面檄调各军，挑选七成队伍，齐集台北，前往剿办，时因久雨未行。臣复念军多而地险，非得贤统将不足以蒇其功。因澎湖镇总兵吴宏洛，忠勇谋略，动合机宜，乃令总统诸军，为特将，于十一月十六日进剿宜兰。

据吴宏洛禀报，该镇所部四营，与建宁镇总兵苏得胜四营、提督李定明三营、处州镇总兵窦如田两营长驱，十三日同抵外加辉，饬隘勇营官陈玖英进壁内加辉，以当前敌。加九岸凶番就溪边设碉抵抗，经陈玖英击退，毁碉过溪，骤中枪伤，阵亡勇丁二人。该处山高路险，林密草深，中隔大溪数道。吴宏洛商同苏得胜、李定明等，分段芟除草木，开道建桥，设立碉卡，步步紧进。十二月十四日，大军至白阿山，有敏阿歪率悍番二百余人，拼死抵拒。吴宏洛饬将炸炮火箭乘势杂攻，挑选奋勇夺番碉三处，立即攻毁白阿歪社，即踞山顶建筑炮台，四面环击。十七日攻破校椅栏社，诸番目纷至乞降。吴宏洛谕缚送总番长有敏阿歪，及凶杀各等番到营后，再议收抚。诸番目迟疑不决。吴宏洛复与李定明分剿卓家山、树木绕两社，同于二十二日攻破。各番怖甚，二十三日始将有敏阿歪、带么孤欲、有千打笼、马来得么等，缚献官军，乞降。禀由臣批准收抚，并将有敏阿歪等讯明正法，以昭炯戒。

当查统带隘勇游击郑有勤，临战不力，即予撤换。以总兵陈罗统其军，就白阿歪山上添筑炮台，逐地设碉，以备屯守。并咨请帮办开垦事务臣林维源广招垦民，筹借官本，举所有旷地尽行开辟，庶几日久番少民多，不期自化。内山转输艰险，各军于正月初三日，陆续撤回台北府城。此剿办加九岸叛番之情形也。

臣查台北番社大山，自宜兰南趋，西面统名加九岸，东面统名南澳。加九岸既经剿办，暂可畏威。惟南澳绝险，未示以兵，敢杀统兵大员，亟应严剿，以除残虐。仍饬吴宏洛总统诸将，于正月十八日，联旆以东。惟山深路险，粮运奇艰，地势番情，尤难洞悉。二十六日，臣复乘轮亲往，面授机宜，仰副朝廷顾念岩疆至意。

剿平南澳番社请分别赏罚折 光绪十六年闰二月初七日台北府城发

窃臣前因台北社番滋事，派兵先将加九岸剿平，正凶伏法，亲督各军剿办宜兰，于正月二十五日奏报在案。臣拜折后，于二十七日至宜兰之苏澳。其地至南澳五十里，诸社更入南澳山三十余里，山高路险，必自苏澳凿山开道，方可进攻。澎湖镇总兵吴宏洛，总统各军，驰抵苏澳，督同宜兰防军统带副将傅德柯，进驻东澳。臣饬澳绅都司陈辉煌，募土勇三百人，作为向导，合同处州镇总兵窦如田铭字三营，自东澳而前。另饬提督李定明定字三营、建宁镇总兵苏得胜健字三营，自海乘轮径抵南澳。李定明至南澳后，筑营辟道，以利军行。

二月初三日，吴宏洛督各军至南澳，会商李定明等分道前驱，以窦如田三营防其后，吴宏洛督宏、健各营，自南澳山巅以进，李定明、傅德柯两军，自溪底以进。

初六日，傅德柯至末都纳社山口，番众扼险抵拒。吴宏洛由山巅抄过社后，番当弃卡逃遁。傅德柯乘势袭入末都纳社，焚其屋庐，遂进攻搭壁罕五社，番众恃险死拒。

初九日，吴宏洛督军至搭壁罕山巅，纵炮旁击，番惧乃奔。傅德柯督勇毁硐，焚其社，阵毙十余人，我军亦死伤勇丁六人，夺获珠衣枪标粮械甚多。该五社为南澳第一巨社，于是火番宅二百余所，诸番号泣莫敢撄。

十二日，至老狗外五社，番已自火其宅，相率逃遁。其地两山峭立，绝壑巉岩，涧石嵯峨，仅通一线。傅德柯四顾旁皇，遍觅无路。十三日，鼓勇直进，突出凶番二十余人，纵枪猝击，傅德柯与哨官刘秀颜同时阵亡。及至前军回救，番已无踪。吴宏洛自武搭山巅，径由高山趋向西北，抄过内老狗社后，与溪底诸营隔绝二十余里，音问不通，山险无路可下。吴宏洛见炮能及社，乃饬勇丁斩除林莽，以备炮攻。突有悍番数百，蜂拥而前，死战不退。营官许恩铭、郑运泰等，督勇迎敌，自辰至酉，鏖战一日，番众死伤如积，始行败归，我军亦死伤三十余人。

当吴宏洛冒险前进，臣绝虑之，是日亲登武搭山巅察看形势，吴宏洛头卡已过武搭山二十里。武搭而西，山势耸绝，天日不开，番屋晨星，漫无村落。询诸土勇，据称：老狗内四社散居山谷，无土可耕。今末都纳十八社，男妇数千人，尽避官军，走匿深谷，进而攻之，路险不能骤入，而徒伤兵锐。惟番多食寡，每夜出乞粮，大军若截其隘而绝之，可以不战而下。臣飞饬吴宏洛，毋夺隘下山，猛攻折锐，速择要害，伏设地雷，将西北各卡撤回武搭山南，开路通溪底军，以便运粮取水。

二十二日，吴宏洛禀报，地雷已伏十三具，是日撤卡阳退，各番喜噪追逐，触发地雷，轰毙凶番二十余人，寂然而返，自此不敢出山。吴宏洛于二十八日密令窦如田，简死士三百人，仍自武搭山隘诱番出山。别令宏、健两营选奋勇三百人，伏武搭山下，伺番出战，由后截击。窦如田军入山，番不出敌，因举隘内番宅悉行焚毁。番众大惧，号哭乞降。吴宏洛使舌人问状，泣称粮食已尽，饥饿且死，惧触地雷，不敢出山，今实穷蹙，求恩收抚，乃命于闰二月初一日，自至宜兰抚垦局乞抚。及期，番目九人跪帐下，泣供居庐已被焚毁，精壮亦死伤二百余人，乞免缚凶徒，情愿送子为质。臣当令回社，将上年所夺刘朝带枪械二百余具，一一献还，各送番童入义塾读书，许以收抚。

旋饬各军陆续回防。傅德柯阵亡后，以副将刘仁柏统所部三营，并徙沿山隘勇，进扎十里，严密设防，招民速垦。布署粗定，臣乃还台北府。此剿抚南澳番社之情形也。

臣查统带定字三营记名提督李定明，上年加九岸之役，已缓滞不前，今南澳复令与傅德柯偕进，傅德柯冒险前驱，彼军统领营官俱不出队，仅令帮带官率勇百人，伫立以观。傅德柯阵亡前敌，枪声未绝，彼军乃急退，若无事然。滑诈虚縻，非严惩不足以肃军令，除撤去统带，另委总兵汪东升暂行代理外，应请旨将记名提督李定明褫去黄马褂，撤销勇号，革职以都司降补。该军右营营官总兵衔副将龙斌概，气滑言浮，请即行革职。所有尤为出力之记名提督澎湖镇总兵吴宏洛，自上年冬总统各军，剿办加九岸、南澳各番，开山伐木，破敌攻野，遇事身先，不避艰险，实属劳苦异常，拟恳天恩，从优赏赉。已保提督衔浙江处州镇总兵窦如田，请以提督记名简放。已保参将衔游击赵有才，已保游击郑运泰，均拟请以参将尽先补用，并赏加副将衔。已保千总柯壬贵、陈德馨，均请以守备补用，并赏戴花翎。其力战阵亡，总带镇海中军等营闽浙补用副将傅德柯，请照总兵例从优议恤。已保副将衔参将李晴峰、副将衔参将刘秀颜、守备熊文标，并请一并交部从优议恤，以慰忠魂。

刘壮肃公奏议卷五　设防略

遵筹澎防请饬部拨款折〔光绪十二年三月〕

窃臣承准军机大臣字寄，光绪十一年十月十九日奉上谕：「前有旨将福建巡抚改为台湾巡抚，一切改设事宜，令该督抚详筹议奏。台南北地舆袤延甚远，以形势而论，台北各海口尤为紧要，原议台湾道一员，远驻南台，深虑难以兼顾。且巡抚常川驻扎，一切钱谷刑名事宜，必须分员管理，各专责成。否则，于台湾道之外，添设台北道一员。方足以资缓急。该处地方若由台湾巡抚管辖，控制自更得宜，并著详细议奏。其余未尽事宜，该督抚如有所见，务当明晰敷陈，以备采择。钦此。」遵旨寄信前来，等因到臣。著杨昌濬、刘铭传悉心会商，妥议具奏。澎湖为由闽赴台要隘，扼扎劲旅，认真操练，除台北道如何添设另行筹议会奏外，当即咨商督臣杨昌濬，澎湖防务如何筹办，将才难得，能否由闽省布置，旋准杨昌濬咨覆，澎湖防务仍归台湾筹办等因。

臣查澎湖一岛，特立孤悬，不独左右闽台，亦南北洋紧要关键，诚如圣虑，必须扼扎劲旅，认真操练，方足以资缓急。其地妈宫港口，船坞天然，如内泊兵轮，外筑炮台，布置得宜，尚堪固守。惟地皆沙石，修筑炮台，黄土皆须由别岛购装，需费较巨。且练兵、购器、筑台等事，若无健将，操法严明，通晓外洋枪炮，守御仍恐难资。查有记名提督吴宏洛，素守吴淞海口炮台，嗣在广东历办海防。十一年六月经臣派往澎湖察勘，所论水陆险要，明切无遗。宏洛随臣日久，晓畅戎机，临敌身先，骁勇敢战，讲求操练，深悉外洋火器精微，若令驻守澎湖督军，布置必能措理裕如。惟其人弟兄俱没，母老多病，年近八旬，上年七月假归合肥原籍省亲，叠求终养，情词恳切，令人恻然。臣勉以移孝作忠，专弁函招，募勇来台相助，现在，署提臣孙开华奉旨开去帮办一差，仍回提督署任，所部楚勇一千八百人，二月底即行内渡。臣令吴宏洛仍招所部将弁，选募淮北勇丁一千八百人，克日来台办理澎防，以固海疆重地。

惟办防必先购炮，否则虽有坚台劲旅，亦属虚名。上年十月，臣曾附奏请拨洋款一百万两。现准部议「洋款仅剩六十万，已拨归海军衙门。刘铭传所请动拨百万两一节，应无庸议，惟现在海防虽撤，澎湖防务仍应竭力经营，为未雨绸缪之计。该抚亲勘形势，筹画固甚周详。督抚有兼理粮饷之责，一切布置，当量入为出，为久远之图，毋使半途匮乏，致隳前功。台湾富庶之区，非新疆可比，从前办理不得其人，入款肆其侵吞，出款滋为冒滥，以致入不敷出，竭蹶异常。今既改设巡抚，则一切政令，皆所专持。应请饬下该抚臣，竭力整顿，务将从前弊政，概绝根株，总期收款涓滴归公，用款丝毫无滥，量入为出，每年撙节若干另款存储，集有成数，再将澎湖及各处炮台，次第兴建，以期款足应用，事无中止。」等因。

查洋款仅存六十万两，已归海军衙门，臣处无从请拨，惟台湾一岛，久为外人所窥，朝廷视为重地，改设巡抚，无非保固岩疆。臣忝膺斯土，根不能倍日经营，诚如部议，从前办理不得其人，入款侵吞，出款冒滥。往事已不可追，今须百废俱兴，事事草创，如开山、招垦、建省、设官，皆目前急务，均非巨款不行。臣前奏请暂缓分疆，亦虑经费无着。惟办防以御外侮、抚番以清内患、清赋以裕饷需，此三事均为急不可缓。臣现竭力经营，期于必济。

查前两江督臣沈葆祯、前福建抚臣丁日昌等，先后于台湾抚番、开山，一事动需数十万，每剿一社，调兵十余营。臣于抚番重务，未增一饷一兵，惟与沈应奎、陈鸣志严裁冗费、收刘璈冒滥之余，清查隘租，夺土豪侵渔之利，惨淡经营，兵不血刃，全台生番已抚十分之三。将来愈抚愈多，虽经费难资，尚可就地筹画。惟办防一事，尤为台湾最重最急之需。上年法兵退后，臣即饬各员赶造基、沪炮台，并与洋商议购三十一尊后门巨炮。始据上海洋行开价八十余万两，嗣经沪尾领事并税务司电商英炮厂，往返磋磨，减至六十五万。现经旗昌包办，复减三万有奇，并将炮位运至台湾，不支运费，花洋不折，又可减银十万两，急须定议给价。

方今法事粗安，臣何为汲汲至此，诚虑疆场之事，瞬息万端，必有备乃可言战，必能战乃可言和。泰西各国慎固邦交，不轻言战，而精图战备，旦夕不遑，无不俨临大敌，故能保持欧局边圉无惊。若外患稍定，忘战讳兵，猝有难端，何以自保？此微臣中夜旁皇不能自已者也。

今部议饬臣量入为出，每年撙节另款存储，俟集有成数，再将各炮台次第兴筑。在部臣因饷需支绌，不得已请置缓图。查全台每年入款从前只九十余万，现经臣逐处清厘，约增银洋十余万。防军三十五营，月饷并轮船制造各费，每年需银百五十余万。此次督臣杨昌濬到台，议由闽省每年协银二十四万。仍由闽关协济银二十万，合计不足百五十万，勉支全台兵饷杂款，安能撙节盈余？朝廷之设海军购买兵船，原为慎固海防起见，澎湖当南北洋关键、闽台要枢，凡有心时事者，无不以该处设防至重且急。若不及时办防，一有兵争，仓皇束手，前车覆辙，能不寒心！即使经费有资，该处台工浩大，非两年不能完工，若俟撙节存储举办，更将何日？事关军国大计，臣若畏难苟安，就此徘徊诿宕，将海疆第一要隘弃等石田，微特外国垂涎，观此更将睥睨，一旦外人袭踞，台何以存？台若不存，万里海疆岂能安枕？臣深忧大局，正自无可如何，适督臣杨昌濬察勘澎湖形势到台。臣往会商三日，督臣老于军务，洞悉戎机，深以澎防为急，明知闽饷奇绌，然一片公忠悬挚，慨允回省力筹。惟臣购炮办防，急需银八十万两，闽筹有着，尚可次第拨资，否则，惟有仰恳天恩，饬部另筹拨给，以济要需，无任急切待命之至。

三月二十四日，军机大臣奉旨：「户部速议具奏。钦此。」

再，臣恭奉上谕：「澎湖为由闽赴台要隘，扼扎劲旅，认真操练，方足以资缓急。该处地方若由台湾巡抚管辖控制，自更得宜，并著详细议奏。其余未尽事宜，该督抚如有所见，务当明晰敷陈，以备采择，钦此。」仰见圣虑周详，虚怀下问，钦佩莫名。

臣查澎湖本设副将一员，从前防务归厅、协会办，海疆有事，既请命于镇道，复受制于通判，牵制既多，安能有济？若归统兵将领办理，副将既成虚设，主客恐难相安。现当海上多事之秋，今昔情形迥异，澎处闽台枢纽，似非特设重镇，不足以保危疆。督臣杨昌濬久历戎行，与臣不谋而合。据云拟将澎湖副将与海坛镇对调，各就现时兵弁略为变通，不增额兵，尚不至多所劳费。将来海上有事，声援隔绝之际，稍可自持。防务虽归臣等办，仍归督臣管辖，所需粮饷军火，有事必须闽台共济，不分畛域，方足以保孤危。如蒙采纳，请饬下杨昌濬妥议具陈。

光绪十二年三月二十四日奉上谕：「刘铭传奏澎湖为闽台门户，非特设重镇不足以资守御，杨昌濬与该抚意见相同，拟将澎湖副将与海坛镇对调，仍归总督管辖等语。即著杨昌濬与刘铭传会同筹议具奏。闽台防务关系紧要，该督等商办一切，务当和衷共济，不分畛域，力顾大局。上年谕令该督等会议台湾改设各事宜，并着一并妥速议奏，毋稍迟延。钦此。」

复陈台湾出入款项恳饬速筹的款以便分省设防折 光绪十二年十月二十日

窃臣准户部咨：「本部议复闽浙总督兼福建巡抚臣杨昌濬奏台事需款甚急筹拨维艰一折，光绪十二年七月十一日具奏。奉旨：依议。钦此。抄录原奏飞咨前来。」臣查部臣只计入款，不问出款，应将全台出入各款一并澈查。现据总理粮台前贵州藩司沈应奎、署台湾道陈鸣志开具出入清单，臣查盐、煤、洋药、茶、脑、厘金四项，已经臣厘剔弊端，奏明有案。谨再由清单内分款注明，毋庸赘渎。

部议台湾常例入款如人丁饷税，岁征十万三千余两等语，臣查有常例入款，即有常例出款，各省皆然。人丁饷税，除各县额编存留支给各款外，余由福建藩司核饬凑拨，台湾额营兵饷，历年奏销，报部有案，势难截其常支，指为办防经费。

部议又以台湾额征供粟十九万八千余石，虽未明指可作办防之用，意谓尚有此款，当可办防。臣查额征供粟关给全台额营兵米，近年裁兵，案内截存，未经募补。兵谷遵照奏案变价，年仅二万余两，暂拨办防。若行省设定，添设标兵，仍须拨还支放兵米。以上二端向由福建藩司照例收发，臣处无案可稽，惟据南、北两府开报。其余有无入款，须饬藩司清查。至臣本年奏请抽收百货厘金、清丈田亩，甫经举办，厘金一项已奏明抵拨电线价银。清赋竣事需时，虽有增加，诚如部议，亦在五七年后，此尤情势之皎然者。

部议又称，上年海防捐输计收银三十余万两。查此款系台湾被围时，先向绅商捐借，以应急需，解严后始行补奖。部臣按册稽银，指为现在入款，不知事后补奖，款早无存。自上年六月至本年四月，闽省丝毫未曾协济，全台裁勇四十余营，补发欠饷，办理善后，东挪西凑，支绌万分。上年十月，臣因兵饷不济，恐有哗溃之虞，不得已，奏请敕由厦海关按月协银三万两。其时未与督臣晤面，尚未遽提闽省协饷。本年春初，督臣亲至台北，目睹支绌情形，力维大局，允由闽省每年济银二十四万两，仍将厦海关协饷二十万拨李拨归台湾，差免竭蹶。

部议又称，台湾防务须照广东南沙州防务办法，十年为期，既毋劳骤筹巨款，而防务亦无贻误等语。臣以广东南沙州能保十年无事，设筹防务尚可从容。台湾孤悬海外，屏障东南，久为外人所窥伺。当法人围攻之际，两宫宵旰忧劳，其时内外臣工，无不以台湾无备为恨。解严后，钦奉电旨，敕由英、德两国购造钢甲快船四只，专备台、澎，需费一百余万两。并设行省，竭力经营。仰见朝廷不靳巨款，慎重海防，中外臣民无不同声感颂。臣忝膺斯土，恨不能倍日经营，保固海疆门户。前车不远，后患方长，曷敢视为缓图，致资强敌？从前沿海办防，修一炮台，需费至数十万两。臣于澎湖、基隆、沪尾、安平、旗后五口，购炮筑台，仅请款银八十万两。自春至冬，闽请部筹，部推闽拨，空文往返，未见分文，转眼炮价到期，洋人催索，臣将何以应之？购炮无偿，转成交涉，恐将贻累朝廷，无任急切待命之至。

又部议督臣奏请筹拨五关协饷，每年三十六万两，各海关无款可解，徒托空言等语，查此款专为分省经费，台湾奉旨特开行省，修建城池衙署，分治设官，饷需甚巨。即无论分省与否，分治万不能延。臣已察勘形势，全台急须添设厅、县七处，即土城草署，所费亦需数十万金。部议以本地之财供本地之用，无庸台湾协济内地，亦无庸内地协济台湾。督臣奏称，是可期诸异日，难以行诸目前，实为精确不磨之论。譬如人在幼年，全赖父兄教养，成立后方能自给身家。沈葆桢前奏台湾气局未成，如商人贸物，农民垦荒，不费资本于目前，何能收利于异日？若以空言分省，部不拨款，闽不协银，是弃台湾，非重之也。

臣才庸力薄，蚊负滋惭，草昧经纶，本非所任。前奏请暂缓分省，亦虑经费难筹。现在闽省视为已拨之局，锱铢必较，台湾纵守未分之例，情势已殊。将来是分是合，朝廷自有权衡。惟以无米之炊，处危疑之地，徒拥虚名，势成孤注，不特无补海防，且恐坐隳东南大局。臣赋性愚憨，遇事不敢欺蒙，谨交全台款目详列清单，据实沥陈，伏维慈鉴。

（按，此单移附《理财略》中。）

十一月十三日军机大臣奉旨：「所陈筹办台澎防务并购炮价，值需款甚急，均系实在情形，著户部速议筹拨，有著的款，即行具奏。钦此。」

筹借洋款购炮台借台还片［光绪十二年十月二十日］

再，臣筹办澎防并购炮价值急需银八十万两，与督臣先后奏请饬部筹拨。现准部议，于闽省创办糖厂、开采铅矿、课税拨解，以济要需，等因。

臣查闽省并无创办糖厂之事，铅矿集股未成，亦未兴办。部臣以故大学士左宗棠之空言指为实用，自系筹项支绌，暂假挪延。惟澎防奉旨饬办，叠经奏明，购炮筑台，非敢专擅。前借海军洋款二十万，抵拨穆图善兵饷，不能不作速筹还。明年正月又需给炮价银二十万两，余俟炮位到齐均须给付。购炮原为办防，澎湖办防急需款二十万金，万难迟缓，若再请部筹拨，势必延宕无期。屡与督臣杨昌濬反复函商，拟由闽、台各借洋款四十万，约以周年六厘起息，三年后，闽归闽还，台归台还，以济紧急。如蒙恩准，请旨饬令督臣杨昌濬速行筹借银四十万两，以二十万拨还海军，以二十万给付明春炮价。臣与台北中外商人议定，允借银四十万，何时动支，再行起息。伏乞圣鉴。

军机大臣奉旨：「览。钦此。」

请拨兵商各轮船片 光绪十一年五月

再，台湾善后需款浩繁，台湾道刘璈曾禀请左宗棠，由借洋款内拨银壹百万两，办理善后。经臣电乞总署，请旨饬令左宗棠将刘璈所请百万，拨归全台办理善后，想邀圣鉴。

惟善后以办防为第一要务，台湾面面皆海，臣等察看各口及往来通信，断非轮船不行。澎湖、基隆、沪尾三海口，均须长泊快兵船一只。将来修造炮台，运办各料，尤须装货船二只，沪尾尚存「万年青」轮船一只，费重行缓，年久无用。应请饬令南北洋分拨快船三只，福建船政速拨货船二只，到台备用。如蒙俞允，新拨兵、商船到台之后，其饷项如何发给，请饬南北洋、船政议奏定章，以便遵行。

光绪十一年五月二十六日奉上谕：「杨岳斌等奏筹办台湾防务，澎湖、基隆、沪尾三海口，均须长泊快兵船一只，修造炮台，运办各料，须装货船二只到台备用等语。台湾所需各船能否照数拨往，著李鸿章、曾国荃、裴荫森奏明办理。至各船到台之后，饷项如何发给，并着妥议具奏。钦此。」

购买轮船片 光绪十三年五月

再，台湾于上年五月，法人解严之后，遣撤兵勇，运载军装，「万年青」、「伏波」两轮船尚未修成，无船应用。旋由新授上海道龚照瑗在上海暂雇「威斯麦」轮船运载，每月船价洋币千四百余元。九月杪「威斯麦」船辞去，复经照瑗觅购「威利」轮船，价三万八千两。臣因「威利」轮于法兵封口之际，屡次冒险运兵运饷来台，载重行速，何以出卖价值如此之廉，恐有朽坏欺朦之处。当饬照瑗与其立约，先给价银二万两，先用十个月，如果船底船身毫无损坏，方能清价成交。否则，原船仍行退还，月给租洋千三百元。现计「威利」来台应差十月，船料尚坚，运载颇为得力，应照原议，留作台湾商船。除将价银给清外，谨附片陈奏。

添购轮船片 光绪十三年五月

再，台北本有「伏波」、「威利」、「万年青」轮船三艘，运载木料砖瓦，办理炮台城署各工。另有「海镜」兵船，专供澎湖差遣，自「万年青」碰沉后，「伏波」水缸损坏，于二月驶赴马尾船厂修换，台北仅「威利」一船，不敷差遣。现在基隆、沪尾并台南、安旗、澎湖等处炮台，正在工程繁急之时，载运需船，待料停工，所縻甚巨。适有德国「会刺」轮船一艘，因船主急图返国，在香港减价出售。当即派员勘验，驾驶来台，勘得船长一百七十尺，机器船身甫用六年，均属坚固，需价银二万六千余两。虽较「威利」短二十余尺，而船身稍阔，较购「威利」价值尤廉。起锚起货机器俱全，运载料件，尤为便捷。当经山打士洋行说合，价银仍由捐输项下拨给，命名「威定」，以应急需。拟俟「伏波」修竣及外洋所购电线轮船到台之后，再由臣酌照原价拨归商务局应用，公项既无虚糜，藉可暂资差遣，除将船图、马力、月支薪粮造册咨送海军、总理两衙门并户部查照外，谨附片具陈。

请拨兵船并请同购鱼雷船专备台急片 光绪十四年七月

再，台北距埤南旱道一千三百余里，山水阻隔，跋涉奇艰。轮船只须两日。臣于初五日接到警报，当即电请北洋大臣李鸿章，速派快船两只来台助援，至今未到。查光绪十一年法防定后，恭奉特旨：「由英、德购造铁甲快船四只，专备台澎防务等因。钦此。」

上年船成回国，闻经海军衙门奏归北洋训练。臣因台湾经费支绌，既无养船之资，又乏管驾之材，猥以台境粗安，未便渎请。此次埤南变起仓猝，若得台南北各有兵船一只，立时驰往，不独张兆连不致受困，且免埤南数百家焚烧之伤。今新购铁甲快船，既归北洋训练，惟有仰恳天恩，俯念台湾孤悬海外，非船不行，饬令海军衙门酌拨次等稍快兵船两只。由臣再购大小鱼雷船数只，专备台、澎防患巡口之用，以免临事仓皇，无从措手。如蒙恩准，应请饬下海军衙门一并核议施行。

光绪十四年八月初五日奉朱批：「该衙门议奏。钦此。」

变售旧轮船以资新购折 光绪十五年十一月二十六日

窃台湾四面皆海，往来险阻，断非轮船不行。自「万年青」、「威利」、「威定」等船先后沉失，惟恃「飞捷」、「伏波」、「海镜」三船。。「飞捷」专修水线，全赖「伏波」、「海镜」差遣运输。此二船均由船政局制造，逾二十年，屡修屡坏，除逐年小修外，隔年即须大修。现据管驾都司林文和禀称：「伏波」龙骨软弱，首尾倒垂，现当冬令，风浪拍天，不能驾驶。且船身朽敝，修理尤难，臣已将公费裁撤。「海镜」虽尚勉行海上，朽敝实同，拟俟来年澎湖城工告竣，一并裁撤。仅剩「飞捷」一船，尚须修理水线，不敷差遣运输。

查台湾商务局，经臣招股，购制二快船，一名「驾时」，一名「斯美」，船身各长二百五十英尺，纯为钢质制成，每点钟能行十五、六诺，装兵运货，便捷异常。每船价银十八万两。自知府李彤恩病故后，商务经理乏人，现由臣商同各商，将两船并为官轮，仍作商轮照旧搭客载货，所收水脚资银，即抵两船经费。台中官物即可运载，无俟另筹养船之资。两船价银三十六万两，经臣饬令善后局，于海防经费项下陆续筹还，以清商款。

查「伏波」、「海镜」两船，每月公费、薪粮并修理、用煤等项，各支银二千五、六百两，每年并计两船需费银六万余两，即以此项按年抵还「驾时」、「斯美」船价，六年即可偿清。如此一转移间，公家毫无所亏，六年之后即得坚快之船，又省养船之费，于台湾海防不无裨益。除呈报海军衙门暨咨户部、船政外，谨请饬部立案。

光绪十六年正月初五日奉朱批：「著照所请，该衙门知道。钦此。」

购造小船片 光绪十三年二月

再，准兵部咨核复补报台湾购买「南通」、「北达」、「前美」、「如川」小轮船四号，均应照章补奏立案，以便核销，等因。

查台湾各口内浅外深，风涌不时，大号轮船不能近岸。光绪十年法防案内，曾赴香港制造「南通」、「北达」、「前美」小轮三号，分拨澎湖、安平、沪尾各海口，缉捕、运输兼通文报。「南通」长十丈，「北达」长七丈，「前美」长七丈。后因不敷遣用，续赴香港轮机厂定造小轮船，名曰「如川」，船长七丈五尺。十一年冬，派弁驾驶出洋，在南北一带海口遣用。

后因分设省会，修造炮台，工程浩大，装运物料，四轮不敷，又雇洋匠自造驳船一号，计长七十尺，载物七百石，可抵澎湖、厦门等处，驳运炮械，安置水雷，极称稳捷。又因台湾海口河道多淤，非挖泥船不能疏洗，又经定置挖泥机器船一号。以上二船均已到台，配齐弁役，月支各费均照小机轮船应支之数核支。业经造册送部，奉准饬查，理合补行奏咨立案。

购办水陆电线折 光绪十二年八月二十八日

窃台湾一岛孤悬海外，往来文报屡阻风涛，每至匝月兼旬不通音信，水陆电线实为目前万不可缓之急图。

查同治十年，船政大臣沈葆桢奏，设立台地水陆电报，曾同上海大东北公司议明价值，已定合同。葆桢调任两江，议遂中止。

臣于上年法兵解严之后，即思竭力经营，固虑经费难筹，亦因水线价昂，非考实精微，不敢孟浪从事。今自春至秋，洋商多来台承办。臣因旱线损坏易修，水线损伤无船不能修理。中国只大东北公司修理电线轮船一只，若照葆桢议归彼修理，较易为谋。特派知府李彤恩驰赴上海，与该公司面议。据开由厦门至澎湖以达安平，水程约五百里，索价银十五万五千两。包修三年，需费银三万两。以后遇有损断，彼轮修理，日需银五百两。与葆桢原定略同，须交现银为据。彤恩因价巨置之，会同试用道张鸿禄咨访各洋行，令其各开价值，约同各洋商一并来台面臣。然修理无船，水线万不能办。

据瑞生洋行条陈，自造钢壳四铁叶轮船一只，由外洋装线运至中国，并自购修理机器一副，船身长三百二十英尺，阔三十二英尺，可以安炮六尊。俟电线安妥后，平时可以载货、装兵、巡缉洋面，电线损断，即可自修，一举而数善备，以免大东北公司居奇。

臣私筹熟商，台湾四面皆海，举动需船，多一船即得一船之用。当令洋商各开实价，择廉成交。怡和、泰来、瑞生三行，开价较廉。电线价银十万两，轮船价银九万两，修理电线机器价银一万两、测量机器一副，三局电报机器，并包运、包放工价、包险等费，共银二万两，总共价银二十二万两。台费奇绌，巨款难筹，当议三年归还，即可成议。他两行皆不肯承，惟怡和可办。当饬张鸿禄、李彤恩与其详议条款，先给定银四万两，余分三年归清，不给利息。现据李彤恩等详送条款合同并船图电式前来。

臣查沈葆桢前立合同，由安平至澎湖，再由澎湖至厦门，议价洋二十一万二千九百余元，合银数计之，须十五万三千二百余两。道里相同，惟所议头等电线，近岸重八吨者八十五里，余皆重一吨三分，此次所订电线，议定头等近岸重十吨者一百里，余皆重至二吨，不独价值便宜，线料亦大相径庭。且查琼州水程不足六十里，据大东北公司开送从前包办海线，价银二万余两。若以台湾线价比较，更属廉平。至添购修理电线轮船一项，按照合同所开机器马力，价亦不昂。臣于经费万分支绌之中，勉办急需之具，若不切实筹算，给价或多，微特不能节省，且将见笑洋人。旱线由基隆、沪尾合至淡水，由淡水到台湾府城，往来两道，议定八百里。除木料之外，余皆由泰来承办，共价三万两，订于明年正月安设。水线定于明年六月安设。臣尤虑者，安设水线费款至十万金，一旦有事，或被敌人割断，不独无裨缓急，且将虚掷巨金，殊为可惜。今自造一船，可以自行取捞，便益甚大。惟此项经费无著，臣同沈应奎反复筹议，只有百货厘金项下可以拨支。但本年六月甫经开办，每月收数银不足四千两，三年之内能否相偿，尚无把握。台地安设电报，于茶商最为得益，彤恩现与商人议定，如三年内厘金收数不敷电价，由商捐助。除将合同、船图咨送海军并总理各国事务衙门外，谨具折以陈。

军机大臣奉旨：「该衙门知道。钦此。」

台湾水陆电线告成援案请奖折 光绪十四年五月初五日

窃台湾购办水陆电线，经臣于十二年八月奏明在案。嗣因海线取道厦门，海程不便，改由台北、沪尾达福州之川石，海程较多五、六十里。复经勘议，加购水线，价银五千两。因地居海外，需用中外物料，不能按限运齐。十三年三月，甫将基隆、沪尾合至台北两线动工。八月，怡和洋行承办水线，装由「飞捷」水线轮船到台。经臣委员验收，随即驾驶勘量海道，将川石至沪尾水线妥安，福、台两省先行通报。续至澎湖放线，抵台南之安平口。维时陆路均已勘明，于十一月间由台南接办陆线，取道彰化，迤逦而北。十四年二月初一日，与台北之基隆、沪尾两线接通。

臣以闽、台海面暗礁过多，台南北山径崎岖，溪流横截，线条线杆均须格外坚牢。复饬原办委员往返周巡，妥为安插。现自开报之后，一律完固通行，统计水陆设线一千四百余里，分设川石、沪尾、澎湖、安平水线房四所，除台南、安平、旗后原设报局三处外，添设澎湖、彰化、台北、沪尾、基隆报局五处。一切材料、机器、水线、轮船、木杆、工程、勘路、转运、局员经费、洋匠薪资，共银二十八万七千两，除怡和原订线价分三年归还，尚有十二万两未付外，原奏动拨百货厘金一款，自光绪十二年六月至十三年六月，已据报解银六万七千九百余两，其余暂由海防经费中挪垫。业饬承办委员速将用款数目分晰开单，并取水陆巡护修理暨各报局支销经费章程详咨立案。仍俟线价付清并厘金银两解足三年，综稽赢绌，再行报销。此台湾水陆电线竣工之大略也。

臣查电报关系海防交涉重务，各省办理各员，蒙恩准照异常劳绩给予奖励在案。此次台湾安设电报，事同一律，而水线海底孤悬，尤难措手。各员督治匠役，出没惊涛骇浪之中，既无虚糜，又无损失。工程稳固，较之河工抢险，情势更属艰危。今海外孤悬之地，一旦与内地息息相通，所裨于海疆甚巨。臣忝司疆寄，安敢没其勤劳？所有在事尤为出力人员：三品衔浙江补用知府李彤恩，拟请以道员仍留原省补用。东河掣省补用知府丁达意，拟请以道员仍归山东、河南掣省补用。提举衔候选通判刘丝保，拟请以直隶州知州，不论双单月尽先选用。尽先选用县丞俞书祥，拟请以知县不论双单月尽先选用。指分福建试用从九品林清漪，拟请以县丞不论双单月选用。其余出力弁勇，可否由臣择尤请给外奖，以示鼓励之处，出自逾格鸿慈。

光绪十四年五月二十六日奉朱批：「吏部议奏。钦此。」

请拨援台洋款百万赶速办防片［日期不详］

再，臣前奏陈台湾善后折内，因澎湖设防关系重大，请旨定夺。原折留中，至今未敢议办。曾往台南、澎湖一带，察勘形势。细阅澎湖地方，必须实力办防，方能保固南洋门户。惟一岛孤悬，四方受敌，必须多购后膛精利大炮，方能设防，否则虽筑炮台亦不能守，九月间，曾托淡水英领事税务司电询英国阿姆斯脱郎炮厂炮价。旋据单开，较上海洋行已减二成实价，炮身较长。臣令再减一成，尚未定局。统计澎湖、基隆、沪尾、安平、旗后五海口，至少须添购大炮三十余尊，价约需银六十余万两。电报一项，万不能无，水线须自厦门达澎湖、台南，再设杆线达至台北。其次尚有制造枪子机器局，用大小轮船等款，皆防务万不可少之急需。准两广督臣张之洞咨开，已代购制造四色枪子机器一副，仍须添购制造炮子机器。台湾各库，丝忽无存，将来一切经营约须银百万两。

臣前奏台湾现存饷项捐输，共存银百万内外，以办防务，所欠无多。始意添炮台若干，以后从容再办。及至澎湖亲阅地形，统筹全局，设防即须先购大炮，否则虽有名将，亦将徒唤奈何。台饷自五月来，内地毫无协济。台南北关税、厘金，六月至今凡五月，仅收银三十余万两，合之前存之款，共约一百三十余万。数月之内，全台遣散各营补支欠饷，及基隆、澎湖赈恤要需，暨前陕甘督臣杨岳斌裁勇恩粮并留台各军月饷，现据沈应奎单开，粮台所存现银暨捐输未缴之款，通只六十余万。现银仅敷年内军饷，其余捐输将来可抵各海口修筑炮台之用。尚短买炮、设电、添购机器等款，别无可筹。

查上年已故大学士左宗棠筹借洋款四百万，本指援台，实计协济台军不足五十万两。闽用多寡，臣莫由知。其余奉旨存储，以备海军支应。惟有仰恳天恩，俯念台疆紧要，防务急需，饬拨一百万两，以便刻日办防，早收实效，无任迫切待命之至。

军机大臣奉旨：「览。钦此。」

请饬部定外洋购料章程折 光绪十四年二月二十五日

窃臣于光绪十三年十一月初九日附奏，台北购办机器料件及洋枪药弹等项，照章声请立案。接准户部咨开：「查明定购年月日期，报部核办，嗣后如有定购外洋军火器械等项，务须遵照部章，先期奏报，听候海军衙门暨户部核定，不得擅自购买。」等因。

查外洋各项机器军火，价值无常，定议成交，届期即须兑价，到期不兑，失信远人，动成交涉，且恐经手人员滥买糜费。在部臣体国公忠，原属慎持库款，故定章于未经定议之先，报候核准，所以杜冒滥而绝弊端，自应遵照办理。惟台湾孤悬海外，缓急须听轮船之便。海防工程关系紧要，举凡铜铁物料及军火制造之需，往往取办临时，多寡既难预计，若动须奏咨办理，往返数月，必致停工待料，耗费转多。

查外洋器械工料繁多，原非一致。果为船炮重大器械，成制需时，赀费巨万，货须审办，价待考论，固宜先事声明，请旨定议。若机器局每月需用料件，修筑炮台需用铁、水泥，及修制枪炮零件机器，类皆随时添补，数既未能预定，购又未可后时，必须便轮往来，始能载运。定议后，动逾年岁，方能到台。且台当新创之初，百事皆无定制，现在经费支绌，平时无力购存，临用急需大都缓难济急，如俟咨部与海军衙门议准，必至贻误要工。窃意购款过巨、或非急需，自应遵照部章奏咨听核；至随时需用之件，款项无多，可否仰恳饬部准令随时由臣一面定购，一面咨部立案，庶用款不致无稽，而于制造海防各工亦无罣碍。除饬军械所、机器局查明，未奉新章以前所购外洋军火物料，声明年月日期，速行补报。以后定购船炮器械巨款，仍应先期奏咨，听候核定，以协部章。

光绪十四年三月十五日，奉朱批：「该衙门议奏。钦此。」

采购机器模片等件银钱数目附奏片〔光绪十三年十二月〕

再，台北设立机器局，制造枪炮子弹，应需机器、模子、铜片各料件，先后委员分投采购。其已经购运到台机器、模子、铜片各料件及添购洋枪药弹，连同船价行用保险各项，或以洋圆合银、或以英磅合银、或以规圆合银，均经据实折合，共计银八万四千一百一十二两六钱八分零二毫，由善后局请照部章详请奏咨，以符定案。谨附片具陈。

光绪十三年十二月初十日，奉朱批：「该衙门知道，钦此。」

拟购水雷磺药附请核议片 光绪十四年九月

再，前准部咨：「定购外洋军火等项，务须先期奏咨，听候海军衙门、户部核定。」等因。业经遵办在案。

查海防利器，水雷与炮台相资为用。台湾各口分建炮台，渐次就绪，非先储备沉雷、碰雷各种，预筹分布，以护炮台，倘有事端，必至缓难济急。当饬机器局委员东河候补知府丁达意查开式价，核计必须购雷二百，差能分布。各台经费过亏，一时未能筹备。现经酌减，拟先购沉雷六十、碰雷二十，配齐雷线及应用各机，加以保险、运输，约须银二万两。

又，军火内需用洋硝、黄火药，亦属急切待用之需，并拟撙节购办，合计保险、运输等项，约须银万两。自应遵照新章，先行奏咨核准，俾得分别采购，以实军储，应请旨饬海军衙门暨户部核议。

光绪十四年九月十九日奉朱批：「该衙门议奏。钦此。」

买炮到防立案片 光绪十五年五月

再，查台湾办理防务，基隆、沪尾、旗后、澎湖各处，建造炮台，购办大炮。臣于光绪十二年三月奏办澎防请款案内陈明。旋与英商怡和洋行议购阿马士庄新式后膛钢炮三十一尊，随配炮弹、架具等件，包运到台。通计装箱、上船、水脚、保险、行规，共规平银六十万两，三期付给，订立合同。咨呈海军衙门暨总理各国事务衙门，转行出使英国大臣派员查验。嗣准该大臣刘瑞芬派验，咨复到臣，又经咨呈总理各国事务暨海军衙门各在案。

臣于各海口应安炮位，先行酌度形势，分别配支，并因澎湖起炮码头难于筑造，复与英商议定，另造屯船二只，包起上岸，加给规平银五千两。兹据英商于光绪十四年六月间至本年二月底，已将所办炮位陆续运台，一律起岸，由各防军验收。炮价规平银六十万两业经给付，其起炮费银五千两一并给清。除将起炮合同分咨查照，并各炮起上炮台工竣后，再行办理报销外，谨附片陈请饬部立案。

光绪十五年六月初七日奉朱批：「该衙门知道。钦此。」

英国购炮请奖监办参赞片 光绪十五年五月

再，查台湾定购大炮三十一尊，洋商争来承办，议价自八十余万两，减至六十四万两，已由美商旗昌洋行议办，英商怡和愿减价银四万两，订价规平银六十万两，包运上岸。香港洋报并日本报各洋商，俱称价过廉平，必将亏折，将来办到，必难与合同相符。经臣函致出使英国大臣刘瑞芬，派委参赞知府李经方随时查验。经方以事关重大，不时亲赴炮厂查勘，并雇熟悉炮工妥实洋人驻厂监视。迨各炮造成，刘瑞芬另派随员验试，均与合同相符。

臣查李经方才具明敏，西学精通，素为西人推服。此次经理台湾炮位，洋商亏折甚多，各炮工程毫无减料，运台交付亦无异言，皆李经方一人之力。其雇人监视及往返电商报费，垫用二千余金，不肯开报。现在炮位全数运台，臣复加勘验，制造精利，体质坚刚，洵为海防利器。李经方不辞劳费，臣未敢没其微劳，可否仰恳天恩，酌予奖励之处，出自逾格鸿施。

光绪十五年六月初七日奉朱批：「李经方著交部议叙。钦此。」

奏报造成机器局军械所并未成大机器厂折〔光绪十四年六月〕

再，查台湾先后购买后膛洋枪万余杆，各种弹子不自仿造，子尽枪皆废弃。且孤悬海外，有事运济艰难。机器局厂工程虽较繁重，为善后计，不能不设法急筹。

光绪十一年，由两广督臣张之洞代购制造枪弹机器一副，经臣饬令记名提督刘朝干，在台北府城北门外购买民田，积方三千八百九十丈七尺八寸，契价银一千六百八十两八钱一分七厘，并饬朝干砌筑基址，分赴内地采办木料，督造机器局厂。自十一年六月兴工，至十二年二月讫工，建成正侧各屋并小机器厂一百一十七间。通计筑墙、浚井、砌路、开沟、填河，需工料银二万三百二两五钱。

台北军械无处存储，即就偏西地方建造军械所七十三间，需工料银万六千三百七十二两七钱八分。尚有制造各种炮弹大机器厂汽炉房、打铁房，工程较大，未能同时并举，续经兴造，尚未蒇工。

本拟俟全局造齐，一律奏报。兹奉部行，已竣工程限期造销，机器局、军械所既经造成，应将用过工料银数先行截清，奏咨立案，汇案造册报销。其未竣工之大机器厂，另归后案办理，以清界限。

光绪十四年六月十二日奉朱批：「该部知道。钦此。」

修造炮台并枪炮厂急需外购机器物料片 光绪十四年六月

再，查台湾办理海防，购炮筑台，经臣奏明在案。各口自十二年正月兴工，分筑炮台。惟安平旧台尚可修葺应用，其余基隆、沪尾、澎湖等处，皆择地另造新台。旗后本有炮台一座，后在大坪山添筑一座。本年春夏，各军陈报濠沟、兵房并外围均已完工，因炮位未到，子墙宽窄高低，须视炮架部位方能定筑。澎湖筑台四座，基隆、沪尾各二座，因地势土松沙湿，非重用外洋铁水泥层累坚筑，不能胜巨炮震力。各兵房俱仿外洋图形，已用铁水泥三万六千桶。现在澎湖运到大炮十七尊，其余即由上海续运。

据炮台监工洋人鲍恩士并炮厂派来总兵闻德详勘，各台均能合度，惟子墙、炮基，亟须铁水泥逐层封筑，方可坚凝。计澎湖、基隆、沪尾、安平、旗后五海口，共造炮台十座，计需铁水泥二十万桶。查铁水泥价银每桶二两九钱，需款太巨。当饬委员会同洋人复勘，其子墙不当敌炮之处，改用土墙，外用铁水泥敷面。炮基亦多用石子与铁水泥参合，以期减省。反复筹议，至少尚须十二万桶，方克悉臻完固。

查各省购办外洋军器，须出海军衙门、户部核议，方准动支。此项铁水泥，除兵房已用三万六千桶，尚在未奉新章以前，初因台工需用尚多，拟俟一并奏报，现已饬局详请补咨立案外，现在修筑子墙，安设炮位，急须添购铁水泥十二万桶，相应请旨饬下海军衙门、户部核准，俾得早行购运，以竣台工。

又，台湾建有大炮子、枪子各厂，亟须购办钢铁暨机器、焦煤等项，用资制造，若自上海、香港零星采买，价值过昂，外洋价既廉平，物亦较胜。据机器局总办东河补用知府丁达意开单请购前来，臣细加查核，皆制造急需，应请旨饬令一并核准，以利制造，而裕军储。

光绪十四年七月初八日奉朱批：「该衙门议奏。钦此。」

拟修铁路创办商务折 光绪十三年三月二十日

窃据商务委员已革道员张鸿禄、候补知府李彤恩等禀称：「奉委招致南洋各岛贸易闽人来台合办商务，以兴地方，当即专函往招，现有南洋新嘉坡、西贡等岛闽商陈新泰、王广余等复信，佥称俱愿回籍合办台湾商务。革道等现已集股订购轮船二只，先行开办。惟台湾一岛孤悬海外，当此分省伊始，极宜讲求生聚，以广招徕。现在贸易未开，内山货物难以出运，非造铁路，不足以繁兴商务，鼓舞新机。查安平、旗后两口，海涌沙飞，自春徂秋，船难近泊。沪尾一口，日形淤浅，轮船候潮出入，耽误时机。只基隆一口，无须候潮，泊船较便，因距淡水旱道六十里，运货殊难。中外各商不得已往来沪尾。若能就基隆开修车路，以达台南，不独全台商务繁兴，且于海防所裨甚大。现在公款支绌，革道等议集商股承修，约需工银百万两。将来即于铁路取偿，不动公款。拟具章程数条，陈请核办。」等因。

臣查台湾一岛孤立海中，现在建省设防，截然为南洋屏蔽，必须开浚利源，使经费不难自给，南北防勇征调可以灵通，方能永保岩疆，自成一省。现在清赋、造台、安置水陆电报，本年内外均可次第告竣。惟铁路一事，臣深知其利赖无疆，徒以经费踌躇，未敢猝图举办。现据委员等禀请，由商人承修，于公款无关出入，将来坐收厚利。实于台湾大局裨助匪浅。

考铁路之利，便于驿递垦商不计外，目前大利有三，请为我皇太后皇上陈之：

台湾四面皆海，除后山无须办防外，其余防不胜防。基、沪、安、旗四口，现已购炮筑台，可资守御，其余新竹、彰化一带，海口分歧，万难遍布军队，概行设守。臣已于奏办台湾善后折内陈明。如遇海疆有事，敌船以旱队猝登，隔绝南北声气，内外夹击，危迫将不忍言。若修铁路既成，调兵极便。何处有警，瞬息长驱，不虑敌兵断我中路，此有裨于海防者一。

台湾既经分省，须由中路建设省城，方可控制南北。查彰化桥孜图地方，曾经前抚臣岑毓英察看地形，议筹建省。臣上年秋复亲察勘，地势宽平，气局开展，襟山带海，控制全台，实堪建立省会。惟地近内山，不通水道，不独建筑衙署、庙宇，运料艰难，且恐建城之后，商贾寂寥，虽有省垣，民居稀落。若修车路，货物立见殷繁，建造各工更多节省，此有裨于建立省城者二。

台北至台南六百里，中隔大溪三道，春夏之交，山水湍漫，行人断绝，无能往来。大甲、房里两溪，岁必淹毙数十人，急须造桥，以便行旅。查大甲、房里、曾文三溪，大者宽至十里，其次小溪二十余道，或宽百余丈。大甲溪经前任抚臣岑毓英督修石坝，以阻漫流，并未修桥，已费洋元三十余万，数月溪流冲刷，今已无存。臣现由上游窄处议修，统计大小溪桥工必需银三十余万两。今该商等承办车路，此项桥工二十余处，一律兴修，火车巨利暂不必言，公家先省桥工银数十万两。此有裨于台湾工程者三。

伏念铁路为国家血脉，富强至计，舍此莫由。臣于光绪六年，曾经条陈具奏。其时风气未开，举朝疑议，书生谋国，从古类然，可胜太息！现在开平成效聿彰，举国群疑观此无难尽释。且台湾与内地情形迥殊，绅商多涉外洋，深明铁路大利。商民既多乐赴，绅士决无异辞。如蒙准开办，所裨于台湾大局实非浅鲜。臣无任惶悚待命之至。谨将商立章程，恭呈御览，伏乞圣鉴施行。

清单

一、基隆至台湾府城，拟修车路六百余里，所有钢质铁路并火车、客车、货车，以及一路桥梁，统归商人承办。议定工本价银一百万两，分七年归还，利息按照周年六厘。每年归还数目，俟办成后，核量铁路脚价进款数目，再行定议。

一、台北至台南，沿途所过地方，土沃民富，应用铁路地基，若由商买，民间势必居奇。所有地价请由官发，其修筑工价由商自给。

一、基隆至淡水，猫里街至大甲，中隔山岭数重，台湾人工过贵，必须由官派勇帮同工作，以期迅速。

一、车路所用枕木为数过多，现在商船订购未到，须请先派官轮代运，免算水脚。

一、车路造成之后，由官督办，由商经理，铁路火车一切用度，皆归商人自行开支。所收脚价，官收九成，偿还铁路本利，商得一成，并于搭客另收票费一成，以作铁路用度。除火车应用收票司事人等由官发给薪水外，其余不能支销公费。

一、铁路经过城池、街镇，如须停车之处，由官修造车房。所有站房、码头，均由商自行修造。

一、此项铁路，现虽商人承办，将来即作官物。所用钢铁条，每码须三十六磅，沿途桥梁必须工坚料实，由官派员督同修造。

一、此项铁路，计需工本银一百万两，内有钢条、火车、铁桥等项，约需银六十余万两。商人或在德厂、或在英厂订购，其价亦须分年归还。如奉旨准办，再与该厂议立合同，由官验明盖印，以后由商自行归还，官不过问。如商人另做别项生意，另借洋款，不能以铁路作抵。

再，臣查铁路之利，不独目前有裨于海防、建省、桥工三事，将来更可添大宗入款，充海防经费要需。台湾地狭，内山未开，万不能如内地商利之厚。商等所筹本利，请以七年归还，似可有盈无绌。惟经理必须得人，若无廉实大员查察会计，将来商人以多报少，任意侵牟，不独无利可余，且恐七年难清路本。查台北府城市面日盛，内山番地土旷人稀，闽广穷民争愿远来开垦，徒以轮船过贵，无力渡台。若商务办理日增，即就商局轮船往来香港、厦门之便，运载垦民渡台，由官薄给船费。十数年后，全台均成沃壤，社番土匪永无内变之忧。近年，内地招商集股，骗折过多，商股不无疑虑。查内阁学士臣林维源端谨忠诚，久为商人钦信。自奉旨回籍，帮办台北抚垦以来，不独抚垦一力办成，即清赋、抽厘均资臂助。其于理财一道，心计尤精。如蒙朝廷主持俯准台湾造路，可否仰恳天恩，饬令学士臣林维源督办台湾铁路、商务，仍兼办台北抚垦事宜，凡遇铁路、商务，准由该学士专折奏陈，以收实济。出自逾格鸿慈。

再，台湾拟修铁路，创办商务，曾经臣附片奏请内阁侍读学士林维源督办。因该学士取与不苟，将来车路脚价，期于涓滴归公，不虞中饱。连日据林维源面称，所办台北沿山垦务，新开田园，俱定于本年秋冬清丈，逐段分界，以便将来陆续升科。宜兰现有新垦、旧垦争产械斗，即宜前往督同官绅清丈，地方宽阔，一时不能告竣，商务垦务彼此不能兼顾，商请奏销铁路商务差使，以免遗误，等情。

臣查林维源新办台北垦务，亟须清丈。宜兰八里沙地方，本年三月，经林维源督同官绅议开河道。该处可垦田园数万亩，全系平阳膏腴之地。新垦、旧垦，争占地界，不时械斗，亟须林维源前往督同官绅清丈分界，免滋事端。所称两处不能兼顾，亦系实情。铁路商务现经海军衙门议准，奉懿旨：「依议，钦此。」咨行钦遵前来。

据商务委员禀称，现由英德两厂先订购铁路钢条三百三十里，铁桥二道，火车客车七十具，定于年内办齐。股分银两陆续招集，所欠无多。先由基隆造至彰化，再行接续前进，工程浩大，必须二三年后方能完工，并请派选用道员杨宗瀚总办铁路商务，以顺商情，等因。

臣查杨宗瀚以知县于同治元年投效大学士李鸿章军营，历保河南补用道报捐海防尽先选用。其办事精实，器局宏深，每以中国之大不能富强为恨。经臣函招来台，总办商务，实称其选。惟禀称轮选到班，理应赴部投供。合无仰恳天恩，俯念台湾分省伊始，事事兴创，佐理需才，饬部注册，准将盐运使衔新班先选用道杨宗瀚，留于台湾差次，遇缺即选。俟选缺后再行送部引见。

至铁路抽收脚价，为期尚早。现由外洋开来铁路脚价章程，简当详明，丝毫不能舞弊，届时再由臣妥筹办理。

光绪十三年五月二十日奉朱批：「著照所请，该衙门知道。钦此。」

台路改归官办折 光绪十四年十月十六日

窃照台湾兴造铁路，前经海军衙门议准，奏奉懿旨：「依议，钦此。」遵经饬据商务委员，订由英德两厂购办铁路钢条三百三十里，大小铁桥十一道，火车客车七十具。先自基隆造至淡水，再行接续前进。由臣改派道员杨宗瀚总办。议定地价、车房、码头归官承办，并拨兵勇代工。奏明在案。

当时勘定台南北六百余里，除地价、车房、码头、土工外，估价银一百万两。惟淡水至基隆山河夹杂，须挖山洞九十余丈，大小桥梁百二十余座。穿山渡水，挖高填低，工程浩大。各军修筑炮台，剿番剿匪，无暇代修。均由商局雇夫兴办。现将基隆六十里修造平坦，铺成铁条三十里，年外可以完工，共计夫价桥梁已费银十九万两。

查李彤恩等招集商股一百万，其时创议皆以铁路利厚，两月间招股七十万金，现银三十余万。复经各商议购快船两只，价银三十六万两，以辅铁路之不足。自工师到后，细勘工程，统计土工，需银三十余万两。营兵无暇代修，各商观望。经李彤恩禀请，由臣挪用，陆续借支银二十万两。所有铁条、火车、铁桥，均经臣议立合同，由外洋购办，分年归还。本年头批已给银十万两，李彤恩勇于任事，商民信服。拟俟基隆六十里最大工程告竣后，再行招集股分。不料李彤恩于九月病故，杨宗瀚因病假归，经臣委员督修。据各商禀请归官自办，已缴现银三十余万，愿留快船两只作抵等情。

臣查台湾铁路办成，不独利商便民，且关海防大局，故臣费尽经营，创议兴办。今商股既观望不前，承办委员或死或病，若听其中止，不独已费公款无可归还，且购到铁条、铁桥、木料、火车，弃置尤为可惜。臣饬工师详细勘估，究需若干。据称通盘核算，基隆至彰化每里核银三千两，彰化至台南每里核银二千五百两，计地价、土工、车房、码头四项，需银六十余万两。核之原估百万，数目相符，较之开平铁路工倍价廉。现在基隆至淡水山路六十里不日完工，其余除大甲溪之外，别无大工耗费。臣拟尽购到铁条办至彰化，再行量力以筹。

惟经费难支，臣同藩司邵友濂筹商至再，惟有自本年秋季以后，闽省每年协济银四十四万两，至十七年春季止，尚存未解银一百零四万两。此项本拟节存，备充建造省城经费。现省工尚堪稍缓，路工在急，非一时所可骤成。拟请暂挪先修铁路，俟竣工后，即将所收脚价归还成本，再筹建城分治。官项既有着落，商股有快船取利，亦不受亏。将来不独有裨海防，即建省工程，有铁路运料，竣工既速，省费亦多。伏求圣鉴。

光绪十四年十一月初六日奉朱批：「著照所请，该衙门知道。钦此。」

刘壮肃公奏议卷六　建省略

陈请销假到闽会商分省协款情形折

光绪十二年五月初七日

窃臣于正月二十四日，因目疾奏请续假两月，奉准给假在案。遵即加意调摄，入夏以后红肿渐消，障翳稍退。四月二十二日，遂赴福州省城，会同督臣杨昌濬筹商分省诸务。督臣力筹大局，深念唇齿相依，虽分犹合，亟应仰遵圣训，务令内外相维，不分畛域。闽省有指臂之助，台湾无孤注之忧，庶可联成一气。督臣已饬闽台司道会议分省各条。臣到闽，复同详细妥筹，稍为增减，由督臣主稿奏陈，臣即于二十八日驰回台北府城。

台湾现在整顿海防，抚番招垦，百废待举，经费支绌万分。从前闽省岁资台饷六十万，积欠至三百余万之多，自上年五月至今，毫无协济。台用亏竭，中外昭然。全台防军经臣奏定三十五营，练军营三营，每年饷需约须银一百二十万两。加之养船制造、员弁薪水、各官津贴，一切杂支，统需银一百五十余万两。

现在外办防务，内抚生番，营勇既无可裁，余款更难酌减。全台岁入仅一百万两内外。自奉诏改行省后，时与督臣往复函商，请将闽饷照常协济，另请邻省筹济分省要需。督臣因闽用太繁，未能多协，议由厘金项下每年协银二十四万两，闽海关照旧协银二十万两。另行会奏，请敕粤海、江海、浙海、九江、江汉五关，每年协银三十六万两。在督臣固已心疲力竭，无可再筹。以臣计之，闽省海关、厘金共协银四十四万两，合之台湾岁入，勉可供给台湾军饷杂支。其余办防、抚番、开垦、分治、建造省城衙署、庙坛，在在均需巨款。纵蒙五关岁协银三十六万，仍系杯水车薪。臣惟随事撙节，分别缓急后先，断不敢敷衍苟安，上负圣主慎固海疆之至意。

惟台湾孤悬海外，现在各库罗掘一空，议者谓须稍有存储，以备缓急。臣目睹时艰，饷源支绌，现正经纶草昧，断难储集盈余。所虑海上风涛茫无定局，公文往返动辄需时，军饷一亏，万夫哗溃。惟有仰恳敕下署福州将军古尼音布、督臣杨昌濬，自本年起，将议定岁协银四十四万两，按季先期拨给，由臣派船领运，俾免稽延，庶几分省设防，得以渐筹部署。

光绪十二年五月二十六日奉上谕：「刘铭传奏台湾经费现与督臣议，由福建厘金项下每年协济二十四万两，闽海关照旧协银二十万两，请饬先期拨给等语。台湾需饷孔急，自应预为筹拨。

著古尼音布、杨昌濬自本年起，将议定每年协济台湾饷银四十四万两，按季先期拨给，以应要需。余俟杨昌濬会奏到时再降谕旨。将此由四百里各谕令知之。钦此。」

遵议台湾建省事宜折 光绪十二年六月十三日

窃照光绪十一年九月初五日，奉慈禧端佑康颐昭豫庄诚皇太后懿旨：「醇亲王奕譞等遵筹海防善后事宜折内奏称，台湾要区宜有大员驻扎等语。台湾为南洋门户，关系紧要，自应因时变通，以资控制。著将福建巡抚改为台湾巡抚，常川驻扎。福建巡抚事即著闽浙总督兼管。所有一切改设事宜，该督抚详细筹议，奏明办理。钦此。」

又于十一年十月十九日奉上谕：「台南北地舆袤延甚远，以形势而论，台北各海口尤为紧要。原设台湾道一员远驻台南，深虑难以兼顾。且巡抚常川驻扎，一切钱谷刑名事宜，必须分员管理、各专责成。应否于台湾道之外，添设台北道一员，著杨昌濬、刘铭传悉心会商妥议具奏，等因。钦此。」

钦遵经臣等各将筹度情形先后复奏，十一年十二月十二日奉上谕：「杨昌濬所奏添设台北道不如添藩司，系为因地制宜起见，自可准行。台湾虽设行省，必须与福建联成一气，如甘肃、新疆之制，庶可内外相维。著详细会商奏明办理。」复于十二年三月二十四日奉上谕：「刘铭传奏，澎湖为闽台门户，非特设重镇不足以资守御。杨昌濬与该抚意见相同。拟将澎湖副将与海坛镇对调，仍归总督管辖等语。即著杨昌濬、刘铭传会同筹议具奏。闽台防务关系紧要，该督等商办一切，务当和衷共济，不分畛域，力顾大局。上年谕令该督等会议台湾改设各事宜，并著一并妥速议奏，毋稍迟延，等因。钦此。」

仰见皇太后、皇上垂念海疆，谆谆训诫之至意。臣等忝膺重寄，目击时艰，何敢不竭力筹维，和衷商榷，以期事归尽善，仰慰宸廑。除往返函牍不计外，臣昌濬于二月间渡台，臣铭传四月间复渡闽，详细面商。

查台湾为南洋门户，七省藩篱，奉旨改设巡抚，外资控制，内杜觊觎，实为保固海疆至计。惟沿海仅数县之地，其余番地尚归化外，气局未成，海外孤悬，与新疆情势迥异，闽台本为一省，今虽分疆划界，仍须唇齿相依，方可以资臂助，诚应遵旨，内外相维，不分畛域，乃能相与有成。兹就省局司道及署台湾道陈鸣志、总理粮台前贵州藩司沈应奎等议条陈详加酌核，谨缮清单，恭呈御览。

方今整饬海防、百废待举，加之改设行省，经费浩繁，如澎湖一岛，为闽台门户，往来咽喉，购炮筑台，急需银八十万两，迭经臣等奏请敕部指拨。此外，制械、设电、添官、分治、招垦、抚番，在在均关紧要，前车可鉴，安能再事因循。至建立省城衙署、坛庙各巨工，虽不妨稍从缓办，然既分省，亦不能不次第接筹。台地防军裁撤外，尚存三十五营，分布沿海，周回二千余里，势难再减。海外饷需缺乏，即有哗溃之虞。

臣等悉心筹画，拟由闽海关每年照旧协银二十万两。经臣铭传咨请署福州将军古尼音布，嗣后由厦关径拨解台。至闽省各库，无论如何每年协银二十四万两，陆续筹解。并请旨敕下粤海、江海、浙海、九江、江汉五关，每年协济银三十六万两。共成八十万两，以五年为期。统计闽省库、闽海关所协四十四万，合之台地岁入百万两，专应防军月饷之需。五关每岁各协银七万余两，集腋相资，尚属轻而易举。台疆得此巨款，庶不致尽托空言。惟仍恳朝廷宽以岁时，容臣铭传分别缓急重轻，次第举办。经费支绌，固不能急切图成，竭力经营，又焉敢迁延坐误。现已奏明清理田赋，并随地随时力求整顿，变私为公。如三五年后，能照部议，以台地之财供台地之用，即当奏请停止协款。一切改设事宜，单内或未经赅载，容臣等续行妥议奏咨，用副国家经画海疆之至意。

一、台湾奉旨改设行省，必须与福建联成一气，如甘肃、新疆之制，庶可内外相维等因。查新疆新设巡抚，关防内称甘肃新疆巡抚。台湾本隶福建巡抚，应照新疆名曰「福建台湾巡抚」。凡司道以下各官考核大计，闽省由总督主政，台湾由巡抚主政，照旧会衔。巡抚一切赏罚之权，仍巡抚自主，庶可联成一气，内外相维，不致明分畛域。又陕甘总督关防内，有「兼管甘肃巡抚」字样。闽浙总督关防应否添铸「兼管福建巡抚」字样，恭候钦裁。

一、学政向归台湾道兼理，光绪元年曾有议归巡抚明文。现应查照前议，由道将学政关防文卷呈送巡抚管理，文武乡闱援照安徽赴江南汇考之例，仍归福建应试，中额亦仍旧例。将来生聚日繁，文风日盛，再行酌核增加，奏明办理。

一、旗后、沪尾两海关，向归将军管理。近年税项所征，均经拨充台饷。现台湾既设行省，两关均隶台疆，可否援照浙江之制，改归巡抚监督。应请敕下福州将军奏办。

一、澎湖为闽、台门户，须设重镇以固要区。拟将澎湖副将与海坛镇对调，如蒙俞允，应饬先行互调，以重海防。一切事宜另行奏办。

一、新疆以迪化州为省垣，城署无须建造。台湾改设行省，必须以彰化中路为省垣，方可南北兼顾。另造城池、衙署，需费浩繁，一时万难猝办。所有官制暂仍旧章，将来添设厅县，改派营防，再行奏办。

一、福建巡抚既已改归台湾，所有抚一标左右两营，即须移归台省。惟省垣未定，安置无从，以后遇有空名，无须募补，暂留闽省，仍归总督兼管，兵饷亦由闽支发，俟台湾巡抚移住中路，再行调归台湾，不愿移者听。

一、台湾改省之后，应遵旨添设藩司一员，综核钱粮兵马，整顿厅县各官。并设布库大使一员，兼经历事，所有建造衙署、添设印官，百端草创，将来须仿照新疆章程，奉旨后再行会同请简。

一、台湾道向兼按察使衔，一切刑名由道审转，其驿传事务亦由道兼治。添设司狱一员，毋庸另设臬使。惟会典职官有按司狱、府司狱，无道司狱，应以候补按司狱、府司狱轮流借补。

一、台湾盐务场产不足，半由内地运售，名曰唐盐。内地长泰、南靖等县澳引额定例拨归台湾代销。所征正溢课厘，虽留台拨充防费，尚有抵解各款，归内地盐务杂支，每届奏销由福建盐法道汇核造报。各省盐场引地多行外省，闽、台盐务分办，窒碍殊多，应请仍照旧章办理。

一、台湾各县，地舆太广，最大如彰化、嘉义、淡水、新竹四县，亟须添官分治。统计四县按周围百里为城，约可分出四五厅、县。将来彰化即可改驻首府，另设首县为台湾县，将台湾县改为安平县。应俟添设藩司，再行酌办。

一、台湾烟瘴之地，内地官吏渡台，咸视为畏途。向章曾补台湾府、厅、县、佐杂等缺，如回内地即属调简。故稍有才智者，不肯渡台。今拟仿照新疆章程，凡到台湾实任，如逾三年，著有劳绩，准回内地，不计繁简，均须调补优缺，芟除调简旧章。无缺当差，酌委优差一次。惟必得本管官切实考语，以免滥邀。两省如有停委撤差之员，督抚互咨，均不委用，以杜钻营。

一、台湾生番归化已多，日渐开辟，急须分治添官。若照部章，厅、县、佐杂各员，均须循例补署。台湾民番难处，人地苟不相宜，万难迁就，恐酿事端。仅用合例人员，又未必尽能得力。拟请旨饬部声明，台湾新设省治，暂行不论资格，俾得人地相宜，俟全台生番归化，一律分治设官，再请循照部章，以求实效。

一、番地日开，必添营汛。查新疆添设总兵、副将、参、游、千、把等官甚多。台湾情势既殊，须俟尽抚生番，全局方能酌定。目前但能随时察夺具奏，或添或改，以节饷需。

一、台湾改设巡抚，本拟仿照江苏分苏、分宁成案，于各班人员到省，积有三员，掣签一次，以两员分闽、一员渡台。惟全台现仅两府八县，缺分无多，若照三分掣一，来台必无位置。拟俟全台生番归化，一律设官，再行照办。目前需员差遣，或由司申送、或由抚调咨，暂难定数，免致分发人员到省积滞向隅。

一、台湾改设巡抚，台湾镇总兵应销去「挂印」字样，与新调澎湖镇总兵归巡抚节制。

一、抚辕原设经制书吏十二名，各有清书、帮书。今福建巡抚事归总督兼治，拟留经制书吏六人，酌用帮、清各书，留督署办公。尚有经制书吏六人，酌带帮、清各书，赴台供役。抚辕档案造册登开，关涉闽者径留督辕，关涉台者送台备考。

台湾郡县添改撤裁折 光绪十三年八月十七日

窃臣等于光绪十二年六月十三日会奏台湾改设事宜折内声明：彰化等县地舆太广，亟须分治设官。奉旨：「该部议奏。钦此。」旋准部咨议，令酌度情形，奏明办理等因。伏查台湾疆域，南北相距七百余里，东西近者二百余里，远或三、四百里，崇山大溪，钩联高下。从前所治不过山前迤南一线，故仅设三县而有余。厥后榛莽日开，故屡增厅治而犹不足。光绪元年，沈葆桢请设台北府县以固北门，又将同知移治埤南，以顾后山一路，全台官制粗有规模。然彼时局势未开，择要举行，实非一劳永逸之计。

臣等公同商酌，窃谓建置之法，形势为先；制治之方，均平为要。台疆治法视内地为独难，各县幅员反较多于内地。如彰化、嘉义、凤山、新竹、淡水等县，纵横多至二三百里，鞭长莫及，治化何由。且防务为治台要领，辖境太广，则耳目难周；控制太宽，则声气多阻。至山后中北两路，延袤三四百里，仅区五段，分充碉堡，并无专驻治理之员，前实后虚，亦难遥制。现当改设伊始，百废俱兴，若非量予变通，何以定责成而垂久远。

臣铭传上年九月亲赴中路，督剿叛番。沿途察勘地势，并据各地方官将境内山河、阨塞、道里、田园，绘图贴说呈送前来。又据抚番、清赋各员将抚垦地方分条续报。谨就山前后全局通筹，有应添设者，有应改设者，有应裁撤者。

查彰化桥孜图地方，山环水复，中开平原，气象宏开，又当全台适中之地，拟照前抚臣岑毓英原议，建立省城。分彰化东北之境设首府，曰台湾府。附郭首县，曰台湾县。原有之台湾府县改为台南府。安平县嘉义之东、彰化之南，自浊水溪始，石圭溪止，截长补短，方长约百余里，拟添设一县，曰云林县。新竹苗栗街一带，扼内山之冲，东连大湖，沿山新垦荒地甚多，拟分新竹西南各境添设一县，曰苗栗县。合原有之彰化县及埔里社通判，四县一厅，均隶台湾府属。其鹿港同知一缺，应即撤裁。淡水之北，东抵三貂岭，番社纷歧，距城过远。基隆为台北第一门户，通商建埠，交涉纷繁，现值开采煤矿，修造铁路，商民麇集，尤赖抚绥，拟分淡水东北四保之地，拨归基隆厅管辖。将原设通判改为抚民理事同知，以重事权。此前路添改之大略也。

后山形势，北以苏澳为总隘，南以埤南为要区，控扼中权。厥惟水尾，其地与拟设之云林县东西相直，声气未通。现开山路百八十余里，由丹社岭集集街径达彰化，将来省城建立，中路前后脉络呼吸相通，实为台东锁钥。拟添设直隶州知州一员，曰台东直隶州。左界宜兰，右界恒春，计长五百里，宽三四十里、十余里不等，统归该州管辖，仍隶于台湾兵备道。其埤南厅旧治，拟改设直隶州同知一员，水尾迤北为花莲港，所垦熟田约数千亩，其外海口水深数丈，稽查商舶，弹压民番，拟请添设直隶州判一员，常川驻扎。均隶台东直隶州。此后路添改之大略也。

谨案，台湾土疆、赋役日增月广，与旧时羁縻侨置情势迥殊，因地制宜似难再缓。况年来生番归化，狉榛之性初就范围，尤须分道拊循，藉收实效。辑遐牖迩，在在需员。臣等身在局中，既不敢遇事纷更，以紊典章之旧，亦不敢因陋就简，以失富庶之基，损益酌中，期归妥协。如蒙俞允，拟先委员署任主办，画界分疆，并请饬部分别换铸关防印信，先行颁发，俾昭信守。俟全台勘定，再将四至册图并何项缺分详细奏咨，请旨定夺。至教职暨沿山沿隘佐杂武弁并屯地等官，应添应改，亦拟于郡县设定后，分饬各员就近体察，详请奏咨。其余未尽事宜，统俟陆续会商，随时具奏办理。

光绪十三年九月初八日奉朱批：「该部议奏。钦此。」

台湾水师员缺并武职补署章程折 光绪十三年十月十三日

查台湾绿营额设水陆十八营，水师七营，陆路十一营，共额兵一万四千余人，自同治八年前督臣左宗棠奏准裁兵加饷后，存兵七千七百余人。光绪三年，前抚臣丁日昌复请汰弱留强，暂停募补。截至光绪八年，经台湾镇总兵吴光亮续裁，实存兵数四千五百余人，年支饷银十七万余两。声明如有革故，随时募补。统计水陆现存兵额内，水师七营，分隶澎湖、安平各协，原定船舰久废无存。

台、澎孤悬海外，今昔悬殊，非兵轮无能战守。此项经制水师械船即存亦岂能当巨炮？况所存兵力均经选入练兵，徒有虚名，茫无实籍，与陆师营汛皆等具文。兵丁积习惰弛，安能应敌？将领或老年疲病，嗜好太深，或久入官场，习气过重，偶遇练兵出队，皆另求管带，勉示虚威。补署人员更多巧滑，遇有抢劫重案，事前既无禀报，事后亦不缉捕，惟事匿盗庇娼、抽收赌费。若不变通整顿，何以肃戎政而保岩疆。

臣等因时制宜，详加商酌，除澎湖水师两营兵丁暂照原章，俟总兵吴宏洛接任后再议整顿外，其余安平、沪尾、噶玛兰水师五营，久无船械，未便任其废弛，拟请改为陆路，仍隶原营，并请将安平副将移驻后山水尾，该处已经臣等奏请改为台东直隶州，安平副将拟请改为台东协。请将北路副将移驻埔里社，均作为陆路题补之缺。所辖营汛，北路副将可仍旧章，台东协须另行因地筹设。水尾为台东新建之地，埔里社为南北交错之区，毗连生番，形势扼要，既可控制穷荒，又可免添营汛。庶几筹防节饷，免蹈虚文。

惟设营防于新辟之地，民番杂处，必须将弁得人。查台湾水陆马步兵丁，每名月饷及加给戍饷、兵米、练饷，均在三两二三钱，练兵出防每月又加银一两二钱，统计四两五钱，较勇粮尤重。若一兵不得一兵之用，安事赘疣？自非遴选将才，万难挽回积习。惟有就现在军营官弁并投效武职之中，或年壮力强、未沾恶习，或战争奋勇、办事勤劳，拟请由臣等按月考试，如五枪能命中三四者，即分别奏咨留标，以后考列在前，准其补署。论枪法之高下，不论资格之浅深，庶钻营之弊不禁可除，疲老之将不遣自去。于例章不无破格，于营伍差可振兴。事关水陆营制员缺更定移调，并各项武职人员酌留补署章程，相应请旨饬部宽以例章，准予变通办理，俾挽积习而免虚縻。如蒙俞允，再由臣等认真挑选，查取留台各将弁履历，考试列等后，奏咨备案。

光绪十三年十一月十七日奉朱批：「兵部议奏。钦此。」

移设陆路副将酌拨营伍折 光绪十四年四月十五日

窃准兵部咨，议复台湾武职改设员缺一折，奉旨：「依议，钦此。」钞录原奏，内称：「所请安平水师副将移扎后山水尾，暨安平以下水师各营均改陆路，应毋庸议。至台东应如何设官控制，准在附近水陆营抽拨布置。」等因。

准此，查台湾洋面辽阔，港汊纷歧，缉捕巡防动关紧要。部议以经制水师各缺，未便全改陆营，原为汛防起见。至安平水师副将，昔年建设，原属要区，惟念海防情势今昔远殊，而台东控扼后山，议设武职大员，尤难迁就。臣等往返函商，安平仅距台南府城数里，台湾总兵兼辖水陆，驻扎府城，足堪照顾。海口副将一缺，无船无兵，久成虚设。台东为后山扼要之区，非参、游所能镇压，就近营汛，无可拨移。现当饷项支绌，又未便轻议添设，徒糜饷需。若以安平水师副将大员，改为台东陆路副将，所属中右两营都司等官，随同移拨。其左营游击现驻鹿港，将来中路有抚标两营，不虞单弱。应将鹿港游击作为安平水师营游击，隶台湾镇管辖。即将台湾镇属之恒春游击改隶台东，仍使镇协两标各还原营之数。似此量为布置，饷项毫无增益，既于新设地方得资实济，而于水陆营制亦属相符。相应请旨饬部议行，以资统摄。

光绪十四年五月初六日奉朱批：「兵部议奏。钦此。」

按，安平去台南府城仅数里，镇将既兼水陆，副将又无船无兵，纸上空名，赘疣何用？改为后山副将，自属万全，部臣坚持旧制，至死不移，此与明季兵枢何异？文臣徒持例本，不出国门，可笑尤可痛也。陈澹然识。

台北建造衙署庙宇动用地价银两立案折 光绪十五年七月初七日

窃查台北自光绪初年分设郡治，仅将城垣、文庙、试院、府署陆续粗成。其余地方工程，因民力难筹，多未兴办。臣于光绪十年奉命渡台，当驻台北府城淡水县署。其时城内尽属水田，不特屋宇无多，并无舆马可通之路，所居县署半系草房，将佐幕僚仅堪容膝。战事既定，逼处殊难，乃令淡水县勘购民田，按方给价，砌筑横直官道，一面招商造铺，阛阓渐兴。

嗣议筹办分省，中路省会一时骤难猝办，抚藩大吏、各局员绅，不能不先造办公之地。且台北地踞上游海口，形势极重，将来或须添设道员，或巡抚随时分驻，亦不能无公廨以便居留。乃择城西北隅，勘建巡抚行署并亲兵营房，附近造藩司行署及银库局所。淡水改厅为县，旧治现为新竹县所居，因复造淡水县并艋舺营参将各官衙署。海外商民颇重神庙，如关帝、天后、风神、龙神各庙，敬祀尤多，均经造修告蒇。

统计台地近年货、厘、盐、茶等项，涓滴归公，已无外销之款。此等工款，平时原可责令绅富筹捐，惟现当清赋升科，既未便踵袭陋规，按田科派，且台北修造城工并法防捐助，民力已劳，地方亦形竭蹶。再四筹画，惟有将各工物料地价银两据实开单，恭呈御览，仰恳饬部立案，准令作正报销，以昭核实。

光绪十五年八月初三日奉朱批：「该部知道，单并发。钦此。」

新设郡县兴造城署工程立案折 光绪十六年闰二月十六日

窃据署台湾布政使沈应奎、台湾道唐景崧等详称：台湾分省，以中路彰化桥孜图地方为省会，添设首府曰台湾府，首县曰台湾县。割嘉义、彰化辖地，就林圯埔设云林县，分新竹辖地就苗栗县。改埔里社为抚民厅。均经分征钱粮，划清地界，遴员署理，先后汇详奏咨议准各在案。

自台近年筹办海防，筑台购炮，剿抚社番，清丈田亩，兴办铁路，购买轮船，库储早经罄竭。全台岁入及闽省关年拨饷需，均经支款抵用。应办分治建城一切目前本无力举行，惟郡县既设，各工可缓，而城垣保障攸关，衙署、监狱为办公羁禁之所，未可缓图。除澎湖城垣、衙署已经兴修，后山台东人民稀少，尚难兴办外，其台湾省城并云林、苗栗两县城，似宜陆续兴修。

查台湾山溪只生卵石，所需杉木、石条等料，皆须内地采输，中路港汊不通轮船，且风浪无常，即商船亦惟夏秋往来，不能长年运载。原勘省城基址，周围十一里有奇，若遽起造砖城、石城，经费浩繁，一时万难筹集。曾由道员林朝栋会同县令黄承乙筹议，就地搬运卵石，掘地填基，先筑土城。一面开掘城壕，墙外遍栽刺竹，八方四隅，应建城楼、炮台、水关闸坝，一并用砖。云林、苗栗两县，工程较小，亦可仿行，以资捍卫。从前台南府城即系土筑，续于乾隆间始建砖城。至各县衙、监狱，并令先修。其知府、武营及院司各衙，俟经费的筹，再行分年续建。此外，庙祠、试院，由府县邀商绅富先尽民捐，如果捐款难筹，再行筹助办理。似此因陋就简，草创开基，纵使撙节万分，经始安能无备。

查台湾清赋之后，钱粮较之旧额现有盈余。拟请自光绪十六年起，即由钱粮分年提拨，以台湾自有之财，办台湾之事，核与户部奏案亦属相符。应请奏咨，准予兴办。至前奉部行，以修建工程应先专案估报，定限造销。原应遵办，惟台湾中路不通水道，非俟料件运到，核价通筹，无从预决。当此经费支绌，惟有力戒员绅认真撙节，断不敢稍任虚縻。若循例估工，必致妄估浮开，以防不给。从前修建恒春县城，经费二十万，现在倒塌不堪。万一监工绅吏执此计工，更恐无从核实。应请奏宽定例，准归汇案造销，必较恒春有减无增，破除虚冒等情。详请奏咨立案。

臣查台湾建立省城，添设郡县，一应城垣、衙署，工程重大，需费浩繁。前于铁路改归官办案内，曾请俟铁路工竣，再行办理省城工役。现经该处官绅筹议，先筑土城，就地运用卵石为基，外栽刺竹，仅用砖石建筑城门、炮台、水关闸坝，较全城纯用砖石，所省实多，自应及时兴办。该司道等请就钱粮项下，自十六年起分年提拨，将省会及云林、苗栗两县城垣、衙署次第造修，以台湾自有之财，办台湾之事，亦与分治原议相符。应恳恩准，饬部立案，并准暂宽例章，汇案造报，以归简易而杜虚縻，伏惟圣鉴。

光绪十六年三月二十七日奉朱批：「著照所请，该部知道。钦此。」

澎湖建城立案片 光绪十五年五月

再，澎湖一岛，为闽台咽喉，实属海防最要之地，四面莅海，形势散漫，无险可守。光绪十一年法船退后，臣同前督臣杨昌濬会筹防务，相度其间，昌濬即有建城之议。澎地绅民亦屡禀请建城垣。臣令澎湖镇总兵吴宏洛详细察勘，定于妈宫地方凭海筑城，联络炮台，以资捍卫。禀请于上年八月兴工。除饬取周围高厚丈尺，确造估册，咨部立案外，仅会同督臣卞宝第附片具陈。

光绪十五年六月初七日奉朱批：「该部知道。钦此。」

请建沈葆桢吴赞诚专祠折 光绪十五年三月十二日

窃据台湾各属绅士中书施士浩、郎中蔡占鳌、主事蔡寿星、道员林朝栋等连名呈称：台湾生番顽梗，戕害生灵，久为地方大患，现蒙剿抚兼施，社番一律归化，大启榛狉，聿新垦辟，民番乐业，内外相安。感今日之蒙庥，溯从前之创始。伏思故两江总督前督办台湾海防大臣沈葆桢，于同治十三年、光绪元年两次渡台，创议开山抚番，督兵筹办，拓出埤南一厅、恒春一县，改设台北一府，控制抚驭，番事始有规模。

厥后，兼署福建巡抚船政大臣吴赞诚亦两次渡台，光绪三年接办防务，布置安抚事宜，周历番区，自恒春、埤南、花莲港以达宜兰，不下千里。触染瘴疠，舆疾出山，规画方新，病根已重。复于光绪四年，亲督漳州镇总兵孙开华、台湾镇总兵吴光亮，剿办后山番社，由岐莱沿海地绕回台北，感动旧疾，请假就医江南，未几病没。其为国尽瘁，勤事忘身，与沈葆桢后先辉映。

沈葆桢已蒙特恩，准于立功省分建立专祠，均各遵旨筹建。台湾现经分省，同属立功地方，祀典阙如，应请一律遵建。至吴赞诚，虽系在籍病故，究其受病之由，实因督剿社番触染瘴疠所致，台湾绅庶，歌泣不衰。兹当抚番事竣，理合呈恳，一并奏请于台湾建立专祠，以抒遗爱，并准帮办全台开垦抚番事务太常寺少卿臣林维源咨请前来。

臣查台湾周环一岛，生番不靖，久患民生。沈葆桢督办台防，创筹开抚，奠安心腹，治内实为攘外之宏谟。吴赞诚承其规画，勤事忘身，不避瘴疠，督剿番社，开辟道途。若非该大臣等忠心实力，开基于前，臣何能于三、四年间举台番社一律抚清，竟使输诚归化？今台地绅民追思功德，感慕出于至诚，应恳天恩，准将沈葆桢、吴赞诚并于台湾建立专祠，由地方官春秋致祭，以彰荩绩而顺舆情。吴赞诚可否加恩并准予宣付史馆立传，出自逾格鸿施。

光绪十五年三月三十日奉朱批：「该部议奏。钦此。」

请建林文察专祠折 光绪十六年八月二十九日

窃据台湾各属绅士中书施士浩、主事蔡寿星、道员林维濂及举人贡生等七十五名呈称：署提督林文察，由军功于咸丰年间转战浙、闽两省，功绩卓著，洊任福建福宁镇总兵。同治二年署理福建陆路提督，办理台湾军务，事平内渡。三年十一月，于漳州剿贼阵亡。奉旨照提督例优恤，给银祭葬，加增太子少保衔，予谥刚愍，并给骑都尉兼一等云骑尉世职，交翰林院立传，入祀京师、本籍及阵亡地方昭忠祠。光绪四年，奏准于漳州府城捐建专祠。十五年恭逢归政盛典，蒙恩赐祭一坛，仰见朝廷录节报功，有加无已之至意。

伏查林文察原籍彰化县，台湾分省，改隶台湾县治。方同治二年台湾之告警也，逆匪戴万生乘内地发贼之乱，陷踞彰化县城，巨股林戆成等各据要隘，鸱张蔓延三百余里，南北间阻不通。林文察督率劲旅渡台，克复彰化城池，擒获诸叛贼正法，肃清台境，地方始获安全。设非当时迅奏肤功，全台岂堪设想？绅等追怀旧德，历久弥新，兹当台湾分省之初，佥愿鸠资就省城捐建专祠，恳奏列入祀典，春秋由官致祭等情，前来。

臣查林文察懋著勋劳，见危授命，仰邀赠恤，备极优隆，上年恭逢归政盛典，复蒙赐祭，具见圣恩眷注迥越寻常。当其督兵渡台，剿除逆乱，全台弭定，功绩昭彰。该绅士等追感旧恩，情词恳挚。应恳天恩，俯念林文察功在桑梓，准于本籍台湾省城建立专祠，由官春秋致祭，以彰忠荩而顺舆情。伏乞圣鉴。

光绪十六年十月初一日奉朱批：「著照所请，该衙门知道。钦此。」

请恤战死将士建昭忠祠折　光绪十一年七月二十八日

窃基、沪之役，战守经年，死伤实众，经臣等叠次随折声请赐恤在案。现由各营陆续查报死事员弁一千六百余人。查台湾一隅，地势孤危，烟瘴恶厉，军士当疲病之余，战守一年之久，或杀敌致果，临阵捐躯，或伤重殒身，或积劳病故，均属戮力疆场，殁于王事。重泉赍志，海国羁魂，碧血青磷，伤心惨目，迹其忠烈，实足哀矜。生既莫邀懋赏之荣，死宜共沐褒崇之典，理合分别阵亡及积劳病故员弁衔名，开具清单，除勇丁另册咨部外，合无仰恳天恩，并交部从优议恤，并请准于台北府城建立淮楚昭忠祠一所，将基、沪经年战守以死勤事各员弁，列祀祠中，官为致祭，以彰忠荩而肃观瞻。如蒙俞允，其列祀员名、建祠经费，再由臣等妥筹，以彰圣明激善褒忠之至意。

军机大臣奉旨：「彭沛霖等均著照所请从优议恤，余依议。该部知道，单并发。钦此。」

台设西学堂招选生徒延聘西师立案折 光绪十四年六月初四日

窃惟中外通商，互准研学文艺。自京师设立同文馆，招选满汉子弟，延请西师，天津、上海、福建、广东仿造枪炮船械之地，无不兼设学堂。风气日开，人才蔚起，海防、洋务利赖良多。

台湾为海疆冲要之区，通商、筹防，动关交涉，只以一隅孤陋，各国语言文字辄未知所讲求。臣初到台，翻译取才内地，重洋遥隔，要挟多端，月薪至百余金，尚非精通西学。因思聘延教习，就地育才。初拟官绅捐集微资，造就一二良才，以资任用。讵一时闻风兴起，胶庠俊秀接踵而来，不得不开学堂，以广朝廷教育人才之意。先后甄录年轻质美之士二十余人，延订英国人布茂林为教习。生童酌给膏火，厘定课程，并派汉教习二人，于西学余闲，兼课中国经史文字，既使内外通贯，亦以娴其礼法，不致尽蹈外洋习气，致堕偏诐。日以巳、午、未、申四时，专心西学，早晚则由汉教习督课国文。遇西国星期，课试论策。每季委员会同洋教习考校一次，别其差等，分行奖戒，或有不堪造就者，随时撤退补更。

计自光绪十三年三月起，迄今已逾一年，规模粗立。臣尝亲加考察，所习语言文字，均有成效可观。拟渐进以图算测量制造之学，冀各学生砥砺研磨，日臻有用。而台地现办机器、制造、煤矿、铁路，将来亦不患任使无才。

本年复添学生十余人，洋教习一员，月支修廪洋币三百五十元，汉教习二员，月支修廪洋币五十元，共合库银三百二十四两，诸生由附生考入者，月给银八两，由文童考入者，月给银五两七钱，幼童月给银三两八钱。其学生座具及随时应用外洋图籍等项，据实开支。约计修膏杂费年需银七千余两，现在盐务项下动支。将来必须建造学堂以资栖宿，应用经费，俟工竣后再行造销，应恳饬部先行立案。

光绪十四年六月二十日奉朱批：「该衙门知道。钦此。」

复陈台省初分各局骤难裁并折 光绪十五年二月十三日

窃准户部咨：光绪十五年十一月十五日内阁奉上谕：「国家综核度支，必先严除冗滥。从前各省办理军务，创立支应、采办、转运等局，本属一时权宜，不能视为常例。迨军务敉定，又以善后为名，凡事之应隶藩司者，分设各局，名目众多。盐务则督销、分销，局卡林立，大率以候补道员为总办，而会办、随办各员其数不可胜计。所有专管之藩、运两司，转以循例画诺为了事。又如清讼、保甲、捕盗等事，本系臬司专责，亦皆另设一局，授权委员，论公事则推诿转多，论库款则虚縻甚巨。至船政、机器各局，原为当务之急，而局用开支尤多弊窦。前于光绪十一年八月二十二日钦奉懿旨：各省设立各局，种种名目，滥支滥应，无非瞻徇情面为位置闲员地步，饬令大加裁汰，定议复奏。仰见圣慈诰诫严明。各该省虽经遵议奏明，量为裁减，总未能将烦费认真除革。近年以来，冗员愈多，浮费愈甚，著各直省将军、督、抚破除情面，将所有各局通行查核，或删减，或归并。其有必不能裁者，即将按月经费限定数目，不准任意增添。自接奉此旨后，勒限三个月，将议定限留各局开单奏报，并将各局经费每月若干咨报户部存案。该部于每年报销册内逐一查封，毋任稍有含混。理财与用人相辅而行，实为图治之大端，各将军、督、抚身膺重寄，务当振刷精神，切实经理，不得狃于积习，敷衍塞责。将此通谕知之，钦此。」

咨行到，臣当经钦遵转行，将各局切实裁减，其实不能裁各局，月需经费若干，开报核办。去后，兹据台湾布政使沈应奎会同台湾道兼按察使衔唐景崧详称：「查台湾海外孤悬，自建行省，办理抚垦，百废待兴，分设各局有堪裁并者，均已随时裁汰。现存之善后、税厘、机器、军装、文报、通商、官医、邮政、电报，以及各路抚垦各局，察看情形，均属骤难裁并。台湾初设行省，百端草创，本与他省情势迥不相同，经费按月尚难限定，惟有核实支销，随时察看各局，如有可裁，即当裁并，以节糜费。」具详前来。

臣查台湾甫经建省，尚未竣工，草昧初开，万端待举，经营缔造，用款浩繁。部臣前议，以台湾本地之财供本地之用，当此库藏奇绌，臣方仰屋兴嗟，尚何敢位置闲员，增添繁费。此中情状，久在圣明洞鉴之中，况分省之始，各局月支经费增减无常，殊难定限，惟有恪遵谕旨，督同司道切实经厘，随时节省，如有可裁之局，并即破除情面，随时裁撤，断不敢稍涉因循，以期仰副圣主节慎帑藏至意。

恭报南北考试完竣折 光绪十五年五月二十一日

窃臣兼管台湾学政，本年举行岁试，已将前赴台南起程日期，奏报在案。随于四月初一日乘「飞捷」轮船起程，次日至澎湖，查看炮台工役。旋抵台南府城开考，二十二日考竣。二十三日驶还台北，先将巡抚衙门积案清理。三十日开考台北各属，五月二十一日考竣。俱经严密关防，秉公衡校。两棚所试，并计文童四千余人，武童六百余人，均各取进如额。

本年恭遇恩科，除考列等第生员以岁作科外，仍各随棚录取遗才，届时一并送闱乡试。臣查各属文风，台南以彰化、安平为上，嘉义、凤山次之；台北以淡水为上，新竹、宜兰次之。武风大略相等。所有场规士习均甚安详，惟于台北查获枪替一人，即发提调官枷责示惩，并扣除失察廪生。淡水县有年逾八十之文童二人，文理尚平，笃志不倦，经臣仰体皇仁，赏给顶戴，为耄年稽古之荣。当堂发落各生，谕令励学敦行，用副圣朝乐育裁成之至意。

抑臣尚有请者，台地向分闽、粤二籍，考试各童闽八粤二，番籍虽系土著，应考无多。自开办招垦、抚番，闽粤垦民招徕踵至，番民涵濡德化，知识寖开。近年以来文风蒸蒸日盛，原定学额不敷登进之资，现在府县分治，应请酌增学额，以宏作育而励人才，容臣另行奏办。

增设府县请定学额折 光绪十六年闰二月初七日

窃查光绪四年台北新设府治，文武学额接准部议，台湾府现改台南府，额进文童，闽籍十八名、澎湖二名、加广九名；粤籍五名、加广一名；安平、凤山、嘉义三县各取十七名；彰化县取进十八名。台北府额进文童，闽籍十三名、粤籍五名，加广一名；淡水、新竹、宜兰三县，各进六名。武学台南府额进，闽籍十六名，加广九名；粤籍二名，加广一名；安平、凤山、嘉义三县各进十四名；彰化县取进十一名。台北府额进七名，粤籍二名，加广一名；淡水、新竹、宜兰三县各进四名。遵办在案。

兹台湾改设行省，在彰化桥孜图地方建立省城，添设台湾府为首府，台湾县为首县。就嘉义、彰化划界，添设云林县。就新竹划界，添设苗栗县。与埔里社厅均隶台湾府属。新设府县文武学额，自应分别议加。并据澎湖厅及台北府属各生童禀请加额，饬据各府分案议详。

臣查台湾自隶版图，涵濡圣泽二百余年，土地日增，人文日盛，各属应试文童多至逾千，少亦数百。三府属粤童数亦加增不少于内地大中等学。从前台南府属所定学额尚不悬殊，台北府属额已过少。台中蔚萃人文，冠于南北，且台湾府、县为省会首学，尤与外府县不同。彰化、嘉义、新竹三县，辖地虽分，幅员犹广，自清丈后赋额加增，统计全台溢出数倍。

现当分省伊始，供赋既清，学校鼓励人才，不能不亟为筹议。澎湖厅近年应试人数已倍增。恒春县为后山新辟之区，文额现尚无多，仍附凤山考试。请将台南府学应拨彰化县文童三人，改拨澎湖厅二、恒春一。彰化县另归台湾府学拨取。台南府学广额九人，内除四人拨归台湾府学外，其余正广额数，及安平、凤山、嘉义三县学额数悉仍前。淡水附在府城，基隆厅附淡水考试，应请改为大学。新竹、宜兰两县作为中学。台北府各属进额既加，府学请加三额，埔里社厅附新设台湾县考试，台湾、彰化两县均为大学。云林县为中学。苗栗县籍闽、粤各居其半，粤籍归府学取进，闽童较少，定为小学。台湾府照内地府学取进二十人，并照旧设台湾府原定成案，另设粤籍九人，凡各县取进文童，均照大、中、小核计。

其应试武童，台南人数较多，台北府属仍照旧额，无庸议增。台湾府学除由台南府分广闽籍三名外，请定十二名，粤籍四名。所属各县分别酌定名额，均自本届科试新额办理。至选拔贡额，府学向定二人，州、县学各一名。

前奉部行，学校人数如逾百人，前期一、二年请设拔额，现距丁酉拔科尚远，届时何学人数足额，再行奏请选拔。又优贡一项，现在分省已成。拟请定为二额，自辛卯科举行，以期仰副朝廷作育人才至意。

光绪十六年三月十七日奉朱批：「礼部议奏。钦此。」

刘壮肃公奏议卷七　清赋略

量田清赋申明赏罚折 光绪十二年四月十八日

窃查台湾粮课，自入版图以来，循郑氏旧规，每丁岁征银四钱八分六厘。乾隆元年，钦奉恩谕，台湾丁粮著照内地例中减则，每丁征银二钱，以纾民力。岁征银三千七百六十余两。逮十二年，乃议匀入田园征收，番众所耕概不完赋，仍照旧就丁纳粮。道光间，通计全台垦熟田园三万八千一百余甲又三千六百二十一顷五十余亩。谷种折地一千四百三十余亩，年征粟二十万五千六百余石。余租番银一万八千七百余元。至今数十年，垦熟田园较前已多数倍。统计全台额征银八万五千七百四十六两，洋银一万八千六百六十九元，谷十九万八千五十七石。久无报丈升科。

我朝轻徭薄赋，亘古所无，于台湾尤厚。雍、乾之间，屡奉恩谕，台湾赋税不准议加。其时海宇澄清，升平无事，朝廷视台湾一岛无足重轻。现在海上多事，台湾为海疆险要之区，奉诏改为行省，事繁费巨，今昔悬殊。臣忝膺斯土，目睹时艰，值此财用坐匮之际，百废待举之时，不能不就地筹画，期于三五年后，以台地自有之财，供台地经常之用，庶可自成一省，永保岩疆。况节次钦奉谕旨，开源节流，今田园赋税，率土输将，乃司农岁入之常经，列代保邦之大法，舍而不计，徒乞邻疆，虽舌敝唇焦，缓急终不可恃。

臣渡台以来，细访民间赋税，较之内地未见减轻，不胜惊愕。久之，察所由来，皆系绅民包揽，如某处有田可垦，先由垦首递禀承包，然后分给垦户，垦首但呈一禀，不费一钱。成熟后，垦首每岁抽租一成，名曰大租。又有屯租、隘租诸名，不可枚举。究其正供粮课，毫无续报升科。如台北淡水田园三百余里，仅征粮一万三千余石，私升隐匿，不可胜穷。臣现由内地选调厅县佐杂三十余人，分派南北各县，由各县选派正绅数人，先行会查保甲，就户问粮。一俟户亩查明，再行逐田清丈。委派台湾府程起鹗、台北府雷其达，各设清赋总局，督率推行。至于赋税重轻，应俟丈后再请饬部核议。

惟台湾民风强悍，一言不合，拔刃相仇，聚众挟官，视为常事。或言林爽文之变，实因升科逼迫，遂起戈矛。委员查赋下乡，辄多畏葸。且万山丛杂，道路崎岖，若非勤实耐劳之员，协同正绅清查明确，不特无裨实济，且恐藏事无期。再四思维，不得不严定赏罚，以求成效。如各县官吏员绅，清查妥速，办理认真，可否由臣请照异常劳绩，从优奏奖，以示鼓励。倘有贿托隐瞒，或畏难延误，甚或需索扰民，即行参革。庶期上下鼓舞，实力奉行，为朝廷经久之谋，除地方吞欺之弊，便民裕国，莫大乎斯，是否可行，伏祈圣鉴。

光绪十二年五月初八日，军机大臣奉旨：「览奏，已悉。即著督饬派出各员绅，认真办理。出力人员，准照异常劳绩奏奖。倘有贿托隐匿、畏难延误情事，即着严行参革。该部知道。钦此。」

整顿屯田折 光绪十三年八月初二日

窃臣等查乾隆五十三年，前大学士臣福康安以台地林爽文之乱，番目潘明慈等随剿有功，事平，议选番丁四千，设屯十二所。就其社长授以千、把、外委土职十八员。按丁按地，蠲免赋粮。每丁自一甲至一甲三、四分不等，屯弁递加，共授番地五千六百九十余甲。此外复拨民间溢额田园三千七百三十余甲，每年征收租谷四万一千二百六十余石，每石折征银一元。又九芎林租谷折银八十元，共折征番银四万一千三百四十一元有奇。此项租折番银专充屯兵弁丁俸饷，是为屯租。每丁年支银洋八元，外委支银洋六十元，把总支银洋八十元，千总支银洋一百元，每年支额饷番银洋三万三千二百四十元。

其租地散隶台南北各县，由县征收，分解中、南两路理番两厅，岁于二、八月间，由台湾道委员会厅放领。又年支隘丁口粮、佃首辛工银二千一百余元，其余留为屯费，以备旱潦之需。此昔年设屯授地、征租、支饷章程也。

迄今百余年来，屯租则征不足额，屯饷则减半放支。历年既多，不独屯丁疲癃残弱，甚且有名无实，半由厅书屯弁冒领瓜分。若一旦革裁，此辈视为世业，夫岂能甘？臣等熟思审计，非设法整理，改弦更张，万不能收实效。

查番屯授地之初，名为奖功，实资捍御内山番众。故选壮丁屯傍内山，蠲其供赋，导令垦荒，其虑至为周密。今则事殊时异，生番多化，拓地日深，所设屯营已居腹内，所授埔地久为膏腴。且番地虽免完供，而向有番饷、番租各名目，私征之数，视民田下沙则例，殆有过之。而其典卖汉民，则虽业数更主，犹名番地，俾免正供，甚至狼狈为奸，竟以粮田纳番租而冒番业。现当查办全台田赋，无问民番，寸土皆关赋役，必须一律丈量，方免影射。该屯丁抚养百年，均系朝廷赤子，无论屯田、番地，皆宜切实丈量，归入清赋案内，分别升科，将各屯编籍为民，俾令各执各业，庶几民番一体，畛域胥忘，既作其力农守分之心，并示以践土食毛之义。

伏查屯田原拨之数，屡遭兵燹，档案无存。由县催征，但知岁额，责成佃首完纳，并不知田在何所？户租几何？由是佃棍以多稼而纳薄租，以硗确而更沃产，窃占盗卖，上下相蒙，率以水冲沙压，倒报而例蠲之。以故积欠岁增，额饷日绌。欲清其源，非改租为赋不可，况租者一时之权宜，赋者万年之经制。现既一律清丈，另立图册，照则升科，所有屯饷，仍于此款改征。提存支放，于租例不无加减，于饷额仍守成规。番丁编屯以来，世食额饷，田无赋粮，揆循可谓周至，宜乎家给人足，远胜平民。乃富庶未觇，贫蹙滋甚。盖番性不善居积，不事贸迁，惟以垦猎为生计。即有田园，亦招汉民承佃，辗转轇轕，因而觊觎，始抗其租，继据其产，番丁失业，转死甚多。至其屯饷岁入本微，复以屯租阙额减半放支，屯弁吏胥从中克扣，为数更属无多。地日削而聚族日繁，饷愈微而治生愈拙。番丁疾苦，控诉莫由。

臣等查屯丁世沐皇恩，佐平台乱，习居烟瘴，好勇耐劳，诚能训练有方，实较绿营远胜。拟将全台番丁，认真裁汰，仍留原额四千，酌裁土勇，就其原饷，每年按屯抽调，分扼山内生番，半年一换。每名行粮按月加给番银四元，屯弁照营哨酌加，轮流接替，均以到防之日起支，其管带哨弁，即饬屯弁分辖所属，以免他省弁目语言不通，别选熟悉番情将官统带，以便操练步伐，教习营规。其未经出防之丁，均归台湾镇统属，由各县、营管带，以补绿营兵丁之不足。以后屯营坐饷，每年仍给八元，统归台湾镇支发，出防行粮归统将发给，以期兵归实用，饷不虚糜。于抚驭屯番之中，仿寓兵于农之制。似于屯丁供赋，两有所裨。至此项番屯地亩，旧额是否相符，改收正供若干，应俟归入全台清赋案内，分别核办。

光绪十三年八月二十日奉朱批：「著照所请，该部知道。钦此。」

台亩清丈将竣拟仿同安下沙定赋折 光绪十三年九月二十四日

窃臣于十二年四月十八日，具奏台湾丈量田亩一折，奉旨：「览奏，已悉。即著督饬派出各员绅认真办理等因。钦此。」臣遵饬府、县并在事员绅认真丈量，每县或分十余班，多至二十余班不等，严定赏罚，不许旷延，稍有玩违，均经撤革，以期妥速告竣。现据淡水、台湾、嘉义、彰化等县先后禀报丈竣。经臣饬令清赋总局布政使邵友濂、道员陈鸣志，督同南北两府会商定赋升科，删除各项名目，每亩征银若干，以杜将来浮收之弊，务期有利于国，无损于民。

兹据邵友濂等详称：台湾自隶版图，田园未经清丈，供赋轻重，南北悬殊。如台湾、凤山、嘉义三县所征供粟，皆沿郑氏原租，赋征极重。续辟之彰化、淡水、噶玛兰各厅、县，均照同安下沙则折征供粟，赋额较轻。统计全额无多，历办册销有案。自道重相悬，田复新旧莫辨，加以官产、番地、屯田、隘租等项，名目繁多，无从究诘。业，本沿郑例，失之过重，自应均平。续垦升科，改照同安下沙则，折配供粟。各县轻庶。现在设立行省，风气已开，今昔情形迥异，全台赋则似应划一，以免不均。承粮老臣查台湾建治之初，赋额无几。至今休养生息，垦辟倍增，一岁再收，地方渐臻富

请奏前来。

暂予划存，未归额数，从缓升科。先后核定赋则，分饬各属，填造图册备案等情，会详土至瘠薄，照下田核减二成，下下园照下下田递减。此外沿山沿海及垦荒未熟各田园，银二两零，下田征银一两六钱六分零。上园视中田，中园视下田，其下园及下下之田，款，并入正供，并化谷价折征，提充正赋。每十一亩上田征银二两四钱六分零，中田征例分则配征。化甲为亩，以一甲作十一亩，仿条鞭办法，删去浮征等名，凡地丁粮耗等订赋章不可。据台湾、台北两府详察会复，拟将现丈田园，无论新旧，悉照同安下沙成额，向无鳞册可分。若照旧升征，重轻不一，小民苦累，轻减何由？自非通筹全局，另此次清丈将竣，合俗田园论甲，约有四十余万甲之多，此原额溢加数倍。惟旧征新

升。

光初年报升之后，续垦田园，群相欺隐。又有隘租、番租各名目，吞匿影射，均未报

臣熟思审计，方今筹防建置，需款孔殷，财用大端，本以正供为首，赋乱如此，非清厘划一，不足以除积弊，即不能裕正供。臣于上年奏明清丈，无论新旧田业，但系久经成熟，均予一体升科，以田亩之瘠腴，为赋则之增减。田有高下，赋无重轻，核实持平，舆情允翕。兹幸仰奉宸谟，官吏员绅办理尚为精核，不日告竣。

该司道等所拟赋则，化甲为亩，每十一亩上田征银二两四钱六分零，中下等田照则递减。内一半系原征每甲下沙则银数，一半化折征谷价，提入正供。既未更张旧制，亦非新加于民。并仿条鞭办法，举丁粮正耗一并删繁就简，以便乡愚易知易从，胥吏无所朘削。统计全台粮赋，每年正供数仅十八万，现丈田园，溢出数倍，每年约可收正供银七十万内外。查照全台各县最轻之赋，尚属有减无增。

历查台湾田园，素多隐匿，从未丈量，此次一律丈清，是以定则虽轻，征数较巨，民生国计，裨益实多，其未入额征各地亩，收成既寡，请缓升科。既据该司道等详称前情，案关赋则大计，敬缮清单，请旨饬部核议，以便颁示地方，使知赋则轻减，虽升科无难完纳。台民嗜义，必将踊跃输将。

臣更有请者：查银粮正供之外，向有补水平余，各省情势既殊，即一省之中，各县仍多互异，若不明定章程，共相法守，地方官任意加派，民累何堪？台居海外，从前恩诏迭颁，不能加赋。现在改设行省，部议以台湾之财供台湾之用，臣不得已，力排众议，清丈田园，每岁正供可得七十万内外。以视广西、川、贵正额实多，实非微臣始愿所及。以后若有私加浮收等弊，不独负朝廷抚绥海外岛民之意，且恐激出事端。臣与藩司邵友濂等再三筹议，宁为怨府，不累小民，惟有据实直陈，予以限制。台地通用番银，今赋则改照内地，应需纹银补水，每两随收一钱外，拟酌定平余银一钱五分，为升科各县办公之用。其不能升科之恒春、台东、埔里社各缺，仍须外筹津贴，以免官亏。臣见内地浮收病民，期于力除积弊，恐与部章未合，不得不缕晰陈明，伏求训示。

光绪十三年十月十二日奉朱批：「户部速议具奏，单并发。钦此。」

再，自台湾清赋以来，各属田园溢逾亩额，民间管业新旧混淆，或有田无契，或田与亩乖。若由各县逐家查契，对册按图，不无纷扰。应于丈竣后，一律由藩司换发丈单，以后如有出卖换业等情，再令税契过户。庶目前官便升科，民资执业。开办至今，各县所派员绅带同弓丈书吏，逐堡丈量，薪水、夫马、工食等项，悉由各县并善后局暂行垫给，不准索取民间一餐一钱。阅时年余，经费支销已不下二十万，皆由别款随挪。此后各县分班复丈，造册绘图，刊单印票，需费孔多。台湾现在各款，丝毫皆抵正开销，此项清丈经费，无从筹画。

查内地江苏等省，从前举办清丈，丈费就田抽收，台湾拟仿照办理。每中则田一甲，不分新旧，发给新单时，由业户先缴丈费洋二元，上则酌加五角，下则递减五角。上中田园无多，以每甲十一亩计算，每亩不及二百文，在业户所出无多，既免新旧税之繁，复免田亩不符之弊，官民两便，裨益实多。

臣前奏办台湾铁路，所有车房、地价用款，曾经奏明由官发给，业经海军衙门议准施行，荷蒙俞允在案。此项经费尤巨。本年七月准户部咨，查在何款项下动支等因。臣正无筹画，将来惟就所抽丈费项下，除拨还清赋经费外，其余拨归铁路地价、车房等项，或多或少，应俟收齐实数，再同支销数目，另行分别归案造销。谨附片陈奏。

光绪十三年十一月十七日奉朱批：「该衙门知道。钦此。」

陈报台湾启征新赋日期请奖各员绅折 光绪十四年六月十九日

窃照台湾办理清丈，改定赋则，丈竣给单，接办升科。所有上下忙例限匀征分数，请缓扣计，经臣先后奏咨在案。

查台地田园从未清丈，向无鳞册可稽。此次按户核给丈单，填明丘段甲数等则户名，即为造册升科根据。叠饬各属赶紧给单，接办升科。数月以来，台北将次竣事，惟台南田园太广，户口畸零，事极繁琐。每属自数万甲至十余万甲，丈单虽赶紧填给，势非一时可以告竣。若待全台丈单给清，本年断难启征新赋，必致有误正供，现经通饬各属，趁民间五月收获之后，于六月十六日一律启征上忙，其给单未清之处，一面给单，一面开征，并行不悖。下忙即定于十月接征。

先准部咨，自光绪十五年起，经征督征，例限处分綦严，均照内地办理，十四年分虽免核扣，其上下忙奏报暨颁发征信册仍应举办等因。查台地赋额尚未大定，实难稽核考成。而本届启征既已逾期，现惟督饬各属尽力催征，仍俟下忙及奏销届期，据实造报，免计分数。至征信册，为杜中饱起见，台地举办升科，编户造册，正在彻底清厘。应请俟赋额大定后照章办理。

全台现已启征新赋，所有在事出力员绅，应否汇案请奖，据清丈总局布政使邵友濂、候补道陈鸣志等，具详前来。臣查内地历办清丈，不过一州一邑，尚有图籍可循，往往时阅数年，尚难获睹成效。台湾自隶版图二百余年，此次举办清丈，事事草创，全省袤延千余里，未及两年，业经蒇事，隐匿者揭报，开垦者升科，盈溢田粮，计逾旧额不下四十万两，民间供赋，反比从前减轻。固皆仰赖朝廷威德，民情踊跃，亦系在事官绅实心实力，栉风沐雨，不避瘴疠，以冀成功。而总局司道并府厅县官，竭虑殚心，不辞劳怨，钩稽妥速，规画精详，洵能下裕民生，上裨国计。已于清丈之始，经臣奏奉谕旨，准照异常劳绩给奖。

现已启征新粮，所有尤为出力之台湾布政使邵友濂，拟请赏加头品顶戴。开复贵州布政使沈应奎、二品衔台湾道兼按察使衔唐景崧，均拟请交部从优议叙。布政使衔留闽遇缺题奏道陈鸣志，拟请赏给三代一品封典。台湾府知府程起鹗、台北府知府雷其达，均拟请以道员在任候补并加盐运使衔。现署埔里社通判盐运使衔候补知府吴本杰，拟请俟知府补缺后，以道员在任候补。现署彰化县知县补用同知候补通判李嘉棠，拟请以同知直隶州知州留闽归候补班前补用。本任台湾县知县在任候补同知沈受谦，拟请开缺，以同知直隶州知州留闽补用。补用知府候补同知现任淡水县知县汪兴祎，拟请俟归知府班后，加盐运使衔并先赏换知府顶戴。五品衔本任埔里社通判，现署新竹县知县方祖荫，拟请以同知直隶州知州在任候补。试用布经历补缺后以通判用管元善，拟请以通判仍留闽省补用，并加同知衔。以上十二员，相应仰恳天恩俯赐，先行给奖，以昭信赏而示鼓励。其余在事出力员弁绅士，可否容臣俟给单竣事后，汇案续行请奖，出自逾格鸿慈。

再，帮办台北抚垦事务三品卿衔太常寺少卿林维源，在籍帮办抚垦，极重公义。此次开办清赋，给单升科，事事皆其倡助，所有屯租、番租、大小租，名目参差，俱由林维源会同司道，分别厘定。民间称便，上下翕然。在林维源深受恩施，力图报称，岂有他求？然地方清丈大举，赖其倡导赞襄，不辞嫌怨，应否奏请奖励之处，据清赋总局布政使邵友濂等具详前来。臣查全台清丈之始，官绅半设难词，阻挠大计。林维源田园较多，不避嫌怨，身先倡导，遇事出力，民情因之踊跃。未及两年，全功已竟。虽其意存图报，不敢仰邀议叙，臣未便壅于上闻，应如何加恩之处，出自圣主鸿施。

光绪十四年七月初八日奉上谕：「刘铭传奏台湾启征新赋，请将尤为出力人员先行奖励一折。台湾各属地亩，举办清丈，事属创始，经刘铭传督率官绅核实丈量，改定赋则。全台袤延千余里，未及两年，一律大竣，升科田量，计逾旧额不下四十万两，民乐输将。新赋现已启征，办理甚为妥速，在事出力各员，实属著有微劳，自应量予奖叙。台湾布政使邵友濂著赏加头品顶戴。开复布政使沈应奎、台湾道唐景崧，均著交部从优议叙。道员陈鸣志，著赏给三代一品封典。台湾府知府程起鹗、台北府知府雷其达，均著以道员在任候补，并加盐运使衔。署埔里社通判候补知府吴本杰，著俟补知府后以道员在任候补。署彰化县候补通判李嘉棠，著以同知直隶州知州留于福建，归候补班前补用。台湾县知县在任候补同知沈受谦，著开缺，以同知直隶州知州留于福建，归候补班前补用。补用知府淡水县知县汪兴祎，著俟过知府班后加盐运使衔并先换知府顶戴。埔里社通判方祖荫，著以同知直隶州知州在任候补。试用布经历管元善，著以通判仍留福建补用，并加同知衔。余著照所议办理。附片奏三品卿衔太常寺少卿林维源，于清丈升科事宜，倡首襄助，不避嫌怨，民间称便，克竟全功，请旨嘉奖等语。林维源著赏加二品顶戴。该部知道。钦此。」

再，台地田亩，嘉义、凤山两县，地方辽阔，均在十万甲左右，户口繁碎。凤山县官或故或病，更替相因。所派清丈人员，间有未尽核实之处。现经总局司道另委妥员，抽查复丈，一律清厘，其给单造册情形，较之各属尤为迟缓。但勘丈已定，以后有单册可据。本年内外或可蒇功。

查布政使邵友濂才长心细，自上年八月到任，臣即以清赋事务专任责成，经理措施，有条不紊，故能迅速启征。惟编户造册，立法伊始，非一时所能竣事。邵友濂情形已熟，若得宽假数月，方能悉心经理，克竟全功。可否仰恳天恩俯准，一二年间免其更动，方于新设省会初办赋额，不致功亏一篑。

惟新赋甫经开征，目前分治在即，应将添设各厅县分造城垣，并须筹建省城，工程经始，需用浩繁，库局一空，措施无力。本年东罗西掘，接济尤难。前经督臣杨昌濬与臣议定奏准，每年闽省协银二十四万两，并由闽海关照旧每年协银二十万两，计已照数协助三年。原议以五年为期，杨昌濬去闽有日，相应请旨饬下新任福州将军臣希元、督臣卞宝第，查照前案，仍旧协解五年，以符原议，而资接济。理合附陈。

光绪十四年七月初八日奉旨：「留中。钦此。」

埔里厅暨恒春县田园减等升科请立案折 光绪十四年七月初八日

窃照台湾埔里社厅暨恒春县二属，均为光绪初年新辟之境，非傍山乏水，即近海多风，土壤瘠垸，收成减薄。据该厅、县禀请减等升科。经臣饬据清赋总局司道查议，请将埔里社厅田园照同安下沙则，递减一等升科，上田科中则，中田科下则，下田照下则核减二成。上园视中园，依次递减，匀丁粮米概免配征。其恒春县田园瘠薄，视埔里社尤甚，亦照下沙则减等升科，并免耗羡配征及匀丁粮米。会同布政使邵友濂核详奏咨立案。

臣查台湾新辟地方，沿海沿山，土壤硗薄。埔里社田园，既非嘉义、彰化等属可比，恒春又较埔里社为差。若后山台东州一带，原为番社榛棘之区，尤不逮前山远甚。虽已一律清丈，而粮生于地，不能不量为变通。兹当升科伊始，该司道所请埔里社厅暨恒春县两属减成办理，委系实情，业经批饬遵照，并令查明后山台东直隶州田园，能否援照减则，另行详办，再行奏陈。

光绪十四年八月初五日奉朱批：「户部知道。钦此。」

全台清丈给单未竣请展奏销限期折 光绪十五年六月初十日

窃台省清丈报竣后，改定赋则，按办验契给单，暂难征收新赋。光绪十四年，上下忙匀征分数，经臣奏咨暂免核计。嗣因给单需时，十四年新粮亟须启征，复经通饬各属，于是年六月一律启征上忙。其单未给清之处，一面给单，一面征粮，亦经会奏在案。

兹查台北各属单虽给竣，台湾之云林县，由彰化县划拨四堡，划归未久，甫经给单三成。嘉义、凤山两县，因原丈未能核实，而田园独多，现办复丈，随时给单，亦至四五成。其余各属，约有七成。因上年给单时，彰化县土匪滋事，该处业户不无观望迁移，虽经扑灭，不过旬时，给单不无迟缓，且大小租、番租、屯租、隘租、官庄各名目，琐碎异常，或有地段畸零，土壤瘠薄，难以照则升科，必须另行分别办理。又或析产未定，典卖不清，民间自有纠葛，皆须逐一清厘。凡此为难情形必须稍假时日。据清赋局司道详请展限奏销。

臣查清丈田园本非易办，内地历办清丈，虽仅一州一县，往往数年尚未告成。今举全台各属，一律清丈升科，祛除百余年包揽隐欺之积弊。若非台南嘉义、凤山延误，彰化叛绅抗阻，竟可一律完竣，实为臣始愿所不及。台北给单俱已竣事，新粮亦征收报解八成。惟剩台南之嘉义、凤山两属，查其田园至十余万甲，或七、八万甲之多，自署藩司沈应奎接任以来，办理日有起色，但以后所剩零星尾数，多属纠葛不清，办理较前尤难措手。该司道所请，系属实情。

惟光绪十四年钱粮奏销已届，即将现办复丈之嘉义、凤山二县，剔出另办。其余台湾、安平、彰化、云林各县，亦尚未悉数给清。粮额不能遽定，万不能按限奏销。臣于上年奏报开征之日，本已压迟一忙。此时各属完粮，尤非内地无事州县得以率由旧章按时征解可比。情形既异，办理即应变通，俾不致草率从事，应恳准将全台光绪十四年奏销展限六个月，自奉旨之日起扣，庶不致草率从事，亦不致漫无限制，实于公事有裨。

现经咨部并饬该司道等，严督各属将丈单迅速给竣，赶紧征粮报解，暨将粮额核定造册，呈送详咨，接续造报奏销。倘有何县再事泄延，即行严参示惩。

光绪十五年六月三十日奉朱批：「著照所请，该部知道。钦此。」

全台清丈给单完竣核定额征折 光绪十五年十二月十九日

窃臣于光绪十二年四月奏明，将全台田亩概行丈量。是年七、八月，先后开办。十三年九月酌议上、中、下、下下田园赋则，并随征补水平余。奏奉部复照准并行令将各州县计有某则田园若干，应征粮银若干，造册送部备案。嗣以所丈田园盈溢甚多，新旧莫辨，清丈后按户填给丈单，俾官便升科，民资执业。其埔里社厅、恒春县，均属后山新辟之地，奉准减等升科。台东州能否援照减则，另行核办。续因奏限迫届，而台地民番租业纠葛异常，及原丈地段内有土壤瘠薄，难以照则升科，必须另行分别，以免民累，于请展奏期案内陈明。奉旨允准，各在案。

兹催据各属遵限将丈单一律给竣，计基隆、安平、凤山、嘉义、彰化、淡水、新竹、宜兰一厅七县，除官庄田园租额另行奏咨外，共民业田园四十二万五千二百四十一甲零，年征银五十万九千四百九十两有零。以光绪十四年启征。又埔里社厅田园二千四百九十八甲零，年征银一千三百五十一两。恒春县田园四千二百六十九甲零，年征银二千一百二十七两零，以光绪十五年启征，并造图册前来。

查全台旧额人丁饷税银八千九百三两零，供粟一十九万七千一百三十四石零，耗谷九百二十三石零，照台章折价银十一万八千八百三十四两零，余租折价银一万三千四百四十一两，官庄银二万八千五百二十七两零，耗羡银一万三千六百六十一两零，统共年征银十八万三千三百六十六两零。自道光以来，垦不报升，坍不请豁，年征银数逐渐短亏。光绪二年，台北设郡，举办淡水、噶玛兰两属清赋，地止一隅，时阅十载，办理迄鲜成功。

此次全台一律清丈，核给丈单，五、六月间本可竣事，依限奏销，乃以嘉义等属原办草率，不得不添委分投复丈，抽查清厘，期归至当。更有土壤瘠薄，难以照则升科之沙田园，大率在沿山、沿海、沿溪一带，各属皆有。饬由给单员绅调查契价租息，另行定等科征。

台北民业，向有以一、二、三分等者，亦即编为一、二、三等。凡一等沙田，每甲征银一两六分五厘。二等征银七钱四分六厘，三等征银五钱三分三厘。一、二等沙园视二、三等沙田，三等沙园每甲征银三钱二分。彰化以南，沙田分平、次、下三等，每甲征银自七钱七分至五钱五分。沙园亦分三等，自四钱四分至二钱二分，比较同安下等轻则，有赢无亏。似此稍舒民力，既免弃地逃粮之虑，并广招徕续垦之谋。其垦荒未熟田园，仍照原奏剔出，从缓升科。

自十二年秋间开办清丈起，接续办理给单，至现在一律报竣止，时仅三载，通台得竟全功。年额征银五十一万二千九百六十九两零，随征补水平余银十二万八千二百四十二两零，加以官庄租额银二万八千余两，全年共银六十七万余两。核与初奏约计之数，大致相符。比较旧额，溢出银四十八万八千余两，除补水平余银十二万八千二百四十二两外，实计正额溢出银三十六万余两。十四年征收已有成数，应即奏咨作为定额。至新设之台湾、云林、苗栗三县，系就彰化、嘉义、新竹三县辖地划分，十五年设立已齐，各归各界征办。所划保甲征额，另再由司开折详咨立案。

台地内山溪溜激冲，沿海风沙卷压，田园坍涨，本自无常。已饬各厅县随时稽查，遇有塌涨，分别升除，并将未垦者招垦，垦熟者续升，随时办清，不得仍蹈故辙。总期地无隐匿之粮，民无虚完之累，善持厥后，以垂经久良规。除将丈量给单先后两次经费，及在事出力员绅，另行造销请奖外，据署台湾布政使沈应奎、会同办理清赋总局前署台湾道陈鸣志详送图册，呈请奏咨。并声明澎湖一厅，孤悬荒岛，地皆斥卤，只能栽种杂粮，年征地粮等银一百三两零，仍循其旧，免予更张。等情，前来。臣复核无异，谨将图册咨送户部，查照办理，具折以闻。

光绪十六年三月二十八日，差弁递回原折，奉朱批：「户部知道。钦此。」

全台清丈给单用款造销折 光绪十六年六月初一日

窃臣于光绪十二年，奏准举办清丈全台田亩，凡官绅书役薪资悉由粮台垫给，不准索取民间。时阅年余，支销经费已不下二十万，无款再挪。十三年奏明，仿照江苏等省办法，就田酌收丈费，续因十四年各属收成减色，察看粮费并征，民力未逮，复经奏请缓收丈费，已收者准抵新粮，所需经费即在新粮划用。并声明埔里社、恒春两属，丈费业已收竣，未便再行扣抵，应自光绪十五年起接办升科。均经先后奉旨准行在案。

计自光绪十二年七月间开办起，至十五年十二月底止，各属先行清丈，继办给单，并由总局选派委员，分投抽丈，复核丈单，绘造图册，以为征粮之据。所需经费，虽无成案可循，然皆力求撙节。据各厅县造册报销，全案共用银三十五万一千二百四十两零，内除埔里社、恒春两属单费银六千九百三两零外，实支用库平银三十四万四千三百三十七两零。委系实用实销，查无冒滥，应恳敕部，准在光绪十四、十五两年钱粮项下照销，以清款目。

光绪十六年七月初五日奉朱批：「户部议奏。钦此。」

厘定全台官庄田园租额折 光绪十五年十二月十九日

窃查康熙年间，台地各属养佃垦成官庄田园九千七百六十五甲零，或征租粟，每石折银四钱，或征青白糖芝麻塭饷，各项折价不同。又给资建置糖廍蔗车、牛磨七百八十一张，每张折征银五两六钱，共年额征银二万八千五百二十七两零。此系官租，不归民业，历年专款奏销。自嘉庆以后，垦不报升，坍不请豁，以致征数渐亏。

此次全台普行清丈，先将民田丈竣升科。接续清厘官庄，历年久远，原设糖廍蔗车、牛磨，均已倒塌无存，鱼塭亦经冲没，惟田园现丈，共计一万五千三百五十二甲三分四厘六毫四丝八忽五微二纤，较旧额已赢，皆系各佃就官庄界内自行续垦。经此番丈后，冲塌者应行除扣，续垦者核实科租。

查从前租则征收租粟青白糖等项，每甲折银一、二钱起至十两不等，轻重悬殊，究系如何分配，年久档案无存，佃民本多苦累，且续增田园皆由各佃自垦以成，非曩时官养给种可比。新垦、旧垦界址混淆，莫从指辨。自应将租额重为厘定。删除各名目，一律征租，以杜役胥高下其手。现议上则田每甲征租谷五石，中田四石五斗，下田四石，下下田三石五斗。上园视中田，中下园各递减五斗，下下园征谷三石。统计台湾、彰化、安平、凤山、嘉义五县，年共征谷五万六千九十五石二斗一升五合七勺四抄二撮，每石按照台章折银六钱，年额共银三万三千六百五十七两一钱三分，免征平耗。

自十五年起照新章办理，较之旧额多征银五千余两。其十四年清厘尚未竣事各属，间有按照旧章征完银两，尽数另册奏销。据署台湾布政使沈应奎造册，详请奏咨前来，臣复核无异，谨将原册咨送户部查照。

光绪十六年三月二十八日，差弁递回原折，奉朱批：「户部知道。钦此。」

台湾清赋全功告成汇请奖叙员绅折　光绪十六年五月初十日

窃台湾自光绪十二年办理清赋，经臣具奏，钦奉谕旨：「即著督饬派出各员绅认真办理，出力人员准照异常劳绩奏奖。该部知道等因。钦此。」自十四年六月启征新粮，由臣将尤为出力人员先行奏请奖励。其余在事官绅员弁，声明俟给单竣事，续行请奖。钦奉上谕：「著照所议办理等因。钦此。」并准吏部议奏，饬令妥速丈清地亩，俟丈单事竣，即将征收确数详细奏咨报部，再行汇奖等因。当经核定田粮年额征数造册，分别奏咨在案。

查内地办理清丈，一州一邑皆有图册可循，往往年久尚难获效。台湾此次自十二年秋开办清丈，核给丈单。其嘉义、凤山各属，初丈未清，另委复丈，一体按户给单。隐匿者揭报，开垦者升科。截至十五年十二月，一律造具图册，奏咨报竣。计旧额人丁税饷，供粟余租、官庄耗羡，年共征银十八万三千三百六十六两，现定粮额年征银五十一万二千九百六十九两，随征补水平余银，加以官庄租额，共银六十七万四千四百六十八两有奇，比较旧额溢出银四十九万一千五百二两。光绪十四年征收数目，业经遵照展限奏销，其任事不力者，均经臣随时奏参，所有始终在事出力员绅，不无微劳足录。饬据台湾、台南、台北三府取具各员绅履历，开列清册，由署布政使沈应奎、台湾道兼按察使衔唐景崧核明详请奏奖前来。

臣查台湾海疆重地，自奉旨改立行省，事巨费繁，一岛孤悬，缓急莫恃，非地方自有之利，无以应变而处常，综计全台一州二厅十一县，广袤千余里，各属乡堡田甲粮额按户核查，琐屑繁重，时仅三载，获竟全功。岁增巨款，裕国家经久之用，定海疆长治之规。固由圣德湛深，民情踊跃，而在事官绅员弁实心实力，实属著有微劳。仰蒙恩旨，准照异常劳绩给奖，自应及时甄叙，以劝方来。除将出力稍次各员核实删减，由臣酌给外奖顶戴外，所有分派各属清丈田亩、科算钱粮、核给丈单、绘造图册，尤为出力之同知潘成清、参将陈同泰等一百九十七人，遵旨按照异常劳绩请奖。其办理丈田给单、稽核案册，出力之道员林汝梅、世职沈文熊等一百九十七人，仍照寻常具考，不敢稍涉冒滥沽恩，敬缮清单，恭呈御览。

光绪十六年六月初七日奉朱批：「该部议奏，单二件并发。钦此。」

台湾清赋全功告竣再将请奖详细开单折 十六年十月二十三日

窃准吏部咨：文选司案呈台湾清赋全功告竣，出力各员请奖，应令核删，遵旨复奏一折。光绪十六年八月十四日具奏，奉旨：「依议。钦此。」粘连原奏知照到台。

伏查清丈一事，内地一州一邑，往往举办多年，尚无成效。台湾广袤千余里，自入版图，未经查丈。旧征粮额十八万三千余两，不足供地方之需，岁赖闽饷八十万。自奉旨改立行省，海疆重要，经费尤繁。臣始于光绪十二年间奏请清丈田园，为经久自立之计。台地旧无图册，民间各管各业，纠缠琐屑，棼如乱丝。今三年之间，丈田给单，绘图造册，一律完竣。本年奏销十五年新粮，各属征收均至七、八成以上。从此粮额大定，正供有盈，筹抚筹防，缓急可恃。此实仰蒙恩谕，准其奖叙，均照异常，得使人材鼓舞，群策群力，聚精会神，方克臻此。

自全功告竣，开列各员，分别请奖。兹准吏部议复，饬令核删，不得逾前奏内地三十余人，每县绅士数人之数。在部臣慎重名器，自有精心。而微臣身任封疆，亦何敢以国家逾格之荣市恩僚属？臣前奏各县选派绅士数人，核计现保单内绅士不过七八十人，并无逾溢。至内地三十余人，系指调取而言，台湾原有人员，自应就地委用，其余投效员弁，类皆熟悉地方情形，正宜趋事赴功，岂可转予弃置？且原奏所称，先行编查保甲，就户问粮，一俟田亩查明，再行逐户清丈等语，尚系举办之始，先行编查情形。若至逐户清丈之时，原奏业经声明设立清赋总局，督率办理。全台一州二厅十一县，清丈之后，继以抽查复丈，科算粮额，核给丈单，绘图造册，岂数十人所能竟此全功？

臣督率司道详核，所保同知潘成清等十二员，系属派办总局，兼令随时分赴各属复丈抽查。主事吴鸿藻、参将陈同泰等四十八员，派办台湾府属清赋等事。知州窦以筠、游击杨泗洪等七十二员，派办台南府属及台东州清赋等事。县丞汤绍斌、游击萧大纶等六十员，派办台北府属清赋等事。以上文武共一百九十二员，均系尽心竭力，手胼足胝，昼夜辛勤，始终在事。他如道员林汝梅、世职沈文熊等一百九十四员，分派总局及各局随同办理，所著劳绩亦皆切实不虚，委无冒滥。既有劳绩足录，即应奖叙不遗。若使甄别稍偏，何足以昭激劝？至其任事之优次，先已分别等差，不敢概邀异奖。其余出力稍次员弁，已经核删，酌给外奖。据台湾布政使沈应奎、台湾道兼按察使衔唐景崧，将前保各员派办各事详细开单具详前来，应恳天恩，俯念海外清赋迅速成功，正供盈溢，抚防大计，皆有实款可期，准将在事出力各员仍照原保给奖，以示鼓励而免向隅。

光绪十六年十一月十七日奉朱批：「该部议奏，单二件并发。钦此。」

刘壮肃公奏议卷八　理财略

调何维楷办矿片 光绪十年

再，台北基隆煤矿，自沈葆桢开办以来，筹画经营，规模宏远。原冀扩开风气，为国家富强之谟，讵阅时未久，流弊已深。臣到基隆后，接见矿局提调杨崇铨、矿务学生张金生，俱言煤务亏折甚多，不肯明言数目。自京、沪以及基隆局外之人，皆言每月煤局亏折本银八千内外。当委记名道朱守谟潜往查勘，并饬提调杨崇铨，将光绪九年正月至本年三月该局所用经费，以及出售煤价节开具报。续据先后送呈月报，核计用度与销售煤价，均属有盈无绌，不知亏折何由？现饬将开办以来历年帐目全数查出，提至台北府城，详细核算，以清积弊。惟以后必须明干大员督率，切实经营，方期有利无弊。查有河南候补道何维楷，精明干练，办事勤能，精于会计，曾经开办磁州煤矿，熟悉情形，若以办理基隆矿煤，必能日见起色。该道现在天津，可否请旨饬下北洋大臣李鸿章，转饬来台接办，以期整顿，实于矿务有裨。

按，何维楷未至台，因此片足见矿事原起，存之。

奸商吞匿厘金道员通同作弊请撤任委署查办折 光绪十一年五月十三日

窃查台湾厘税，以进口洋药为大宗。自前台澎道张梦元于光绪六年招商包办，刘璈抵任后，仍令商包。上年系归董事陈郁堂包办。自九月后，以法人封口为名，照常征收，丝毫不解。今春三月，经前贵州藩司沈应奎由粮台委员查出中路鹿港等口隐匿厘金四万六千余两，禀请查追。该商始知事露，始报称台南征收一万五千余两，聊为饰辩，狡谋吞匿，情罪昭然。叠经臣札提陈郁堂来辕讯究，竟敢抗延不到。

台湾道刘璈督办税厘，上年秋冬，饷项万分支绌，宜如何筹画搜查，顾持危局，乃任该商吞匿巨款至六万余两之多。事前既为隐庇，事后更加徇纵。台饷奇绌，上劳圣主忧勤，各疆臣百方筹济，不遗余力。刘璈身在局中，何以膜视？上年十一月底，禀报台南饷竭，溃散堪虞，截留台北协饷五万两。商吞巨款，若罔闻知。本年三月底，该道会同沈应奎，禀请全台洋药厘金，每年加征十万元，仍由陈郁堂包办。臣批该商侵吞隐射，业经札提来辕，应候讯办确查，再行核议。该道硬行抗办，若无事然，竟于四月初一日详报加征，仍由该商承办。臣叠次访查，洋药、茶脑、厘金均多吞匿。税务为饷糈所关，岂容丝毫侵蚀。该道于奉批后，犹复具详为商人迴护，显系通同作弊，侵没饷需，臣已撤令撤任，听候查办，所遗台澎道员缺，应即委员署理。龚照瑗正在结算制造局并上海购买军械各账，尚难到台。查有江苏候补道陈鸣志，练达精明，深通营务，持躬廉洁，守正不阿，堪以署理。现经臣饬令陈鸣志，将所部恪靖土勇两营妥为遣撤，该道即赴台南接署道篆。除将刘璈贪污狡诈劣迹多端，另折奏参外，一面催提奸商陈郁堂到案研讯，有无通同作弊情形。谨驰驿具奏。

光绪十一年五月二十六日，军机大臣奉旨：「刘璈著即撤任，听候查办。余依议，该部知道。钦此。」

再，台湾厘金、煤务，自刘璈到任后，煤务每年开销经费十万余两，厘金于正税之外，勒索私费，洋药项下三万元、茶脑项下一万元。经臣据实奏参，仰蒙特派刑部尚书锡珍等到台，逐款查奏，臣应毋庸再渎。

查锡珍等原奏内称：以后煤务或归商办，或归官办，总期经费不致虚糜，有裨船政官轮应用，由臣体察情形，妥议筹办等因。查基隆存煤，前据局员算明开报，应存估价银十六万余两。讯据供称，堆存过久，日晒雨淋，煤块碎裂，官煤化成粉炭，均归乌有。账目支离，事隔数年，无从彻底查究。惟杨崇铨称，于十年六月法人窜扰基隆时，被匪抢失现银五千余两，制钱一千余串。当时并未呈报地方官勘明立案。十一年法人退后，经臣饬派营务处道员方策勋讯，据基隆煤井工头蔡添进供称，十年六月法扰基隆，杨崇铨早将家眷、行囊、字画等物，悉数搬移，尚有何银被抢等语。复经檄饬杨崇铨，将被抢何证明白禀呈。旋据禀称：当六月十五法扰基隆，官民尽徙，局内银钱因系公款，不敢妄搬，不料是夜数百人持械到局，即将银钱抢尽等语。察核所禀，均属子虚，毫无证据，显系乘机捏报，希图匿吞。平日办矿滥支，弊端百出，若彻底查究，自开局以来，经手作弊人员办不胜办。既经锡珍等查复奏结，自应毋庸究追。惟乘机捏报被抢银两，必须勒令赔缴，以重公项。

至厘务包商陈郁堂，仅认交过刘璈署内私费银洋二万五千元，与该商股伙陈悦周单开不合。经臣复委沈应奎，传提陈悦周暨前办董事王青云等续呈亲供，以所付台湾道衙门包厘规费银洋三万三千元；郑建中禀，缴茶脑私费银一万三千两，均交与已革知县张映景，转交刘璈内署查收，有县丞王栋眼见作证。询据王栋，仅认知情，并未眼见过付。现计洋药厘金包期届满，陈郁堂系罪应拟杖之人，自应另由殷商包办茶脑厘金。现据包商林协和承办，每年照旧认缴银洋十三万七千元，本年增缴三千元，臣批令将刘璈所收私费银一万三千两并缴银洋二万元，合成十六万元。洋药厘金已据包商黄瑞阶、陈弼臣等具禀，仍照上届包价，扣闰匀分，十二个月捐银洋四十万七千元，按月征解，由粮台沈应奎议准具详，经臣饬令，将前交刘璈私费洋三万元一并照缴，以充公用。包商黄瑞阶等情愿照数加缴，通年认缴洋四十三万七千元，取具认保各结，由沈应奎核明详复定案。

基隆煤务现由商人张学熙禀认开办。查船政购买基隆煤价，官炭每百石给洋二十四元。兹据张学熙禀称，每官炭百石减去四元，只领价洋二十元。自承办之后，无须由官筹垫经费，煤务岁支经费银十万余两，即可概行裁省。仍俟该商办有成效，再行酌议抽厘。此台湾厘金、煤务现在办理之情形也。

惟查前办厘金、煤务各委员，朋比侵吞，贪劣不职，若不择尤参处，不足以儆方来。前厘金提调已革知县张映景，于查办时自知劣迹，避逸无踪，应请永不叙用。厘金委员、县丞王栋，虽称交纳刘璈私费，并未在场眼见，究系知情，已据报捐恤番衣裤二千件，该县丞业已丁艰，拟请姑宽免究。候补知县杨崇铨，经办煤务，任意支销，复乘乱捏报抢失银钱六千余两，虽据承认赔缴，一味迁延搪塞，实属贪狡异常，应请即行革职，仍由臣勒限追缴，以重帑项而肃官方。

军机大臣奉旨：「著照所请，该部知道。钦此。」

改百货厘金片［光绪十一年五月十三日］

再，台湾厘金只收洋药、茶脑二项。同治四年，经已故台湾道丁日健开办船货厘金，无论何项货物，每百石抽收洋银二元四角，较之内地厘金不稍轻减。查历年全台各口收数，每年仅二万余元。新竹属又有抽分名目，台南复有大小斛船区别，征收法令纷歧，办理不能划一，且听委员开报，多寡无稽，侵吞益甚。

臣因抚番经费无出，饬令沈应奎、陈鸣志整顿厘金。现据详议，将船货厘金，自本年四月初一日停止，改收百货厘金，发给三联票，按成本百元抽厘五元，只收出口，不许重收。进口货物除洋药一项照旧抽收外，其余百货以及陆路贩运，概不抽厘。米谷概行免厘，不准收取。惟台南以糖为大宗，向来糖商藉口洋本，不肯完厘，臣现饬陈鸣志督同通商委员，按约争筹，或完子口半税，或照内地一体抽厘，以示公允，而求实济。谨附片具陈。

军机大臣奉旨：「该衙门知道。钦此。」

遵筹全台捐款片 〔光绪十一年五月十三日〕

再，臣钦奉十年八月电旨：「台北各军粮饷、军火款项短少，先向绅商暂借，解到即还；成功后奏请优奖，均即遍行晓谕等因，钦此。」当即恭录，札饬台澎道刘璈妥速筹办。十一月初旬，据刘璈申复：已议全台捐银二百万两，俟开口之日即行止捐。经左宗棠、杨昌濬暨臣先后批令，减办一百万，以期实效。

讵刘璈徒事空言，抗不遵办，亦无一字禀陈。本年正月，臣派前贵州藩司沈应奎总办全台粮饷，会同刘璈筹办捐输，住扎彰化。沈应奎委催各县举办，刘璈置之不问，各县阳奉阴违，俱不肯认真筹办。惟台湾县知县沈受谦首先劝捐，报捐银一万两。嗣后各县始陆续筹捐，除淡水借用银票，未办捐输，其余台、凤、嘉、彰、新、宜六县，共筹捐洋五十四万元。直至三月初一日，停战通商，始据刘璈申复，筹捐一百万两。台南绅民均以刘璈议定开口后停止缴捐，各怀观望。台湾县知县沈受谦已缴捐洋三万五千余元。彰化县地方殷富，经沈应奎督同县令蔡麟祥分催，已缴洋五万六千余元。其余各县或缴一、二万不等。若照刘璈所议，开口后应即停捐，惟捐户难齐，慷慨者先行呈缴，悭吝者观望徘徊。如即行止捐不缴，则已缴之款，仍须全数发还，方昭公允。臣商之台北各绅，据称：全台合捐洋六、七十万元，为数不多，尚可勉相筹措。

查地方善后，需款方殷，全台已捐洋五十余万元，合之淡水一县，可捐二十万元，共洋七十余万元，于善后不无裨助，加之五月以后，由督办福建军务大学士左宗棠续解洋款银五十万两。若捐输一律收齐，统计南北共存银一百万两内外，合全台秋冬进款，办理台湾、澎湖各口炮台，并添炮给饷，所欠当不甚多。须俟办有端倪，约欠若干，再行具奏。现饬沈应奎委员分赴各县，一律催收，捐项收齐后，拟先给予各捐户实收，随后核较部章，分别实官翎支虚衔封典，汇案奏咨，给予奖叙，以示鼓励而助饷需。

军机大臣奉旨：「户部知道。钦此。」

宜兰县勒捐革职片［光绪十一年五月十三日］

再，台湾饷项支绌，曾奉特旨捐借，以济危军。臣当饬道府厅县，妥为劝办，不得勒索苛派，以失人心。据宜兰县殷户周家芳禀称，县令王家驹派令捐洋八千元。周家芳自愿捐募土勇二百人，带赴基隆助剿，自备口粮四个月，需饷银六千元外，复认补缴捐洋二千元。即按该县原派之捐，亦无不合。宜兰县知县王家驹，不问助剿勇费，仍勒令捐缴洋八千元。叠据周家芳禀控，以伊兄周家祥被该县拘押，并有纵差凌辱等情。当经臣批令该县将周家祥开释，仍令补交二千元，以归原派之捐。该县始则延不禀复，继谓周家芳募勇助防基隆，越桑梓之乡，舍近图远，请撤去所募勇丁，照补捐款。周家祥依旧管押，抗不释放。

查本年正月底，正基隆法人猖獗之时，周家芳不避艰险，自备饷需，率勇助剿，认扎前敌，可谓勇敢急公。该令独肆摧残，殊难索解，经臣饬委访查，据称周家祥在押，尚无纵凌情事。惟该县办捐，所派本地贡生杨德英，帮同办理，诸多不公，各捐户或因徇情而减，或因私贿而除，并未一律照章办理。查宜兰县王家驹奉办捐事，宜如何劝谕乐输，乃听任劣绅任意增减。且据委员访查，该令谓周家芳捐勇助剿基隆，非剿宜兰本县，所捐勇饷，不准抵销，仍令勒缴八千元之款，奉批后仍行抗押周家祥不放，实系刚愎任情，意图苛勒，应请旨将宜兰县知县王家驹即行革职，以肃官方。

军机大臣奉旨：「王家驹著行即革职，该部知道。钦此。」

台捐减成片〔光绪十一年五月十三日〕

再，接准督臣钞咨：户部议复，准开台湾防剿经费捐输一案，所有京外实官及三班，分先、分间、尽先各项，均以例定十成上兑，不准以钱、米、军械折收等因。奉旨：「依议，钦此。」仰见朝廷俯念台饷支绌，暂广招徕之路，以济急迫之需，莫名钦感。

臣于接奉部章后，谨即行知粮台暨台湾道，遵照部章妥为劝办。旋据官绅禀称：部章十成收捐，原为慎重名器，时艰孔亟，自应竭力劝筹。惟台湾自封口后，茶、糖、百货，概不能出口行销，商贩已多歇业，即各属力田殷户，亦皆因倡办团练，招募勇丁，捐垫甚巨。现办全台捐借，虽皆志切输将，实苦力量拮据，万难收集。惟冀捐奖稍优，人情欣动，办理或易为谋，即有指项捐纳员生，亦冀捐数少从酌减，庶可闻风兴起，广示招徕。现因按十成照收为数过巨，不免观望徘徊，恳请奏予变通，俾易从事等情。

臣伏查台湾饷需紧要，久在圣明洞鉴之中，现在虽经闽省、天津及广东各处力筹接济，而援师大集，需饷愈繁，加以被围日久，百物奇腾，尤非赶为设筹不足以资辗转。既蒙恩施逾格，准开台捐，惟期实济饷需，庶几上副宸廑，下支危局。今自奉章开局，全台各处尚无报捐之人，该官绅所称捐款过昂，未能踊跃，悉心体察，委属实情。再四思维，与其无裨实饷，仅存输纳之名，莫若据实上陈，稍乞变通之策。

查钱、米、军械折捐等事，流弊滋多，诚如部臣所议，不敢更张，今拟于万不得已之中，为酌中权宜之请，合无仰恳天恩，俯念台饷万分紧迫，台地民力拮据，非内地寻常捐输可比，敕部详加核议，于定例十成数内，减四、五成，以广招徕。如蒙俞允，臣仍当严饬局员，核实照收，不准暗行折减，并遵照部章，满限半年，即行停止，以杜弊端。

再，现在台湾海道梗阻，转运艰难，各省济银皆由汇兑，不能起运现银。凡绅民习贾服官，远居内地，一闻捐信，虽输将有愿，而路梗莫通。仅恃台南北一隅，所收实恐无几。捐事既多棘手，捐生亦未免向隅。自应分投劝办，以期集腋。除福建本省奉部章后，已由省城善后局办理外，其余天津、上海、广东各口岸，均拟派员设局劝导，如有收数，并可随时汇兑来台，以免阻滞，合并陈明。

军机大臣奉旨：「户部速议具奏。钦此。」

林维源允捐巨款请奖京秩片〔光绪十一年五月十三日〕

再，据台北绅士三品卿衔候选道林维源禀称：台北军情紧急，饷项奇艰，屡奉劝谕，仰蒙电旨优奖。伏思维源世受国恩，何敢坐视？第业无商贾产，只菑畬岁入各租，略支家用。自光绪三年独捐五十万元，历年又有大甲溪工、台北城工并各处赈捐等项，近又分助各庄练勇，所费不赀，力尽筋疲，万不能再捐巨款。然当此海氛日亟，军饷不支，环顾台疆，势诚岌岌，爰以万不容已之心，作无中生有之计，奔走厦、粤，极力筹挪，报效洋银二十万元，以助饷需。恳乞原情据奏，务求朝廷垂念，屡捐巨资，家资渐落，饬下地方官吏，后免再捐。一面呈立限结，先缴十万元，明年六月一律缴清。仍先捐月米三千石，折价计银，暂资兵食等情，并据候选同知刘寿铿称：据该绅来函，所捐款项，不敢屡邀优奖，求改京职自效等语。

臣查该绅屡捐巨资，迭奉谕旨谆劝。臣初次接奉电旨，即经剀切劝商。嗣经奉旨，饬查该绅衔职，并总办台北团练借饷事宜，皆经转行遵照。当臣八月间，基隆退兵，沪尾开仗，军情岌岌，饷项一空，实已朝不谋夕，屡饬刘寿铿商劝捐助。维源深明大义，允捐二十万元，并先缴十万元以济急需。在该绅屡捐巨款，家计原不如前，今以全台危迫，隔海筹挪，竭力勉输，实属急公好义。迹其原禀，委实无虚，决非寻常捐输军饷可比。该绅前于光绪三年捐款，已蒙恩赏卿衔，此次请用京职之处，臣未敢擅行拟请。可否仰恳天恩，俯念台湾饷绌兵危之际，该绅急公报效之忱，特予破格恩施，以昭激劝。并可否将求免续捐之处，一体加恩曲允，用示矜全。伏求圣鉴。至同知刘寿铿，臣已遵旨饬令随营办理一切，应俟续行出力，另案请奖，合并陈明。

军机大臣奉旨：「林维源已明降谕旨，以四、五品京堂候补，余依议。钦此。」

撤留勇营综计款目请拨饷需折 光绪十一年十月二十五日

窃臣于本年七月初八日钦奉上谕：「现在海防善后，用项浩繁，必须通盘筹画，核实经理，方足以裕度支而舒国困。各该省关每年所入之款，究竟实有若干？其常年例需及现在添支防勇、局卡、饷需、薪水各款，实在费用若干，此后常年可以裁减归并节省之款若干，著各该将军、督、抚、监督等，切实核计，逐款分晰开单，限于奉旨一月内，详细奏报。毋得稍涉含混，藉词延缓。钦此。」等因。由户部咨照到。

臣又于十月初四日接准军机大臣字寄，光绪十一年九月初九日，钦奉慈禧端佑康颐昭豫庄诚皇太后懿旨，内开：「前有旨令该将军、督、抚裁减兵勇，以节饷需，训谕谆谆，至为明切。此次复令王大臣等参酌众议，体察情形，期于必可施行，筹定办法。现在经理海防善后，需款甚巨，筹饷甚难，必须将糜费之款，痛加删节。各该将军、督、抚，受国厚恩，务当仰体朝廷宵旰焦劳绸缪未雨之意，懔遵迭次谕旨，破除成见，切实办理。一面将如何裁减及每年所节饷银若干，详晰具奏。将此由五百里各谕令知之。钦此。」遵旨寄信前来。

臣查台湾自上年六月至本年三月，皆系用兵之际，营勇增减不时，饷需亦无定数。

从前每年入款，仅关税、盐务、厘金，不满百万。刘璈随意支销，如盐务，每年连成本得洋五十万零四千余元，开支至二十四万余元之巨，除津贴盐本外，所剩归公仅十万余元。厘金久经商包，复开支银九万余两。各局名目繁多，员薪漫无限制，竟有佐杂每月领薪水银百余两者。其余兼差干俸，种种浮糜，不可枚举。臣于陈鸣志接署后，即饬次第裁减，撤勇并局。所有全台盐务，台北以沈应奎兼办，台南归陈鸣志兼办，不另设局。均令力革弊端，但积习已深，非一时所能骤挽。

全台上年新招防勇，自本年三月起，业经次第撤裁，惟曹志忠所部四营，带赴福宁镇任所驻防，由督臣杨昌濬斟酌裁留，臣奏陈善后折已声明。全台除练兵二营外，拟留三十五营。台南派记名提督杨金龙统带楚军四营，并安平炮勇三哨驻防府城，兼防安平海口。记名提督方春发统带楚军三营，并炮勇两哨驻防凤山，兼防旗后海口。副将张兆连统带楚军二营、土勇一营，分防埤南后山一带。署台湾镇总兵章高元统带炮勇一营、练兵二营，分防嘉义、埔里社一带。总兵柳泰和统带楚军三营，分防彰化、鹿港一带。道员林朝栋统带土勇二营，分防新竹、后垅一带。记名提督刘朝祜统带淮军三营、土勇一营并亲兵炮队两哨，驻防台北府城。建宁镇总兵苏得胜统带淮军三营，驻防基隆。已革总兵翦炳南统带楚军一营、土勇一营，驻防宜兰、苏澳海口一带。记名提督王贵扬统带淮军四营，同署提臣孙开华所部楚军三营、土勇一营并亲兵三哨，驻防沪尾。将来此两军内，拟派一军驻防澎湖。此外悉数裁撤。

全台入款，前折已详，综计关税、盐务、厘金，年可得银一百零数万两，除去开支，能充饷者不过九十余万两。将来剔除积弊，核实归公，岁可增银十余万两。目前尚难抵用。统计每年入款不足一百二十万，计尚不敷支给留营饷需。统计每年出款至少亦需一百五十余万两，计尚短银三十余万两。查刘璈到任四年，每年用款皆在百万以外。十年，法防起事，全台始养兵四十营，以前只十余营，闽省每年协银尚二十万两。臣现酌定全台养兵三十五营，各海口炮台认真设防，必须闽省每月协济银三万两，合之全台入款，岁得一百五十余万金，即无意外之需，已属毫无宽展。现据沈应奎开报粮台存饷，合捐输应缴全数收齐，计共存银六十余万两。而捐款自刘璈出示海口一开无须再缴，各捐户观望至今。臣因捐事有劝无勒，未便严催，仅令官绅等晓谕劝缴。计粮台现存银只三十万，仅支本年冬三月之饷。应恳天恩，饬令署将军古尼音布、督臣杨昌濬，自十二年正月起，按月协济台湾海防经费银三万两，以济急需。臣因目疾难支，已于九月二十五日奏恳假归调理，倘蒙恩准假归，尚非一时即能交卸，军饷要需，刻不容缓，不得不预为之谋。谨将裁撤勇营并核计全台款目，一并恭呈御览。

军机大臣奉旨：「户部议奏，单、片并发，钦此。」

划一统费长夫草价并恤病亡将士片〔光绪十一年十月二十五日〕

再，查湘、淮统兵官月支统费，曾经已故大学士曾国藩刊定营章，统三千人者，月给统费银一百三十两。台湾漫无限制，冒滥实多。从前镇、道统兵，皆月支统费银四百两，其余不论所统兵数，随意开支，至少月支二、三百两。经臣批令减裁。台湾百物昂贵，与内地情势不同，统兵大员固应稍资体恤，但须严定限制，方足以昭平允而杜虚糜。现定每统千人，月给统费银一百两，多一营者添统费银五十两，以此类推。又台湾楚军每营用长夫一百九十二人，淮军每营长夫一百八十人，多寡不齐，均资口实。亦经臣于本年九月底一律裁减，不论淮、楚，每营给发夫价一百人。此外，淮军素有柴草费银一百六十两，均于本年十月改令与楚军一律发支。

惟台湾烟瘴之乡，营哨官弁、帮办文武员弁，殁于军营者尤众，旅榇不能还里，纷乞川资，实堪悯恻。若不量加赒恤，坐令暴尸海外，甚非朝廷矜悯战士之心。臣仍照故江督沈葆桢旧章，营官病亡，恤银三百两，哨官一百两。其次帮办委员、提、镇给银一百两，都、守以上给银五十两，以下给银三十两。文员州、县以上给银一百两，佐杂给银五十两。除咨明户部外，谨附片具陈。

军机大臣奉旨：「户部知道。钦此。」

行军用款截清立案以凭核销折 光绪十二年八月二十六日

窃光绪十年，法人违约攻犯台湾，钦奉电旨：「极力筹防，严行戒备，法兵登岸，应如何出奇设伏，以期必胜，并如何悬赏激励，使军士勇奋之处，均著便宜行事，不为遥制。」又，钦奉谕旨：「饬调外省援军协济饷银军火，觅雇商船，不惜重资，设法解运来台接济，如兵勇未能立时起程，即就地募勇，亦可应用，各等因，钦此。」钦遵。

臣伏查台湾孤悬海外，口岸繁多。当臣奉命驰抵台北，法兵即旋踵而来，兵勇疲残，炮台颓敝，港门未塞，水师无船，外洋枪炮、水雷，毫无备置，全台危迫，草木皆兵。仰赖庙谟深远，特假便宜，微臣敬谨遵循，差幸勉支危局。

当法船之迸集也，基隆炮台既为敌毁，臣深见敌人船坚炮利，巨炮环布铁船，非避船炮，纵得基隆，终难拒守。不得不退居沪尾，添筑炮台，另筑土墙，深挖濠窟，隔山坚守，以老敌师。隔山则巨炮不克移攻，登岸则坚船已归无用，非若死守基隆，彼长我短，胜算无可自操也。沪营既定，复购外洋枪炮、水雷、浮桩，分投密布，一面沈船载石，填塞口门，然后坚保沪防，拥护台北府城，固全根本。兵力不足，除由内地添募外，急募台民精悍者佐之。基、沪血战，生死须臾，非赏巨金，安能得人死力？一切部署，皆非巨款不行。

迨法兵既撤，田园久荒，穷岛孑黎，疮痍惨目，又不能不优加抚恤，固结人心。计自光绪十年六月起，至十一年六月止，一岁之间，万端奇耗，统兹全局，胥属粮台。当以大学士左宗棠特邀前贵州布政使沈应奎冒险东来，臣久识其才，遂令总司其事。当时法船禁海，援绝饷穷，事机危急，间不容发。独赖沈应奎力任忧劳，不辞嫌怨，破除积习，裁革浮糜，万计搜罗，藉撑险难。而军情瞬息万变，设奇购间，飞渡乞援，事所必需，亦不能靳小费而危大局。一切添兵购械，填口筑台，以及事平之后，裁遣留防、区分赏恤诸大端，均经臣随时奏明有案。此外或因例章不全，先经酌给，并经沈应奎于各员到台造报，一律查照例章删减扣追，收回归款。

今军事粗定，已饬将全台各款，综核汇开成册，另行奏报。惟臣细阅部定新章，募一军，购一械，筑一台，调一员，一切收支皆须事前奏咨立案，兵勇另造名饷季册，军火另造各营存用总册，以便核销。自应遵照办理，顾当行军之际，呼吸安危，战守仓皇，岂暇纷纭纪载？且台、澎之地，南北中前后五路，延袤几二千里，危急之秋，人多事杂，安能一一上陈？况自法船禁海，电折难通，数月之间，无复再生之望，又安能一一陈奏，上达天庭？

惟部章立案，原为杜绝侵欺。查故大学士曾国藩克金陵后，奏称行军过久，用款过多，碍难遵照部章造报，应请准令实用实销，奉旨允行在案。臣此次行军未久，而奇险百倍前人，照部新章实难造报，合无仰恳天恩，俯念台湾远隔重洋，复被禁海，行军筹防，显分二事，缓急悬殊，敕部准将行军一岁之间，查照收支款目各单，先行立案，俟销册到部，以便核销截清此项。此外自十一年七月朔以后，归入防军，再照新章办理。谨据实奏陈。

军机大臣奉旨：「著照所请，该部知道，单、片并发。钦此。」

造销法防军需折 光绪十二年十一月十六日

窃照同治三年七月间，钦奉上谕：「本年七月起，一应军需，凡有例可循者，务当遵例支发，力求撙节。其例所不及，有应酌量变通者，亦须先行奏咨备案等因。钦此。」嗣准户部咨行本部议奏军需善后报销内外办法一折内开：光绪九年正月以后，各省军需善后，无论何省何物，概令一律造册报销，不准再有开单等语。于光绪八年十月十五日具奏，本日奉旨：「依议，钦此。」通行遵办。

查台湾四面环海，七省屏藩，久为岛族所觊觎。法人自恃船坚炮利，违约称兵，臣于光绪十年五月间，奉命渡台督办军务。其时基隆已泊敌船数艘，台南之安平、旗后各口，均有法船游弋窥伺。陆营单薄，水师无船，枪械未齐，海口未塞，军情万分紧急。仰蒙圣主睿虑周详，饬令南北洋、闽、粤各省，调拨援军，筹协饷银军火，俾臣得效犬马之力，专事经营，塞口沉雷，筑台安炮，会督各军团死守基、沪。血战经年，仰赖天威，彼族未能逞志，十一年四月，复修盟好，军始解严。臣即札饬粮台，将收支各款，以光绪十年六月起，至十一年六月止，汇截一案，确核造销，并将支用各款，查照新章应行立案者，经臣汇奏在案。

兹据总办粮台前贵州藩司沈应奎详称：督同委员书吏，调齐台南北各营属请销各册，详细勾稽，核与台湾从前支给原案，及奉部准销各款相符者，分别核准。其余原案不符，及奉部核删者，概行驳追，收回原款，计光绪十年六月起，至十一年六月底止，防守军需报销旧管接收光绪十年闰五月底存银，四十六万四千三百零八两有奇，新收各省关协饷，并台湾关税、盐课、货厘、捐输、平余等银款，三百六十四万七千八百十三两有奇，管、收共银四百十一万一千三百九十二两有奇。开给淮军援台弁勇、光绪九年以前欠饷银六千八百三十三两有奇，应归淮军光绪十年报销。又给楚、湘、淮各军弁勇新粮，随营长夫工食，水勇、炮勇、轮船弁勇、屯丁、隘勇盐粮，随营员弁、水陆练兵新粮、公费，未成军以前小口粮，并撤勇行粮，教习、炮匠、医生工食，将士安家行装，阵亡恤赏，养伤掩埋，购雇轮船价脚，要站书夫工食、填塞口港、修建炮台、兵房各工，购买外洋军火、制造旗械火药，及一应杂支，共银三百九十一万二千八百二十九两有奇。分晰造册，具详请奏前来。

臣所设粮台与行署近在咫尺，无论支给何款，悉皆亲自裁度，当经费支绌之时，筹饷难于筹兵，何敢稍任虚滥？虽有无例可循之资给，曾无未经核实之开支。相应奏恳天恩，俯念台湾行军与筹防迥异，敕部全数准销，以清款项。至兵退后赈恤基、澎灾黎等款，银四万九千一百一十七两有奇，并请先行开除，遵照部章另行造报，以收准支。计尚存银十四万二千六百十一两，容俟另归十一年六月以后善后案内列收造报。除将总细清册咨送户、兵、工三部核销外，谨开具四柱清单，恭呈御览。

军机大臣奉旨：「该部知道，单并发。钦此。」

谨将台湾全年各项出入款目谨缮清单恭呈御览

计开：

一、部查每月煤价一万二千余元，每年应得银十万数千两。现在经费如何开支？煤斤如何销售？煤价如何作收？

查台地煤务，自法人窜扰基隆，煤井毁伤，无从采取，所有官轮取用皆系收买民煤。现拟鸠集股金，官商合办，甫购机器，尚未开工，无利可计，惟较前月省经费银八千两。

一、部查盐务，经钦差查办奏称：除津贴成本外，收银亦在十三万两内外，折合十七、八万元。运费成本，实应扣除若干？委员中饱，如何查禁？

查盐务收款，本无定凭，须视海市之旺衰，成本之贵贱，近来惟光绪四年销数为最旺，全年可余番银十七万余元。以后渐归减少，至刘璈任内，滥荐乾修，自提卤耗，所余公项，不过十二、三万元。上年法人围台，运盐遂绝，沿海私晒太多，竟短销九万余石。本年经臣厘剔陋规，画归公款，分局委员，改归司事，以节虚糜，全年多得盈余银五万余元，以补短销之数。以后如能禁绝私晒，方可盈余。

一、部查洋药厘金，台南北每年正课六八番四十四万元，另缴三万元归刘璈私费。现在商人如何包办？私收如何查禁归公？

查洋药前届全年连闰，包商六八番三十四万元，自上年四月加征六八番十万元，合共四十四万元。本届包商黄瑞阶等承办，照前数扣闰，应匀分四十万七千元。经臣饬将私送刘璈规费三万元并归公款，统计全年扣闰认缴包价六八番四十三万七千元，以六八折番银二十九万七千一百六十两。

一、部查茶脑厘金全年认缴六八番十三万七千元，并另缴一万五千元归刘璈私收，现在仍否包办？并私收款项如何查禁归公？

查茶脑并船货厘金，前届包商陈郁堂，全年认缴六八番十三万七千元。本届林协和承办，愿加三千元，全年认缴十四万元，并私送刘璈规费一万三千两。经臣饬令该商加缴二万元作为正课，统计全年认缴六八番银十六万元，以六八折，共番银十万零八千八百两。

再查本年四月初一日起，船货厘金一项，奏请免征收百货出口厘金。所包船货厘金，全年应扣除数千元。百货厘金，现甫开办，难预定数。以现收数月而论，全年除支销局用一切经费外，约可多收银三、四万两，须俟一年期满，方可综核实数。

一、本年四月起，奉准闽省全年协饷银二十四万两。

一、本年五月起，由厦关全年拨解洋税四成，二十万两。

一、沪尾、基隆两口海关，每年拨解税银约三十一万两。

一、安平、旗后两口海关，每年拨解税银约十四、五万两。

查上年四口关税，岁约收银四十五万两。

统计全台除正供入款不计外，以上各款，岁约共入银一百四十余万两。

一、全台三十五营月饷，全年计需银一百十三万二百一十两六钱。

查前件共计三十五营，每营除奏定新章减去长夫八十名，每大建月饷银二千六百五十二两二钱，小建月饷银二千五百七十两四钱六分。又遵照部定新章，每营每大建月给柴草银八十一两，小建月给柴草银七十八两三钱。以全年匀核计之，共应前数。

一、全台各军统领官统费、长夫，全年计需银一万三千七百四十两。

查前件各军统费，遵照部定新章，统至二千人以上者，月给银一百两、夫十名。全台三十五营，计统领官九员，按章匀摊，每营月应支统费银二十五两，三十五营年应支银一万五百两。又长夫九十名，年应支银三千二百四十两。统计共支前数。

一、各营洋炮、洋枪、水雷各教习薪水，全年约需银八千余两。

一、各营三节犒赏，全年约需银三千七百余两。

一、左右翼练兵二营月饷，并加给行粮长夫，全年约需银二万五千三百余两。

（台防旧章）

按，以下出款甚多，因文烦节去。而存其大者如此，庶后人追想台事，得考其崖略云。陈澹然记。

拟撤粮台设善后局仍留沈应奎经理片 光绪十三年四月

再，臣准户部咨开本部具奏核明台湾出入款目一折，光绪十二年十二月二十五日奉旨：「依议，钦此。」内开：台湾粮台经费并护台勇丁，岁需银八千三百余两，该抚设立粮台，未据专案奏报。惟从前督办军务，自不能不设立粮台，现在军务虽平，而行省尚未议定，所有收支款项，自应仍归粮台经理，应准暂缓裁撤。惟该粮台员勇若干，薪粮作何支给，未经奏咨，应俟销案到时，再由臣部比照成案办理。至将来设定行省之后，一切收支款项，即可由新设藩司办理。届时应将粮台裁撤，每年可省银八千三百余两。等因。

查台湾设立粮台，经臣会同提臣孙开华，于十年十二月二十四日附片具奏在案。现在定议分省，藩司邵友濂将次到台。据办理粮台前贵州藩司沈应奎禀请，于本年闰四月底截止，迨撤粮台，以后收支款目，即归藩司经理，请假内渡就医。臣伏查沈应奎办理粮台，一切善后、厘金、盐务、工程、筹防、清赋诸大端，俱未另开总局。虽每年经费八千三百余两，若照内地各省，一事另开一局，节省殊多。

现在藩司邵友濂尚无渡台之期，即便到台，台湾新设省分，不独书吏全无，亦无办公住所。臣渡台数年，因经费支绌，非地方至急至要之务，不敢浪用一钱，所住淡水县署，半系草房。近来办防、清赋、抚番，悉赖捐输支给。现在捐输停止，分省之后，设官分治，需款尤烦，臣实无所措手，拟俟藩司邵友濂到任后，将粮台裁撤，仿照福建设立善后总局，诸务方有会归。所有厘金、盐务并三十五营军饷，仍饬沈应奎会同办理，以免纷歧。

光绪十二年闰四月十五日奉朱批：「户部知道，钦此。」

接收台地两海关片 光绪十三年十月

再，查前准吏部咨开福建台湾改设行省会奏一折，奉旨：「依议，钦此。」计粘单内开：台湾旗后、沪尾两海关收税事宜，应改归巡抚就近监督，以一事权。嗣后该抚务宜选派廉干妥员，实心经理。等因。当经咨行遵照在案。

现准署福州将军臣古尼音布咨称：本年八月十四日，为洋税第一百八结届满之期。自八月十五日第一百九结起，所有沪尾、打狗二口税务，应即遵照部议，由台湾巡抚监督，派员接办，以清界限。并称部定新章，洋药税厘归关并征理应另款存储。查台湾税厘向归台地之用，所有第一百八结以前沪尾、打狗二口税厘，业经随同关税银两，仍行解归台地，归入海防经费拨用。应请会同奏咨，以符定案，等因，前来。

臣查沪尾、打狗二口所征关税及洋药税厘银两，系奏明向归台防经费拨用。现在海关既经部议，改由臣就近监督，自应截清界限，于本年八月十五日第一百九结起，由臣派员接办，以专责成。谨将该二口关务，选派妥员，认真经理，并以后按结造报收支事宜，仍会同福州将军查照洋税定章，随时奏明办理。并洋药税厘，一并归入海防经费，另行汇案奏报。

光绪十三年十月十二日奉朱批：「该衙门知道。钦此。」

官办基隆煤矿片 光绪十三年十二月

再，查台湾基隆煤务，从前每年开支银十万两，积成漏卮。自法人来犯，毁坏煤窑，乏煤应用，曾经商人张学熙禀请承办，于光绪十二年正月，经臣附片奏明在案。嗣因该矿积水过深，张学熙无力购办机器，仅用人力，开办数月，亏折本银数千两，力不能支，禀请退办。

臣因煤炭系为船厂、机局、兵轮要需，不能废弃不办，商同江督曾国荃、署船政臣裴荫森，并台湾各凑本银二万两，委派补用知府张士瑜招集商股六万两，合成本银十二万两，于本年正月开局试办。如有成效，再行广招商股，收回官本。以期官商轮船来往，不至有乏煤之患。

自春至冬，经张士瑜添购机器，雇用洋师，抽去矿中积水，规模已具，每日可出煤百吨。核计出售价值，局用仅可勉支，毫无利息。推原其故，皆由煤炭出矿之后，运至基隆海口，海滨浪大，难用驳船，旱道山路千余里，运脚太多，非造铁路以利转输，煤务不能获利。查矿局官商原本十二万两，办理机器工程，尚形竭蹶，实无力再办铁路火车，禀请官收，另行筹办，免致亏折愈多等情。由知府张士瑜具禀前来。

臣查闽洋官商轮船并船政、制造各局，专恃基隆煤炭。且台南北铁路办成，更需煤用。现在矿工已办有十分之九，以后资本无用增加，未便停办。商人惟利是视，既知无息可图，自难强令入股，应将矿务仍旧由官收回，自本月初一日接办。所有商本银六万两，并船政原入银二万两，暂由台湾于上年捐输存余项下筹拨归还。经臣另派洋师玛体荪监督工程，仿照商办章程，以除夙弊。再由铁路公司，自八斗煤矿分接车路一道，直通基隆码头，以便运售迅速。将来全台铁路告成，销路日广，利息日多，仍旧招商接顶，纵不能收回原本，庶不致全行亏折，积久又成漏卮，于地方商务，不无裨益。除咨户部外，谨附片具陈。

光绪十三年十二月三十日奉朱批：「户部知道。钦此。」

续报十一二两年筹防善后抚番等款折 光绪十四年九月二十八日

窃查台湾行军用款，自光绪十年六月起，至十一年六月止，汇案造销，分别奏咨在案。惟台湾孤悬海岛，南洋关锁，防务固未可销疏。澎湖居台、厦之冲，形势尤关紧要，不能不驻扎重兵，训练防守，为建威慑敌之谋。全台勇营，除先后裁撤外，共留三十五营，已将官弁勇兵名饷各数，驻扎之区，按季造册，咨部核查。其修建各口炮台，添购外洋船械，招抚社番，一切筹办情形，均经随时奏咨在案。

兹据台湾善后局司道详称：台湾筹办海防善后并招抚诸大端，自光绪十一年七月起，至十二年十二月底止，收支银数，督同员吏详细勾稽，核与例章相符，并奉部准销及奏咨有案者，分别核准。其不符者，均已核实删除。有可节减者，亦复厘剔扣追，填还正款。计旧管接收光绪十一年六月底流存银十四万二千六百一十一两有奇，新收闽省协饷，并台湾关税、盐课、货厘、捐输、平余等款，银二百六十万三千二百三十九两有奇，管、收共银二百七十四万五千八百五十一两有奇。开除支给楚、湘、淮各军官弁勇夫办公经费、薪粮、柴草、工食、水勇、炮勇、轮船弁勇、屯丁、隘勇盐粮，水陆练兵薪粮、公费，随营文武员弁及台局员役盐菜折夫，购买外洋军火轮船价值，正站书夫工食，修建兵勇营房各工，制造旗械军火工料，及一应杂支各款，共银二百六十七万七千六百五十两有奇。或循照例章，或续前支给，或恪遵奏案，或购自外洋，无例可循，均系实用实销，委无丝毫浮冒，应请全数准销除外，实存银六万八千二百两有奇，容另归入光绪十三年善后案内，列收造报等情。臣复核无异，合无仰恳敕部全数准销，以清款项。除将总细清册另行咨送户、兵、工三部核销外，谨恭折具陈。

光绪十四年十一月初三日奉朱批：「户部知道，单并发。钦此。」

附录　十三、十四两年海防善后抚番收支银数并开一折

一、旧管十二年底存银六万八千二百两有奇。

一、新收闽省并各省协饷，及台湾关税、盐课、厘金、捐输、平余等款，银四百六十七万三千八百四十两有奇。

一、管收共银四百七十四万二千四十一两有奇。

一、开除用款银四百六十八万七千一百三十三两有奇。

一、实存银五万四千九百七两五钱，归次年算。

十五年收支银数另开一折

一、旧管十四年底存银五万四千九百七两五钱。

一、新收台湾关税、盐课、厘金、平余等款，银二百一十二万四千五百六十六两有奇。

一、管收共银二百一十七万九千四百七十三两有奇。

一、开除用款共银二百一十万七千五百十四两有奇。

一、实存银七万一千九百五十九两有奇。

按，以上三年，均有另折清单奏咨在案。核与十一年七月初一至十二年底筹防、善后、抚番收支折内出用款目，一字未更。惟十三、四两年收款，有闽省及各省协饷，十五年已无此项。盖公原奏筹防折内请协饷，五年以后不收协饷，故遂截止也。因此等折奏文字差同，而一省用款为疆臣操守所系，故删二折而摘其收支款目于此，以省烦文。此外，十六年未及造报，以十七年四月已交卸也。陈澹然记。

请免阵亡殉难各员短交银两折 光绪十五年五月二十一日

窃照闽省前办军务案内，阵亡殉难各员应追、应赔各款，历经奏奉谕旨豁免在案。兹查台湾前办军务阵亡殉难各员，交代未清，应追应赔各款，饬据台湾府查报。前台湾府知府孔昭慈，前署台湾县知县高鸿飞，前署淡水、噶玛兰二厅秋日觐等，均以剿匪阵亡，共应追赔银四万三千九百三十九两。此三员阵亡之后，均由前督抚臣奏准恩恤，孔昭慈、高鸿飞前在闽疆各任欠款并经奏免在案。惟孔昭慈任台湾府、高鸿飞署台湾县，与秋日觐前署淡水、噶玛兰二厅，交款均在追赔。今司道等悯其阵亡，会详奏免，并声明应追银数及阵亡地方年月日期前来。

臣查该三员战亡海外，毅魄飘零，旅榇凄凉，室家寥落，台疆父老歌泣难忘。国家优恤忠贞，无微不至，倘以生前官逋贻后人赔缴之忧，甚非朝廷哀隐忠裔至意，自应援案请免，以广皇仁，除将清册送部查照外，谨会同督臣具奏。

光绪十五年六月初七日奉朱批：「著照所请，该部知道。钦此。」

英商承办基隆煤矿订拟合同折（附合同二件）光绪十五年六月二十二日

窃台湾基隆煤矿，自法人毁坏后，先经商人张学熙禀请承办，旋以本亏乞退。经臣商同南洋大臣曾国荃，船政大臣裴荫森并台湾各凑本银二万两，另集商股银六万两，共成本银十二万两，于光绪十三年正月招股接办。因旧矿产煤不多，办理年余，毫无利息，商禀官收。臣因闽洋官商轮船，并船政、制造各局需煤应用，欲罢不能，基隆矿局已成，未便废弃，即于十三年十二月由官收回，另行接办。所有商本及船政官本，暂由台湾捐输存余项下筹拨归还。饬派洋人玛体荪，仿照商办章程办理。先后奏明在案。

此矿在基隆八斗地方，开采年久，因法人之乱，停歇二年，积水过深，机器俱毁。数年以来，添购修复，较从前用费更多。不料煤质已完，开采日绌，自光绪十三年十二月改归官办，迄今年余，综核出入，每月亏折银三、四千两。据洋师察勘，非添本银百万，另开新窑，不能获利。台湾经费支绌，官既无本，商股岂可再招？进退徘徊。适有英商范嘉士，愿集本银百余万，来台承办，由英国驻台北领事官班德瑞引荐到臣。据称已勘产煤二处，另开新窑，暂用八斗旧矿，先行接开，愿偿八斗煤矿机器官本银十四万两，分期清缴，详议章程十一条开送前来。

臣查台湾产煤，系地方自然之利，官办限于资本，不能扩充，且积习太深，骤难尽革。从前岁亏银十万两，自臣经理以来，縻费虽少，每年仍亏银四、五万两。以台湾弹丸之地，所入不敷所出，不谋补救，受累无穷。若由该英商承办，不特官本可以收回，即以二十年计之，可免漏卮百万，关税并车路运资，转可得数十万。利源既辟，商务更兴，于地方民生所裨甚巨。所议章程十一条，臣再三推求，亦无后累，当派矿务委员张士瑜先立草合同，另缮清单，恭呈御览。事关中外交涉，应请饬下总理衙门，会同户部速议定夺。如蒙俞允，再由臣令英商画押承办。是否有当，理合恭折具陈。

再，台北新竹县辖牛头山地方，旧产煤油，曾经前福建抚臣丁日昌奏委道员叶文澜开采，旋以亏本停止。现据该英商范嘉士并请开办，事同煤矿一律，并由该商另订合同，并乞一并饬发核议。

光绪十五年七月初十日奉朱批：「该衙门议奏，单二件并发。钦此。」

英商范嘉士承办煤矿拟立合同

一、由该商延聘勘煤工师来台，履勘产煤之区，选定两处，作为开矿之基，禀准开办。该商先在一处兴工，地方官立限，凡离该矿三英里内，不准民人挖煤。倘界内该商所开煤井未得要领，再易新井，苟无越界，悉听其便。二十年之内，全台非该商不准添用机器挖煤。如年限未满，第一处煤苗有罄尽之势，即准迁第二处开挖。其界限仍照前定。倘二处煤俱挖尽，尚未满二十年，亦即停止，此外不得再有迁移。所挖煤山，如系官地，不用给租，如系民地，即秉公酌给地租。其租仅按所种禾稻杂粮之值，由官代定，仿照铁路章程，每方丈给，自四角至六角为止推算，倘该商煤矿所控地洞，养气不通，必开小井通气，该井虽逾界限，亦准其开设。若所开之处，系属民地，应由该商给与租值，仍由地方官照前代定。设界限之外，民人所挖煤洞，与该矿有碍，应由地方官代为调停。二十年限满，该商应即撤退，所有机器，价值无论多少，与官无涉；所安机器，或就地变价，或拆卸运回，官不过问。

二、基隆八斗煤矿机器、煤炭房屋，即交该商经理，将来此煤矿用否，悉凭该商自酌，不在第一款所指两处之内。倘该商兴办八斗煤矿，所有已成之小铁路火车，尽可借用，不取租银。其未成至洋海关口之小铁路，该商应照公平纳租，其租资应即议定，日后准不加增。并由地方官在洋关边拨出官地一段，为该商修筑码头、寄屯煤炭之需，此地准免地租。倘系民地，须按年纳租，仍由官定，日后准不加增。

三、新挖煤矿所需小铁路，由官筑成，达至大铁路，该商应纳大小铁路载费，仿照泰西英、美、法、德各国载价，每吨以三十里路计，载资约在一角四仙至五角五仙，应临时察看铁路工本情形，随时酌定。倘该商将煤运载大铁路马头，尽可通用，勿庸纳租。所选矿基，先请地方官议定，限期筑成小铁路，并定载费若干。议定后，将来如非该商情愿，准免加增。

四、地方官每月应收该商所挖煤炭一千吨，其价值照基隆市价八折算还。

五、该商煤炭，除拨给地方官一千吨之外，其余每吨出口应纳赋课一角。惟民人所产土煤，既无赋课，自可轻价而卖，殊碍该商售路，应准设立民人厘捐，准照赋税一体，庶无偏枯。至该商挖出煤炭，照现时应纳关税外，所有厘捐概免。

六、该商煤矿应盖伙友、工师、工匠人等房屋，除附近官地勿庸纳租外，其余别处，或屯煤，或盖屋，如租民地，官为转租，照官价算给。该商来台，立意极欲与官民敦睦，务得情理之平，第相处久远。雇工人等难保不无高抬价值、包揽把持种种情弊，官必弹压保护。该商若由中国雇工来台，应从其便，除工师、督工、伙友外，其余均用华民，不准雇用外国工人。如因矿中工匠众多，禀请官派弁兵弹压，应如所请饬派。倘该商请派弁兵驻防矿中，其薪水多寡，由该商按月筹送。

七、地方官若遣生徒进矿学艺，每矿可拨三二人，该商工师应宜优待，所在任其游历，以期学业有臻。

八、煤在军装之列，中外倘有战争，该矿应归中国主政，并由中国保全，再由地方官派员驻矿，稽查出入。如有接济敌煤，查出照公法议究。如与英国有战，该商系英国子民，应即暂退。若年限未满，事平再行接办。所有矿中屋宇、机器等件，应由官保护。如因退歇亏累，该商生意无论多少，与中国无涉，不敢丝毫索赔。若该商情愿将此煤矿顶与别国商人接办，应先禀明地方官核准。别国商人承充，亦应照此章程办理。

九、此事一经地方官奏准，该商即缴规平洋银二万两。俟基隆煤矿机器等物交清，马头屯煤之所指定，洋海关一带未成小铁路租资议定，该商即应再缴规平洋银五万两。其余应缴七万两，准照第五款按月应拨煤价内扣除。

十、由地方官奏准，始行兴办。奏准后，并由爵抚部院加印，以昭信守。

十一、以上各款，该商遵照来台兴创煤矿，独握二十年，责成重大，非挟巨费难以整理，地方官准其在英国招股，设立公司，俾其众力易举。

光绪十五年五月　日立合同

候补知府　张士瑜

英　商　范嘉士

再者，此事原由班署领事官从中商办，并翻译合同，知见画押，兼请一并画押，盖用关防，以昭凭信。惟中国洋商开矿之事，从未办过，此次奏准，固台湾同该商均有利益。如奉旨不准，此件合同，应为废纸作罢。

英国驻扎台北办理通商事务署领事官班德瑞

光绪十五年六月　日加印

一千八百八十九年七月　日加印

英商范嘉士承办油矿拟立合同

一、由该商工师履勘台湾出产煤油之处，先用钢钻探明油苗，无论成否，所用经费，均由该商自给，与官无涉。倘能寻得油源，足以开挖油矿，禀官准其先在一处兴工，挖井采油。凡离井十英里限内，任其取油，倘此处煤油显有罄尽之势，准再迁一处。其界限仍照前定。如限内该商所挖两处煤油已完，尚未满十五年，亦即停止。该商承办以十五年为限，限内全台非该商不准用机器采取煤油。限满之日，应即撤退，所有机器，价值无论多少，与官无涉。该商所安机器，或就地变价，或拆卸运回，官不过问。

二、该商所采煤油，应照十取一之例，每百担抽取十担，以为地基租课。此外，惟关税并子口半税应照条约完纳，其余地方厘金以及别项捐输，概予免纳。

三、该商勘定油矿地基，除官地不用纳租外，如系民地，即秉公酌给地租。其租仅按所种禾稻杂粮之值，由官代定，仿照铁路章程，每方丈自四角至六角为止推算。

四、新挖油矿所需小铁路，由该商看定基址，地方官商同筑造，以达官道大铁路。该商应纳大小铁路载费，仿照泰西英、美、法、德各国载价，每吨以三十里路计，载资约在一角四仙至五角五仙，总须临时察看铁路工本情形，方能定拟。自此次议定载费之后，将来如非该商情愿，准免加增。倘该商将油运载大铁路马头，尽可通用，勿庸纳租。

五、该商油矿应盖伙友、工师、工匠人等房屋，以及洗净煤油机器所，除附近矿地如系官地，勿庸纳租，其余别处，或屯油、或盖屋，租用民地，官代转租，照官价算给。该商来台，立意极欲与官民敦睦，务得情理之平，第相处久远。雇工人等，难保不无高抬价值、包揽把持，官必为之弹压保护。该商若由中国各埠雇工来台，应从其便，不准雇用外国工人。除工师、监工、伙友之外，其余均用华民。如因矿中工匠众多，禀请官弁带兵弹压，地方官应如所请饬派。倘该商请派弁兵驻防矿中，其薪水多寡，该商按月筹送。

六、地方官若遣生徒进矿学艺，每油矿可拨三人，该商工师应宜优待，所在任其游历，以期学业有臻。

七、煤油虽非军火，倘中外遇有战事，该矿亦应归中国主政，由官派员驻矿，稽查出入。如有济敌情事，查出照公法议究，并由中国保全。如与英国有战，该商系英国子民，应即暂退。若年限未满，事平再行接办。所有矿中屋宇、机器等件，应由地方官保护。如因退歇亏累，该商生意无论多少，与中国无涉，不敢丝毫索赔。若该商情愿将此油矿顶与别国商人接办，应先禀明地方官核准。别国商人承充，亦应照此章程办理。

八、由地方官奏准，始行兴办。奏准后，并由爵抚部院加印，以昭信守。

九、以上各款，该商遵照来台兴创油矿，独握十五年，地方官并准其在英国招股，设立公司，俾其众力易举。

光绪十五年五月　日立合同

候补知府　张士瑜

英　商　范嘉士

再者，此事原由班署领事官从中商办，并翻译合同，知见画押，兼请一并画押，盖用关防，以昭凭信。惟中国洋商开矿之事，从未办过，此次奏准，固台湾同该商均有利益。如奉旨不准，此件合同，应为废纸作罢。

英国驻扎台北办理通商事务署领事官班德瑞

光绪十五年六月　日加印

一千八百八十九年七月　日加印

海关赢余指拨铁路经费片 光绪十六年二月

再，准户部咨行筹拨铁路经费一折内称：自光绪十六年起，台湾省按年筹银五万两，奉旨：「依议。钦此。」恭录咨行，并将应解银两在何款筹解，查明咨复等因。兹据善后局详称：台湾按年出入各款，前经开单奏报，本属出入难敷。关税、厘金仅敷军饷。闽省岁协银四十四万两，原为建省分治之需。嗣以台湾铁路改归官修，自光绪十五年秋先行挪用。至清丈后征收新赋，虽较旧额增加，现计十四、五两年开支，绿营俸饷及拨给清丈给单经费，毫无赢余，实无别款可挪之处。惟查海关洋药厘金，奉准部咨本省用款外，尚有赢余，储候部拨。可否即就此款筹解，详请核示前来。

臣查台湾办理海防，分治建城，剿抚番社，添设机器各厂，购置轮船，需费甚巨。历年入不敷出，库局一空。近以铁路归官，指拨闽省协饷，一切经费，竭蹶倍甚于前。现虽钱粮增于旧额，而俸饷米折额支之外，尚须抵除清丈急需。海疆新设省城，应用者万难撙节，无可筹拨，委属实情。

查海关洋药厘金，前准部咨划留本省银二十九万七千余两，如有赢余，另储报拨。业将十三、十四两年赢余数目报明在案。现在铁路要工奉拨之款，势难缺误，应恳天恩，俯念海疆新省，正在开创之始，筹款为难，准将海关洋药厘金赢余一款，仍留台湾。自光绪十六年起，专为提解部拨铁路之用，倘本年所余不足五万两，由臣补足，如有余剩，仍截存另储，听候部拨。是否有当，谨附片具陈。

光绪十六年三月十七日奉朱批：「户部议奏。钦此。」

基隆煤矿仍改归商片 光绪十六年六月

再，臣承准军机大臣字寄，光绪十五年八月初七日奉上谕：「本日总理各国事务衙门、户部会奏，议驳刘铭传奏基隆煤矿拟令英商承办一折，已依议行矣。即著按照该衙门所奏，慎选贤员，破除积习，将煤矿各事宜认真核实，妥为经理，总在用人得宜，自可渐收成效。如产煤日绌，亏折太多，亦应酌量情形，另筹办法等因，钦此。」跪聆之下，仰见圣谟周密，筹虑精详，莫名钦悚。

臣查基隆煤矿，创由官办，积习太深，用委员稍有未当，即不免捏报虚縻。用洋人较为认真，又不免价高费重。闽台船政制造局，以及各轮船月需煤数千吨，又不能停歇不办。上年十月，将洋人撤退，委派候选知县党凤冈管理。一面仍行招商，以期接办。党凤冈破除情面，极力撑持，本年正月后，渐形起色。商人闻风向慕，禀办已有数人，意皆挪借官本，臣概置之。

现经帮办全台抚垦事务通政司副使臣林维源访招富商，候选知府蔡应维、云南候补道冯城勋、职员林元胜等，情愿鸠资三十万元，与官合办，为期二十年，官一商二，仍缴原矿本银十二万两，承受矿存房屋机器，以十万元作为官本，其余按月缴煤扣除。矿务一切事宜，由商经营，官不过问。将来无论赢亏，按照成本分三股匀算。据蔡应维等禀立章程前来。臣详加察核，尚属周详，当经批准，定于七月初一日归商接办。除将所禀章程咨部外，谨附片具陈。

光绪十六年七月初九日，差弁赍回原折，奉朱批：「户部议奏。钦此。」

遵旨饬商退办煤矿并筹议情形折　光绪十六年十月二十三日

窃臣于本年九月十三日承准军机大臣字寄，八月十五日奉上谕：「户部、总理各国事务衙门会奏，台湾煤矿招商承办章程种种纰缪，请敕停办一折。前以基隆煤矿刘铭传与英商订拟合同，办理粗率，当经降旨申饬，并谕令慎选贤员，另筹办法。该抚宜如何认真核实，妥为经理。乃此次所奏，仅称访招富商同官合办，迨章程送部后，经该衙门会同查核，其办法种种纰缪，所称可疑者三，必不可行者五，实属抉摘隐微，确中情弊。此事既经官商合办，自应官为主持，何以一切事宜悉授权于商人，官竟不能过问？且章程内既称各股皆系华人，何以总管矿务转用洋人？显有冒充影射情事。其开挖河道，自撤藩篱一节，更于海防大有关系。况以特旨敕令另议之件，该抚并不奏明请旨，辄即议立章程，擅行开办，尤非寻常轻率可比。刘铭传著交部议处。该抚接奉此旨，即将现办之局赶紧停止，不准迁延回护。从来创办重大事件，必应虑及久远，慎之于始，不可胶执己见，亦不可轻信人言。基隆煤矿久无成效，该抚务当熟思审虑，筹一妥善办法，明晰具奏。候旨定夺，勿再率意径行，致干重咎。户部会奏折，著抄给阅看。钦此。」仰见圣恩宽大，筹虑周详，莫名钦悚。

遵即饬令该商蔡应维等于九月二十日退止，一面委员接办。臣久在病中，精神委顿，筹虑恐有未周，当饬司、道会筹办法去后。兹据藩司沈应奎、台湾道唐景崧详称：「基隆出煤，原地方自有之利，无奈人工过贵，民间本属无多，一届农忙，半皆停歇。闲时开采，所出亦微。前江督沈葆桢因恐民煤不敷船局应用，故奏请于八斗地方由官开矿，岁亏银十万两。近年竭力整顿，每年亦须亏折四、五万两。委员党凤冈办理数月，适值春夏久晴，井中积水取干，出煤稍旺，每月亏折较少千余两。现查八斗老井煤炭，已于本年六月间告竭，仅存一井，煤出无多。商人蔡应维等禀请集资与官合办，估用洋三十万元，另由暖暖地方开挖新井。煤矿利息本微，据洋师言，外洋新井初开，必三年后始可见煤，十年后始能获利。良以矿生地腹，佳煤无不深藏，非深入数百丈，不能窥其奥窔，人愈深则费愈重，地愈近则时愈多。故西人每办一矿，非筹本金数百万，积岁十余年，不敢妄求获利。非若中国朝开一井，夕即求功，往往浅尝辄止也。

今商人既退，官若另开新矿，不独巨款难筹，以后逐岁增亏，亦难为继。倘因之停歇，不独船政乏煤应用，即台湾机器局，轮船、车路，仅恃民煤，亦恐不能应手。中外商轮往来港、沪，半由台湾添煤，商务、税厘因之增益。福、泉沿海船户，运盐来台，装煤回闽，以煤获利，盐价因此便宜。煤矿停歇，商船不过台湾，税厘必减。盐船无煤回载，盐价必昂。明折暗赢，所关于税盐尤巨。详考台矿未开，盐昂税少，情势昭然，固不仅轮船制局应用必需，海船添煤、商厘增盛已也。

尤可虑者，矿中工匠不下千余，矿事一停，流为盗贼。历年购办机器矿本银十余万两，亦将弃置莫追。并此数端，不得不踌躇顾虑。司、道等悉心筹画，惟有暂仍其旧，督令委员严绝虚糜，认真经理，以济船政及官轮之需。仍随时察看地形，如果出煤日绌，亏折日多，亦惟有遵照总理衙门前议停采，俟筹巨款，再图新矿，以辟利源。盖矿伏地中，本难悬测，即西国著名矿学，亦不能有利无亏也。」

臣详核司、道所筹，自系审时度势，可否准照该司、道所筹办理之处，伏候圣裁。

光绪十六年十一月十七日奉朱批：「该衙门议奏。钦此。」

官办樟脑硫磺开禁出口片〔光绪十六年十月二十三日〕

再，台湾素产樟脑、硫磺两项，民间私熬私售，每多械争滋事，经内阁侍读学士臣林维源、道员林朝栋等筹商，收归官办，以助抚番经费要需。臣因硫磺向归通商委员李彤恩兼办，饬将樟脑、硫磺两项筹议章程，以收自然之利。

旋据李彤恩等禀称：樟脑一项，近来日本出产甚多，香港脑价日落，若归官办，每石可获利二、三元。台产每年约可出脑万石。硫磺一项，台产最佳，经前江督沈葆桢奏请开禁，采备官需。历办旧章，每石成本洋一元，官买每石价洋三元，每年出产六七千石。上等硫磺每年只出千石，均解归官用。其次积聚三千余石，官既不用，商禁未开，不能出口。日久愈积愈多，不独经费虚縻，弃置尤为可惜。且香港年销日本硫磺至万余石，运至江南、天津一带，民间用之，薰炙葵扇草帽，蒸炊饽饽，制造爆竹，销路甚多，台湾磺产甚佳，奸民私煮贩运出洋，不一而足。以自采之磺，禁不出口，既听日本畅销，又不能禁止奸民私煮，若设法经理，虽获利无多，于抚番经费不无小补。等情。前来。

臣查台湾樟脑、硫磺两项，民间私煮私售，每多械争滋事。归官收买出售，给照出口，就目前情形而论，每年可获利三万余元。以后若能产多销畅，经理得人，日渐推广，以自有之财供无穷之用，实于国计民生两有裨益，惟硫磺一项，虽经沈葆桢奏请开禁，采归官用，尚未准商运出洋，应请旨一体开禁，以畅销路。

军机大臣奉旨：「著照所请，该部知道。钦此。」

附录　官办樟脑出入数

一、十二年十一月起，十四年底止，共采熬樟脑六十三万七千斤。

一、售出六十一万八千斤，得价银六万一千五百两。

一、除还本银四万八千两，又除局用、运资、保险等银八千六百两，余银四千六百两。

一、十五年正月起，年底止，共采熬九十五万三百斤。

一、售价银八万五千五百两。

一、除还本银七万一千八百两。

一、除局用各款银四千七十两，实余银九千六百两。

附录　官办硫磺出入数

一、收旧管存硫磺四十万四千一百余斤，计成本银三千七百八十余两。

一、自光绪十二年十一月开办起，至十四年底止，共采煎硫磺八十一万八千三百余斤，成本银七千六百五十九两。

一、管收共存硫磺一百二十二万二千四百余斤。

一、除耗出售八十八万三百斤，得价银一万九千九十两。

一、除还本并局用，余银四千三百余两。

一、仍存硫磺二十五万四百斤。

一、收旧管存硫磺二十五万四百斤，计本银二千三百余两。

一、光绪十五年正月起，至十二月底止，共采煮存硫磺四十一万五千六百斤，成本银三千八百九十两。

一、管收共计六十六万六千斤。

一、除耗出售四十万七千斤，得价银八千八百两。

一、除还本并局用，实余银三千二百两。

一、仍存硫磺二十五万四千斤。

以上二款皆归抚番用讫。

按，原本分四折报销，见其文烦，又不能不存其事，故附录于此。陈澹然记。

创收茶厘片 光绪十七年正月

再，查台湾办理抚垦，辟地日广，经费日繁，不得不厘剔饷源，藉资接济，前当清赋之时，内山新辟田园，随时报垦，以便升科。其高山巨岭，地利宜茶，第土薄力微，垦民或种或辍，因就茶收丰歉，量抽抚垦经费，包商缴收。光绪十三年试办之初，收数未畅。十五、六两年，每年约可收银六、七万两，均随时拨充办理抚垦之需。除按年截数汇入善后案内，列收报销外，谨据善后、税厘两局详细奏咨。

光绪十七年正月二十二日奉朱批：「户部知道，钦此。」

刘壮肃公奏议卷九　奖贤略

请还沈应奎布政使衔片 光绪十年十二月

再，已革贵州藩司沈应奎，经左宗棠等委派渡台会查团练，于十一月十八日潜抵台疆。臣铭传前在陕西共事年余，知其精明练达，久任储胥，历著成绩。

现值台湾军情万紧，饷需竭蹶之时，亟赖得力大员综司会计。当经臣等会委该革司总办全台粮台，并筹办捐借事务，驻扎彰化，统筹画一，庶免南北分歧。沈应奎与刘璈亦系至交，当可和衷共济，有裨大局。

查沈应奎于十一月二十二日到澎湖，附搭渔船渡海，正值法船封海之后，严紧巡查，其船行抵布袋嘴，离岸二十余里，突遇法船追至，沈应奎当饬将船趕赴浅水，法船开炮连击，皆傍船身而过，衣衫尽湿。臣铭传族侄刘盛璪与沈应奎先后同渡，目击危险情形，沈应奎笑谕在船诸人，死生有数，坚坐不惊，镇定之操，迥非寻常所及。此来或大有造于全台，可否仰恳天恩，俯念冒险渡台，艰危几死，实与寻常军营投效迥殊，酌予加恩赏还布政使衔，以示鼓励之处，出自逾格鸿慈。

军机大臣奉旨：「沈应奎获咎较重，著俟有实在劳绩，再行奏请恩施。钦此。」

基隆法兵全退台北解严请奖战守各员绅折 光绪十一年五月十二日台北府发

窃臣岳斌抵六堵后，已于四月十三日将前敌情形附片具奏。其时因和议尚未定局，虽暂停战事，彼族修营开路，工作不休，仍恐狡谋反复，与臣铭传督率各军，加意严防。本月初二日直督李鸿章来电，悉于上月二十七日画押。基隆法营，自三月初即陆续搬运辎重上船。本月初六日，法提督李士卑斯专差送信至记名提督苏得胜营，约请亲到基隆，面交被掳华人。臣等当令苏得胜于初八日前往。法将殷勤款送，各船皆升中国龙旗，并言及臣岳斌所部将士九百余人，至澎湖一并交还，当将被掳船户百余人，放交苏得胜等带回。即于初九日将各营法兵全调下船，开往澎湖。据云二十日内即由澎湖回越。所有台北防务一律解严。

臣等于初九日均至基隆，安抚百姓，察看法营布置，先调数营扼扎基隆前后，徐图修筑炮台。一切善后事宜，会商举办。惟自上年六月基隆开仗以来，孤岛被围，时将一载，封口之后，兵饷、炮枪，毫无接济，艰危情状，言之痛心。仰蒙宵旰忧劳，广施方略，敕各省设法救援，颁内帑以励战士。诏书所至，感泣涕零。臣等藉以激励将士，上下一心，九月坚持，勉支危局。

叠据降酋供称：孤拔率兵到基隆后，死亡相继，杳无捷音，屡向本国请兵请饷。法议院深咎孤酋不应争基隆烟瘴之荒山，丧师縻饷，无伤中国，徒丧法兵。正月以来，无饷接济，二月法兵饥苦异常，纷纷降附。连日法兵舰译人密称，停战后，孤拔意甚怏怏，屡梗和议，议院斥之。上月二十九日于澎湖接电，知中法议成画押。孤酋愤愧，痛饮而亡。座上一兵酋与之同死。法人讳称醉毙，实皆酖死等情。

查孤拔自上年八月，亲将水陆大军，远侵台北，大言一月定取全台，法国军民皆知其说。乃竟困于基隆瘴恶之地，进有山河之险，退无以践息壤之言，坐守一隅，丧师縻饷，徘徊海上，力竭就和，自尔无颜返国。此次兵端，孤拔实为祸首，果系饮酖自杀，虽未受天朝显戮，实足快薄海人心，夫岂臣下智力所能及此！独念基隆地方，周围不过三十里，终年风雨，瘴毒横生，不特内地无此厉乡，即全台亦无此绝域，偶罹沴疫，遂与死邻，各将士致身行间，不畏死于兵戎，惟恐亡于烟瘴。曹志忠、苏得胜、刘朝祜、林朝栋等所部各营，防剿经年，死伤枕籍，弥复忍饥裹创，血战死守，于枪林炮雨之中，修濠筑墙，毫无退志，俱属坚忍刻厉，死生不渝。陈鸣志、王诗正、聂士成等军，虽到防未久，当逆焰猖獗之际，冒雨滚营，进逼基隆，与敌对垒，俱系不避艰险，慷忾勤王。至若地方官绅，或捐资带勇，或办练助防，敌忾同仇，深明大义。

臣岳斌随带文武各员，适值澎湖失守，冒险渡台，均未忍没其劳勚，除力战阵亡提督衔记名总兵果勇巴图鲁曾照礼、尽先副将刘义高、蓝翎千总段有升、蓝翎把总尤运农、尽先把总祁文元等，已请交部照阵亡例从优议恤外，谨将异常劳瘁之将领官绅，开单请奖，伏候圣裁。

光绪十一年六月初三日奉上谕：「杨岳斌、刘铭传、孙开华奏，台北解严，请将历次战守尤为出力将弁官绅及筹运出力人员奖励各折片。刘铭传驻守台北，未能相机决策，攻复基隆，本属无功足录。而各营将弁官绅固守要隘，历时甚久，迭次接仗，亦能竭力抵御，自不能因督师之不力，并没行间效命之劳。惟所请奖叙未免过优，应量行核减，酌予恩施。提督聂士成，著以总兵交军机处记名，遇有海疆总兵缺出，请旨简放。总兵刘朝祜，著以提督记名简放。提督苏得胜，著交部从优议叙。总兵柳泰和，著遇有陕甘总兵缺出，请旨简放。副将刘天云，著交部从优议叙。提督刘见荣，著以提督交军机处记名，请旨简放。总兵易玉林，著以提督交军机处记名，请旨简放。总兵唐仁元、廖得胜、桂占彪，均著赏给一品封典。副将谈发祥，著以总兵记名简放。游击萧清福，著免补游击，以参将尽先补用。参将郑洪胜，著免补参将，以副将尽先补用。都司陈辉煌，著免补都司，以游击尽先补用。已革副将武青龙，著赏给参将衔。已革花翎四品官兼佐领金福元，著销除永不叙用字样。

至单开之提督曹志忠等四员，及另片奏保之提督彭楚汉、总兵吴鸿源，据称该员等奋勇出力，请分别奖励等语。曹志忠、杨金龙、申道发、贺兴隆、彭楚汉，均著交部从优议叙。吴鸿源著赏给头品顶戴。郎中林朝栋，著以道员不论双单月遇缺尽先补用。道员陈鸣志，著以道员归江苏候补班遇缺题奏。知府方策勋，著免补本班，以道员改留闽省补用。知县郑建中，著免补本班，以直隶州知州仍留闽省，归候补班补用。郎中林汝梅，著以道员不论双单月尽先选用。知府陈霞林，著免补本班，以道员仍留原省，归候补班补用。内阁中书潘成清，著以同知不论双单月遇缺尽先前选用。廪生李秉钧，著以县丞不论双单月遇缺尽先前选用。同知刘勋，著免本班以知府仍留闽省，归候补班补用。县丞蒋本鉴、黎庶怀，均著俟补缺后，以知县仍留原省补用。县丞戴运寅，著俟选缺后以知县归候补班补用。福建布政使沈保靖、前长芦盐运使额勒精额、道员奎俊，均著交部从优议叙。道员伍廷芳，著以道员不论双单月选用。盛宣怀、孙钦昂、叶文澜，均著交部从优议叙。朱福荣、胡燏棻，均著仍以道员归候补班补用。邵友濂著赏给一品封典。龚照瑗著赏戴花翎。已革道员裕庚，著以知府留闽补用。

王诗正、沈应奎均系已革司道大员，左宗棠并未先行奏明，辄令赴营，本不应给予奖叙，姑念该革员等业经渡台，不无微劳足录，王诗正着赏给五品顶戴，沈应奎著赏给四品顶戴。阵亡之总兵曾照礼、副将刘义高、千总段有升、把总尤运农、祁文元等，均著交部照阵亡例从优议恤。该部知道，单一件、片二件并发。钦此。」

奏奖道员邵友濂龚照瑗片〔光绪十一年五月十二日〕

再，台湾孤悬海外，法人自恃船坚炮利，一意攻围。臣铭传于上年五月十三日由京起行，二十四日单骑驰抵基隆，猝临强敌。闽台军务废弛已久，以病疲乌合之师，当节制训练之寇，枪炮器械无一敌人，不啻驱疲羊以逐狡兔。若非圣主广施方略，南北洋暨粤闽各疆臣力拯孤危，大局何堪设想？实由李鸿章、曾国荃、张之洞设法济援，不遗余力。

惟当敌船环扰，危急路穷之际，运兵、运械、送信、兑银，非实心任事之员，谁敢冒围入险？溯自封口以来，至本年二月底，运济械饷未失丝毫，自非承办各员顾全大局，筹画周详，安能及此？查通信、兑饷，以福建水师提督彭楚汉差弁次数最多。运兵运械，以南洋为最力，其次北洋，运送毛瑟枪五千余杆，克虏伯过山炮十六尊，协饷二十余万。广东运送士乃得枪五百杆，大唧前门枪三千杆，协饷十余万。均当急需之际，立救危亡。三月以后，张之洞复委员陆续解饷十余万，运送后门枪三千杆，尤见始终如一。各疆臣公忠任事，力救孤危。在各大臣受恩深重，理宜竭力，以分我皇太后、皇上宵旰之忧。臣等当兵单援绝，器乏饷穷，四顾重洋，决无生路，岂料蹉跎今日，尚在人间。追念危迫情形，不禁感激泣下。

朝廷论功行赏，自有权衡，非微臣等所敢擅请。惟上海道邵友濂、江苏候补道龚照瑗，当上年秋冬之际，济械运兵十余次，前死后继、百折不回。卒能将刘朝祜四营、聂士成两营，并枪炮、水雷、电线等件，历艰险以达重围。且复忧念台危，代向南北洋、广东乞师援救，义愤忠情，来信皆言随泪下，不啻身在围中。邵友濂与臣铭传只一面之交，尤为难得。彭楚汉身任提督，于饷事呼应不灵，独具忠恳，与福建藩司沈保靖、前任厦门道孙钦昂、现署厦门道奎俊，筹运接济，始终不渝，可谓实力实心，顾全大局。福建水师提督利勇巴图鲁彭楚汉官职较崇，应如何奖励之处，不敢擅请。邵友濂、龚照瑗曾经直督李鸿章请奖，部驳以龚照瑗并戴花翎、邵友濂一品封典，均核与定章不符，应令另行奏请等因。

查该道等忠敢血诚，力全危局，其筹运出力非寻常劳积所同，实与战功无异，应恳天恩，破格优奖。二品衔江苏苏松太道邵友濂，拟请赏给一品封典，二品衔江苏候补道龚照瑗，拟请赏戴花翎，均拟请赏给头品顶戴，用昭激劝，出自逾格鸿慈。所有筹画协济之司、道，并冒险押运文武各员，谨择尤开单请奖。其余转运各员，候咨请各省查明开单，汇案请奖，方见有劳并录，同沐恩施。伏乞圣鉴。

请加恩总兵吴鸿源片［光绪十一年五月十二日］

再，前浙江温州镇总兵吴鸿源奉旨援台。该镇久经休致，冒险渡台，毅然以逐虏保台为己任，力虽不逮，志实可嘉。该镇所部土勇四营，经臣铭传商请，分屯中路，防御海口，联络民团，深资得力。

惟目前军事粗平，饷项奇绌，台南北土勇不下三十营，急应陆续裁撤，以节饷需。除林朝栋、张李成两营土勇，能战能守，仍留办防外，其余已经臣将台北土勇补发欠饷，陆续遣归。台南亦令陈鸣志点验清查，立行裁撤。吴鸿源所部土勇，是否一律撤裁，应俟请旨后，钦遵办理。

查吴鸿源自厦门率带一营，冒险赴援，不避艰苦，设防办练，有裨地方，应恳天恩，酌量加恩，以示荣幸。

核减基沪立功将士恳照前单给奖折 光绪十一年十月初六日

窃臣奉光绪十一年八月十九日上谕：「刘铭传等奏遵保基沪获胜立功将士，并历次战守尤为出力之援军、练董、转运员弁、官绅，并案开单请奖一折。军营保奖人员，必须打仗获胜，或扼守要隘等项，实在著有劳绩，方足膺懋赏而昭激劝。此次单开，除沪尾接战出力各员弁应量予奖励外，其王诗正一军，前经临敌失利，吴鸿源一军留守中路，并无战功，该抚等一并汇案。其余各营何项出力，亦未详细声明，是开报既属笼统，保奖复多冒滥，殊非核实之道。著刘铭传会商孙开华，将单开员数及所请奖叙，严行裁汰，查明实在异常出力员弁，再行悉心核定，分晰开单，据实具奏。钦此。」

臣跪聆之下，仰见天恩高厚，训示周详，莫名惶悚。当即会商核减，除沪尾接仗各员，蒙恩允准奖励外，其余各营，在基隆者如暖暖、大水窟、月眉山等战，节经叠次奏报有案。论战功固以沪尾一捷为最著，论劳绩则以基隆为最苦、最久、最险、最难。其地瘴烟风雨，寒燠不时，将士随臣身临前敌，死于战阵者十之一，死于瘴疫者十之四、五，其幸而存者，类皆瘴疠锋镝余生，恍如再世。故基沪保案，上年十月，臣开华即饬各营开单请奖。臣铭传方以军势孤危，无暇及此。解严后会商核定，其异常出力各军，每营只准保内外奖各三十人，其次分别扣减，猥以各营汇并人数较多，不克逐名注考，故开单时但分各军、各营、团练、转运，并恐蹈冒滥积习，汰减已多。

现在各军或早经遣撤，或已去台疆，其留台驻防，又或蹉跎病没，臣等核商再四，实不忍更事减除。至王诗正临敌失利，吴鸿源并无战功，固不应开单请奖，惟当全台危岌，两将冒险赴援，王诗正虽不知兵，其将士尚多敢死，奈昧于地势，暗于敌情，器械不精，以致未能获胜。吴鸿源冒险援台，独蒙优奖，随带员弁，俱系不避艰危，用敢并开请奖。臣等痛定思痛，既未忍独厚己军，接待客军，更不敢稍分畛域。倘蒙圣主垂念各将士冒涉风涛，不避艰险，躬履孤危烟瘴之乡，恩施逾格。台湾孤悬海外，将来一有战事，仍将求助他山，假此鼓舞人心，所裨于台事实大。此臣等所不能不为两军陈乞者也。惟内有陈鸣志所部士勇两营，当月眉山退守之后，该部即同苏得胜、郑洪胜，立复巷孜口、大水窟、八堵尖等处要隘，扼守前锋，与敌对垒，屡次接仗，实属劳瘁异常，应恳天恩，准合前单，一并给奖，以明赏罚。

军机大臣奉旨：「览奏，已悉。王诗正、吴鸿源部下拟保各员弁，著刘铭传详加核减。至王诗正、陈鸣志两军，前单笼统开保，此次单内开列厘出四十余员，以前单核计尚有一百余员，是否全归删汰，并未声明，殊欠明晰，仍著分营逐一开单具奏。其余所请奖叙各员，著该部议奏。单同前单并发。钦此。」

请奖洋员片〔光绪十一年十月初六日〕

再，上年法船窥犯沪尾，李彤恩始议填塞海口，各洋商以秋茶上市，恫喝阻挠。经淡水关税务司法来格谕以利害，开导多方，始得沈船封塞，并羁縻引港洋人，不为法用。八月，法船开炮攻击炮台，法来格帮同防御，炮弹所及，坚守不摇。本年春间，复筹商轰击法国铁甲兵船，虽因攻具未备，奏效殊难，而急公助顺之忱，实堪嘉尚。

又，基隆海关帮办洋人鲍郎乐，于上年六月法船初犯基隆，经总兵曹志忠邀请，与法提督李士卑斯辩论数番，密告曹志忠豫备战事。嗣后基隆退守，洋关门前堆煤十余万担，鲍郎乐设法保护，丝毫未至失遗。及回沪防，复同法来格赞助防务，相度地势，安设炮基，均属异常出力。据台北通商委员兼管沪尾关税务协领兜钦等禀请奏奖前来，合无仰恳天恩，将法来格赏给三等宝星，鲍郎乐传旨饬知总理衙门转饬总税务司嘉奖，以昭激劝。谨附片具陈。

军机大臣奉旨：「著照所请，该衙门知道。钦此。」

奏雪林文明冤杀片 光绪十一年

再，据道衔兵部郎中林朝栋、守备林朝昌禀称：窃朝栋胞叔花翎副将林文明，即朝昌之亲父，于同治九年为仇家诬控，被委员凌定国冤杀县堂。朝栋祖母戴氏以衰年命妇，羁省候讯十有三年。无如众官相护，牵合别情，延宕箝制，逼致祖母四番京控，奉旨严催，终难昭雪。光绪七年，朝栋见祖母衰病日剧，亟思侍奉回台，又因拖讼多年，产倾债积。且是时原办此案之前台湾道方以京卿督办船政，为前督何宪同乡，自知此冤断难伸雪。而各宪又许代胞叔湔雪谋反重情，请旌祖母。朝栋量力度势，迫于无何，代出遵断完案，而祖母犹静候传质，不肯回台。病至垂危，执朝栋手谓曰：「我死不能为汝叔伸冤，汝父殉难，汝忠臣子也，终当舍生以成吾志。」盖祖母始终不知此案已经朝栋手结也。

去年，法寇犯台，朝栋与朝昌备资募勇，杀敌前驱，惟冀建功报国，以明先叔之冤，不济则继之以死。仰荷指授机宜，幸多斩馘，方拟尽歼丑类，再沥下忱，乃蒙录及纤劳，叠加奖励。泣念家世受国厚恩，以忠义相砥砺，朝栋父谥刚愍，以提督殉难漳州，胞叔文明亦转战闽浙间，平定台匪。今朝栋兄弟勉效微劳，犹沾殊泽，而胞叔屡著战功，洊保副将，既被无辜之戮，且蒙不韪之名，饮恨摧心，何颜自立天壤？再四思维，案经朝栋具结，久经奏定，本难再望平反，惟有泣辞本身及朝昌新沐之恩施，冀得湔胞叔被污之名节。不得已沥恳鉴察确情，博访舆论，奏请将朝栋、朝昌拟保官职概请撤销，追复叔父文明副将原官，明叔父被戕之冤惨，慰祖母不瞑之羁魂，朝栋等必当誓死以报朝廷，无任哀悚屏营之至等情。

臣查副将林文明，被委员凌定国冤杀县堂一案，伊母林戴氏四控京都，案延不结。中经编修何金寿、御史吴鸿恩、孔宪瑴先后入告，并有举人邱敏先等呈请都察院代奏，叠奉谕旨限催，始于光绪八年间，强令该家属遵断奏结。盖是时已宕延十有三年，林戴氏年逾九旬，不胜羁候之苦，又因讼凶倾产，且牵连案外被诬之林万得，结案无期。于是林朝栋虑其祖母衰病，遂代林戴氏赴案遵结。此原奏所以声明告示谋反一语为过当，又附片言林朝栋之为善于乡林，戴氏之深明大义，恳恩旌表，以慰其心。其实林戴氏并不知案之已结，犹日望伸雪，不肯回台，以致死于闽省也。

臣曩岁家居，即闻台湾有此冤狱。及渡台后，又倍知此案奏结之未得确情。去秋寇事方亟，饷匮援绝，林朝栋偕林文明之子林朝昌，自备资财，募勇五百，血战前敌，艰苦备尝，累战获捷。经臣论功，先后奏保各在案。臣复询访台湾绅士林维源、陈霞林、潘成清等，据称林文明被控多属虚诬，被杀尤为奇惨。林文明胞兄林文察殉发寇之难，林文明亦累著战功，擢至花翎副将。今其侄林朝栋、其子林朝昌，又以募勇杀敌，捍卫乡闾，忠义聚于一门，慈孝彰于海表。林文明独以从军血战，退处田间，蒙不韪之名，含冤地下，均为联名具禀，代恳奏请昭雪，以明是非。

臣查台湾诬告之风本盛，地方官不究反坐，富家巨室时以自危。林文明赋性粗豪，诚不能循循绳墨，然其前此控案，则半由与伊兄林文察剿办叛贼戴万生，敛怨乡党，遂为仇家所诬。前任督臣访闻失实，疑为势豪，遂饬台湾镇道便宜从事。林文明被杀之日，实系衣冠至县庭投质，众目共瞻，其非露刃登堂，率党拒捕，无烦重辨。惟事隔多年，妄杀之委员既因他案参革，督臣之误办此案、讯结此案者，或已物故，或已去官。牵累既多，臣无庸再请查办。惟既深知林文明以忠义之门，立功之将，而妄罹非刑，林朝栋、林朝昌以世济之忠，而长留隐痛，事不同于干蛊，朝廷赏功之典岂可固辞？冤虽等于覆盆，乡里直道之公幸而未泯，可否仰恳天恩，俯念林文察死难之忠勇，林朝栋等数月战守之勤劳，准将林文明丌复花翎副将原官，俾全台士民咸知朝廷予夺之公明。不独林朝栋兄弟感戴鸿慈，涕泣效命已也。臣为明是非、励忠孝起见，是否有当，出自逾格鸿慈。

军机大臣奉旨：「林文明一案，前据何璟等查明，并无冤抑，林朝栋情愿遵断，业经奏结。林朝栋等募勇助剿，著有劳绩，自应给予奖叙。朝廷赏功罚罪，各不相蒙，所请撤销保案，追复林文明原官之处，著毋庸议。钦此。」

按，此事为天下奇冤，奏内至为详晰，文墨吏乃竟拘守成案，不肯湔雪，以固人心，又何怪台民之俯从异族耶？然闻朝栋自割台后，举家改籍，朝栋仍服中朝，可不谓人杰哉！陈澹然记。

奏留李彤恩片 光绪十二年三月

再，臣接准前陕甘督臣杨岳斌咨开光绪十一年六月初五日具奏遵旨确查据实复陈一折。六月二十三日军机大臣奉旨：「览奏，均悉。李彤恩著即驱逐回籍，不准逗留台湾。朱守谟著即行革职，永不叙用。该部知道。钦此。」钦遵恭录咨会到臣。旋据李彤恩禀销各差，八月间遵旨回籍。嗣因淡水各乡拆毁教堂一案，并李彤恩经办捐输，殊多棘手。复经署台北府知府刘勋、绅士广东候补道陈霞林等叠次函请，李彤恩于十月底来台，立将教案结清，捐输亦办理就绪。

查李彤恩自同治元年到台，至今二十余年，历办通商事务，遇有中外交涉大端，无不立时完结，其才识敏断，勇于任劳，台北绅民共相钦服。因臣德望浅薄，不洽同僚，累及无辜，实深惭歉。前陕甘督臣杨岳斌、钦差大臣刑部尚书臣锡珍等先后到台，淡水公正绅士联名数十人屡为禀白，此中委曲，已在圣明洞鉴之中，臣亦何庸再渎。惟李彤恩所办通商矿磺，非熟悉洋务之员不能接办，数月以来无人可委。思维再四，惟有仰恳天恩，仍将李彤恩留台差遣，办理通商并矿磺诸事，以免废弛。臣为通商要务需人起见，是否有当，伏乞圣鉴。

光绪十二年三月十七日，军机大臣奉旨：「著照所请。钦此。」

援照南洋成案请奖运台各员折 光绪十二年四月十八日

窃臣接准吏部咨，核议臣等前保台湾转运饷械人员，应照寻常劳绩核议，分别准驳开单具奏一案。光绪十一年十二月二十五日奉旨：「依议。钦此。」咨行前来。

在部臣慎持名器，力杜冒功，自应遵照办理。惟台湾孤悬海外，转运艰险，较内地殆百倍之。当重围紧急之中，海道梗塞，不但接济饷械无路可通，即召募通信之人，亦无敢应。臣与南北洋、闽、粤各疆臣，广悬重奖，俾由民船冒险往来，其陷于敌兵，坏于风涛者，群相踵接。各员于万死一生之中，间道接济，幸而得达，无不蓬头徒跣，憔悴无复人形。臣等接见之余，辄深悯恻，各员身婴绝险，抑复何堪。凡此情形，实为内地转输所未有，种种情状，均经节次奏陈，既许优奖于危难之中，安忍食前言于事平之后？

今部臣照寻常核议，自系查按例章；不知转运渡台，艰苦远殊内地。臣身受其惠，不能不再事沥陈。查此次军务，凡南洋各处转运人员，曾准照异常劳绩请奖，由部核准有案。台湾事同一律，而危险过之，合无仰恳天恩，饬部查照除业经核准张席珍三十员外，其余前单开列各员准照南洋成案，按照异常劳绩分别核奖，以免向隅。伏求圣鉴。

光绪十二年五月初八日军机大臣奉旨：「着照所请，该部知道。钦此。」

保陈鸣志片 光绪十二年四月

再，现署台澎道江苏遇缺题奏候补道陈鸣志，自上年五月到任以来，整顿地方，遣散营勇。拿办哥老会首王春华、易子林等，销患未萌，办理俱臻妥洽。从前刘璈沽名蠹国，视私财如性命，用公款如土苴。陈鸣志遣散冗员，裁并散局，破除情面，岁节银四万余金。该道持躬洁廉，办事勤谨，实为司道中不可多得之员，合无仰恳天恩，准将陈鸣志改为留闽遇缺题奏，以资臂助。

光绪十二年四月十八日军机大臣奉旨：「着照所请，该部知道。钦此。」

统兵大员先后积劳病没请恤折 光绪十二年十一月十一日

窃据武毅副营营官提督朱焕明禀报，该军统带记名提督王贵扬，于八月二十三日在营积劳病故。又据记名提督刘朝祜禀报，该军代统记名提督唐仁元，于十月十四日在义兴社营次积劳病故。复据宜兰县知县林凤章、埔里社通判林桂芬先后禀报，埔里社营官副将周鸣声、苏澳营官副将袁绍从，先后在营病故等情。

臣查记名提督王贵扬、唐仁元，均以勇目随臣克复苏、常各府州县，剿办捻匪，驰逐东豫，拔充统带营官。王贵扬自陕西撤防后即在保定，经大学士臣李鸿章委带练军。臣渡台时，咨调来台，接统沪尾三营，承修沪尾炮台，事事躬亲，不肯一钱浪费。本年四月，新竹南河民番仇杀，臣因时交夏令，将士不便深入内山，王贵扬适至淡水，请具限十日，决告成功。即率所部三营并袁绍从一营，由南河直逼六蓄番社。当时阴雨连绵，河溪陡涨，王贵扬亲率士卒凫水，过溪三道，直入内山。旬日之间，招抚二十余社，查明滋事隘首钟滀尧，押送新竹县惩办，番情悦服，至今六蓄等社感戴输忱。臣过南河时，各番目来见，闻其病没，皆感叹吁嗟，足见其诚恳过人，感孚蛮貊。

唐仁元于本年三月，率队由三角涌剿抚加九岸各社生番，开路三道，深入内山五十余里，沿途收抚三十余社。五月杪，始振旅而还。该营将士受瘴日久，死亡独多，已深悼惜。唐仁元抚髀奋发，于本年八月率队至义兴社，遽尔病亡。

此二员忠勇朴诚，身经百战，方冀奏登荐牍，储备将才，为国家任干城之寄，不意受瘴既深，积劳过甚，先后在营病没，殊痛惜之。

副将周鸣声管带练军，驻防埔里社，会同通判林桂芬招抚生番七十余社，择番童之聪明者，亲教读书。生平俭朴自持，颇通文理，为不可多得之才。

副将袁绍从，本任龙山营守备，臣知其夙负才勇，咨调来台，随同王贵扬并道员方策勋，招抚新竹、宜兰生番百余社，驻防苏澳，抚驭翕和，番情悦服，不料又与周鸣声先后在营病故，悯悼尤深。

查臣部已故记名提督周志本在台病故，两江督臣沈葆桢奏准优恤在案。提督王贵扬、唐仁元、副将周鸣声、袁绍从等四将，转战数省，所向有功，剿抚生番，尤为劳瘁。臣回思旧部，益用怆怀，合无仰恳天恩，准照立功后在营积劳病故例，交部从优议恤，以慰忠魂，无任凄恳屏营之至。

军机大臣奉旨：「王贵扬等，均著交部照立功后在营积劳病故例，从优议恤。钦此。」

请留已革都司管轮片〔光绪十二年十一月十一日〕

再，已革澎湖协右营都司郑渔，上年澎湖失守案内奉旨革职，发往军台效力。当起解之时，适值督臣杨昌濬到澎人阅，随带「横海」兵轮触礁沉没，人力难施。督臣当查郑渔素带兵船，熟悉洋面，派令起捞「横海」机器。两月以来，不避艰险，起卧于风涛雪浪之中，捞解铜铁机器多件。臣前奏记名提督吴宏洛到澎办理海防，察知郑渔办事勤奋，熟悉澎湖情形，军民爱戴，禀请可否奏恳随同办防等情。

臣查郑渔失守澎湖，奉旨革职，发往军台，原不应据情渎奏。惟上年澎湖之失，郑渔虽有地方之责，臣累到澎湖查案，该革员尚无临敌畏避情事。且台澎四面皆海，一举一动，非轮船不行，现在台湾兵轮日增，臣时物色管驾之才，颇难多得。郑渔曾在船政管驾兵船，熟悉风涛沙线，勤奋耐劳。合无仰恳天恩，俯念台澎海防紧要，兵轮管驾需人，可否准将已革澎湖协都司郑渔暂留台澎差遣，以观后效，出自逾格鸿慈。

军机大臣奉旨：「郑渔著准其暂留台澎，戴罪效力。该抚务当随时查看，如不得力，即奏明，仍遵前旨发遣。钦此。」

请恤王郊片〔光绪十二年十一月十一日〕

再，营务处详据已故知州王郊家仆王忠禀称：「家长花翎升用知府，开复留陕补用直隶州知州王郊，安徽怀宁县人，少从铭军，历保今职。本年正月，闻台湾军务危迫，投效来台。于二月二十二日行至厦门，附『平安』轮船至泉州，载兵东渡。二十六日至台南沙码碕洋面，突遇法船追劫，掳入澎湖，凌辱万端。家长怒詈不已，法人不明其语，置之。是夕，执王忠手痛哭，言己身受国恩，荷刘帅知遇，当此危难，不能杀敌捐躯，乃为敌掳，有死而已。王忠涕泣，劝以家长若死，谁顾家室？彼时王郊叹谕：『此际当明大义，何能顾念室家？明晨，法寇来问，知我为大清官，必加凌辱，如国体何？我死后，尔可逃归，告知家中，尸骸不必顾问。』潜于四更时分，乘王忠睡熟，自缢殒命。次日，法人将尸抬埋濠上。」

王忠困守贼中数月，幸得放归，禀请转详附奏等情前来。臣维王郊远涉风涛，渡台投效，生遭寇掳，死葬濠滨，核其殉难情形，实属深明大义。合无仰恳天恩，俯准交部照知府阵亡例从优议恤，以慰忠魂。

军机大臣奉旨：「王郊著照知府阵亡例，从优议恤，该部知道。钦此。」

道员方策勋病没请恤片〔光绪十三年正月〕

再，办理营务处道员方策勋，带队随同攻剿白阿歪社生番，受瘴深重，收队后中道病亡，尤深悼惜。

查方策勋少以书生投效前督办陕西军务荆州将军多隆阿军营，并随臣剿办捻匪，转战数省，功绩聿彰，洊保二品衔升用道盐运使衔河南候补知府。经臣于光绪十年六月，奏以熟悉军务，办事勤能，调台差遣。时值法人封港，冒险潜来。檄令总办全台营务，劳瘁异常，解严案内保以道员改留闽省补用。十一年冬，监造基隆炮台，并管健军营务，海滨严寒，雨多风肃，日催工作，寒暑不休。上年六月，调办宜兰剿番，适当炎夏，瘴疫方深，水土恶劣。方策勋深入内山，剿平溪头小坡塘等十余社，回营后即染瘴疠，泻痢月余。九月初臣督剿中路叛番，方策勋复同铭、健两军，由北路进剿白阿歪等社，力疾率队，开路造桥，勤能倍至。不料瘴疾复作，于十一月十四日病亡淡水营次。

臣伏查方策勋才兼文武，果敢耐劳，为军营不可多得之选。经臣奏调来台，方期得收臂指之助，遽以历受瘴疫，中道遽亡。劳苦一生，家贫如洗。追念三十年来，久同患难，心实伤之。合无仰恳天恩俯准，敕部照军营立功后病故例，从优议恤，以慰忠魂。

光绪十三年二月十四奉朱批：「方策勋着照军营立功后病故例，从优议恤，该部知道。钦此。」

明保道员陈鸣志片 光绪十三年闰四月

再，署台湾道福建候补道陈鸣志，经臣于光绪十一年五月奏保署理台湾道。现在实缺台湾道唐景崧业已到任，该道交卸后，檄饬经理全台营务，并会办盐务、厘金、清赋等差。

查该道自署任以来，除弊剔奸，整顿兵营、吏治，拿办会匪，遣散游兵，商同后山统带张兆连、凤山统带陶茂森等，招抚生番，先后不下十万人。不惮劳怨，力洗台南积习，夙弊一清。其余军务、外交尤为熟悉，持躬廉朴，办事精详，实为道员中不可多得之选。方今外患多忧，人才难得，臣知之既确，不敢壅于上闻，可否仰恳天恩，将道员陈鸣志交军机处存记，以备任使，出自逾格鸿慈。

光绪十三年闰四月十六日奉朱批：「陈鸣志著交军机处存记。钦此。」

调何嗣琨办文案片 [光绪十三年闰四月]

再，臣于光绪十年渡台之际，奏留已革安徽候补道裕庚办理文案，该道公事娴熟，臂助实多。不料到台后湿热上冲，目疾沈重，上年五月请假内渡就医。文牍、军书皆臣一人办理，竭蹶万分，时欲访求品学兼优之才，得资赞助，未得其人。

现查有分发补用直隶州何嗣琨，江苏常州府人，学识优长，讲求品节，素在故粤督张树声幕内，持躬谨饬，不事外交。直隶总督李鸿章知臣左右无人，驰函推荐。合无仰恳天恩，俯念微臣一介武夫，需员赞佐，请旨饬下江苏抚臣卫荣光，转饬何嗣琨驰赴台湾，以资臂助。谨附片具陈。

军机大臣奉旨：「知道了。即著该抚咨行江苏巡抚，转饬何嗣琨驰赴台湾，听候委用，该部知道。钦此。」

请休致台湾镇总兵片 光绪十四年二月

再，台湾镇标兵饷优厚，甲於天下，其军政废弛，亦为天下所无。上年八月，臣请将屯兵四千并归总兵调遣，以免虚縻。将来稽发屯粮，认真操练，必得朴勤忠实之员，方能胜任。现在署总兵万国本，驻防台南，实心办事，勤苦耐劳，军民交颂，如能假以岁月，或冀挽回积习，以整戎规。

查本任总兵吴光亮，人尚朴厚，惟于操防器械不知讲求，暮气太深，难期振作。拟请旨开去台湾镇缺，饬令到京另候简用，抑或准予原品休致，出自鸿施。臣为慎重海疆总兵要缺，整顿绿营起见，是否有当，伏乞圣裁。

光绪十四年二月二十二日奉旨：「留中。钦此。」

按，吴光亮后以覃恩，呈乞公奏还原官。公念其久著战功，奏请开复降调，其无适莫如此。陈澹然记。

台湾水土恶劣知县员缺请饬部暂宽例章变通补署折 光绪十四年五月二十日

窃据布政使邵友濂详称：台湾知县一班，本年春季病没数人，三次请调闽员，仅来李承绪一人，近又病没。续调实缺两员，尚未到台。查台地烟瘴横生，水土恶劣。两年间病没厅、县十余员。奉调之员，闻风裹足，各县悬缺未补至八、九缺之多。现据代理凤山县知县吴元韬禀报，病势沈危，急需委员代理。值此清丈甫竣，给单升科，在在均关紧要，台地竟无候补人员可以委署。除再遴选闽省人员另请咨调外，详请速核办理。等情。

臣查台湾现办给单升科，正当吃紧，全在委用得人。无如知县一官，照章咨调闽省，重洋远隔，呼应不灵。加以水土恶劣，人人视为畏途。近年所用清丈人员，颇有实力耐劳，熟悉地方情形，堪胜繁剧之任者，辄以格于成例，不容假以事权，弃置殊为可惜。是合例者无人可用，可用者又不能合例，徒使地方久悬要缺，遴委无人，未免贻误。

伏查台湾添改厅县，暂准不拘资格，变通酌补，或尚可行。原设各县，本难援照办理，惟现值清丈升科之际，非熟悉情形、能耐劳苦之员，不堪委用。况闽来人少，现无候补可委之员，可否仰恳天恩，俯念台省地方紧要，稍宽例章，或俟省城完工，或以十年为限，暂准不拘资格，一体变通，酌量补署，以求治安，饬部速行核议。

光绪十四年六月十二日奉朱批：「吏部速议具奏。钦此。」

奏请林维源帮办全台抚垦事务片 光绪十四年十二月

再，太常寺少卿臣林维源奉旨帮办台北抚垦事务，自光绪十二年四月回籍开办以来，垦辟新旧荒埔至七万余亩，业经淡水县丈量三万余亩，一律升科。其余俟三年后陆续升科纳赋。此外，台北沿山番地，种茶开田，已无旷土。其次皆山高土瘠，招垦綦难。

查全台生番，全行归化，仅剩新竹内山数社，仍自负隅。现经臣饬派都司郑有勤，统带所部隘勇并就近化番，相机剿抚，不日当可告竣。惟抚番必资开垦，否则莫由化其榛狉。化番久与民居，交易婚姻，乃知人世衣食伦常之乐。其嗜杀之性，自将默化潜移。现在中路暨后山一带，旷土尚多，亟须招垦，非有勤实大员督率，实济良难。林维源笃实忠勤，感激图报，台北已征成效，自当推广全台。拟恳天恩，饬派帮办全台抚垦事务，不独臣得资指臂之助，实于全台治化裨益无疆。

光绪十四年十二月二十一日奉上谕：「太常寺少卿林维源，著帮办全台开垦抚番事务。钦此。」

请缓拣发知县员缺由闽咨补片 光绪十五年二月

再，钦奉谕旨：台湾缺员，应请拣拨一节，饬即酌核具奏等因。原片谓从前未闻缺员，何以今竟若斯之甚？不知今日之台湾，安可与从前同语？自开办抚垦、清丈以来，头绪纷繁，规画钩稽，在在须躬亲其事，偶稍违误，臣即参劾随之。此公事之难，一也。

自清丈改条鞭办法，举凡平余、火耗，涓滴归公，视县缺之简繁，分津贴之多寡，虽昔称优缺，今则无能独获奇赢。此缺分之苦，二也。

台湾分省案内，凡咨调补署差委各员，倘因记过撤差，知照闽垣，一律停委，偶经乖谬，废弃以终。此考核之严，三也。

况闽员虽多，真办事之才亦寡，果为干练，非居要缺，即处要差，甚或迎养老亲在闽，不能东渡。

本年夏，委用需人，咨调闽省实缺数员，均须理清交代，抵台尚待需时，不得不于奏留人员中，酌量试署。如果人地相得，再令补捐，离本省以符定章。此固勉图，本属权宜，非敢故违成例也。

甘肃候补知县高光斗、江苏候补知县朱公纯，或在台有年，或曾权剧邑，破格擢用，方冀得人。然高光斗一经被案，立予撤参，既不敢以奏保在前，曲为迴护，更不敢以相知有素，稍事瞻徇。论者疑为信用私人，殆未知臣因地求才，随委随撤，毫无成见也。

至拣发一节，台地皆边要之缺，自应请拣曾任实缺人员。然所拣合宜，固多裨赖，万一人地不宜，或水土不服，既由请拣，固未能咨回闽省，又未便徙而之他，迁就因仍，吏治安能就理？臣悉心酌议，台湾孤悬海外，缺数无多，拣发人员似可不妨缓议。至现在应补各缺，仍当函商督臣，由闽咨调请补。是否有当，伏候圣裁。

光绪十五年二月十二日奉朱批：「知道了。钦此。」

奏保绅士片 光绪十五年二月

再，据代理彰化县知县朱公纯禀称：光绪十四年秋间，土匪施九段围攻县城，四乡盗贼窃发。城南有李碰戕害提督朱焕明，城北有蔡芳听受施逆号召，纠合三十六庄于大甲溪阻截援军。独赖在籍郎中蔡占鳌，于官军进援之日，帮同解散三十六庄，立将该族匪蔡芳拿送正法，洵为公尔忘私。

又据署嘉义县知县包容、署嘉义营参将陈宗凯禀称：嘉义毗连彰化，当土匪肆扰之际，前署知县罗建祥奉文交卸，新任未到，人心惶惑，一夕数惊。在籍工部主事林启东，声望夙孚，孝友素著，会合陈宗凯办理团防，晓谕顺逆，约会各乡，联庄缉匪，民心乃安。彰匪亦未敢南窜，实赖林启东保卫之功。各等情，先后禀请保奖前来。

臣查蔡占鳌帮同官军，解散胁从，且能拏获同族匪首蔡芳送官惩办，实属不避嫌怨，尚义急公。林启东孝友素著，品学俱优，临乱倡团，地方得以安谧，于台湾民气，尤为难得。观其效忠守正，保卫乡间，实堪为地方表率，其劳绩不下于军功。分部郎中蔡占鳌，可否赏加道衔。工部主事林启东，可否赏加五品衔，并均请赏戴花翎，俾昭激劝。

再，匪首王焕在逃，经臣奏明缉拿在案。今籍绅工部主事徐德钦，独诱王焕至牛栏庄，报知营县，会同拿获。查台绅多通匪类，互相党援，已成风气。徐德钦独能不避怨仇，诱拿匪首，应请一并优叙，赏加五品衔并赏戴花翎，俾台绅咸知观感。伏乞圣裁。

开复藩司片 光绪十五年闰四月

再，前贵州藩司沈应奎，于光绪十年十一月，冒险渡台，正值事机万紧之时，南北军饷告竭之际，经臣奏派办理粮台。该前司于无可罗掘之中，分催各县捐款，并查出奸商匿报洋药厘金六万余元。其时月需军饷三十万两，臣在前敌，后路筹画接济，全赖该前司设法支持，勉保危局。

解严后，遣撤客军、土勇四十余营，补发饷需，款亏尤巨，仅恃故大学士左宗棠解到所借洋款五十万两。至十一年冬季，台南北道府各库一空，粮台存款不敷一月之用，情势岌岌。该前司惨淡经营，严催捐款，以济急需。一面整顿盐务、厘金，停不急之需，除中饱之弊，实力实心，任劳任怨，会计精密，事事躬亲。全台百废俱兴，办防、清赋、抚番诸大端一时并举，得以支持至今日者，沈应奎一人之力也。

现在粮台裁撤，捐输已停，该前司心力俱瘁，臣抚今追昔，不敢没其勤劳。查近时各省司道中，办事精勤者有之，持躬廉正者有之，若如沈应奎之实力实心，不避劳怨，实罕其人。臣统兵数十年，仰仗天威，差幸获立寸功者，惟赏罚无私，用人不分畛域，毁誉一出至公。除办理捐输出力浙江候补知府李彤恩，并道府厅县暂行记奖外，开复衔翎已革贵州藩司沈应奎，办理粮台，捐输出力，劳苦功多，可否仰恳天恩，开复原官，以示鼓励人才之处，出自逾格鸿施。

光绪十三年闰四月十五日奉朱批：「沈应奎著准其开复原官，余依议。该部知道。钦此。」

再，福建布政使张梦元由台道擢任，公劾刘璈疏称：「其方正清廉，一尘不染。」及梦元因事降留，公复奏言：「台防重要，赖闽协饷五年，梦元深知台事艰难，按月设法腾挪，五年以来绝无迟误，每年二十万未欠丝毫，五年已收百万，故臣得藉兹假手设防而外，更图清赋、抚番。今梦元因事降三级留任，可否仰恳天恩，准其开复。」诏许之。故节其词而附于此，以见贤帅无微不报之义云。陈澹然记。

奏请沈应奎会同藩司办理清赋片［光绪十五年六月］

再，台湾新赋现经臣奏请展限，所有给单征粮，正在繁紧之际。自署藩司沈应奎接任以来，切实督催办理，日臻起色。恭阅邸钞，六月十三日奉上谕：「福建台湾布政使著蒯德标补授等因。」蒯德标系臣同乡至交，忠谨廉朴，久于度支，仰蒙圣明调任台湾，臣尤得资臂助。惟值此清赋之时，恐于地方情形未能熟悉，该司到任，似应仍令沈应奎会同一手经理，以期迅速报竣。臣查沈应奎优于综核，任事实心，在台多年，不避劳怨，若能稍宽时日，假以事权，于海疆新设省治，裨益实非浅鲜。臣为地方用人起见，谨附片密陈。

光绪十五年六月三十日奉朱批：「知道了。钦此。」

遵保剿办埤南叛番彰化土匪并历年剿抚肃清各员弁折 光绪十五年六月初四日

窃臣前于各路生番归化并陈开山剿抚情形，请奖出力官绅案内，声明其余出力将士，拟俟全台生番一律归化，汇案请奖，于光绪十二年四月十八日具奏。五月初八日奉上谕：「著照所议办理等因。钦此。」

溯自十一年十二月，臣于督兵克服中北两路生番请奖在事出力员弁案内，声明其余出力将士汇案请奖。又于中北两路化番滋事先后剿复案内，声明林朝栋、李定明、朱焕明、余应璜等军尤为出力将士，由臣分别记奖。十四年九月初二日，奏官军攻克后出吕家望番社并北路接仗获胜一案，请奖其余出力各员弁请奖。十四年九月二十四日，奏彰化土匪抢劫盐馆围攻城池先后剿平一案，请将其余出力官绅员弁汇入吕家望番社案内，择尤请奖。十五年二月十三日，奏全台生番一律归化逆首就擒请奖出力人员一案，请将历年剿抚各军出力员弁，并各局抚垦委员择尤汇保。均奉谕旨允准，通行遵照各在案。

伏查台湾生番梗化杀人，横亘南北，久为地方大患。自原任两江督臣沈葆桢创议开山抚番，光绪十一年臣渡台后，察勘地势番情，奏明分别剿抚。沿山内外，民番毗连，奸宄交通，藉番地为盗薮，其深山密箐，生番不时窃发，防不胜防，而又习与人殊，嗜杀成性，屡服屡叛，化导几穷。臣于十二年冬，督兵深入内山，虽兵威颇振，弥知从事之难。窃幸绅民一心，将士效命，每于臣奏奉恩旨准予奖励，无不踊跃前驱。埤南吕家望之役，叛番与彰匪勾结，接踵叛乱，震动全台，两月荡平。得乘兵威士气，剿抚北路，未服诸番相率归化，遂蒇全功。

自十一年举办抚番以来，年年入山剿办，大小百余战，将弁兵勇伤亡数千，染瘴病亡数更倍此，然奋发之气，历久不衰，忠勇之诚，因危愈激。仰仗圣主鸿谟，德威并用，卒使亘古不通之境，轨路同遵，穷荒梗化之区，声教咸讫。诸将吏委身瘴疠，凿险缒幽，困苦艰危，迥非平原接仗军情可比。叠蒙恩准奖励，亟应及时甄录，以劝将来。

查台湾原有三十五营，分布要隘，互相防剿。自吕家望社及彰化变端继作，后山添募三营，前山添募四营十二哨，通计四十三营。加以随营办理抚垦，暨分段驻扎各局人员，阅时四年，汇案六次，同属异常劳绩，迭著优劳。谨遵恩旨择尤保奖，每营内外奖不得过四十人，其承办抚垦各员随营并计，未经深入接仗者，概予删除，不敢稍涉冒滥。除武职千总以下例咨兵部核奖外，谨具拟保员弁清单，恭呈御览，合无仰恳天恩，俯念各员弁海外从军，不避瘴疠，异常出力，准予从优照奖，出自逾格鸿施。谨会同闽浙总督臣卞宝第，帮办全台抚垦事务太常寺少卿臣林维源，恭折具奏。

光绪十五年六月十八日奉朱批：「该部议奏，单二件并发。钦此。」

请仍宽新设各官补署及留补在台各员片 光绪十五年六月

再，臣前准部复：台湾要缺知县一项，暂准不论资格，一体酌量请补，俟三年期满，仍照定例办理。新设知县各缺，先准酌量补署一次，其变通章程行令察看，定限奏明。等因。

查台湾当此行省初开，百端创始，吏才难得，不能不因地择人，实为目前第一要义。诚恐格于成例，弃置人材，臣前奏所以有变通之请。查旧设知县要缺，既准部议变通补署三年，届时能否仍循定例，应否展期，自当再行察酌。惟新设各缺，不特当此草创经营，猝难办理，而地居番界，烟瘴尤多，人地既贵相宜，变通之期，似不能不从宽展限。应请仍照前议，限以十年，俾资治理。据署台湾布政使沈应奎具详前来，谨附片具陈，伏乞圣鉴。

再，现在台地各差，大都借材异地，一俟变通限满，各员在台效用，将无补缺之期，似不足以昭平允。所有中简厅、县及佐杂各缺，可否仿照一咨一留章程，在内地调补一次，就台差委人员调补一次，以免向隅。是否可行，并请饬部核复。

光绪十五年六月初十日奉朱批：「吏部议奏。钦此。」

总兵留办海防暂缓赴任折 光绪十五年十二月十五日

窃准闽浙督臣咨称，光绪十五年四月十三日内阁奉上谕：「浙江处州镇总兵员缺著窦如田补授，钦此。」查窦如田先经臣于光绪十四年八月间咨调到台，委令统领铭字中军三营，驻防基隆海口。兹荷补授处州镇总兵，理应入都陛见赴任。惟查基隆海口，为全台第一门户，关系紧要。窦如田练习基隆形势，督饬弁勇，讲求操防，深资得力。现在办理炮台工程未完，未便遽易他员，合无仰恳天恩，俯准窦如田暂缓赴任，仍留台湾办理防营，俾臣得收指臂之助，出自逾格鸿慈。

光绪十六年二月初十日奉朱批：「著照所请，兵部知道。钦此。」

台湾历剿叛番并彰化土匪保案请保武职折 光绪十六年二月初六日

窃准兵部咨行遵旨议奏一折，内称：福建台湾巡抚刘铭传等奏，汇保剿办埤南叛番、彰化土匪，并历年剿抚肃清各路番社，尤为出力员弁官绅，并案开单请奖一折。光绪十五年六月十八日奉朱批：「该部议奏，单二件并发。钦此。」钦遵到部。除文职应由吏部办理外，谨按定章悉心核议，分别准驳等因。于光绪十五年九月初三日具奏，奉旨：「依议，钦此。」钦遵钞录原奏清单，并将千总以下另行钞单，先后咨行到臣。

伏查台湾自光绪十一年办理番务，剿抚兼施，屡服屡叛，各军节次分路剿办。如苏鲁、马那邦、大坝、白茆、吕家望、京孩儿各役，战功尤为昭著。历次擒拿番目、匪首，攻夺卡碉，不可胜计。如埤南被围十五日，彰化被围七日，则皆叛番、土匪交乱，震动全台。一切接仗获胜，守城解围各情形，经臣节次奏报在案。

国家奖励战士，优定章程，克复城池，擒斩要逆，首先出力人员，准保越级。其次及攻坚夺垒，歼擒逆匪，准保免补、免选、尽先、遇缺即补等班。又军营战功卓著，准保提督、总兵及提督衔头品顶戴。奋勇杀贼战功卓著者，准保翎枝。诚以军功劳绩，迥异寻常，奖赏优异，疆场之士，感激奋功，胥在乎此。

台湾剿办生番，前后五年之久，大小百余战，各军所向克捷，不得谓非战功卓著。番巢枪林炮雨之中，攻夺卡隘，不得谓非奋勇。擒获匪首、番目，不得谓非擒斩要逆。番巢深险，石垒坚固，精锐伤亡，历奏有案，不得谓非攻坚夺垒。埤南厅治、彰化县城，守御解围，同属存城之绩，尤不得谓非克复可比。况鸟道蚕丛之境，烟瘴荆棘之乡，营帐难施，资粮不继，士卒暴露，冻饿疾病，死亡数千。其战胜攻取之难，较诸内地接仗，情形不啻天壤。臣于各军出力将领，业经历次随折奏蒙恩奖。其余在事员弁，时逾五年，汇案六次，人数较多，先将出力稍次各员一律删汰，择其战功最著、效力最久者，开单列保，实属军营异常劳绩，核与章程相符，委无冒滥。若如部议，各案随折所保员弁，按照异常劳绩核奖，其汇保员弁不得援照优奖办理，是功同赏异，断不足示公平。

现准吏部咨查，文职请奖各员，已照异常劳绩核准在案。武职各员本同一案，未便两歧。除卢开玉、杨兴隆、孙得胜三员，业经兵部核准，无庸重列外，合将总兵苏得胜等三百三十五员，分晰劳绩，吁恳天恩俯准，饬部仍照原保官阶分别给奖，以昭公允而免向隅。至千总以下履历，均已随案造送，并请饬照原保给奖，俾资鼓励。臣军法素严，苟误戎机，虽统将必杀。不加厚赏，何以服人？愚戆微忱，伏求慈鉴。

光绪十六年闰二月二十五日奉朱批：「兵部议奏，单并发。钦此。」

奏请剿抚番社出力人员应照异常劳绩核奖片［光绪十六年二月初六日］

再，准吏部议复：台湾保奖历年剿抚番社出力人员案内，声明以后民番再有构衅，派兵剿办，应照寻常劳绩核奖。等因。臣查台湾生番绵亘南北，数年来剿抚兼施，虽次第归抚，其杀人积习已二百余年，岂一时所能变化，以后难保无滋事之虞，即不能无剿办用兵之举。臣于南北番归化后，仍令各军加意严防，诚知其蠢然无知，生性反复，非恩可结，非理可明，不过暂时羁縻，逐渐诱导，非一抚之后，竟能永远无事也。

查生番深居内山，习于战斗，枪法极精，地险无路，草木丛杂。战阵之事，攻坚最难，仰攻尤难，叠次用兵，伤折将士并艰难情形，均经奏报在案。溯查前大学士福康安、两江督臣沈葆桢等剿办番社以来，或斩番数人，或剿平一社，在事各员，无不照异常劳绩，奖擢优加。原海外瘴乡，将士履危冒险，艰苦之状，非身历其境不知其难，决非内地土匪与滇粤苗猺可比。以后台湾剿办番务，拟恳仍照异常劳绩核奖，以明赏罚而厉戎行。一俟沿山撤防，再遵部章办理。臣为海疆新辟地方鼓励将士起见，谨附片陈乞圣鉴，饬部查照施行。

光绪十六年闰二月二十五日奉朱批：「该部议奏。钦此。」

密保沈应奎程起鹗片 光绪十六年三月

再，台湾民情强悍，土豪把持，清丈升科，事事草创，较之内地，办理尤难。臣自光绪十二年四月奏请开办以来，其中虽有彰化之变、嘉义之讹，卒能三年竣事。臣不过举其大纲，实皆署藩司沈应奎、在任候补道调署台湾府知府程起鹗二人之力。此二员才识练达，品行端廉，办事实心，任劳任怨，实为近时司道中不可多得之员。皇上亲政伊始，访求人才，臣知之既深，不敢不上尘天鉴。谨附片具陈。

光绪十六年三月二十八日，差弁递回原片，奉朱批：「知道了。钦此。」

请建刘朝带傅德柯专祠片 〔光绪十六年三月〕

再，查宜兰防军统带副将刘朝带，上年进山开路，中伏阵亡。当派傅德柯接统该军。此次会同各军剿办南澳番社，又复力战阵亡。业将该副将等死事情形，经臣先后具奏，请照总兵例从优议恤在案。

兹据宜兰绅民、前甘肃河州知州李望洋等禀称，刘朝带督军开路，傅德柯带队剿番，并属忠勇性成，不避艰险，为民捍患，功德难忘，恳请奏建专祠，用伸报享。禀由宜兰县详请具奏前来。合无仰恳天恩，俯念副将刘朝带、傅德柯先后阵亡，并员弁勇丁不下三百人，情形惨烈，准在宜兰县死事地方特建专祠，由官春秋致祭，以彰忠烈。谨附片具陈。

光绪十六年三月十七日奉朱批：「著照所请。该部知道。钦此。」

奏保张兆连将才片 光绪十六年九月

再，查臣渡台以来，随带记名提、镇二十余员，先后死亡已尽。将才难得，感悼不可为怀。惟查有记名提督张兆连，始经带兵驻防福建，嗣调台湾剿办番社，叠著战功。现在督带后山防营，抚番开垦，实力操防，功效甚著。该提督久驻后山烟瘴之地，始终勤慎，办事实心，晓畅戎机，讲求训练，为提镇中不可多得之员。倘蒙圣恩简擢，予以事权，必能肃新军政，镇抚地方，不致有辜委任。

光绪十六年十月初一日奉朱批：「张兆连著军机处存记。钦此。」

按，公参刘璈折内，张兆连进身颇卑，公独察其才力为保奏。此其所以能得人死力也。陈澹然记。

总兵在台病故请恤折 光绪十六年八月二十九日

窃据都司苏绪谟禀报：统领健字全军记名提督福建建宁镇总兵苏得胜，屡以从征内山，感受瘴疠，积劳成疾，八月十九日在营病故。臣查苏得胜籍隶安徽合肥县，自咸丰六年投效臣军，由哨长擢至营官，随同转战江苏、浙江、山东、湖北等省，历受重伤，克复十余城，平定发、捻各匪，洊保提督，调防直隶、陕西、甘肃等省，修筑江苏吴淞口炮台。

光绪十年，经臣饬调台湾，委带健字等营。叠与法人血战，夺回基隆炮台，防剿经年，恶战苦守。停战之后，亲赴法船，与法国提督李士卑斯面交俘虏。台北解严，奉旨补授福建建宁镇总兵，仍留台湾防次。迭次入山，剿办生番，驻防沪尾海口。该总兵忠勇素著，持躬谨廉，勤朴耐劳，毫无嗜好。感荷圣恩高厚，战辄以死自期。近年统领偏师，讲求训练，海疆防务，臂助良深。方期独任严疆，为国家干城之选，不料感受瘴疠，劳疾侵寻，良将伤亡，殊深悼惜。合无仰恳天恩，准将苏得胜照提督军营积劳病故例从优议恤，以励忠勤。至该总兵卓著战功，以死勤事，法人之役，功在海疆，台北人民至今感慕。可否准于台北府城建立专祠，暨入祀原籍及立功地方昭忠祠，并将生平战绩，宣付国史馆立传之处，出自逾格恩施，非微臣所敢擅请。再，查苏得胜继妻徐氏，年二十五岁，痛夫情切，绝食以殉，距其夫亡才五日。忠节萃于一门，合并请旌，以光泉壤。

再，统领铭字中军记名提督刘朝祜，以军功随臣转战江苏、浙江、湖北、山东等省，荡平发、捻，洊保总兵。光绪十年，自江阴率带铭军三营援台，于沪尾获胜案内，荷蒙特恩赏赉，并加提督衔。旋因台北解围，奉旨以提督记名简放，统领铭军，剿抚生番，奏蒙优叙。十二年冬，调驻基隆，修筑炮台，不时抽队剿番，受瘴深重，于十四年七月病没军营。查该提督久从军旅，勤奋不啻少年，年来渥荷恩施，尤矢竭忠图报，讵以积劳受瘴，遽尔病亡。应请饬部一并从优议恤，以厉将士报国之忱。

光绪十六年十月初一日奉朱批：「苏得胜着照原官从优议恤，准于台北府城建立专祠，入祀原籍并立功省分昭忠祠，生平战绩宣付史馆立传。伊妻徐氏以死殉夫，准其旌表。刘朝祜、韩振基均照原官从优议恤。该部知道，钦此。」

刘壮肃公奏议卷十 惩暴略

奏参朱守谟片 光绪十一年正月

再，臣铭传由京渡台，道经上海，仓猝启行，文武随员甚少，适有记名道朱守谟，恳随东渡。六月十五日，法攻基隆炮台，臣赴前敌，后路无人，当委朱守谟办理营务，转运一切，会同府县弹压地方，知其素昧戎机，不令搀越。月给薪费银一百五十两，稍慰其私。该道素性奢侈，挥金如土，未及一月，即禀称薪费不敷火食用度，月需银三百余两，声明实报实销，不能限制，当经批驳，月增公费银五十两。旋即请归，语多不逊，因见台军危迫，规避敌锋。臣因其宦气过深，留之转累，准其给假。适值河南知府方策勋冒险渡台，当以营务属之。自六月半后，臣在前敌军营，所住狮头山草房湿地，日日风雨，困苦不堪。该道端居台北府城，尚自盛修公馆，据台北知府陈星聚详称，擅用府库银二百余两，并未报销。

沪尾通商委员浙江知府李彤恩，素有干才，勇于任事，臣委兼办沪尾营务，监修炮台，办理沈船塞口各事。李彤恩坚辞薪水，办事认真，臣应稍为优视。该道愤甚，嫉之如仇，遇事龃龉，已非一日。适值八月十三日法炮环攻，基隆退守，该道遂造言倾陷，遍告绅民，谓基隆未败忽退，皆李彤恩得银数十万，卖于法人。城乡绅民一时哗噪，及至二十日沪尾之捷，绅民始各恍然，深悟不撤基隆，沪尾必陷；沪尾不保，台北必亡。浮言始息。该道自知诈破，未可久安。当时沪尾商轮二只尚自往来，乃不由沪尾乘轮，特绕台南，招摇播弄，复至福州省城。左宗棠、杨昌濬正盼台音，听该道一面之词，不能无惑于基隆之退。杨昌濬先后派员渡台细访，当能尽得其详。

查朱守谟临危乞假，规避敌锋，又复造言生事，摇惑军民，尤属故违军令。更于撤差之后，沿路招摇，逗留福州，钻营差委，肆口谗谤，计败戎机，实非寻常造谣可比，应请旨将道员朱守谟革职，永不叙用，以示薄惩。谨附片具参，伏乞圣鉴。

光绪十一年二月初七日奉上谕：「前据左宗棠奏参知府李彤恩，不审敌情，虚词摇惑，以致基隆被踞。当降旨将该员革职，交杨岳斌查办。兹据刘铭传奏，道员朱守谟，规避钻营，造言倾陷各情，与左宗棠前奏大相径庭，必须彻底查明，以昭是非之公。道员朱守谟，于军务吃紧之时，辄敢擅用公款，乞假规避，殊属荒谬，著即行革职。至所参该员招摇播弄及倾陷李彤恩各节，如果属实，厥罪更重，非永不叙用所能蔽辜。著杨岳斌即将朱守谟饬提赴台，归入前案秉公研究，孰是孰非，务得确情，奏明严行惩办，不准稍涉偏私。原折片均著钞给阅看，将此由五百里谕令知之。钦此。」

按，公用人最称严核，朱守谟纨袴积习，妄请从军，中道弃捐，遂生谣谤。首以基隆之退，诬李彤恩得银数十万，撼李即以撼公，遂酿台民哗变。继复走台南以结刘璈，居福州以摇杨、左，竟致左参李彤恩以功获罪。刘璈霸捐掯饷，煽法严封，内外交乘，直欲致公于死。偶一严劾湘人，乃复持之论者，转谓湘淮不和，借端报复，迹其原始，皆自朱守谟一人启之。惜乎公素严军法，不能于朱守谟造谤李彤恩卖退基隆、台人大哗之后，以摇动军心斩之也。陈澹然记。

严劾刘璈折 光绪十一年五月二十六日

窃臣于本月十三日，将奸商吞匿厘金，道员通同作弊，业经撤任，奏报在案。查台澎道刘璈到任以来，全台饷需军务一手把持，既总台澎营务，又统台南各军，宜如何整顿操防，统筹全局。

台南军务，自故江督沈葆桢渡台后，始行设防练兵。刘璈履台数年，不但台北、澎湖毫无布置，即台南安平、旗后两口，除沈葆桢前筑炮台外，竟未添一营垒、筑一炮台，每年巨款虚糜，未购一精利枪炮。台南各军，不闻操练，徒藉提截旷以掩虚冒，致各营空额日多。是军务之坏自刘璈始，罪一。

全台盐务，经前台澎道夏献纶极筹整顿，岁除盐本、津贴运费外，尚得洋银十七、八万元。刘璈抵任后，任用私人，互为奸利，每年仅收十二、三万元。是盐务之坏自刘璈始，罪二。

全台洋药并茶脑厘金，自前任台澎道张梦元归商包办，梦元方正清廉，一尘不染，故收数目多。闻刘璈抵任后，每年除正税外，洋药厘金私得洋银三万元，茶脑私得洋银一万元。是厘金之坏自刘璈始，罪三。

台北煤务，自开办不得其人，固多亏折，然闻从前每年月用经费银四、五千两。自刘璈接办后，每月用银六千两，嗣又增至八千两，遂致亏折，不可胜穷。是矿务之坏自刘璈始，罪四。

台道主治全台，察吏安民，本其专责。访闻刘璈到任后，全台候补谋差，视财帛之重轻，定差缺之优劣，财多交厚，优差之后，更以优缺继之。惟利是图，何暇更言吏治？以致地方命盗巨案，日积月累，从未获一正凶。是吏治之坏自刘璈始，罪五。

是数者，据前嘉义知县张星锷揭称，该道岁吞银五十万两。臣逐款访查，除粮台归该道督办，自用自销，无从稽查外，所有营务、盐务、厘金、煤务四大端，岁侵银约二十万两。虽未能尽得其实，然闽台上下无不周知。前督臣何璟屡派专员渡台访查，逢人辄告，而瞻徇隐忍，不肯直发其奸，该道所恃既坚，愈形跋扈，独行独断，旁若无人。与何璟文牍龃龉，尽刻成书，以形其短，布散各省，莫敢谁何。然此犹为前事也。

及臣到台一年，台南军务如募勇、造械、动用公款，以及地方委差委缺，该道从未请示候批，辄行自办。凡所禀详，偶经批驳，彼辄置之。上年九月底，曾自行发折奏事，附片请将澎湖一岛并台湾后山弃于德国。并奏该道系奉旨办理台南军防，言外不归节制。据报缮折入都，不知曾否上邀圣览？其折稿已行刊刻，布散全台，详报本省并南北洋、广东在案。然此虽违节制，犹为罪之小者。则请举其大者言之：

自上年八月十三日基隆退守之后，台北饷需奇绌。该道不独丝毫不济，忽于八月二十日咨行署提臣孙开华、曹志忠等，据称台北十二营俱至六月十六日起，加足夫价一百九十二人。当经臣商，将孙开华三营自七月初一日起支，其余均自八月初一日起支。该道明知台北无饷，意在诱胁各营哗溃，使敌得乘我之危。其时幸得沪尾关报解税银五万两，复得台北府库积存银十余万两，勉强支持。十月初，仰蒙圣主轸念台危，严饬各省接济，兵械、饷项源源而来，幸得稍安危局。万一无此数者，臣不死于敌，且死于噪饷之兵，全台岂堪设想？耸各军以图内乱，其大罪一也。

初，九、十月间，法虽封口，并未严查，我军犹得用民船偷渡。该道见台北饷械尚能转运，独于十一月初照会英领，谓法人封口废弛。法遂于十五日重行禁口，掳船杀人，断绝台运。此时危急，臣已誓不复生，设非圣明在上，严饬各省速济援师，臣岂复能见天日？激强敌以绝台援，其大罪二也。

尤可骇者，十月底该道详报派捐全台二百万，并未分饬举行，即报捐款已收，军火亦经购运，全台军饷足恃，详请左宗棠、杨昌濬与臣奏咨。断朝廷拯救之心，绝各省济援之路，奸谋险恶，反复欺朦，不致臣于死地不止。诳朝廷以陷督师，其大罪三也。

尤有陈者，据江苏候补道陈鸣志面称，上年腊月底，奉督臣杨昌濬委，赴台湾府查存库款，据呈清折，道府两库结自上年六月起，至十一月止，旧存新收共银一百零九万两。尚有提存兵饷、截旷并购存稻谷三项银二十余万。除沪尾关税、台北厘金、盐课项下由台北提用，剔除十二万，拨解台北饷银七万两，另由该道提存彰化、嘉义十五万，统计六月至十一月，台南尚存银一百万两等情。乃该道至十一月底，即报台南饷竭，立有溃裂之虞。如果无饷，其冒滥曷可胜言。如果有饷，藉口截留台北协饷不发，其险恶更不可测。查台北自上年六月初一日起，至本年五月底止，统计兵饷赏号杂款并补发各营欠饷一年之久，共计用银尚不及百万。台南据报各营饷项四十五日一关。何以六阅月即用百余万之多？其为措饷激溃，不问可知。设非臣与沈应奎等设法腾挪，勉将饥军拯救，全台数千万居民不死于强敌，且死于内乱之饥军，思之令人心悸。拥巨饷以速军变，其大罪四也。

查该道所设支应局自用自销，或以少报多，或藉名开支，其中不无浮冒，应即逐款核对，以杜侵吞。臣于刘璈撤任后，即委员会同道、府，将台南支应局并盐务、煤务、厘金各项帐目案牍，分别查封，听候核算。惟该道情罪重大，应请旨先行革职。并请特派清正大员渡台，逐款查办，以肃纲纪而儆奸贪。

所有该道劣迹多端，不胜枚举，谨将访查营务、盐务、厘金、矿务数大端，开单胪列，恭折具参，伏求圣鉴。

一、访查台南三十营湘军月饷，由管带、帮带各具印领，勒写银二千九百四十余两，除例少勇百人缴归刘璈外，另扣空额截旷银，多少不一。每营定章，长夫一百九十二人，照数请领后，须缴还夫价银三百八十两，内有管带、帮带如副将姚秀芳等，每月由刘璈酌给薪水数十两，兵饷由刘璈内帐房给发，所有公费、夫价空额均归刘璈，名曰包营。

一、访查台南、镇海等营，自光绪十年起至十年底止，每勇月提存饷银二两。台湾烟瘴之地，疫疠时作，勇丁病故，所提存饷概不给支。即有家属来领，又以箕斗不对，年貌不符，留难不发，告假则分文不给，勇丁多弃饷而逃，各营空额概不令补，空饷提为截旷，如各营添补一勇，虽隔数百里，皆须至道署验看箕斗，留难万分。嗣后各营空额，无一添补，上年五、六月间，竟有空勇至三百余人者。

一、台南三十营管带、帮带，多系刘璈门生。正副哨官俱系岳州临汀人，多系刘璈亲戚。如镇海后营，系其第二妾舅李德福管带，以把总冒充都司。岳右营系其妾舅李立纲管带，亏欠公款，改归游击黄瑞清管带弥补，并送李立纲洋银五百元。另提空额十余人归刘璈内帐房，作为道署用人工价。提督高登玉派充分统，自带两营，岳后营饷归高登玉领交刘璈给发，营官薪水、公费、夫价，均归刘璈入私。

一、访查新募仁、义、礼、智、信五营土勇营官，内有本地富绅林文钦、吴朝阳，皆系刘璈门生。正、副哨官俱系岳州临湘人，多系刘璈亲戚，并无一官。副将张福胜、张兆连各进一女，俱委统领。并闻已革嘉义营守备蒋复胜幼女，被刘璈诱入衙内逼奸，蒋复胜愤疾而死。

一、访查台南水勇多系佐杂管带，名曰调济，每百人只二、三十人屯军，每百人只三、四十人有鱼团费、有团练费。自十年四月起，凡百姓家有千金者，月捐洋四元，怨声载道。

一、访查十年正月，刘璈札委次子刘济南为行营营务处，赴湖南岳州招募岳军等营，由招商局代雇「广利」等船装兵渡台，每勇船价水脚，闻用洋八、九元，刘璈捏报用洋十三、四元，招商局有帐可稽。并浮开口粮等项，共虚冒银万余两。

一、访查全台盐务，自前任台澎道夏献纶整顿以后，每年销盐三十六、七万，共得价洋银四十余万元，除津贴运费、成本外，尚得洋十七、八万元。自刘璈抵任后，每年仅得十二、三万元。其总局弊端无从查考。全台差使以盐务为最优。刘璈每局添派帮办一人，每盐百斤抽提一斤，刘璈入私。从前正办、帮办俱用亲戚本家妾父妾舅，后经前督臣何璟查出，逐名开单驱逐，有案可稽。刘璈始将正办改委本省候补人员，帮办仍用私人，凡盐局委员出息一千两者，提出四成分归帮办。有亲戚文案挂名帮办者，有到局帮办者，闻各帮办由刘璈酌给薪水，所提四成，均归刘璈私收。刘璈妾舅李德福，既已管带镇海后营，又兼办凤山盐务。总馆委员刘伯卿，系刘璈侄孙，又兼濑北场委员。麦寮盐馆委员杨玉臣，系刘璈妻侄。盐水港盐馆委员龚若成，系刘璈姻侄。梧栖盐馆委员孟秀山，系刘璈第五妾父，已回甘肃中卫县，该馆课银归刘璈代为收解。大甲盐馆委员林铸，由福州买女进献，特委优差。鹿港盐馆帮办委员丁少杜、濑南场委员李顺卿，俱系刘璈亲戚。䑌仔脚盐馆委员江道成，系刘璈第四妾兄，又兼岳右营帮带。文案王秋澄兼管阿公店盐馆，另属人顶名。府城西门外新街盐馆、府城内岭后街盐馆，均系刘璈自办。

一、访查基隆煤务，自光绪七年以前，归现任澎湖厅郑膺杰总办，每月动用经费银四、五千两，均归台湾道批拨。如卖煤敷用，即不请领经费。自刘璈到任后，于八年更易新章，凡卖煤价银俱缴归刘璈衙门，月发经费银六千两，后又增至八千两。煤务本有外国煤师，刘璈恐其走漏风声，托言薪水太大，禀请裁撤，另派煤务学生张金生为煤师，节省经费。复又加添委员、司事二十余人，半系刘璈私人，较前经费更大。据煤务司事工头面称历年挖煤约略数目，每日至少挖煤三千石，统计一月可挖煤九万石。上等为官炭，中等为总炭，下等为粉炭，一月可挖煤九万石，官、总、粉各三万石。官炭归船政收用，每百石价洋二十四元，总炭就地卖于洋商或本国商人，每百石价洋十六元，粉炭每百石价洋三元，核计一月可卖煤价一万二千余元。据查煤务每月用帐，薪水、工价、杂支，共用银七千两，刘璈折开每月动用经费银八千两。不知所卖煤价，收归何人。查基隆附近民矿挖煤，由煤务委员收买，官炭每百石价洋十六元，总炭价洋十二元，该委员转卖船政、商人，于中取利，然此系委员作弊。至刘璈如何侵吞，须俟调到善后局刘璈历年报销，并提杨崇铨、郑膺杰讯究，方能水落石出。臣于上年六月曾委拣选知县汪望赓，提查煤务出入细帐，杨崇铨匿不肯交，仅提到该局月报大略，即就所呈帐目核计，煤务亦无亏折。

一、访查台北洋药、厘金，由前任台澎道张梦元于光绪六年议归商人薛树华包办，彼时每箱洋药仅收厘银六十元，薛树华每年认缴七二番银五万元。七年刘璈到任，更改新章，每大土一箱改征银九十六两，小土一箱改征银八十两，仍归薛树华包办，共八月，认缴六八重番银一十四万元，另缴一万元归刘璈私收。台南系商人王青云、陈悦周等包办，每年除缴正课六八番洋二十三万，另缴银洋二万元归刘璈私收。查台北市间，向用七二重番银，张梦元任内，收厘缴课，俱以七二番银缴纳。刘璈接办，即改收六八重番银，只就台北薛树华包办，凡八月而论，短征银五千六百两。台南向用六八重番银，不在此内。

一、访查台北茶、脑、船货厘金，于光绪八年三月，经刘璈议招董事卫伊才、张庆云等包办，全年认缴六七番银十三万零五十四元，另缴番银一万元刘璈私收。九年系归陈鲁齐、陈同愚等包办，十年系归傅政、郑昭包办。本年二月尚未开口，即经刘璈另招本包洋药厘金商人陈郁堂等加价包办，全年认缴六八番银十三万七千元，闻另缴洋一万五千元归刘璈私收。查台北从前官办征收茶厘，向照市间行用七二重番银完纳，刘璈议归商办，遂改以六八重番银缴课，计每年短征银五千二百两。现在征收茶厘，概收七二重番银可证。

密保陈鸣志署台道片〔光绪十一年五月二十六日〕

再，刘璈经臣奏参革职，台澎道缺应即请旨简放。惟查台湾自刘璈到任后，官贪军冒，流弊已深，非廉明忠实之员，不可振挽。上年臣奏保江苏候补道龚照瑗堪胜此任，奉旨：「龚照瑗着饬赴台湾交刘铭传委用，钦此。」比因海道阻塞，龚照瑗经臣并南北洋委在上海专理转运。现接两江督臣曾国荃来函，谓龚照瑗尚有制造局交代，并购办军械帐未结，一时难令渡台，嘱臣奏请仍留上海暂办转运。臣因龚照瑗暂难渡台，台澎道缺已委江苏候补道陈鸣志署理。查台南全系湘勇，其废弛虚冒，积弊已深，一时未能概遣。所有营官统领，固多刘璈私昵，其中不无可用之才。陈鸣志籍隶湖南，查察较易，且军务熟悉，谨干廉明，奉委时，力任除奸剔弊，果能不避嫌怨，不独挽回积习，且可查明虚冒，以便省款办防。臣无党无私，惟期举贤用才，有裨国事。合无仰恳天恩，将台澎道缺暂缓简放，待至三五月后，或陈鸣志办有实效，或龚照瑗事竣渡台，再行请旨定夺。谨附片密陈。

光绪十一年六月十三日，军机大臣密寄，奉上谕：「据刘铭传奏，台湾道刘璈贪污狡诈，劣迹多端，开单列款，请革职查办一折。刘璈著即行革职拿问，交刘铭传派员妥为看守，听候钦派大臣到闽查办。所有该革员任所赀财，著该抚遴派廉干委员严密查抄，毋任寄顿隐匿。另片奏台湾道缺暂委陈鸣志署理，期挽积习等语，著依议行。钦此。」

澎湖法兵退去查明失守各员分别处分折 光绪十一年六月十七日

窃臣等于本月初六日，派记名提督吴宏洛乘「万年青」轮船往察澎湖，十四日还至淡水，据称李士卑斯于初九日接到撤兵国书，十二日开船出口，并知会吴宏洛由香港法船转电总署奏闻。想邀圣鉴。

查澎湖本年二月十二日法船到境，十五日失守情形，已经督办福建军务大学士臣左宗棠、闽浙督臣杨昌濬会奏在案。其时臣岳斌在台南派探回称：二月十二日有法船六只泊在珠水、乌坎、开边海面，十三日，六只内分一大船泊近蒔里澳，三船驶至妈宫、西屿，二船至观音亭后，齐开大炮，纵横轰击。统领前路各军代理澎湖副将周善初、管带练军澎湖都司郑渔，出队抵御，各炮台亦开炮还攻。经法兵将四角山、观音亭等处炮台及妈宫协署、街道、营房一律轰毁，周善初等不能抵敌，退往大城北去。十四日早，敌将泊莳里澳大船近岸，渡兵三百余人登岸，攻扑珠母水澳，管带绥靖副中营副将陈得胜率队相持，未久即退，敌亦未追。十五日早，法兵八、九百人复由双头跨登岸，径至大城山下，周善初率管带绥靖前营守备冯楚燊接仗，势不能支，陈得胜带队来援，手骽受伤，乃退。周善初又调管带德义中营同知关镇岳、管带德义后营通判梁岳英来援，均难抵御，关镇岳为飞弹中伤，周善初、冯楚燊、关镇岳、梁岳英、郑渔等一齐退往赤嵌北山，澎湖遂失。

澎湖通判郑膺杰前报募勇四百人防守，及法人攻澎三日，不闻其勇抵御何处，地方失守，咎有应得。周善初、郑膺杰二员应请旨即行革职，郑膺杰尚有煤务经手事件，由臣铭传撤任查办。梁岳英、郑渔、冯楚燊均请一并革职。同知关镇岳、副将陈德胜，均经带伤，应请加恩免予处分。阵亡官勇查明奏请赐恤，以慰忠魂。

惟澎湖一岛，地处孤危，面面受敌，既无得力炮台炮位，又无兵轮水雷，臣铭传上年秋冬，屡接周善初等来禀，请发大炮、水雷，愧无以应。十月底，台澎道刘璈即无饷项接济澎军，经臣咨请督臣杨昌濬拨款接济，并请督臣运送炮、雷，未接咨复。刘璈申报至香港购买水雷，至东洋购买大炮，臣批令赶布澎湖，亦无禀复。周善初等失守地方，原有应得之咎，惟臣铭传督办台防，不能预为筹设，且不能保守基隆，既参该厅协等失守，若不一并处分，何以服诸将之心，应请旨将臣铭传交部从严议处，以肃军政。

光绪十一年七月十六日奉上谕：「左宗棠等奏，查明澎湖失事员弁请旨分别惩处一折，览奏均悉。此次澎湖失事，该文武未能竭力固守，致被法兵攻陷，实属咎无可辞。据奏该处向无城郭，与失守城池者有间。虽系实情，惟所拟分别惩处尚觉过轻。副将周善初、通判郑膺杰均著革职，发往黑龙江效力赎罪。通判梁岳英、都司郑渔、守备冯楚桀均著革职，发往军台效力赎罪。同知关镇岳、副将陈德胜、守备梁璟夫均著交部议处。杨昌濬、刘铭传均有地方之责，惟刘铭传困守台北，鞭长莫及，自应稍予区别。杨昌濬著交部严加议处，刘铭传著交部议处。左宗棠、穆图善办理该省军务，未能援应，均著交部察议。杨岳斌于澎湖失事之时，先经催令渡台，自难兼顾，所请议处着加恩宽免。钦此。」

道员攻剿已抚番社请旨惩办副将折 光绪十一年七月十七日台北府发

窃臣于本年四月二十三日，接前台湾道刘璈详称：南路界偪生番，山路梗塞，曾饬屯营管带官潘高升调和番众，招近社生番百人，安辑屯营，藉资联布。惟地居险远，兵力本单，而生番嗜杀，不问官民弁勇，稍有嫌隙，动肆凶残。本年四月初八日，据柴里屯队目潘贵生等禀报，以率芒、七家山两社番互杀三人，潘高升未能伸理，以致屯兵潘清复被率芒社番仇杀，潘高升仅令葬埋，番情凶悍，请饬添棚协守等情。

查此案先据潘高升禀称，董底社突来生番十余人，到卡伤毙七家山番兵加隆饱一名。该同社番兵持镖拼救，亦杀董底社生番二人。该社番到营无故杀人，应请剿洗等情。当批董底社番共有若干，可否尽诛，抑凶恶仅此十数人，该社离大路若干里，有无头人管束，应否择尤惩创，目下法防未松，务须出以审慎，应由地方官查明禀夺在案。据禀前情，如果尽实，潘高升殊属乖方，随饬管带田丰年率兵驰往，查复严办。去后本月十三日据潘高升呈报，董底社与率芒社、大同坳等社百余番，本月初十夜围攻该营碉堡，百长杨元擘死拒对击，互有损伤。适飞虎营饷员萧顺喜等四十余人道过，见番围攻，赴援，番始败退。乃生番沿途埋伏，竟杀毙萧顺喜等四人、屯兵四人、客商四人，哨长、屯兵受伤七人，防堡被焚，军装被抢，请派数营剿洗等情到道。查该番招抚经年，一旦窃发，焚毁防堡，伤毙官兵，实属异常顽梗，自须查明剿办，藉儆效尤。当经移请分统方春发率部督办，暨后路统领张兆连带队出山，会督潘高升剿抚兼施，查明分办。至潘高升办理不善，容再详请撤参等情前来。

臣查董底、率芒两社番，早经就抚，内外相安，何以突杀多人？当有别故。饬道先委确查，果系无故杀人，再行分别拿办，不得张大其辞，派兵合剿。如有擅杀无辜，惟道是问。旋接刘璈四月二十九日来详：准方春发移称，该番恃强反叛，非严剿不安，现拟三路进剿。二十四日，三路各营均抵率芒社，焚烧凶巢数百间，该番抵死回救，我军奋力迎战，杀伤番众甚多，该番势穷逃窜，追奔三十余里，始各收军。分剿各员均请记名汇奖等因到道。查率芒、董底两社叛番滋事，原拟剿抚兼施，俾知惩儆。乃该番愍不畏法，抗拒官军，实属始终顽梗，经此会剿，难保不铤险负隅，应仍由方春发相机办理。若仅毁其番社，听其避逃，则我军一去，彼仍伺杀，不能不派营搜剿，为惩一儆百之谋。如果悔罪输诚，仍当胁从罔治等情。

臣复加详核，该社番非盗非叛，种类繁多，久经受抚，此次因何凶杀，自应查明起衅，勒社交凶，如抗不遵，再行进剿。番事在示威怀德，该道等不分良莠，即将两社焚毁，杀伤多人，铺张战功，殊深怪诧。当委道员陈鸣志、副将戴秉纲，先后赴三条仑查明起衅，有无迎拒官兵，及现在是否安抚情形。

六月十七日，接据陈鸣志禀，以现奉札署台道，三条仑番案已委埤南同知吴本杰查复。据称亲至东港水底寮一带明察番情，缘驻三条仑南路屯营潘高升招各生番充勇，本年三月十五日，分防七家山番勇两人下山汲水，被生番杀死，一人割去首级，一番勇跟踪追觅，见伺杀者行人率芒、董底，当报本营官潘高升，传率、董两社番目赴营，与七家山番勇质对。十八日率、董两社并七家山番数十人同赴屯营，争辨不决，于是两番械斗，七家山死者一人，屯勇愤恨，帮同击杀率、董番二人，内一人为番目古溜之子。是时，潘高升仓皇失措，不置一词，率、董两番愤恨而返，由是沿途伺杀，行人戒严。二十八日，遂有杀死送文屯勇潘清一事，队目潘贵生控之，潘高升仅令葬埋，置之不问。前台湾道刘璈委管带田丰年往查，率、董两番益愤，四月初十夜，复聚番众百余人围攻归化门。十一日，岳左营帮带刘玉山、萧顺喜，飞虎后营哨弁曾起成及商人挑夫等四十余人，道经归化，见番众围攻，群呼叱之，番等惊而走去。萧顺喜等亦即就道以行。不料番等伏于道左，枪杀萧顺喜等十二人，断其首级，复焚毁归化门老社场营堡。潘高升请兵入救，刘道遂调方春发统领各营，相机剿抚。四月二十四日，各营分两道进兵，二十六日大兵行至率芒、董底，生番居高临下，枪伤屯长、练勇数人，官军即毁两社房屋三百余间，始行收队。各营复进扎率芒后山，两社始乞输诚，呈缴萧顺喜等首级七个，缚送凶番六人，在坊藔巡检衙门讯供。各营亦即于五月二十一日收队。此剿办社番并现在安抚之实情也。职道查此案，当以该番滋事，应否调兵剿办，有无拒敌官军，及现在如何安抚为断，吴丞所查各节，似系实在情形，所送凶番大光等六人，现已解府讯供。

如属正凶，情真罪当，拟即由道复讯明确，立正典刑等情。

又据副将戴秉纲查复，大略相同。惟禀中叙及率芒、董底两社归番与七家山番争斗，潘高升不能从中议断，反助七家山番杀毙率芒番两人，又将七家山凶番两人解台道审办，刘璈不论法律，反犒赏红布酒饭释回。是以率、董两社番忿恨愈深，激成围攻归化门屯营之变，尤为此案办理失当之大关。

臣按各员查复，三月十八日潘高升令传番目到营，率、底两社番遵到，与七家山番对质，其非梗顽不化可知。潘高升不能伸理，反纵勇偏助七家山番，又率请派兵，酿成巨祸。刘璈初详犹是委查之语，乃不待查复，遽尔调派大兵，分途痛剿，率芒、董底两社数百家同遭焚掠，良莠不分，尤为惨毒。陈鸣志面称两社男女千余人，饥苦异常，嗷嗷待毙，业经量为抚恤。所交凶番，臣现饬陈鸣志督同台湾府悉心研鞫，果系杀害官军，罪无可赦，即行正法。惟刘璈轻信方春发，焚杀已抚社番；潘高升办理乖方，激成巨祸，均应严惩。除刘璈贪劣，臣已专折奏参外，副将潘高升拟请旨革职，发往军台，以示儆戒。

按，刘璈滥剿已抚之番，其祸始于潘高升，成于方春发。非春发移称该番反叛，非严剿势难收服，其祸尚未必若是之烈。要以潘为首祸，故劾之。陈澹然记。

光绪十一年八月十四日奉上谕：「刘铭传奏，台湾南路率芒、董底两番社与七家山番械斗，副将潘高升不为伸理，纵勇袒助七家山番，致两社聚众滋事。刘璈不待查复，率行调兵进剿，致两番社良莠不分，同遭焚掠。请旨将潘高升惩办等语。率芒、董底番社前已受抚，此次与七家山番仇杀，自应设法解散，何得率行攻剿，惨及无辜？既据两番社悔罪投诚，即着刘铭传饬属妥为弹压，勿任再滋事端。其被难番众，酌加抚恤，交出凶番，是否的系正凶，讯明分别究办。除刘璈已另案革职查办外，潘高升办理乖方，实属罪有应得，着即革职，发往军前效力，以示惩儆。钦此。」

奏参林文钦等片

［光绪十一年七月十七日］

再，中路通宵、大甲两海口，曾经前任台澎道刘璈调派彰化绅士候选同知林文钦、广东候补同知吴朝阳，各带土勇一营，分扎防守。林文钦等于上年十一月募勇成军，至台南驻防。刘璈申报各该营俱照楚军坐粮章程，每勇每月口粮银三两六钱，每营只长夫八十名，夫价每名每月二两四钱。本年经吴鸿源咨调至中路协防，刘璈申报改照行粮章程，每勇每月口粮银四两二钱，添足长夫一百九十人，俱照每名每月三两发给。

臣查林文钦、吴朝阳俱系彰化富绅，所带彰化土勇，何以出防台南口粮尚轻，调防本乡口粮转重，深为诧异。五月初十日，札饬记名提督王贵扬、知府丁达意分路点裁。据报王贵阳所点吴朝阳土勇一营，空勇十八人，全营无一长夫，夫价亦未发给。丁达意所点林文钦一营，空勇四十九人，亦无长夫，官长仅见前哨哨官，林文钦并各哨弁均不在营。当经檄令遣散，饬令林文钦等来辕听候查办。当饬沈应奎会同方策勋审问。林文钦、吴朝阳各供短少勇丁、扣发夫价，与点册相符。若照侵饷定律，重咎难宽。惟访闻该绅等均系安分富户，带勇既非其才，亦非所愿。林文钦不能成文，系刘璈新进附生。吴朝阳之子亦拜刘璈门下。刘璈贪污不法，诛不胜诛，应无庸再事搜求，以免株累。

查林文钦自上年十一月成军，至本年五月底止，共领饷银一万六千一百余两。吴朝阳自上年十二月成军，至本年五月底止，共领饷银一万二千八百余两。吴朝阳尚知悔畏，禀缴本年三个月行粮银八千两，恳求宽宥。林文钦年少无知，视空勇侵饷、擅离军营为细故，不肯认咎。经沈应奎等详报前来。

臣查林文钦与林朝栋亲堂叔侄，林朝栋家道中落，尚肯急公好义，备资募勇，出力御寇。林文钦为彰化第一巨富，纵不如林朝栋之仗义急公，乃经刘璈檄令带勇，竟敢空少勇数、夫数，擅自离营，理应从严参办。惟闻该绅系刘璈勒令带勇，素昧军营规制，于寻常军营侵冒不同，应请旨将同知林文钦即行革职，勒令将所侵饷项银一万六千余两全数缴还，以示薄儆。至吴朝阳家资稍薄，既据禀缴三月行粮银八千两，应恳天恩免予参革。臣为郑重军饷起见，谨附片具陈。

军机大臣奉旨：「林文钦著即革职，核明该营空少勇数、夫数饷银若干，勒令呈缴。余依议，该部知道。钦此。」

迭平土匪请奖官绅折 光绪十二年二月初四日

窃照台湾孤峙海外，山谷阻深，素为盗贼逋逃渊薮，而彰、嘉尤甚。法事粗定，臣即令台镇章高元驻防彰、嘉交界之处，镇摄中权，外盗稍知敛迹。惟嘉境土匪拥众横行，其大者曰颜摆彩、庄芋、薛国鳌、吴金印等为最著，此外著名土棍尚有一百四十余人。地方逼近海滨，弥望竹围，类皆匪党踞藏之所，其五间厝庄及下潭竹围、角带围等庄，著名匪党皆十数年抢劫纵横，控案山积。

匪首颜摆彩等，每窝聚于角带围庄翁呆家中。十余年来，地方官莫敢过问。经臣迭饬营县设法严拿，殊难缉获。兹据嘉义令罗建祥禀称：饬役探明匪迹，五月十一日黎明，会同练营乘匪不备，袭入角带围，颜摆彩等开枪拒捕，当经督练猛攻，死伤十数匪，捕获翁铨等五人讯明，由臣批饬分别惩办。惟颜摆彩独率党血战而逃，复饬赶拿颜摆彩等，务获。

未几，罗建祥复禀：据佳里兴巡检陈炳禀称，九月二十三日黎明，闻五间厝庄一带，枪声大震，疑为居民械斗，当即会同练营哨弁周世英带兵驰往，查系顶潭、下潭等八庄，见颜摆彩潜返窝巢，经练绅招集各庄庄丁，前往围袭。颜摆彩放枪死拒，被庄丁袭破其宅，擒斩一人。颜摆彩复率众他徙，追奔逐北，相持竟日，兵壮多死伤，及暮，始行退散。罗建祥得报后，急会练兵驰往盐水港，联合各庄丁，设法兜拿，禀请添派营勇会拿等情。臣当檄饬章高元，以炮队一营移驻嘉义，督率练军，会同嘉义县严密缉拿。

十一月初四日，复据章高元、罗建祥禀称，嘉邑辖内鱼寮庄，有巨匪陈注，结党横行，恣意剽掳。此次颜摆彩藏匿其家，见官军严捕，谋集党羽，树旗抗拒。练营管带王九龄率勇四十余人，直抵陈注家中，捕获颜摆彩、陈注及同住匪伙八人。正在押解起行，不料该党胆敢鸣锣集众数百人，各执枪械，围殴夺犯。王九龄用枪血战，因众寡不敌，所获匪犯均被夺去，兵勇伤者十余人。幸得北港练兵闻信急援，王九龄始行脱围。并请以后如有获到重大案犯，讯得确供，拟即由台湾镇恭请王命，就地正法，以昭炯戒等情。

臣因土匪横行，拒捕殴官，被拿夺脱，实属不成事体。营官王九龄，虽因众寡不敌，究系办理不善，当即摘去翎顶，勒限两个月，务拿颜摆彩、陈注等到案。并批准以后获到要犯，如果讯明情真罪当，即行循照向章，由台湾镇总兵章高元恭请王命，立时正法。去后叠据罗建祥禀，先后捕获巨匪李大树等凡七人，皆经讯明正法。而颜、陈二贼终未弋获。

十二月十六日，章高元、罗建祥复禀称：鱼藔庄距城辽远，匪党出没，近益滋多，今颜、陈二贼拒捕伤官，必另有为首主谋之人，非得渠魁不能剿办。当经分饬守备龙殿飏、同知陈熙年、都司刘全等，转饬鱼藔近地二十五庄各头人、族长，饬令约束庄众子弟，毋得助匪。一面购获匪徒陈刘薯等，分别囚系。罗建祥督率炮队由扑仔脚俯攻而下，参将丁映升率炮队自北港仰攻而上，参将周士得率营兵百人，伏于匪庄左侧，王九龄率练军百人，伏于匪庄之右，以备截拿，章高元自率亲兵为之策应。十二月初九夜潜至鱼藔。质明，官军四集，匪众大惊，不及抗拒，纷纷逃窜，当获匪徒陈澈、陈春、张勇等二十八人，搜获洋枪火药刀械多件。因即驰马踏勘，该庄四面竹围，沟深菁密，皆陈注之父陈江训所筑。陈江训前为庄长，创立小刀会，勾结徒党，抢杀嘉义，间与颜摆彩等互相呼应。该庄既拔，所有夺犯伤官诸匪党悉数擒获，匪巢亦立即焚毁。惟颜、陈二匪复经逃窜等情。

十二月三十日复据章高元禀报：探明颜摆彩潜入布屿保，已派兵围攻捕获，经罗建祥审讯，据供：集众五、六百人，纵横于台、嘉、彰三属之间，抢虏十三年，所获财物不可胜记，其他勒赎金、毙人命、奸妇女、拒官军，则固吾侪事业，不必多问。语次谈笑从容，若不知身婴巨辟。臣当批饬就地枭示，居民闻之，莫不称快。该党陈澈等抢掠伤官者，亦经正法。其余罪应遣流者，已按照台章分别锁礅，年满察释。此剿办嘉义土匪之情形也。

嘉、彰两县，辖境辽阔，薮盗实冠全台。彰化之南投地方，与番境接壤，匪首许添丁、王乌毛、陈亮等聚众百数十人，四出抢掠，劫财虏人，控案叠出。县令蔡麟祥禀请派兵会捕，臣檄饬澎湖协副将苏吉良，带勇会县往拿。该匪等胆敢开枪拒捕，经该文武当场格毙陈亮、王乌毛二名，独许添丁率众逃去。当将匪巢拆毁，旋经该匪堂兄许国将许添丁拿获解县，讯明正法。

十二月二十日蔡麟祥复禀称：本月十二日既夕，据童生黄玉衡赴县喊称，伊平日读书不与外事，族人因其直，举为总理。今晨有湳底庄同族黄敏、黄汶丁兄弟三人，挟忿纠党七、八十人，各执枪械闯入伊家，强掳服物，放火焚庐，举家惊惶逃走，黄玉衡拆窗逃出，遍体火烧伤，幼子黄尚、工人黄川、黄鄙等俱受重伤，并将伊长子黄坤元、次子黄坤连掳去，庄众鸣锣出救，该匪等放枪拒敌，众莫敢前。现匪等尚踞黄敏竹围中不去，哀乞救护拿办等情。

蔡麟祥讯问挟忿缘由，据供黄敏兄弟三人皆其族侄，素以抢掠为生，族众曾拟送官惩办，因其房众强悍，深惧报复，未敢下手。去冬，黄敏等截夺邻庄过路猪十余只，失主投告黄玉衡。黄玉衡充当总理，不得不秉公管束，当即严斥黄敏等，不应平空拦截他人猪只，勒令交还。黄敏坚执不许，黄玉衡反畏其凶虐，商与武生黄朝清，备银十二元，婉言赎还失主。未几，黄敏妻子病死，藉口玉衡开圳灌田，冲犯煞气，致毙伊妻，勒索出银偿命，黄玉衡忿恨不允，遂即纠众抢掳。

蔡麟祥惧伤其二子，急请彰化统领柳泰和，遣派副将吴西元、游击陶金魁、副将周鸣声各率兵勇，于十四日黎明至湳底庄，相机剿捕。黄敏等见官兵已到，堵塞围门，极力抗拒，仍坚闭黄玉衡两子不放。黄玉衡所居之埤脚庄，去湳底庄只二百余步，居宅十数间，皆被焚毁。蔡麟祥等一面令兵勇暂堵湳底庄外，传集该庄五房头人黄玉有等，并总理黄木火，谕令先向黄敏兄弟剀切开导，今官兵已至庄外，若速释黄玉衡两儿，或可格外施恩。木火等往返十数次，涕泣开导，黄敏兄弟抗不释放，复缚两儿于篱下，以刀置颈上，喝以：「官若攻我，当先斩汝。」呼号惨绝，耳不忍闻。将士皆痛愤，请速入剿捕，蔡麟祥流涕，谕以兵入则二子必死，不若暂且容忍。复令举人黄玉书三次往谕，反复譬晓，率不释放。

蔡麟祥等察其情形，该匪意在先挟两儿，以为抗拒，迁延至夜，则即走逃，而二子必终无下落。适黄玉衡亦痛忿不堪，跽请不顾二子，愿速剿办，以绝祸根。黄氏诸族长亦然。蔡麟祥等不得已，乃合将士一鼓而进，居民亦相助攻击，该庄竹围甚坚，匪又纵枪抗击，莫克先登，游击陶金魁独率死士十余人，凫水越沟，砍破竹围，诸军径入，贼势不支，当即格杀积匪曹猫仓、黄敏兄弟七人，生擒二名，搜获枪刀二十余具。各匪纷纷逃窜，一面追拿，一面将匪巢拆毁。黄玉衡二子年方幼稚，围破之时，贼因凶惧，砍其颈不殊，幸保无恙。此剿办彰化土匪之情形也。

署台湾道陈鸣志，拿获哥老会匪首王春华、易子林二人。凤山、淡水两县，先后拿获纠抢重犯九人。均经臣复核，情真罪当，一并批准正法枭示，以疎凶残。伏查台湾民情枭悍，嘉义、彰化两县，伏莽尤多，历年抢杀拒捕，未获一人，土匪横行，暗无天日，地方官因循日久，民玩益残，若不雷厉风行，日久且生内乱。臣窃念自古御外必先靖内，内不靖则根本易摇，一有外忧，势且不攻而自靡。故自去夏法兵去后，臣即严饬各地方官，清结讼争，严拿土匪，申明赏罚，不准违延，抢劫巨案，有犯必惩。如有匿报及办理因循，非参即撤。

现署嘉义县同知罗建祥、署彰化县通判蔡麟祥，均系莅官未久，俱能奋激图功。罗建祥四月到官，清理积案一百五十余起，拿获积年巨匪四十余人，阖邑绅民翕然称颂。蔡麟祥于许添丁、黄敏聚众抢杀，急切难图之巨案，立行捕灭，妥速异常。该二员勤能果断，奋发有为，合无仰恳天恩，将知府衔福建试用同知罗建祥、补用同知试用通判蔡麟祥，均请交部从优议叙，已革总兵王九龄拟请开复总兵衔，参将丁映升拟请开复原官，候选教谕张步蟾拟请赏加中书衔，廪生黄星华拟请以训导归部选用。臣为整顿地方，鼓励人才起见，是否有当，出自逾格鸿慈。

光绪十二年四月十八日，军机大臣奉旨：「览奏，均悉。罗建祥等均著照所请奖励，该部知道。钦此。」

再，封折间，据署台湾镇章高元禀报：侦知匪首吴金印于二月二十四日潜回巢穴，立即密派炮营营官丁映升、练军管带王九龄、嘉义营参将周士得等，各带兵勇百人，会商罗建祥，派令署笨港县丞吴承哲，星夜驰往店子口地方。五鼓时行抵吴金印住宅，丁映升、王九龄率勇先自篱隙潜进围墙，分兵兜围，夺门入室，章高元率队继至，当获吴金印暨匪党七人。搜出抬枪、洋枪多件，并交嘉义县收审等情。

臣查吴金印颇有家资，甘为匪类，历犯拒捕、抢杀重案，恃其围坚党众，官不能办，遂至横行无忌，莫敢谁何，以致地方穷民窝匪以分赃，富民结匪以自卫，械斗抢杀，视为故常。若非严拿重办，以绝萌芽，积久且成巨祸。嘉义土匪以颜摆彩、庄芋、薛国璈、吴金印四人为群盗之魁。除庄芋业于上年经林朝栋收充该营哨官，在营病殁，薛国璈经章高元于本年正月十五夜率队围拿，破其窠巢，在逃未获外，颜摆彩、吴金印均经先后拿获，实足以彰国法而快人心。谨附片具陈，伏乞圣鉴。

军机大臣奉旨：「知道了。仍著严缉薛国璈，务获究办，毋任漏网。钦此。」

参记名提督方春发克扣饷银片〔光绪十二年八月〕

再，驻防凤山统带镇海前军三营记名提督方春发，经臣访闻侵扣饷项，营伍废弛，密饬署台湾道陈鸣志就近密查，并派差弁驰往确访。现据陈鸣志禀称：委员查明方春发营中饷项，自本年三月起，每日止发勇丁伙食钱八十文，至今未发大饷，仍照甘肃章程，俟销差时再行全发。一勇病没，应发烧埋银五两，并不照章发足。遇有故勇欠存口粮，亲属具领，该提督亦始终不给，并信用已革甘肃知县陈海春，由内地贩运烟土多斤，听其在营煮膏，卖归勇吸，按月扣饷抵销，以至营伍废弛。等情。并查明管带镇海前军右营总兵桂占彪，亦有减发烧埋银两，及扣发故勇存饷情事，具复前来。

臣伏查方春发、桂占彪均以提镇大员充当统领营官，驻扎凤山、旗后海口，宜如何认真操防，方副委任。乃竟敢克扣饷项并减发烧埋，废弛营伍。若不参办，何以肃军政而饬纪纲？除将方春发等即行撤委，另派前陕西榆林镇副将陶茂森、副将江南通州营游击余德昌分别统带外，应请旨将记名提督方春发即行革职，总兵桂占彪以游击降补，以肃军政。

光绪十二年九月初五日，军机大臣奉上谕：「刘铭传奏提镇大员克扣饷银请旨革职降补等语。记名提督方春发统带镇海前军三营，于营中应发各项饷银，或不照章发足，或竟始终不发，并信用已革知县陈海春，贩运烟土，听在营各勇吸食，按月扣饷抵销，以致营伍废弛。又总兵桂占彪管带前军右营，亦有减发银两，扣发存饷等情。似此克扣军饷，紊乱营规，实属大干法纪，该抚仅请革职、降补，殊属轻纵。方春发、桂占彪均著先行革职，交该抚亲提严讯，将应得罪名按律定拟具奏。其克扣欠发各款，仍著查明确数，勒限严追，不得稍涉含混。该部知道。钦此。」

参记名提督柳泰和营伍废弛片〔光绪十二年八月〕

再，记名提督柳泰和，统带春字三营，驻防中路。臣访闻该军勇数不足，密派差弁逐哨访查。八月初，适有苏鲁等社叛番滋事，林朝栋禀调会剿，林朝栋驻扎大隙山岭，屹然不动。该提督退扎大坪，相距番境二十余里，时被生番抄劫，伤亡勇夫至百余名之多。臣至罩兰后，查悉该军勇粮空额，营伍废弛，立将该提督并副营营官陶廷樑一并撤委，另派提督李定明接统其军。

近来，军营积习，侵吞虚冒，视为故常，若不切实惩办，不能挽回积习。除春营营官李惟义自告奋勇，攻破苏鲁社石卡，暂行留营以观后效外，相应请旨将记名提督柳泰和先行革职，撤销勇号，由臣查明空勇若干，有无侵吞饷项，再行陈请发落。其副营营官参将陶廷樑临阵不力，营伍废弛，应请即行革职，以肃军政。

军机大臣奉旨：「柳泰和著革职，撤销勇号，由该抚查明有无侵吞饷项，奏明办理。陶廷樑著即行革职。钦此。」

奏参罗建祥折 光绪十四年九月初二日

窃照台湾举办清赋，经臣奏请明定赏罚在案。各县令宜如何悉心经厘，以副委任。查署嘉义县罗建祥，初觉精明强干，自上年捐升知府，仍留署任后，即膜视民生，既不坐堂讯案，亦不巡缉各乡，抢杀重案，无月不十数起，未据报获一人，讯结一案，声名狼藉，民怨沸腾。其于清丈一事，首报丈讫升科，臣固未敢深信，随时访查督责。罗建祥专恃狡辩，矢口不移，禀称实在办竣，毫无虚伪，而人言藉藉，俱谓其粉饰欺朦。直至委员复丈，始知该县田多未勘，尽属空言，经费虚縻，要公坐误。尤且膜视民命，政务废弛，未便宽纵。

代理凤山县知县候补通判吴元韬承办该县清丈，亦多蒙饰。据查因病贻误，尚非罗建祥始终有心欺饰可比。惟所縻经费至二万三千余两，自应分别重轻。

除将该署令等先后撤任，并催接任各员速行补丈外，应请旨将罗建祥即行革职，由台湾道派员押交淡水县看管，听候查办，用过清丈经费，先行勒令全数缴赔。并请将吴元韬暂行革职，用过清丈经费勒缴一半，仍著随同清丈，俟丈务报竣，缴清经费后，如果尚知愧悔出力，再由臣奏请开复原官，以儆奸邪而昭公允。

光绪十四年九月二十六日奉上谕：「刘铭传奏特参贻误要公各员请旨惩办一折。福建台湾署理嘉义县知县试用知府罗建祥，勘丈田亩，朦混欺饰，并膜视民命，废弛公事，著即行革职，听候查办。代理凤山县知县候补通判吴元韬，承办清丈，敷衍粉饰，著暂行革职，仍责令随同勘丈，以观后效。该二员均有虚糜经费情事，著分别勒令赔缴，毋任延欠。余著照所议办理，该部知道。钦此。」

革降参将都司片〔光绪十四年九月初二日〕

再，淡水至宜兰县城，经臣于上年派兵开道，中有番境数十里，素无人烟，因饬淡水县于平林尾、樟谷坑、摩壁潭、倒吊子、四堵等处地方，修盖草屋卡房五处。檄饬艋舺营参将张欣，在艋舺、宜兰两营内选兵四十人，派弁带往驻防，保护行旅，并照练军章程，加给口粮在案。

数月以来，经臣访闻此路防兵数多不足，曾经面饬参将张欣派弁查看。旋据称：五处防兵并无缺少。复经臣委员密查，据称所过一路，仅平林尾、四堵两处，各有兵十人，樟谷坑无兵往驻，本月始有二兵到防，并雇三民人为之顶替。其余摩壁潭、倒吊子两处仍旧无兵。臣查台湾自裁兵加饷以后，绿营兵饷已与内地迥殊，练饷再加，几与勇营无异，养一兵不得一兵之用，安有天良？乃于派防道路兵丁四十人，仅用二十，所防五处，仅止两处有兵，竟敢于耳目相近之区，欺朦隐饰，以少报多，冒领加饷，实属藐玩戎规。

噶玛兰都司李长青应派防兵二十人，仅止十人住防四堵，余无一兵，平时营伍废弛，已可概见，若不一并参办，何以肃军政而重饷需？相应请旨将艋舺营参将张欣即行革职，噶玛兰都司李长青以千总降补，以儆欺冒而杜侵渔。

军机大臣奉旨：「张欣著即行革职，李长青著以千总降补，余依议。兵部知道。钦此。」

彰匪围城劫馆派兵剿平折 光绪十四年九月二十四日

窃本年六月间，后山番变，台南北各军分调赴剿，台民浮动，谣煽纷来。适嘉义乡民械斗不休，更致讹言纷起。臣飞饬统带武毅军提督朱焕明，自彰化带勇三百人前往，督同所部驻防嘉义营官朱家齐拿办积匪数人，地方始行安辑。

惟嘉、彰沿海一带，民贫而悍，一夫倡率，万众蜂从。八月杪，据彰化县电称：盗劫鹿港盐馆，众至数百，声言克日攻城。当时中路只朱焕明一军调防嘉义，留彰防勇无多，而道员林朝栋三营，且分布内山，相隔甚远。臣当飞檄林朝栋，调出五百人，屯扎彰化。九月初一日，续据彰化县电称：土匪愈聚愈众，不下数千，围攻县城，电线俱遭毁断。臣急饬林朝栋自胡芦墩星夜入援，并饬驻防基隆总兵窦如田带铭军三营，都司郑有勤抽带隘勇五百，均自后垅至大甲会援。两军当疠疫之后，病勇过多，台南各军又远在埤南之地，台湾道唐景崧禀募土勇一营。臣复电商督臣，自闽派拨福宁镇总兵曹志忠四营乘轮助剿。并飞调澎湖镇总兵吴宏洛、台湾镇总兵万国本分回台南北，以待会师。

初五日，窦如田等禀称：新竹、彰化交界地方，土匪乘机抢劫，文报不通，署彰化县知县李嘉棠间道告急。据称贼踞东门外八卦山，分道攻城，势汹莫测，当募粤勇二百，会同栋字正营帮带林超拔、北路中营署都司叶永辉，协力严御，并饬已革都司洪磐安招义勇二百，助守登陴。

初一日，朱焕明自嘉义得报，督队急援，所带仅三百人，距城三十里，众贼环困，身受重伤，血战竟日，离城数里，枪弹俱穷，弁勇伤亡过半，其余奔入城中。朱焕明行至白沙坑，血战阵亡。

接林朝栋初八日禀报，添募土勇千人，招集练勇八百，偃旗息鼓，步步为营，扎至距北门里许之市仔尾。是夕，贼众四面攻城，各拥竹梯，城上枪炮抵轰，贼锋稍却。林朝栋乘其无备，于五鼓间亲督林福濬分路突攻，副将余保元、把总林青云两面接应，城内林超拔亦开城夹击，贼乃大奔。生获贼匪六人，阵斩十七级，立解城围，乘势夺还八卦山要隘。李嘉棠饬令洪磐安等督率诸勇，分夺马祖庙、番社口各庄。抵暮，始收军而返。

当查彰化匪首施九段、王焕，嘉义匪首李达、杨中城等，纠合余党三千余人，屯聚西南角，去城不及十里。林朝栋等分兵扼隘，整队前驱。十一日，李嘉棠专守县城，林朝栋督带各营出城攻剿。先派洪磐安等，率练勇分剿南路蒲尾、大岸头等庄之贼。知县龙赞纲等，率粤勇分剿中路顶仑平等庄之贼。北路砖仔窑及中路平和厝两庄，尤为贼势注重之区，匪悍枪多，渠魁俱聚于此。林文荣率领栋字后营，攻取砖仔窑，已革甘肃知县张纪南率队策应。林福濬率领栋字前营攻取中路，由三块厝攻至平和厝等庄。文童林朝瑞随同林超拔队策应，贼首王焕屯驻平和厝，出围接仗，枪弹如雨，死战不休。林朝栋督令林超拔向北包抄，并令余保元由后掩袭，环战两时之久，阵斩凶锋郑心丁一名，散匪三名，夺获伪旗、伪令多件。哨官郑以金异常奋勇，首先冲杀，该匪力始不支，弃庄奔溃。砖仔窑亦经林文荣同时攻破。各营乘胜连破竹栅二十一处，阵斩匪首四十一级，生擒八人，随时枭示。夺获竹梯、藤牌诸械无算，我军受伤十七人，余贼奔溃西去。此彰化解围及攻剿获胜之情形也。

窦如田、郑有勤两军初七日至大甲，初八日闻报城围已解，遂会同牛马头绅士，解散鹿港以东胁从三十六庄，十三日带队到彰。吴宏洛、曹志忠与开复藩司沈应奎亦先后驰抵彰化。万国本驻扎嘉义，待命会师。臣令沈应奎会商吴宏洛等，乘势剿办，务获匪首，解散胁从，以安良善。旋据电称：探明匪首施九段、王焕等屯踞，该匪所居之镜水庄，党羽只数百人。二十三日黎明，吴宏洛督带所部并铭军土勇，分三路往攻，及至该庄，匪已逃遁。现经沈应奎出赏购拿，所有胁从全行解散，地方安谧如常。

惟据鹿港绅士进士蔡得芳并各堡绅士来彰诉称：彰化县知县李嘉棠，性情刚愎，不洽舆情，且丈田不公，任听委员需索，因失民心。初一日贼众围城不足千人，两、三日间，煽惑沿海百余庄，叛民竟至五、六千人，若非援救迅速，地方不堪设想。请速更换等情。

臣查署彰化县知县李嘉棠，办事粗率，绅民啧有烦言。藩司邵友濂屡请调换，因地方烦剧，一时择人未定，现在业经撤委。虽该署令此次守城尚能坚定，其在任有无实在劣绩，功过能否相抵，已由臣檄饬沈应奎详细查办。既系丈田不公，听委需索，臣不敢因原保在先，稍存回护。应请旨饬部，先将署彰化县知县李嘉棠清赋保案撤销，听候查办。

彰化城垣低薄，守御殊难，道员林朝栋未及旬日，破贼解围，大局以定，实属忠勇血诚，不顾嫌怨，慷慨任侠，仗义急公。拟恳天恩，将二品顶戴候选道林朝栋赏穿黄马褂，以示优异。其余战守出力之官绅将弁，可否准由臣汇入攻克吕家望番社案内择尤请奖之处，出自逾格鸿施。统带武毅军记名提督朱焕明，急于赴救，力战阵亡，遍体伤残，异常惨烈。拟恳天恩俯准，于彰化县城建立专祠，饬部照阵亡例从优议恤，以慰忠魂。此外勇弁伤亡，再行查明奏咨请恤。

光绪十四年十一月初十日内阁钞出，十月十七日奉上谕：「刘铭传奏彰化土匪抢劫盐馆，围攻城池，先后剿平一折。本年八月，鹿港盐馆土匪抢劫并攻围彰化县城，经刘铭传派令朱焕明、林朝栋等分路进剿，立解城围，并连砍竹围二十一处，斩获多名，胁从全行解散，地方安谧如常，办理尚为迅速。候选道林朝栋著赏穿黄马褂，其余出力官绅将弁，著汇入吕家望番社案内择优请奖。阵亡之记名提督朱焕明，力战捐躯，深堪悯恻，著照阵亡例从优议恤，并加恩准于彰化县城建立专祠，以彰忠荩。署彰化县知县李嘉棠，办事粗率，不协舆情，著撤销清赋保案，仍交刘铭传认真查办。逸匪施九段、王焕等，仍饬派出各军严拿务获，毋任漏网，以靖地方。余著照所议办理，该部知道。钦此。」

查明知县功过并官绅比匪情形折 光绪十四年十一月初六日

窃臣奏报彰化土匪抢劫盐馆，围攻城池，先后派兵剿平一案，匪首施九段、王焕等在逃未获，经臣严饬购拿。并以署令李嘉棠有丈田不公、任听委员需索情事，请旨撤销清赋保案，一面撤任，并饬开复布政使沈应奎确查。

旋据复称：李嘉棠自到彰化，因民气强悍，欲以严刑峻法遏抑其风，词讼多意为断结，未能悉得其平，舆情因而不洽。承办清丈事务，委员各带书役赴乡，查无需索实据。惟于八月中旬，逆匪遍张揭帖，势岌可危，李嘉棠壅不上闻，未免贻误。

并据另禀：匪犯施九段等辗转潜逃，经鹿港营游击郑荣、绅士训导施家珍、廪生施藻修等具限拿交，撤兵后托词软抗，显系有心庇护，未便姑容，请即一体参革等语。

又据李嘉棠来辕具禀：奉饬丈田清赋，各堡皆踊跃输将，完纳新粮，均愿自封投柜。惟港鹿一堡绅士叠催叠抗，施九段等谋为不轨，先经访闻饬拿，因郑荣、施家珍等力保其为善人，断无不法情事。八月十九日，因公绕道施九段所居之镜水庄，观其动静，该官绅犹为包庇。九月初一，匪众围城，施家珍等函约在城绅士廪生吴景韩、教官周长庚，会于马兴庄，请将丈田图册送至贼营烧毁，劫馆围城各犯，办理从轻，城围可解。当经坚斥不行。解围后，沈应奎、吴宏洛等到彰，谕令该绅等交出首犯，免查通匪各情，该绅等先行通告镜水庄贼匪，令其远飏，然后请兵进剿，至则仅存空屋数椽。施九段、王焕平日均非匪人，素在鹿港生理，何故围城挟官，焚毁丈田图册，显系施家珍等主使。惟先前不能防范，咎实难辞。等情。

臣查鹿港施姓族大丁多，训导施家珍、廪生施藻修及前广东新兴县知县蔡德芳等，向来把持公事。先因禀留署同知蔡嘉谷，经臣痛加批斥，怨忿已多。上年全台开办百货厘金，南北各属商民一律遵办，惟鹿港软抗一年。此次清丈完粮，各县皆一律遵办，独鹿港一堡复敢抗违。查施九段、王焕等平日俱非匪类，素受施家珍等驱使，竟敢逆谋围城，戕害提督大员，肆为悖逆。

李嘉棠疏于防范，虽据查无任委需索及别项劣迹实凭，但于该匪谋逆先已探知，并不据实禀报，劫馆围城之后，仍不禀明匪首名目暨起事缘由，直至臣以是否该署县激变根查，始据沥陈施家珍等主使谋逆。是其于此事未发之先，徇隐欺朦，贻误实非浅鲜，仅予撤销保案未足蔽辜，李嘉棠应请即行革职，以示惩儆。

鹿港营游击郑荣，附和施家珍等庇护逆匪，且于军火到防被劫，事前既不防范，事后亦不追查，并不禀报抢匪名姓，应请一并革职，仍俟匪犯施九段等拿获，讯明该游击有无勾通情事，再行核办。训导施家珍、廪生施藻修，主使施九段等抗官谋逆，围城戕官，应请分别斥革，严拿讯办。前广东新兴县知县蔡德芳，本应一并参革，姑念年老迂疏，不通世务，事由施家珍等指使，应请暂免置议，勒令具限完粮，如仍抗延，再行参办，以示区别。

光绪十四年十二月初三日奉朱批：「李嘉棠、郑荣均著即行革职。施家珍、施藻修著分别斥革拿办，余依议。该部知道，钦此。」

参游击郑有勤等请革职正法片〔光绪十六年正月二十五日〕

再，统带台北隘勇营游击郑有勤，初尚勤奋，自上年全台生番归化后，该游击侈功懒惰，营伍废弛。该军营务处保留江苏补用知县徐石麒、已革县丞凌云、营官守备张安珍等，怂恿为奸，同恶相济。上年八月间，竹头角等社番潜出杀人，经抚垦局查明，勒令各该社番目交出凶手，郑有勤胆敢私行释放。九月间，隘勇被杀至四十余人，张安珍疏防失卡，亦不禀究。及大兵进剿时，该军迁延不进，视若泛常。经臣撤差查办，委验所部隘勇，竟以垦民三百人冒充勇数，侵吞粮饷，实属目无军法。除已革县丞凌云现经远逃，俟拿获到案再行讯办外，游击郑有勤、守备张安珍侵冒饷银，故违军令，均请革

职正法，以肃军威。保留江苏补用知县徐石麒并请革职，永不叙用。

光绪十六年二月二十二日奉上谕：「刘铭传奏剿办台北内山番社情形一折。上年九月间宜兰凶番戕害官弁，经刘铭传派总兵吴宏洛等督队进剿，于十二月间叠毁白阿歪等社，各番恐怖，将为首凶番有敏阿歪等捆送求抚，讯明正法。所有加九岸叛番，据称此次剿办暂知敛迹。该抚仍当妥为镇抚，毋稍大意。其南澳九凶社，现经该抚亲往督剿，即著严饬各将领详审地方番情，大加惩创，以儆凶顽。仍将剿办情形随时奏闻。另片奏带兵官侵冒饷银，故违军令，并营务处委员怂恿为奸等语。游击郑有勤、守备张安珍，均著革职，即行正法。江苏补用知县徐石麒，著革职永不叙用。已革县丞凌云，俟拿获到案，讯明惩办。该部知道。将此由四百里谕令知之。钦此。」

大潜山房诗钞

序

曾国藩

山谷学杜公七律，专以单行之气运于偶句之中；东坡学太白，则以长古之气运于律句之中；樊川七律，亦有一种单行票姚之气。余尝谓小杜、苏、黄，皆豪士而有侠客之风者。省三所为七律，亦往往以单行之气，差与牧之为近，盖得之天事者多。若能就斯途而益辟之，参以山谷之倔强而去其生涩，虽不足以悦时目，然固诗中不可不历之境也。

省三用兵亦能横厉捷出，不主故常。二十从戎，三十而拥疆寄，声施烂然，为时名将。惟所向有功，未遭挫折，蔑视此虏之意多，临事而惧之念少，若加以悚惕戒慎，豪侠而具敛退，气象尤可贵耳。余览其诗卷既毕，因题数语以勖勉之。

同治五年十一月，曾国藩书于周家口军次。

淮上送李少轩观察归里

碧草迷南浦，春风送客舟。骊歌唱三叠，别酒醉千瓯。淮上一挥手，潇湘依旧游。风尘须郑重，道路费勾留。既涉洞庭水，拟登黄鹤楼。有诗先寄我，无恨莫生愁。此去难为别，离君孰是俦。君归我亦返，不愿觅封侯。

题风雨穷途图

午夜冲寒唤渡河，满天风雨怅如何。一身落落谁知己，四顾茫茫且放歌。岂是芦中人未识，恐教髀里肉生多。画工似有规依意，不写逍遥写折磨。

遣　怀

自从家破苦奔波，懒向人前唤奈何。名士无妨茅屋小，英雄总是布衣多。为嫌仕宦无肝胆，不惯逢迎受折磨。饥有糗粮寒有帛，草庐安卧且高歌。

文章歌

盛朝修文不用武，大地人人歌乐土。千家万户重读书，只学文章不学古。学古无所益，文章能进取。人生总角百无知，父兄教之读八股。年年日日苦哦吟，笼袖凭几岁月深。幸有明师传真诀，清词妙句为时钦。自矜手笔如燕许，足堪振翼步云程。孰料文章憎命达，一战再战榜无名。落第归来怒焚卷，怀才不试安贫贱。隐身山谷与世违，功名从此无心念。朝朝采药亦悠然，频年又复遭时变。无端烽火漫天来，骨肉流离不相见。飘零无处寄此身，生成傲骨不依人。天涯走遍无知己，满腹文章志不伸。吁嗟乎！读书万卷无所成，文章两字误苍生。此身已受文章病，莫把文章病子孙。

重九后史松园来访阻雨夜坐各口占一律即步松园韵

天意留君住，萧萧雨满岭。阴晴无定局，得失愿同心。灯火三更静，烽烟万里深。明朝云雾散，红日挂山林。

元旦作

爆竹一声声，新符祝太平。羽书应罢息，棋局渐分明。春色山河壮，天时岁月更。山居过令节，依旧走征尘。

应募入皖辞家晓行

拜别亲朋去故关，举家相送泪潸潸。从戎气壮晨趋马，破晓云开鸟出山。人值少年当自立，身逢乱世敢偷闲。中兴将帅堪平寇，我待功成定早还。

楼头玩月偶成

日落夜朦胧，霞烘夕照红。坐当风紧处，人在月明中。城小呼更急，天清起籁空。倚楼频四顾，高唱大江东。

赠杨艺芳观察

皖水识荆州，经年作伴游。三生遇同志，百战为封侯。鲁酒同谋醉，吴江共泛舟。此心勤报国，相视寇如仇。

上海军次中丞接篆日

半壁皆烽火，江南不见春。离家三四月，航海八千人。才系苍生望，身承宠命新。英雄有抱负，举止自天真。

病中偶作

长夏披襟卧短床，病中心事感茫茫。医家抱憾无真药，客路怀思是故乡。惟望三吴停羽檄，好将一剑付儿郎。此身闲散无羁束，不作诗狂作酒狂。

昆山道中

山光隐隐水悠悠，战罢闲乘画舫游。方避大潮无险恶，为寻前路费勾留。三年烽火千家泪，满地干戈一叶舟。儿女深情消不尽，长歌一曲遣风流。

堰桥送子璧归里

秋风萧瑟雨满天，千里归心留不得。欢愁已尽昨宵言，丁宁莫负明年约。轻舟挂起一帆行，两袖难禁双泪落。古今惟有别离难，况是客中人送客。

步季荃统领原韵

自从仗剑赋随征，所向频闻唱凯声。狂寇无端暴赤子，斯人怎肯负苍生。诗成元白垂词翰，画上丹青表姓名。我望君家功早定，布衣归去话时清。

宝堰军次夜占

百战军书息，龙泉不减光。折磨身渐弱，风雨夜生凉。漏转敲更急，心闲入梦长。依稀一灯影，谁与话联床。

送刁畹兰归里 畹兰无子，归携一妾，作此勉之

故人别我去，涕泪两潸然。路隔一千里，君生四十年。此身须郑重，有子赖成全。江上

暂挥手，相逢订有天。

小　船

扁扁一叶舟，茫茫大江水。纵有恶风波，来去任情使。来去能自由，险危何所恃。生小江湖惯，纵横波涛里。不问潮起落，先自定行止。

六月望后往剿金陵舟抵口岸忽闻捷音当于月下赠张友兰

广寒捧出一轮月，照得山河千里白。茫茫江水古今流，登舟我与君皆客。君来此间访故人，我复寻君话寂寞。一日离君如有失，一旦逢君何其乐。隔江羽檄忽飞来，五更潮起催离别。挥手孳孳不尽言，丁宁莫负秦淮约。秦淮美景旧何如，无端变作豺狼穴。男儿壮志在四方，所向当能消瘴孽。横戈勒马走吴山，年来擒斩皆名贼。战罢东南不息兵，军书迫令来西北。霹雳一声撼大都，四海争传去元恶。天子闻捷喜不禁，中原从此烽烟绝。武夫解甲告归田，也到西湖闲放鹤。自知野性不宜官，由人绘像凌烟阁。知我一生惟有君，请君与我同采药。入山顿与世情违，利锁名缰俱解脱。狂歌痛饮乐天年，何须更觅长生诀。

将攻广德常州李春生太守投诗赠行即步原韵奉答

几年烽火乱离深，棠树新栽咸受阴。天特生才为济世，我无壮志起归心。大都已有旁人复，元恶何须独手擒。此去宣州相隔远，鱼鸿有便报佳音。

其二

休将别意比东流，客路离君孰是俦。岂仅谪仙能识郭，堪欣百药亦知刘。十年戎马风尘瘁，百战澄清志愿酬。挥手临歧无所嘱，勉留政绩在江头。

寄刁畹兰

别后无音问，乡书逐细询。眼前皆往事，目下更何人。行止不如愿，功名困此身。秋来作归计，解甲洗征尘。

送振轩征吴兴

捧檄赋长征，军期敢怠行。故人分两地，挥手有同情。客路悲离别，沙场共死生。待君平越后，湖上话澄清。

建平秋晚

落日起暮烟，红霞横远曙。久雨阴初晴，闲云归何处。大地息烽烟，荒城少黎庶。盗贼无远谋，几曾成割据。

偶作

解甲还乡去，入山种翠薇。何须老大返，依旧少年归。朋辈疏音问，官场任是非。此身欲闲散，故与宦情违。

久雨中秋晚晴

不期久雨晚来晴，扫尽烟云见太清。秋色莫如今夜好，月光总是故乡明。一灯诗酒增怀感，几日萧疏洗甲兵。举目山河无掩蔽，皖南风景客中情。

玩月

凉夜望无边，当头一轮月。方从海上生，皎皎横空碧。秋风卷浮云，不许滓清白。光明照我心，我心相与洁。古有斫桂人，今犹在蟾窟。春来秋去多，曾否成白发。天高事渺茫，世人终忽忽。七宝共修成，何以圆复缺。独酌对团圞，举杯问真诀。

题吴春海太史岁寒登岱图

隐隐岱山巅，登临一渺然。征途起游兴，风骨傲寒天。志趣超前辈，文章达少年。行当作霖雨，岂特慕高骞。

寄刁畹兰

弦断伤情日，东来未有期。十年同患难，两地各怀思。梦里长相见，天涯远寄诗。家居何事乐，告与戍人知。

其二

自君离别后，落落少同俦。寄语伸前约，怀人怅晚秋。关山千里路，风雨一灯愁。不遂归家愿，思归亦倦游。

赠莀臣子务归里

百战澄清衣锦还，征途挥手泪潸潸。倾囊各赠千金去，只济人艰莫买山。

和子务诸君重九登高赋诗即用原韵

柳营诗社是谁开，争去登高写捷才。下马狂歌红叶处，一声长啸白云来。归时头上插花满，酒尽人多击钵催。更有苦吟吟不就，山头怅望独徘徊。

赠马

良骥肝肠热，频年相与行。原无千里疾，所向大功成。百战同艰险，长驱托死生。雄姿人共识，黑白两分明。

秋晓

乌啼大梦惊，一军笳鼓歇。门外白茫茫，是霜疑是月。

闻曲

琵琶音最巧，解说别离难。多少伤情事，曲中和泪弹。

其二

悠悠曲未终，滴泪满衫中。不仅别离恨，繁华转眼空。

有感

不幸入官场，奔劳日日忙。何曾真富贵，依旧布衣裳。负性无谦假，宜人说短长。莫如归去好，诗酒任疏狂。

咏狼山署中送来菊花

西风帘卷正徘徊，千里传书送菊来。吩咐小童勤灌养，好留晚节占花魁。

其二

惆怅重阳未赏新，忽从江上出烟尘。风霜不折孤高气，人比黄花花胜人。

不寐

笳鼓声声急，秋深觉夜长。五更难入梦，多病欲还乡。漏永灯无焰，窗明月有光。人眠我独醒，何事费思量。

征雁

一声征雁出云端，万里长空秋气寒。远塞来时不容易，明年归路更艰难。仰看结阵飞何处，欲寄相思到故关。南去有人同怅望，敢烦传语报平安。

无锡道中

满地烽烟百战收，轻舟来去任情游。青鞋布袜无官气，一样同人上酒楼。

赠蒯蔗农观察

流俗好逢迎，斯人直道行。纯真为世重，坦易见心平。朋辈皆亲厚，语言总至诚。此身无嗜好，依旧老书生。

其二

戎马倥偬际，劳人敢宴安。别君情怅怅，挥手泪漫漫。千里关河隔，一行书信难。临行无所赠，寒日勉加餐。

别江南

东南半壁寇乱生，多少官军战不平。李侯捧檄渡江去，八千子弟赋从征。我亦仗剑随长往，三年血战大功成。驿使往来传捷报，大江南北俱澄清。天子行诏赏优隆，父老欢声颂厥功。军中歌铙洗兵甲，武人衣锦不衣戎。江南景象重兴起，山水明丽鸟声喜。此身闲散可纵游，羽檄忽来催去矣。来时白骨堆尘土，去时楼台听歌舞。同俦相送涕泪多，别离情难征战苦。白云一路护行舟，黄叶千家唱晚秋。东风昨夜波涛急，为送征人返故邱。方兴美景未游赏，名花胜境空遗想。何时解甲离沙场，轻舟江上重来往。

登焦山寺

焦山古名胜，云水望重重。风雨来孤楫，烟波护一峰。还乡思隐退，对景阔心胸。有此托身处，何须万户封。

其二

庙在孤峰下，茫茫烟水中。我非佳客至，禅是老僧通。潮起江流阔，云归山不空。系舟一游览，返棹去匆匆。

赠别振轩

淮南羽檄忽飘驰，流寇纵横命出师。昔日战争同患难，故乡父老识旌旗。一军航海成功早，千里辞君绕道迟。挥手挂帆过江去，关河迢递各相思。

甲子科余过金陵值诸生入场

离乱至今无考试，文章自古重科名。斯人造福开贤路，霖雨何时洗甲兵。烽火十年成浩劫，王师百战克坚城。我逢盛会经过此，堪为中兴颂太平。

轮　船

不藉风潮力，横行自往还。转轮千百里，回首万重山。放荡江湖里，飞腾波浪间。欲乘渡沧海，借以出尘寰。

怀人

原因福薄功名淡，只为情深涕泪多。东望大江千百里，怀人不禁放悲歌。

无为道中答张小亭

大江千里白漫漫，风雪归来一棹寒。感我战征长作客，闻君高雅不求官。平居肯以诗书重，久隐应知世事难。昨过横渠未相识，回思勒马怅盘桓。

其二

年来仗剑走江湖，劳顿风尘未改途。多病无心贪厚禄，还乡有意步高衢。师行皖北千家望，春到江南万物苏。如果大才肯济世，云程平坦不崎岖。

庐江道中

青年作客喜归还，车马纷纷入故关。行到近乡无几路，从人指点望家山。

其二

马前父老拜纷纷，争把壶浆供大军。昔日江湖曾落魄，吹箫时节几人闻。

甲子冬以师行还家夜中偶作

剪烛西窗夜话时，旷谈不觉夜眠迟。堂前灯火听儿读，枕上吟哦教妾诗。风雪一家团骨肉，干戈何处望旌旗。中兴愧我无功绩，且幸还乡慰别离。

出门

久客得归家，山居乐鸡黍。忽传羽檄来，催促出门去。临行别妻孥，相看无一语。稚儿放声哭，牵衣问行所。昔岁征吴越，今当入秦楚。壮士既从军，此身长羁旅。别离情实伤，军檄书难拒。愿儿早长成，一剑付与汝。

雪夜

玉龙方战罢，雪月两交萦。心静无春梦，天寒有鹤声。怀人千里隔，照我一灯明。秦塞风烟紧，终劳赋远征。

其二

大雪苦寒夜，短床高卧时。早春归雁缓，斜月到门迟。才得还乡里，又将远别离。辞官未有术，翻恨受人知。

淮河晚泊

淮上烽烟净，重游识路程。浅滩舟泊处，御夜水流声。风浪今无险，渔灯渐有明。昔年经过此，盗贼正纵横。

和刁畹兰病马歌

庑下有病马，长行不忍骑。或有人告我，不骑将何为。马原奔走命，生当乱离时。既与成大功，岂可遽别离。崔巍纵难上，闲散亦不宜。平原放春草，顾影无雄姿。失主不哀诉，念群转悲嘶。惠养之人日日忧良骥，其奈受病不服医。口云舍去心不忍，百战功成皆赖之。

喜见乐山观察

与君离别久，相见两殷殷。问讯先含涕，征鸿未失群。三生逢故旧，百战共辛勤。千里来欢聚，依依不忍分。

得杨艺芳信却寄

经岁无消息，音闻两不知。得书如与见，握手更何时。马上风尘隔，天涯慰问迟。望云一洒泪，千里寄相思。

移师渡淮赠别六安诸友

一声吹角催分手，千里征途去故乡。但愿亲朋勤慰问，不烦父老献壶浆。劳人念念关情处，杨柳依依古道旁。我向诸君长揖别，临歧涕泪满衣裳。

过泗州借住释迦寺偶作兼赠聚一上人

梦中曾被仙人诏，怪我如何不出家。两眼尚包儿女泪，此生自识果缘差。览游禅寺思身隐，流落风尘念物华。心事茫茫何所寄，大江东望浪淘沙。

其二

岂劳修炼才成佛，若得清闲即是仙。如我长征无息处，搅君彻夜不安眠。未辞辛苦行千里，且欲留连住一天。愿待澄清放归隐，好来方丈结禅缘。

睢宁途次闻捻匪渡汶河

大军未出江南境，流寇先过汶上河。马力纵强追莫及，王师欲克在相和。将能谋算非徒勇，兵若精奇不用多。江海尘氛俱扫荡，羞看池水起风波。

寄贺振轩到淮徐道篆

书生佩印拥金羁，脱去戎衣著锦衣。兄弟一门分节钺，淮徐百姓望旌旗。荣名厚禄何为重，解甲投戈实慰思。明日官僚迎道左，问民疾苦下车时。

答彭禹卿十二韵

一月未作诗，闲情无所托。偶翻案头书，得君赐我作。笔健语意真，句古才思博。君当学冠时，我年正稚弱。先后共塾师，知君贫而乐。灶头断薪粮，心中殊廓落。不以穷困忧，吟哦终自若。世变我从戎，君亦入戎幕。皖中未相逢，江南复离索。去岁遇吴门，相订今年约。君来匡我成，筹画资方略。同济乱世艰，共入凌烟阁。

寄刘湘笙

送君归时君欲哭，不放君归君更哭。我今惆怅思故人，君已欢然团骨肉。我自君归懒作诗，作诗无人为赏录。秋风起时望君来，丈夫莫为闺情束。

路奠故僧亲王

远道驰驱应诏来，中兴始定栋梁摧。当途恭候迎归榇，捧酒专诚奠一杯。披甲十年征战苦，盖棺千里哭声哀。乡城士庶争相祭，都说王贤将不才。

济宁军次夜占

枕簟夜生凉，楼高风雨狂。电飞光入壁，睡觉梦还乡。途路行千里，家书无一行。我来镇东鲁，岂许寇披猖。

感　成

武夫如犬马，驱使总由人。我幸依贤帅，天心重老臣。上官存厚道，偏将肯忘身。国事同家事，谁看一样真。

由济宁回师徐州途中作

盗贼纵横敢宴安，征途驱马路漫漫。渡淮更觉风尘苦，放眼深愁世事难。劳我奔驰追悍逆，望人振拔挽狂澜。师回东鲁千家帐，父老攀辕馈午餐。

晓　行

茅店闻鸡梦始惊，深宵睡起赋长征。五更不辨旌旗色，一路惟听车马声。战伐未曾歼巨逆，奔驰谁为定前程。无家士卒何依念，俱喜南归不息行。

道经沛县

沛公阔达真豪杰，四百年过今若何。关内曾更秦法律，眼前不见汉山河。乡城御寇兵防紧，老大还家感慨多。莫谓高皇情太薄，晚年犹唱《大风歌》。

云龙山中赠张海珂军门

军中连接南归檄，喜到云龙结伴游。我好骂人人恨否，君将放鹤鹤亭留。相逢在此应前定，握别何时不自由。戎马驰驱难遇合，尽欢宜醉酒千瓯。

放鹤亭

不知放鹤人何去，此地犹余放鹤亭。风雨庭台谁管领，乱离景象尽凋零。山虽低小群峰护，路近岩峨百物灵。四壁勒书皆健笔，武夫刁斗不堪铭。

写家书

迟回落笔写无辞，前路如何自不知。欲达风尘劳苦状，恐教儿女动悲思。

其二

军中夜夜枕戈眠，寝食难安亦自怜。任怨任劳无别望，澄清时节好归田。

送金太守铁珊入都

风雨连宵睡起迟，晓来床上坐披衣。初传客到情殊懒，忽报君来乐不支。旧日雄谈全未减，高人狂态尚如斯。故交相见宜长聚，何必匆匆话别离。

其二

客路逢秋雨满天，故人一见两欢然。行程往返三千里，别后睽违五六年。才大君应思报国，寇平我已望归田。入都朋友如相问，只说寒蝉不足传。

偶作

三十人为一品官，多人憎忌少人欢。旧交朋友亲疏见，新结邻封应答难。好管是非生性直，不忧得失此心宽。风尘劳苦无休息，憔悴形容羞自看。

宿州道中

冒暑赴濠梁，行艰路觉长。驰驱劳仆马，尘土满衣裳。北去今还辔，南看复近乡。身慵何处息，大树有阴凉。

舟过雉河答王君兼周军门

都说参谋善，临兵屡出奇。幕中操胜算，濠上见王师。诗句君成早，援军我到迟。行年近六十，老益有才思。

其二

一战重围解，声威到处闻。营开新幕府，计出老参军。顾曲遗佳话，登楼赋雅文。名儒与名将，报国总殷勤。

亳州秋晚

落日暮鸦声，秋光无限情。旌旗翻夕照，烽火近荒城。到处民思治，中原寇未平。我心图灭贼，志不在功名。

过亳州赠子佩刺史

疮痍满地有谁怜，黎庶争传刺史贤。喜我故人摅昔抱，与君知己是前缘。淝西一面情殊厚，淮上孤军守独坚。阔别数年今握手，风尘驻马且留连。

其二

暑退凉生岁月更，秋风秋雨故乡情。我来好友应同醉，贼去遗黎复畏兵。结客吐谈多慷慨，为官政治独廉明。大才百里殊堪惜，所幸人民有颂声。

告归

中原欣且定，解甲觅归途。去就不关系，功名若有无。折磨消壮志，憔悴剩微躯。恐负军民望，还乡退守愚。

三十自寿

年当半甲子，壮志渐消磨。忙里身长健，闲时病转多。登坛无伟略，对酒且高歌。岁月来殊速，人生奈老何。

生日强病见客

壮年敢云寿，相与贺平安。客至恭迎见，人扶答拜难。受恩期报主，拥众愧登坛。抱病逢生日，移愁强自欢。

病　中

病里心烦躁，思安厌客来。身闲由仆懒，风紧怕窗开。日睡眠三觉，朝衔药一杯。乞归文早去，不见答书回。

军次偶见闲云暮鸦感成二首

一片浮云淡影微，无端凑合雨霏霏。秋风吹散闲飘荡，何不归山共鸟飞。

其　二

结阵寒鸦噪夕晖，晓来同出晚同归。得栖大树窠巢稳，不肯冲烟向远飞。

秋夜闻笛

羌笛夜声声，吹堕相思泪。清韵入云霄，哀音动天地。斜月雁高飞，挑灯人不寐。万虑一时空，此心何所寄。

向邻园借花数盆

不见黄四娘，何来花满堂。既承邀共赏，敢望惠余香。慷慨人难得，凋残价倍偿。呼奴迁过壁，风雨善珍藏。

陈州防次

盗贼东西流，士卒奔驰久。陈州中原地，息兵且防守。军中消闲事，只有诗棋酒。一日不相离，三者是吾友。客兵远道来，邻封交不厚。官场贱武夫，公事多掣肘。我生性不羁，欺侮亦甘受。济世重经纶，自惭无抱负。日诫甲胄士，努力灭群丑。一朝洗甲兵，还乡为田叟。但愿世长清，敢求名不朽。高官足荣贵，身后何所有。李广若封侯，至今犹在否。

郊　行

郊行二三里，四望皆村庄。秋收禾黍尽，露冷林叶黄。马前一老叟，独在田间忙。举头见行骑，走避殊仓皇。我行少仆从，我佩无刀枪。何以农夫避，呼前问其详。农父荷锄语，战栗立道旁。今夏贼去后，大兵过此乡。贼至俱先备，兵来未及防。村内掳衣物，村外牵牛羊。人多不敢阻，势凶如虎狼。老妻受惊死，一子复所伤。骨断不能起，至今犹在床。暮年寡生计，空室无斗粮。所幸此身健，勉力事田桑。近凡见兵马，畏怯故走藏。我闻殊太息，搅辔思徬徨。问彼统兵者，曾否有肝肠。灭贼自为贼，何颜答上苍。

战归

间道行兵计出奇，得教流寇见王师。旌旗影变风云色，盗贼头悬生死时。战罢大刀余杀气，令严万马不骄嘶。三军气壮劳无厌，远役归来力未疲。

其二

战胜归来解甲时，临窗高诵旧题诗。形容更比从前瘦，鞍马方舒积日疲。士卒向人夸捷状，黎民拱手服雄师。一朝扫尽残烽燧，好报南中两帅知。

得家书

千里暌违音问难，家书到眼不禁欢。更欣稚子方教读，已解书名请父安。

重阳前三日作

已近重阳节，满城风雨声。菊花渐开放，天气半阴晴。人为登高计，愁因作客生。秋来无别趣，诗兴觉纵横。

九日

秋光四望断烟尘，雨后登高天气新。叹息干戈未宁静，眼前不见插花人。

怀蒯蔗农观察

故交暌隔久，音问杳难通。书到知何日，心长念此公。怀人风雨夜，握手梦魂中。万里皆秋色，相思两地同。

其二

路隔三千里，东流一棹通。故人时眷眷，戎马日匆匆。淡世儒生度，布衣长者风。记君无俗气，不与众官同。

五更

刁斗催残夜，五更客睡长。闻鸡醒梦寐，击鼓变阴阳。帐外悬秋月，门前下晓霜。惊心无别事，早起赴操场。

赠别吴挚甫

龙眠有佳士，乡里素闻知。笔战连三捷，文声冠一时。少年科第早，远道返来迟。萍水得相聚，匆匆话别离。

其二

风尘离别后，把晤杳难期。狂寇行无忌，苍生疾望医。既怀匡世策，莫负少年时。此去各相念，音书不可迟。

题乔中丞含饴授读图

名臣佐中兴，济世多仁术。天因社稷生，人为苍生出。中丞方幼时，童子无俦匹。能语即能文，英奇如李泌。贤哉太夫人，宝爱美资质。含饴教读书，携抱不离膝。读书尽五经，公年方六七。一目过十行，义理俱精悉。少年科第成，一时名誉溢。文章著海内，风雨惊神笔。除官到江南，殷勤报王室。朝野仰贤声，恩荣特超轶。江淮布霖雨，立去疮痍疾。军书旁午时，不忘庭训日。追思为图画，遥蒙寄著述。浣手谨拜题，寡陋尽真率。

望中感旧

凭高南望路悠悠，何处云山是故邱。天气近来秋景暮，贼氛远去市人稠。渡江已走三千里，御寇非徒十二州。回忆旧年当此日，姑苏城外泛扁舟。

酬冯鲁川观察赐来篆书

中原道路飞尘氛，朋侪远隔少音闻。秋雨初晴无客至，忽传夜到陆参军。参军手执一幅字，瘦硬通神多古意。百金一字不可得，何幸特蒙君垂赐。君赐篆章并赐文，文字两绝惊风云。呼朋命酒同来赏，满座相向皆欢欣。回忆寿春见君时，与君畅饮酒千卮。君饮愈多愈豪放，我饮酣醉不可支。别后与君曾一面，至今睽隔杳难见。思君报君远寄诗，愿君莫笑武夫贱。

汝阳道中感事

南看兴愁北顾忧，茫茫浩劫几时收。中原未定边陲警，大地难防盗贼流。谋国已苍元老鬓，荷戈渐白少年头。畿疆保障无僧邸，犹望枢臣早运筹。

除夕马乡寺题壁

古寺逢除岁，劳人正远行。一年仅此日，万里是前程。题壁留鸿爪，呼僧问法名。乡村兵燹后，爆竹尚声声。

留别李嵋生观察

师次彭城偶息肩，欣逢豪士共留连。论交痛饮樽中酒，忧世长谈海外天。此次不忘朋友厚，两来俱值主人贤。去年过徐，适振轩受官于此。旌旗欲上南征路，挥手孳孳泪满前。

其　二

驱马中原战不休，风尘何幸识名流。思归岂仅功名淡，畅饮原因性气投。子季疏狂谁独鉴，平泉才望迈同俦。为歌一曲舒离恨，敢与诗人说唱酬。

确山途中答钱子密

淮上初逢如旧识，几回握手便倾心。知交偶聚三生幸，流寇何时一战擒。游子竟为长路困，高人不受外尘侵。征途劳顿无须问，若有余闲且唱吟。

其二

匆匆话别即分襟，承赠新诗马上吟。我愧持兵无伟略，君应济世作甘霖。昨来已走三程路，前去犹怀万里心。敢望还乡随露布，寇平方不负知音。

中阳军次赠蒯士芗观察

涕泪满衫新折将，元夕之战，荩臣阵亡。驰驱一路旧征程。干戈未遂澄清愿，赐顾频沾朋友情。客至偏投陈傅室，贼来不犯寇公城。豫南春到千山绿，入境闻碑是政声。

其二

君年长我年三十，六十人如未老人。僚属争承新教化，勤劳不减旧精神。荣华寿考宜前定，经济文章自写真。惭愧武夫蒙接待，相逢相识便相亲。

题蒯士芗观察倚马草檄图

承平二百年，一旦起烽烟。将帅知兵少，官民无力全。蒯公为刺史，赤手握兵权。淮蔡皆强寇，旌旗屡破坚。报功擒巨逆，倚马写长篇。名誉当时重，头衔不次迁。月传三捷际，事在十年前。图绘匡时绩，史垂冠世贤。中原正多难，节钺望君专。

题慧空和尚游春图

桃花如锦草如茵，一杖逍遥物外身。春色万山谁领略，神仙多半出家人。

其二

踏青携伴到云岑，绕涧穿林缓步寻。山水多情常供佛，不教春色动禅心。

赠别韩赓扬军门

余于春初假归故里，适直东复有贼警，赓扬仰体帅意，来劝出山，余以病辞，临别赠此

往还奔走三千里，一片忠君爱友心。图报自知无力量，愚庸岂敢负规箴。人逢知己难为

别，话到开诚最可钦。兔死韩卢宜困惫，寄言不必再招寻。

赠张朗斋军门

久耳威名未相识，淮西一面便倾心。年来暌隔偏难遇，别后勋劳更可钦。气盖万人轻巨寇，腰横宝剑出儒林。冠时将略兼文武，满地疮痍望作霖。

赠宋祝三军门

踏遍中原路，将军报国忠。旌旗收劫运，父老识元戎。战苦功方著，身劳气益充。同时诸将领，纯谨孰如公。

其二

星使能平寇，推功荐武臣。上迁新宠诏，后去竟传人。同事无猜忌，论交见假真。明朝将与别，珍重百年身。

赠郭子美军门

中兴将略数谁雄，三十登坛建大功。万里驰驱征伐处，几回波浪死生中。汾阳事业原宜载，子季疏狂未可风。百战沙场同患难，惟君与我最交融。

送子美归湖南

南雁孤飞入楚天，北风吹送洞庭船。相离相隔三千里，同死同生六七年。回首战场都是泪，知心朋辈几人全。客中言别难为别，挥手依依各黯然。

赠黄昌岐军门

谋定平吴策，楼船鼓棹东。旌旗先破敌，江海任飞蓬。百战艰难际，一身波浪中。起家人力瘁，持节主恩隆。诸将如师事，丹心报国忠。武夫谁不贱，仆射大臣风。

跋

刘朝叙

先祖壮肃公《大潜山房诗钞》刻于同治年，迄今四十余载，字迹漫漶，不堪复印，而索读者还至，苦无以应其求。今春，二兄荃庄自川南解职归；未几，四兄藩庄亦卸山东昌邑篆。风雨联床之际，每相与论先人遗著必宜珍护，以垂永久。适春圃三伯父至，亦谓亟宜重梓，以饷世之好公诗者。夫公生平经国大猷，多见阻于执政，未尽其施，而凡所建白，验之数年之后，则得失利害如烛照数计，无一毫爽者。故公之饷遗天下者，莫如《奏议》一编。此一卷诗，特公之余事，未足以见公也。然《奏议》卷帙繁多，昔年二兄曾开印于川南，未及成而世变，工遂辍。今既不能仓卒从事，而《诗钞》则原刻之本尚有，轻而易举，且又时人所欲睹者，重付铸氏以广流布，庶亦永宝先人手泽之一端也。函商大兄少谷、五兄少圃，亦佥谓宜，于是朝叙乃取公诗原本读校一过，遂任重印之役焉。

嗟乎！朝叙生晚，未及见公，读公之诗，虽不能见公奇勋伟算，而英风豪气与报国恤民笃亲厚友之志，固往往于一歌一咏中僾乎如或见之矣。公晚岁解组归田，养疴山中，以吟咏自适，遗诗尚数百首，稿存五兄处，五兄方客游，未能致之。汇刻成编，则将俟诸异日。

时壬子仲秋，朝叙谨跋。

盘亭小录

序

英翰

闻之竹简之寿不如金石。夫金石诚寿矣，然其间升沉同异之故，又自有幸有不幸焉。余早事戎马，金石之业未遑究心，第就见闻所逮，荦然表著，如周宣王石鼓文、仲山甫鼎铭、近世省三所得虢季子白盘，之三器者，皆西周物，又皆出于宣王之世。石鼓文，唐以前无记录。元和间张籍、韩愈共张大之，始显于时；而韦樵、薛尚功、潘迪诸家又递为音训，其迹益著。仲山甫鼎铭，仅一见于《窦宪传》中。宪之北征，班固实从事焉。夫以仲山甫之贤，其鼎铭所留，既已不幸沉埋于穷荒瓯脱之中。一时赠自戎王，上之册府；才若孟坚，鼎之记录阙如，而范蔚宗又割截铭词，至使盛君贤佐功伐不彰，论古者所为有憾于斯文也。虢盘晚出，其横遭兵燹而涸于贼徒，以视石鼓文散落民间、仲山甫鼎铭播越于南单于也大略同。余未见虢盘，读省三所录，于其形制、斤两并其音释，详哉其言之矣。

虽然，窃有说，夫古之君子不得志于时，大都放意于山巅水涯之间，寄兴于鼎彝文宇之好。今国家中兴，媲美成周，省三以杰然特出之才，身经百战，为世名将，既已膺崇封，专阃寄矣。乃功成身退，萧然儒素，以自托于古穷愁著书者之为，余又以叹兹盘之遇，而省三之不遇也。君来访，余未浃旬而有东南之游。时维仲春，扣舷而别，览江山之雄胜，听风涛之悲壮，发为歌诗，存之箧衍。他日所录，必有进于是者，余不敏，犹能为君一一序之。

同治十二年，岁次癸酉，春二月，满州英翰序。

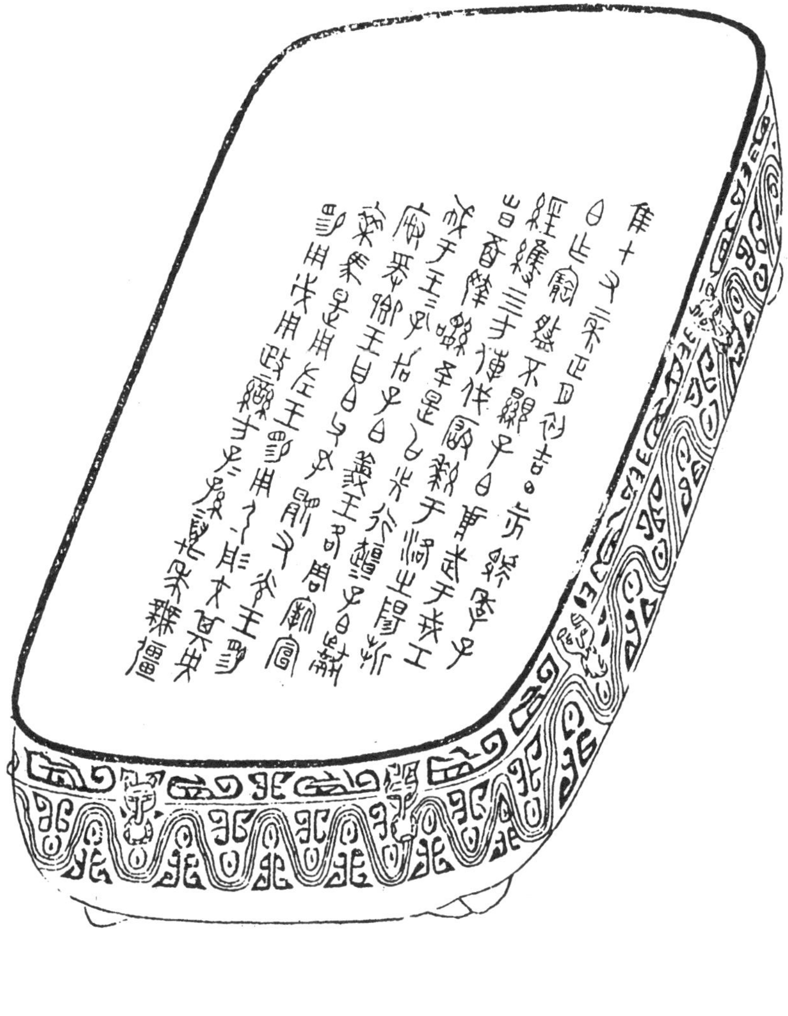

虢季子白盘图

器高今尺一尺二寸五分，足高一寸五分，左右径二尺四寸八分，前后径三尺九寸，深一尺一寸，环径四寸，围一十二尺。左右前后饕餮衔环各二，重约今权四百五十余斤。

虢季子白盘释文

吴　云

惟十有二年正月初吉丁亥

二年合文。隹，古通作惟。十又二年正月初吉丁亥，张石洲穆依罗次球，以四分周术演之，定为宣王十二年，周正建子月为乙酉朔，丁亥乃月之三日也。

虢季子白作宝盘

虢，国名。季，字；子白，名也。以上明器之所自出。翁叔均大年释子白为字，引《左传》：「季氏，而弗闻乎？」季其字，为王享，卿大夫字而不名之证。

不显子白

不，读如字。不显，显也。盖词之反。不，犹言「岂不也」。或释作「丕」，非。

庸武于戎工

𢆶，盖古文庸。庸，用也。《左传》：「国之大事在祀与戎」，故以庸武于戎工为言。或据汗简释此字为「龙」，以为通作「宠」者，非。

经维四方

[illegible]，古维字。经维，谓经纪维持之，与《诗》言「经营四方」同意。

博伐玁狁

此即《诗》之「薄伐玁狁」。[illegible]、薄，古今字。玁狁，从犬之字，《说文》无，依义正当通作厰粇。《说文·本部》「粇」下引《易》「允升大吉」，知古文允、粇通用。钱十兰坫《说文斠诠》「㒸」字，云薰育、猃允皆一声之转，薰允加犬旁者，中国人题而询异之之意。

于洛之阳

洛，谓洛水。吕尧仙佺孙考太原在洛水之阳，以为即《诗》之「至于太原」，彼则确指其地，此则统言其地也。

折首五百

五百合文。折首，即《易》所云：「有嘉折首」，犹断头也。五百，见斩杀之多。

执讯五十

五十亦合文。[illegible]，即执之传形。下一字，据《诗》当释作讯字，谓生禽当讯鞫者。按师㠯敦夙夜，夙字作[illegible]，《说文》夙从夕从丮。是敦文[illegible]之为丮，明甚。此以丮而作[illegible]，与师酉敦略同，当即丸字。至从言从口，《说文》言与口二部本通，惟多一系字。陈寿卿介祺谓絷维之义。

是以先行

是以，云者承上之词，言能致此斩获，非先行则无以成功，盖归美子白也。吕氏据《诗·六月》「元戎十乘，以先启行」，以为即军之前锋开道于先者。引王氏质说，是役尹吉甫为帅，方叔佐之，而子白实为先行也。

桓桓子白

趄趄合文，通作桓。《书》：「尚桓桓。」《疏》引《释训》云：「桓桓，威也。」此则状其容貌之威严。

献戎于王

献字右旁从犬，此作[illegible]者，正象犬形。《说文》犬字解，引孔子曰视犬之字犹画狗也。此[illegible]、犬古今字之证。[illegible]，云释戎，戎于文从戈从甲，古文甲每书作十，此以十而垂其画之两旁，介于甲、十之间，于篆文、古文两不相悖。铭上言「庸武于戎工」，此言「献戎于王」，词义亦正有关合。又按《春秋·庄三十一年》：「齐侯来献戎捷」，《传》曰：「凡诸侯有四夷之功，则献于王。」铭叙子白伐玁狁之功，证诸《左氏》，则「献戎」二字尤有依据。或释作馘，或作翦，或作义，及以为义省而通仪，似皆臆说。

王孔嘉子白义

王字与上合文，重读。加，通作嘉。孔嘉，甚善也。此以下则叙王宠锡子白，而因以铭盘之事。

王格周庙宣榭受卿

各，通作格。格，至也。□，即榭字。廚与榭皆《说文》所无，然《春秋》「宣榭」杜注解为讲武屋，此作广下射，与杜义足相发明，可定为古文榭字。陈氏云：「《月令》：仲夏，可以居高明，可以处台榭。」榭之名宣，盖取明扬，可证服虔宣扬威武之说。古者行庆施惠，必于其庙。此以子白献戎，将行飨赐之惠，故王格于周庙之宣榭也。□、□二字，或释作爰飨，或释受卿。云按：爰飨字，彝器常见，无不假借于卿，自以仍释爰飨为宜。盖王孔嘉子白，而即于宣榭成燕飨之礼也。家攘之熙载云，彝器多借卿为飨，而此器明明是卿字。卿、庆古通，当作受卿。《孟子》则有：「庆庆以地。」《诗·大田》《传》：「庆，赐也。」《礼》：爵、禄必赐于庙。连上宣榭为句，下文则胪所赐之物也，所释亦确。

王曰伯父

伯父，谓子白。《礼》：天子同姓，谓之伯父。虢王季之穆，故合于同姓之称。

孔显又光

□，作显。孔显又光，言其献戎之举甚显赫，而有晖光也。

王赐乘马是用左王

□，或释作锡。云按：钟鼎文锡皆作□，亦作□，此则当作赐，盖作□者，即假锡为易，锡从易得声，古文省去金旁，故书如□。此以易而从□，则所从者明是贝字。古文贝或作□，如目，此特依易字之形，而邪趣为□，赐、锡音义俱同。是字实赐字也。乘马，盖四马，即《书·文侯之命》所云：「马四匹也。」左，佐本字。是用佐王，犹《诗》言：「以匡王国」之意。盖赐之乘马而佐王征讨也。家攘之据曾伯霥簠「天赐之福」，反其文作□，亦可以为赐字从贝之证。

赐用弓彤矢其央

弓彤矢，彤弓、彤矢也。弓不言彤，省文耳。央，当如《诗》「旂旐央央」之央，言所赐弓矢央央然鲜明也。诸侯赐弓矢然后征。

赐用戉用政蛮方

戉，钺本字。䜌，古通作蛮。用政蛮方，吕氏据《竹书纪年》，宣十二年六月伐玁狁，后即继以秋八月方叔帅师伐荆蛮，意其时玁狁、荆蛮相为倚伏，故即以北还之师转而南伐也。诸侯赐斧钺然后杀。

子子孙孙万年无疆

此彝器习用语，以寓颂祷之意。

是盘道光年间常州徐傅兼宰郿时所得，后载归其家，云盘出宝鸡县虢川司地。按《前书·地理志》「陕」下：「北虢在大阳，东虢在荥阳，西虢在雍州。」《左传·隐元年》杜预注：虢叔东虢君，今荥阳县。《隐五年》杜注：虢，西虢公。《国语》贾逵注：虢文公，文王母弟，虢仲后。韦昭谓：虢叔之后，西虢也。宣王都镐，在畿内。《太康地志》：西虢，虢叔之国。平王东迁，自此之上阳为南虢，其支庶留于故都者，为小虢。《春秋·僖二年》「虞师、晋师灭下阳」，注：下阳，虢邑，在河东大阳县。《左传·僖五年》：晋侯围上阳，十二月晋灭虢。《史记·秦本纪》：武公十一年灭小虢。是虢在东迁以后，历祚未久即为晋、秦所灭，其国有东西南北之分。先儒所论，颇有同异，未能折衷于一是。今盘出宝鸡县，县隶凤翔府，以其地考之，当属西虢。不必证以《六月》之诗，即可定为西周之器。余于咸丰己未诣徐氏，访此盘，摩挲竟日，既手拓其铭文，复依器之形制，属汪岚坡泰基缩摹于册，并录陈寿卿介祺、吕尧仙佺孙、张石洲穆、翁叔均大年、瞿珍之树宝五家考证，余又参以管见，为之逐句诠释，付梓行世。庚申之变，版遭劫火。迨常郡收复，遍访此盘，亦杳无踪迹。幸刻本廑存，爰取前书重锓梨枣，诸家著录不复再赘。昔人云：金石之寿不如竹简，于此益信。同治乙丑冬日，归安吴云记。

盘亭记

薛时雨

古之人有大勋劳于国，拜弓矢斧钺之宠，以铭其器，庸无忘天子之灵命。三代以来，桓碑彝器、瑰奇伟丽之物大较然也。然而霾蚀摧剥于庸夫竖子之手，穷崖幽壑所湮蔽，兵火所消铄，其存者十不二三；幸而一出于世，则又转徙迁革，不得嗜古者之一顾，其光气郁塞，得失乃不旋踵。西周宣王距今二千余年，物之瑰奇伟丽而不彰者，抑又凡几？而虢季子白之盘，独再出再没，而卒归于大潜山人。夫冠高履厚而坐致天下之物者，轩冕者之乐也；校奇字、搜异闻、钩沉弋幽而得其所嗜，泉石者之乐也。冠高履厚者，可以无所不得，而其艺与力独绌，于奇字异闻盖不可兼也。山人有大勋劳于国，成而不居轩冕而泉石，而天亦不惜瑰奇伟丽之物，举以畀之，岂非其嗜古之笃之有以召之哉！

或曰猃狁之役，仲山甫为帅，方叔佐之，子白实为先行；今伯相李公南定吴越，北清齐鲁宋卫晋郑之疆，山人亦所在为先行。子白孔显又光，用锡乘马弓矢并盘铭；山人亦拜土田附庸之赐。子白用钺政蛮方；山人亦秉律专征。二千余年，若一符节。盘故在常州伪府中，山人以同治甲子复常州得盘。辛未罢军归合肥，乃置亭庋之。癸酉二月来建康，余获睹其所拓盘铭，遂为之记，使世知斯盘之瑰奇伟丽，幸而一出而不霾蚀摧剥于庸夫竖子之手者，自山人始也。

山人角巾野服，翛然物外，旧时部曲罕识其面，几不知其为故将军者。余犹将一过是亭，与山人鸣弦赋诗，扣盘而歌之。富贵浮尘，何足为山人一吷也哉！

全椒薛时雨。

盘亭记

徐子苓

大潜山人既告归，于其所居大潜山房之西偏，垒土架屋为亭若干楹，庋其克常州时所得虢盘于其中，榜曰「盘亭案」。归安吴观察《虢盘记》其略云：盘故在陕西凤翔府宝鸡之虢川司，道光间常州人徐燮钧知郿县时所得。盘之形制、尺寸、斤两与其铭文，记备详之。又历引贾逵、韦昭、杜预、班固与夫近贤之说，定以今宝鸡县为古西虢地；又引浑源张十洲四分周术之说，定以是盘作于周宣王十有二年正月三日，其言甚辨而有征。盖常州之陷，咸丰庚申之夏；山人得是盘以归，同治甲子四月。而吴氏《虢盘记》成于同治乙丑，距克常州时才一年，宜其有乱后是盘杳无踪迹云云也。

夫物之显晦无常，从古瑰琦伟特之宝，其出也恒因乎其时；有其时矣，而其位置之得失，又恒视乎其所依托之人，非其人，虽显矣犹弗遇也。方乾、嘉时，海宇晏安，士大夫崇尚金石，捃集闳富，巨而函牛之鼎，刬犀之剑，细则戈头带钙、弩牙颁贝，宠之咏歌，胪以图志。自粤贼犯顺，连云之第、充栋之藏，化为冷烟，夷于朽壤。而是盘也，炳麟湮郁，弢秦跨汉，出入兵火，历数千百年，一露光怪，放而休乎大潜之山，天乎？人耶！余又乌得而臆其然耶！

亭构于同治壬申之春，其年秋八月落成，盖山人所居在众山之间，亭高而敞，四时之美，悉领其要。余访山人，徘徊亭上，思乾嘉全盛之庥，缅周宣中兴之烈，览昔贤铭功之伟词，慨想乎方叔、召虎、尹吉甫之流风，而都不可见。相与扣盘而歌，倚楹而啸，白云东来，欷歔泣下。然则兹亭之作，余岂可以无言矣乎！既书其概，爰系以诗。诗曰：

猗与虢盘，策勋刻词。至宝晚出，著录阙如。郿令创获，珍逾琼玖。曾几何时，而落贼手。贼徒瞶盲，谓犹巨铛。腥臊杂投，盘兮遘殃。匪惟盘殃，东南涂炭。桓桓刘君，奋削大难。常州之战，人马皆血。天与宝盘，北兆子白。军锋所指，气联楚越。转战畿辅，盗首咸折。维帝锡封，湛恩滂濩。拜爵而归，盘则如故。大潜之山，林石青峭。池深鱼肥，可耕可钓。君曰乐哉，盘亦得所。我铭君亭，与盘终古。

跋

刘铭传

虢季子白盘，余于同治甲子夏四月克复常州，得之伪护王府中，其状硕磊而雉，大数围，重不可举，黝然泽如元玉，扣之清越以幽，意其非常物也，心窃识之。方余军常州时，常州地阻水，贼壁隘死守，枭悍善斗；我军肉薄城下，触冒锋刃，苦战数月，既久而城拔。岂意今者复见升平、文物之盛，以有林泉游观之娱，而日婆娑于兹盘之侧耶！盘之在贼中也，阅时数稔，诸贼奴腥秽拉投，泥水胶沍，余拂拭而薰沐之。摩其腹，得铭刻总一百十有一文，以意读之，不能尽晓，私心自忖，倘鞍马获闲，退而与一二好古淹博之士稽考审释，庶以无负乎是盘之遭。比异归山中，而余又日在前行。去年春蒙恩假归，因为亭庋盘其间。既得归安吴观察记与其释文。同里徐君易甫适来山中，因请为记。是盘灿乎郁然与夏鼎、商彝后先著名于世。于是四方求观者日益众，爰命善工精拓若干本，以吴氏原记并释文梓附于后，而识其巅末如此。

案是盘最古而晚出，宋《宣和殿图》失载，吕大防、王俅、薛尚功辈，以及国朝诸公志金石者，都未著录，而吴氏所记，但云道光年间，常州徐大令宰郿时得之宝鸡县虢川司地，载归其家，而不详著其年月与是盘出土之由。寂寂青山，悠悠白眼；一重阙案，百尺孤亭。世有识奇好事如扬子云者，览而补订之，则更幸甚。

同治壬申冬十月，大潜山人跋。

诗文辑存

诗

雪夜

大雪苦寒夜，短床高卧时。早春归雁缓，斜月到门迟。才得还乡里，又将远别离。辞官未有术，翻恨受人知。

乙未冬绝笔

历尽艰危报主知，功成翻悔入山迟。平生一觉封侯梦，已到黄粱饭熟时。

——以上辑自《皖雅初集》卷二十九

内山营次

万峰刺天一鸟道，亦跋险阻瞻嶔巇。归来自笑成何事，妆点一卷游山编。

劝番歌

劝番切莫去抬郎，（原注：抬郎也，番语杀人也。）抬郎不能当衣粮。抬得郎来无好处，是祸是福要思量。百姓抬你兄和弟，问你心伤不心伤？一旦大兵来剿洗，合社男女皆惊慌。东逃西走无处躲，户屋烧了一片光。官兵大炮与洋枪，番仔如何能抵当？不拿凶手来抵命，看你跑到何处藏！若如你们不肯信，问问苏鲁马那帮。莫如归化心不变，学习种茶与耕田。薙发穿衣做百姓，有衣有食有银钱。凡有抬郎凶番仔，那个到老得保全？你来听我七字唱，从此民番无仇怨。

——陈衍《石遗室诗话》卷十七

游古奇峰垂钓寒溪

山泉脉脉送寒溪，溪上垂杨拂水低。钓罢秋光闲觅句，竹竿轻放断桥西。

——光绪（台湾）《恒春县志》

——辑自连横《台湾诗乘》下卷

即席赋（七律存半）

琼林宴上君先到，塞上风光我独知。
剪发结缰牵战马，拆衣抽线补征旗。

——辑自台湾《文献专刊》第四卷

画　梅

圈圈点点叉叉叉，倾刻开成一树花。
若问此花何人画，大潜山下刘六麻。

贺　寿

时人个个好呵泡，鸡鱼肉蛋整担挑。
惟有省三情太薄，一斤挂面两条糕。

——以上辑自《合肥文史资料》第三辑。二首存疑待考。

联

升高以望东关，情随事迁，百战江淮如昨日；积厚仍归南岳，才为世出，再生申甫更何年。

——题巢湖淮军昭忠词

三十年风味忆书灯，绛帐从游。犹记得，君家昆弟，吾家昆弟；百战功名随逝水，黄泉永诀。最难忘，今代交情，累代交情。

——挽潘鼎新

四十里策应来迟，半途中恶耗忽惊传，见马革裹尸还，长号一声举军痛哭；五千兵壁垒犹存，独帐下健儿同死事，悲雁行分影去，此生永诀勘乱何人？

——挽张树珊

美擅湖山，留此地萍踪，且共一觞一咏；欢联桑梓，问故乡梅信，无忘江北江南。

——题浙江安徽会馆

赐国姓，家破君亡，永矢孤忠，创基业在山穷水尽；复父书，词严义正，千秋大节，享俎豆于舜日尧天。

——题延平郡王祠

为国为家，为吾宗，大光门第；是忠是节，是一对，上好夫妻。

——挽刘朝带夫妇

万户侯何足道哉！唯凭此满门忠节，表义千秋；能报国能殉夫，华夏播嘉名；近来大局中兴，麟阁诸公谁媲美？五旬神已伤久矣！最怜他孤慨凄凉，忍饥毕命；有荩臣有烈女，乾坤钟间气；说到箕沉婺殒，狮山一带总含悲。

——挽刘朝带夫妇

十五年生面独开，羽毂飙轮，从此康庄通海屿；三百丈岩腰新辟，云梯石栈，居然人力胜天工。

——题狮球岭隧道

笠屐此重来，风月依然，鱼娃学打花边桨；古今同一局，湖山再造，国手能生劫后棋。

——题莫愁湖

地近杏花村，栏槛留春，潇洒林泉新画稿；我来梅子雨，琴樽消夏，清凉世界小神仙。

——题愚园清远堂

解甲归田乐，清时旧垒闲。

——题大潜山房

盘称国宝，亭护家珍。

——题盘亭

十载河东，十载河西，眼前色相皆成幻；一时向上，一时向下，身外功名总是空。往事不堪论，眼看金身再塑，个中人酸甜自别；昔人多不见，面迎皓月一轮，天下事褒贬由谁！

万户侯何足道哉！听钟鼓数声，唤醒四方名利客；三生约信非虚也！借蒲团一块，寄将七尺水云身。

——以上题大潜山庙（共三副）

讲武昔连营，五百里，星聚群贤，洗甲天河，共仰肥西人物；论文今筑馆，二三子，云程奋志，读书山麓，毋忘年少英雄。

——题肥西书院

但嫌仕宦无肝胆，不爱逢迎受折磨。

——刘宫保第联

争睹景星庆云为快，乐居廉泉让水之间。

——赠友联

九州祠宇相望，魂魄有知，百岁犹思故乡乐；万古湖山不改，风云所聚，群灵疑拥怒涛来。

——题淮军昭忠祠

书赠李某小中堂

有本事生了事，生出事变作无本事；无本事省了事，省了事即是有本事。

——辑自鹫村生《摭谈——刘铭传之生平及其疾病》

稼生观察出使海外，名振一时，赠此奉正：

圣代即今多雨露，贤声此去有光辉。

——省三　弟刘铭传

山水有情娱永日，古今无尽得长年。

——乞归感怀诗

千万间大厦宏开，遍鹿岛鲲洋，多士从兹承教育；二百年斯文远绍，看鸾旗鼍鼓，诸君何以答升平？

——兼学使联

——以上辑自《肥西淮军人物》

文

续修庐州府志序

合肥迤西有大潜山焉，其上有名泉，冬春不竭，莲花矗峙于其前，龙穴蕴奇于其外。山中之人秉山之气，类多嵚崎磊落，挺出而特立。地灵如此，人杰可知。自肥西书院开，而文风乃日盛。铭传筑居于斯，顾而乐之，因登山陟冈，以相其阴阳、导其脉络，而创建盘亭于其间。山中之文人学士来游斯亭者，无不知此中之有盘。夫斯盘也，乃成周之法物，虢季子白之所纪功也。出土未几，自陕而吴、由吴而庐，而后得为铭传之所储。储之于亭内，而又刊之于书，以公诸四方。吾庐贤太守清泉黄君，固所称畅晓方舆者也，以大臣荐，将入觐皇居。其在任时，续修庐志，商巨绅，延名师，数年而后成，总一百余卷，足极大观于一时。而盘之文字炳炳朗朗，实冠一郡之金石，盖古莫古于斯矣。今试由封爵一表，上溯之吾宗，于汉则羹颉、居巢两侯为最著，于唐则有居巢子之文章，于明则有郡人流伯之村武。铭传生当晚近，幼读诗书，壮驰戎马，幸蒙圣恩，爵列五等，俾得自附于先德之次，恒感激而图报。山居未久，以闽中军事起，奉诏出山，握抚篆驻全台，军书冗集，日不暇给。今幸兵事确定，志书适成。他日角巾归第，方将储此志于大潜之山、肥西之院，与里中才俊考核而深论。山灵其许我乎！愿书此以为券。至若全书义例，删繁就简，可以信今而传后，则恃李伯相师之论定，可无俟铭传之赘言焉！是为序。

光绪乙酉秋八月，头品顶戴福建巡抚一等男合肥刘铭传撰。

续修宗谱序

吾族自江右迁于肥西，历数十世，五百余年。先代遭明末流寇之乱，此次复遭发捻之乱，其中不少流亡，查阅丁数，犹为肥西望族。其皆先人积累之厚，非吾辈维持之力。惟阅家谱，自元至正年间迁肥至今可考者，仅二十余代；其明季十余代竟无从查考，负罪良深。铭传于同治九年督师秦中，曾嘱子璧约同族人修谱建祠。次年解军回里，复建义庄。由保卿公报捐田千石；子务捐银万两；子征捐修维月公享堂一处，费银六千两，我族于敬宗收族之道，宜乎尽矣。惟前次修谱，当乱后仓猝之际，颇有流亡未归者，谱中失载。本年复议重修，以补阙遗。惟愿后世子孙永守先人之成法，务耕务读，惟勤惟俭，以保家门之盛，是铭传之所望焉。

时大清光绪十年岁次甲申丁卯月上浣，十四世孙铭传薰沐谨识。

义庄序

人之有宗族，犹树之有枝叶也。枝叶茂盛则本干不枯，欲茂枝叶必先培植根本。故国朝颁亲亲之谕，圣人有追远之言。余于壬申自陕西请告回里，十年征戍，一旦解兵，四海澄清，故山无恙，升平之乐，较之干戈之苦，不啻霄壤间矣。回忆咸丰年间，烽火连天，蒿莱满目，吾乡巨富大族家破人亡，不可胜数。惟吾族僻处山隅，得余筑圩守卫，受灾甚浅；子弟有随军从事者，多名成业就，家室一新。中夜自揣，莫非祖宗积累之厚，吾族得以独昌。惟思人丁繁盛，贫富不齐；宗枝远近，虽异派而同源；虫旱灾荒，须预筹以保顾。因仿晁氏捐资赡族，建立义庄，规条而增减之。虽以鳏寡孤独先受其施，要在士农工商不失其业。所虑世变尚多，盛事难继，或时逢兵乱，恃强梁以抢夺；或岁值凶荒，藉饥馑以霸争；或经理失宜，由人开报以糜费；或借公肥己，妄假名目以侵吞，是皆晁氏之前车，为我族所宜戒。倘有前犯等事，重则鸣官惩治，削其宗枝；轻则榜示祠堂，辱其后嗣，毋瞻情面，毋失因循。如遇颠危之际，有能保顾之人，或弥患未萌，或转危为安，则光前裕后之功，不可忽灭。其如何奖报之处，因时审事，在后世子孙酌度处之。余言是听，勿怠勿忘。当义庄创议之初，有人走告于余曰：「君不见晁氏义庄，其先人费尽经营之力，立法至善至美；曾几何时，已为子孙败坏成规，盗卖将尽，此事虽属善举，特恐继守无人，徒起后世之争端耳。」余答曰：「晁氏先人，设如君言，不立义庄，其资财独留于子孙，抑能守至今日不败尽耶？吾侪于乡党宗族之间，凡有裨益之事，即当勉力做去，以尽吾心。若云今日之善举，即异日之祸胎，则天下无为善之人，后世绝为善之路矣。」告者唯唯而退。

时光绪五年八月，义庄告成，刊刻条规，因弁数语以志后世，铭传序。

唐氏谱序

吾乡唐氏，自明嘉靖时由江右迁肥，世世守读与耕，门第已觉光显。越九世，殿魁字荩臣者，父素轩公读书未第，教子有方。荩臣初长，勤理生计，谨事师友，年二十，有气节。余与山左周氏之家，见而奇之。后数年粤匪创乱犯皖，余约乡人结土寨以御贼，荩臣独首先从事，率子弟数百人，同余南御发逆、北剿捻匪。其时全皖皆陷于贼，而肥西一隅独保。同治元年，余应曾侯之募，特邀荩臣同往，其随李宫保航海东征。余部初只五百人，入吴一月，连克浦东五州县，荩臣之力居多，余后增兵近万，荩臣为分统三千人。每当艰危之事，荩臣则身先任之，其苦攻恶战之处，歼渠扫穴之功，不可胜计。非独余与宫保嘉赖之，朝廷亦旌其功，擢以浙江衢州总镇，记名简放提督，赏振勇巴图鲁名号。其御下严而有恩，明赏罚，耐劳苦，时以练兵爱民为重，无矜张气，有名将风。噫！若非其祖宗积累之深，荩臣之所造，能若是耶？今者江浙肃清，中原将定，于戎事之暇，思集族人谋修宗谱。恐乱后日久，无从稽考，乃将远近合族子孙男妇，生卒仕否，一一表而列之，嘱余为叙。窃思唐氏自一世至五十一世，有以著述，见官见爵者，载在谱中。迁肥以下，沿至璧公。嗣后五世同堂，家法为吾乡之冠。荩臣能守祖训，故其造诣过人，尤望荩臣以后之子孙，世守其法不乱焉。

同治四年岁在乙丑冬月穀旦，头品顶戴钦命直隶提督军门赏穿黄马褂骠勇巴图鲁同里刘铭传拜撰。

——以上辑自《肥西淮军人物》

致李鸿章 同治四年八月十二日（廿日到）

前由亳州肃具一缄，未识曾邀钧鉴否？贱躯抱病十余日，近稍痊可。本日接前敌来信，据称捻逆仍盘据新蔡一带，似无走志，遂力疾登舟，前往督剿。豫中人事坏急，前见我军休息数日，未曾出队，官绅即生议谤。屡阅爵相奏疏，坚持驻兵徐州、临淮，铭传窃以为非。若以前定十二府之议，则爵相可驻徐州，若论眼前地势贼情，爵相拟带六世叔同树、盛两军驻扎归德，湘勇拟驻亳州，琴轩拟驻曹州。三处相离不足五百里，声势相连，贼断不敢越境东犯，即东犯亦易合击。传军为专剿之师，以马队追踪击贼，步队遥为控制，不使攻破圩寨，日久或可饥散。现贼马较前更多，我军必得强健马队三千，方可立平此寇。吾师怀抱全局舆图，了然在心。河南平坦之地，无险可扼，且系捻匪熟游之处，纵横往来，毫无忌惮。贼于冬春之际，豫无所掳则入鄂，秋夏之交，鄂无所掳则入豫，由豫定回蒙、亳老巢一次，后复奔窜河南、山东。此捻逆之长策也。此次爵相恭膺简命，剿办三省捻逆，朝野期之成功心速，若一年半载不见功效，民圩日破日多，贼势日聚日众，恐启外议，有损威名，现张、赖二贼不合，分成两势，目前不致弄成大患，若到春冬之交，我军马队练成，必图大举，歼灭此股，方见南军往日成功非侥幸也。窥管之见，敢为吾师陈之，如以为然，务祈转请爵相，万勿以运道之艰，初议难改，划疆自守，不求有功。铭传深受吾师及爵相之知，故不避苛责，渎烦上听，非为自谋建树耳。张士智洋枪尚未解到。口外购买马匹于初四日到营，马皆强壮。现办报销帐目，不日即当呈览。续请吾师添立马队一营及三哨，乃不得已之举，是否可行，尚祈示遵，……十二日淮甸舟次。

——辑自陶风楼藏咸同名人手札

附录

刘壮肃公奏议叙

陈澹然

天柱之山，自终南东迈，矫然特立中干间，江、汉、河、淮，襟带万里，居巢、洪泽郁为隩区，颍、亳、淝、泗之乡，厥惟千古雄豪之地。自管氏徘徊颍上，创霸中原，厥后陈、范灭秦，孙、曹霸汉，杨、吴代李，徐、常造明，奇烈迭兴，大都宪章仲父。唯独蒙庄一老，异略纵横，九万逍遥，竟辞楚相，高风洁韵，旷代阒寥。盖奇勋伟节并著之难如此。

同治初，中国大乱，故大学士合肥李文忠公独创淮军，趋上海，规江苏。一时名将程忠烈、张靖达、吴武壮之伦，蹈厉云兴，不可一世。唯壮肃刘公年最少，独角巾孤剑，长啸其间。苏城既克，程公战死嘉兴，李公顾诸将，唯刘公足胜艰巨，军无大小，一以决之。年二十九，遂拜提督畿疆之命。于是南平吴越，北定中原，振旅策勋，授封五等，而公则浩然归矣。明年，诏督师关中，事平，辄乞去。更十年，俄罗斯难作，再诏入京师，和议成，复抗疏归里。又四年，法兰西构兵海上，复起督师台湾，血战经年，台以无恙。既授巡抚，专疆事，抚番、清赋、建省、设防，毅然保全台，为七省海疆枢筦。朝廷鉴其忠，既晋宫保衔，长兵部，复命佐贤邸赞海军，大臣惎之。公则坚乞卧山中不出。公去四年而日本难作，再诏入京师，卒不出。而台辄亡，公益悲郁死矣。

嗟呼！人之云亡，邦国殄瘁，此岂特一人一家之痛酷已耶？繄古功名之士，每不乐以湖山胜美易轩冕之荣；而高蹈之贤，又不惜舍天下国家自安林壑。故禹、稷、巢、由，虽太史无能合传，而专制之君，谗贼之相，遂不惮牺牲豪杰，自骋其予夺生杀之威。虽若邺侯异烈，再造李唐，代宗之贤，至乃放弃衡山，以脱元载之娼嫉。青田奇略，且陷胡惟庸谗毒而罔或伸。功名之际，贤者或不克保其令终，自古然矣。

我朝优礼大臣，远符宋氏。然观甲午之败，其祸实始司农，罢铁道，禁海军，仓猝无能战守，而东征既败，虽忠挚若李文忠，且将蹈岳、于之惨戮。流风摧靡，则虽拥强疆，称物望，靡不靦然仰贵臣呼翕以为转移。夫天下乌有容悦以求富贵，而能舍其身以当国难者？痛乎！彭刚直有言，士大夫出处进退，系惟人心风俗之盛衰。而晚近人才，至乃甘奴隶犬马，而不知耻恤，以此而当敌国外患，有相携崩角已耳。然则公之辞心岩壑，敝屣节旄，其苦心远抱，为何如哉！

公才兼文武，所著《大潜山房吟稿》，曾文正叹为骠姚劲悍，类其用兵。在官奏牍，下笔辄数千言，沛乎若不可御，其大要尤在成败得失，靡不毕达其真诚，绝无一言相诳饰。其所自属草，尤觉英风浩气，磅礴楮墨之间。

濬然生长江淮，慕公三十年，不获一见。丙午，客海上，公孙荃庄部郎方处京师，独最公事略，属为墓道之碑，既幸得比欧公与名韩相之堂，以为庆美。今秋栖迟都下，荃庄复举公奏议，属为校勘，盖深见将相子孙刻其先册，大都纤悉靡遗，俱不足垂后世，自非知言之深，乌能及此。

公疏凡二十二卷，语皆实验，远异空谈，洵足以为世法。濬然惧读者不获窥其体要也，谬加厘订，别为出处、谟议、保台、抚番、设防、建省、清赋、理财、奖贤、惩暴，凡十略。各为小序，以括其端。篇之内，别为圈识，「提要钩玄，篇卒或甄舆论，或采遗闻。与时局变迁之不能不具者，则为按语，以明概略。庶几论世知人之君子，得窥豪杰之真要，非荃庄邃古知言，乌敢妄图斯指。盖纂述之微，固有未易语诸天下者。

公性不乐人节度，平吴平捻，勋冠当时，属在李公，未尝自达于时。文牍盖已唾遗，今之所存，则自督师关中始，而台事为独多。淮人言公尝登基隆山望日本，叹曰：「彼区区一岛国耳，吾苟速图，尚可并吞，以张国势，不则为彼虏乎！」因欷歔而罢。嗟乎！文相孤忠，安能保岭南无灭；史公奇节，安能必江左无亡。惟此忠臣烈士，浩气丹精，贯日月，薄星辰，而与之终古。则土疆虽去，且将荡激文人之歌泣，镌入万世人之心目，而使之长存，其理固有确乎不拔者。

悲夫，台湾已矣！神州虽广，何一非台！东患方殷，莫知所届。读公书者，俯仰于当时血战孤危之苦与其后经营缔造之艰，深念尺土只民，无一非忠臣烈士肝胆精诚所抟聚，不使神州大陆坐致台疆异族之悲。斯则荃庄继述之义者夫！

光绪三十有二年冬十月，桐城陈澹然谨叙于都下桐城馆。

出处略叙一

陈澹然

呜呼，大臣出处之际难矣哉！或庸暗而乘非据，或贤俊而被宠荣。是二者，大都行殊迹类，易进难退，千古叹之。夫庸暗无论已，中兴名烈若曾、左、李亘矣，然使曾无津案，左辞枢府，李谢海军，而皆急退，此其为乐，南面王乌足道哉！然此三公者，既被殊知，退进焉能自主？李自甲午奇谤，退处独难，迹其南北徘徊，造物亦若留其身，以待庚辛之挽救，盖其心为独苦矣。

吾考刘公疏，十六年四月十四日，始准海部咨，奉帮办海军之诏。越明日，疏谢之，又四日，遽上疏乞去。私独讶之。公以武臣拜封爵，拥专圻，一岁间，迭晋太子少保兵部尚书。不数月复授海军重寄。综中国大臣，自王公、阁部、督抚、都统、将军、提镇，何啻数百人，而清秩之加，不过数人而止。况乃海军之巨，实为国家万世远谟，总以亲藩任之，上相及公乃才四人，将帅之尊荣，朝廷之倚畀，俱可谓极至者已。公独皇皇引退若恐弗及者何哉？且铁道之举，海军之谋，皆公之所独创也。其抚台也，疏言使孤岛自强，固七省海疆锁钥，副微臣经营海表之初心，其志可谓壮矣。今倚畀方殷，而转渝初志，则又何也？及举其生平出处大节而详考之，然后叹公之志行，实有非常度所能测者。

公始以咸丰九年，团练保乡邻，授千总。十年，自将五千人，备粮饷解寿州围。

同治元年春，江督曾文正始奏擢游击，诏未至。五月，仍以千总从李公赴江苏。三年，擢直隶提督。

六年冬，东捻平，始拜三等轻车都尉，辄称疾归，引退乃自此始。

七年，诏再起讨西捻，灭之，于是中原大定，拜一等男。命下，复称疾去。八年，诏莅任，遂乞李公奏开提督缺，诏许之。盖请疾已三次矣。

同治九年，津事棘，畿疆重地仅一铭军，公则闻召疾驱，中道而和议定，诏命以原官督陕军，专折奏军事。十年，复诏出关图新疆，独三疏请疾去，卒荐曹克忠代将，乃归。

光绪六年秋，诏复强入都，议俄事，乞假两月，诏促之。既入，复三疏乞返。

光绪十年，法事棘，诏强之复出，公始泛西湖，谢之。诏复促之出，李公益函电速之。五月，甫至津，李公拟请佐北洋军事，座间示以意，公笑谢之。闰五月朔，方入觐，特诏晋巡抚衔督台军。九月，授闽抚，督台军如故。

十一年六月，法事定，即奏辞闽抚，请专治台防，不许，遂抗疏乞归。是年冬，诏建省台湾，改台抚。公乞去益坚。温诏益慰留不许。越六年，省防既定，海军命下，复五疏坚乞，乃得归。及甲午再召，乃坚辞不出矣。

综其生平，自始战江苏，讫台湾，凡五进而辞，退乃十有八焉，乞退之疏存者，乃十有四。按其岁月，皆处恩纶稠叠之时，实为千古名将所未有，夫岂洁身高蹈，如古石隐者流哉！盖其雄略纵横，不可一世，喜劳恶逸，乐任人所难，尤以奉节度、拥虚名为深耻。当其提督畿疆，授封五等，中原大定，千里讴歌，斯亦武臣之至荣矣。脱令优游辇下，坐拥节旄，畴复能议此者。独念风尘无警，上将虚糜，左武右文，已成风气。提臣虽贵，展布莫由，故决焉舍其官而不屑。

其督陕军也，异军特起，专达朝廷，不复见制文吏，斯亦上将之殊遇矣。然关中既靖，终类虚糜，诏出新疆，更忧饷馈。而西陲经略，又非可共功名，绝塞蹉跎，且将悟抵，故决焉舍符节而不居。

其赴俄难也，既以主战而忤相臣，复以铁道而违台谏。栖迟海上，谁省孤怀，故决焉全吾身以待天下。

及台疆甫定，门户倾排，辞抚任台，庶图专致，此固当时之苦心也。而枢臣不察，责难纷投，设险无资，更谋建省，大臣治狱，复事调停，自非制府公忠，亲相戮助，有不决焉径去者乎？厥后，抚番、清赋、建省、设防，七载忧劳，固已脱然自立。脱令逍遥海上，坐拥岩疆，较彼殊荣，睥睨万国，斯亦大丈夫得志之所为也。独念海军之重，非有实权，莫由担荷，以成其志。贤王既逝（醇王薨在十五年冬），大司农已请禁海军，十年毋增器械，将以海部虚名，内羁贤豪，外炫强国。而诸臣秘术方拙，海军巨帑莫知所归，一旦强邻激战，巨舰败亡，清议之徒，且将归狱于海军群帅，必致海军沦丧，台且随之，吾独奈何罹此厄哉！呜乎，公所为请疾经年，脱焉敝屣者此也。

公去四年，而甲午战作，诏令李公传旨促入都。李公命长公子函电劝之。公复书谓：起家行伍，身任封疆，今乃等之列将，吾其何以行哉！卒不出。李公太息久之。夫以翛然泉壑之身，明知势不可为，复致佞臣之掊击，是尚得为智者哉！且军兴将帅未有自请撤军者，公督陕军时独首行之。其言曰：民生凋敝，饷糈奇艰，臣即忍耻虚糜，抑复何裨大局。此其苦志亦可见矣。议者不察，至谓迭辞诏命，乃类要君，是恶睹古君臣之义者乎？

公始倡淮旅，练洋操，议铁道，建台省，此四者实创中国未有之奇。淮军驰骋中国三十年，高丽、越南至今歌泣。铭军诸将，光赫当时。朝旨至敕诸行省，本公练兵为程法。盖同、光间倚重如此。至其平吴、平捻，奇战实多，方略具存，无难考索。独公自平捻归，辄鄙战功为不足道，当时文牍，一以火之。而深叹古贤王命将之义，尝曰：古之拜将也曰阃以外将军制之，故将在外君命有所不受。秦汉专制，斯义已亡。虽曾、李奇勋，往往坐牵枢部。此风不变，将帅终莫由自尽其才。故其督陕军也，先诏遣军赴乌城，守蒙边，复命驰肃州，待俄变。公度其不可，则坚屹不摇。及赴台疆，明诏许便宜，乃往。厥后用人行政，复请铨部宽文法，以尽其谋要。与辟新疆，合基隆、谢朝鲜等，所谓卓然自立者耶。

方公之在台也，锐意兴海军，谋日本。（尝聘其名士仓信敦处幕中，不令与军事，暇辄对弈，以询其政俗，而思为之备。归后，其人犹感公，寄日本棋谱于山中，公手书答之。）甲午之战，西报言日议院闻公出则大惊，已，闻其不出也，则大喜，曰：刘某不出，吾无患矣。

始，公之归也，刘忠诚坤一方督两江，以杀李洪故，公作书让之，忠诚大恚。及闻公没，拍案惊曰：「长城颓矣！」盖中外推重如此。嗟乎，身为名将立奇勋，其为世嫉固已多矣。不务审时局以图进退，虽汾阳伟烈，不能不牵掣于河阳之奔。甚乃忠愈奋而祸愈烈，将一身不足惜，奈国事何？岳忠武、熊襄愍之贤，夫岂乐高官、贪巨禄，拥兵战伐以自豪哉！即是，而公乃嫲然千古已。

谟议略叙二

陈澹然

公少负奇略，讨捻时谟议已闻天下。初，群捻日驰数百里，官军尝逐蹑莫能遏其锋，故虽僧忠亲王忠勇绝伦，卒败死。曾文正代师，请设四镇兵罢之，道远兵单，终以不效。公独上书，檄列县循黄、运、胶莱诸河侧，建堤堑塞其冲，然后荡决纵横，扼其死命。复自练奔卒如捻状，蹑之，群捻以灭。然其书已不可考矣，今所存断自铁道始。

伊犁事棘，朝旨促入都，公首上书李公争主战。既至，见廷议之主和也，则独上此疏以去。廷臣昧远略，劾罢之。中国言铁道实自公始。要其所言，道成则一兵可敌数兵之用，使兵饷大权尽出朝廷，督抚无能牵制，则固中央集权之至略也。至其造路之法，则请借民债以速其谋，当时国力未衰，取偿且易。故莅台后益痛切言之。使早用其谋，何至甲庚之师饷援俱阻，偿割乃至此哉！

方公之奉命赴台也，诏询海防策。公奏请保商埠，改炮台，变水师，译西籍，及其他船械枪炮、选将练兵之术尤详。海军之谋自此始。及莅台疆，所规画尝系天下。法事既定，诏令举将才。公独上言武备过弛，请饬海军部定练章，一军志，严举主，拔真才，因举将才，以待擢任。其他争口岸，保洋税，革漕站，缓营夫，创邮政，则皆当时军国之大者，宁特台湾一岛而已哉。即以台论，则所陈台澎善后、练兵、设防、抚番、清赋诸策，与台湾建省之宜缓图，则又审时势以规缓急。至若台战之危，基隆之退，抚番清赋之艰，则抗辨二疏，尤可窥其概略。其辨台战也，曰：「臣渡台之日，军械无存，炮台已敝，苍黄接战，历尽艰危，半载孤撑，幸无挫失。若轻言浪战，内无可据之险，外无策应之师，必至一败涂地。臣治军三十年，惟求实济，不善铺张。若徒放言高论，纵令欺罔朝廷，能不遗笑万国？臣实耻之。」其辨抚番清赋也，曰：「台湾一海外孤岛耳，坐安简陋，何以自强？拘守例章，何以自保？臣所为任劳任怨者，妄计就地筹款，不劳仰助邻疆，庶几孤岛自强，固七省海疆门户，为朝廷建远大之谟。」即此以观，论台事者可以决矣，故附诸谟议后，使后世谈国故者考焉。

初，同、光间，公之退处也，岁往来秦淮，日与诸名士谈宴。诸名士每促公出，公酒酣太息曰：「公等识之，中国不变西法，罢科举，火六部例案，速开西校，译西书，以厉人才，不出十年，事且不可为矣。吾安能促促与文墨吏争尺寸哉！」当时举国晏然，诸名士咸咋舌。然则公之郁抱为何如哉。惜乎，当世清流之不悟也，悲夫！

保台略叙三

陈澹然

台湾孤峙闽海中，南去厦门且五百里，其北乃近琉球，固海外绝域也。旧制镇道专折陈兵事，而道益专其势，略与巡抚等。顾自道光间，姚莹任台道，御英人，被诏狱，后固未有能行者。

光绪十年，法兰西攻越南，岌甚。越，吾藩国也，乞援，朝命滇、粤师合救之。法人大怒，驱铁舰入南洋，倡言夺台湾要我。刘璈者，湘军将，大学士左文襄旧部也，及是，任台道四年，岁饷百数十万金，所部军二万，裨将非进财色，不获将一兵。闽督何璟闻其状，廉察之，不能治也。

是年，公之莅台也，闰五月十四日，始诏用巡抚衔督台湾军事。璈性固骄恣，见其非闽抚，意轻之。

公念台北形势制全台，沪尾通商，而基隆煤产著海外。法舰远来数万里，必踞基隆，夺煤厂济舟师，夺沪尾商埠，资馈饷。基、沪相接，非速赴基隆，保台北，全台且亡。独解兵既久，所部驻畿辅、江南、广东、西，诸帅畏法军，辄强留不遣。李公忧其孤往，将不能制台军也，而莫能助。公乃率亲卒百余人，部将十数，奉命才十日，辄抵基隆，法舰已纵横口外。闰五月二十四日也。

初，公之过沪也，法使数来会，探行期。公则置酒高会，声言某日乘某舰渡台。是夜大风雨，公乃微服乘小艇登他舰疾行。去岸数时，法使乃觉，疾发兵舰追之，思要之于海。比至沪尾，则公已登岸两时矣。

公既至，淮军至者才六百，合湘、土诸卒，不逮四千人。连奏乞江、闽兵轮，皆不至。炮台仅五炮当一面，台势且乖。公首拊诸将相劳苦，急命筑新台、建新垒为卫。

六月望日，工未蒇，法军已鼓五铁舰犯我师，公急合诸将血战御之。法舰环巨炮助陆军，台辄圮。公辄诱敌军陆战，夜令壮士邓长安、梁复初冒雨蛇行，潜登法垒，毁其炮（复初被敌追战死，长安生还）。躬帅师袭击之，卒破其垒，夺其纛，追奔至铁舰乃还。既念敌舰多巨炮，我军近海终不足支。且台北一城为军饷根本地，非舍基隆啖敌师，徙军后山避敌炮，扼沪尾以保孤城，敌且缀我师基隆，而阴袭台北，则吾且不战自溃。乃阴徙煤矿机器，毁其宅，断其谋，移军截狮球岭。别遣大将扼沪尾，而自驻淡水策应。知府李彤恩急请填石塞海口御之。

当是时，敌既大破闽海军，毁兵轮三十，将军、督抚、钦使诸大帅拥重兵莫能制也。闽师既烬，法大将孤拔益鼓胜兵集基隆，雪前耻，我军壁山后，敌攻沪尾谋台北，大将孙开华、章高元御之，张李成以奇兵五百人夹击，大破之，法兵死者千余人。半岁，法卒不获，徙基隆兵，觊沪防，窥台北。

方闽军之既毁也，朝命左文襄莅闽督军事。李彤恩者，久事基隆，精外交。孙开华者，湘军宿将也，荐其才，公任之。道员朱守谟，浮妄昧军事，公斥焉，则嫉李。基隆之退，朱独谤李得敌赂，鼓台众噪之，几大乱。朱既去，阴结刘璈，并谤李于左，以撼公。初，公之督陕军也，左公方督师陇上，朝旨密询左军状，公以其久顿也，密告之。及是，左公莅闽才一日，辄据两人言，劾公退基隆为李罪。公力雪之，前序所称辨台战疏者也。于是两公交恶，刘璈益傲睨其间。

方台北饷绌，公请劝台人募白金百万助之，事未集，复乞朝旨别助之。璈独上言令台捐二百万，集兵械无阙，复告左公及新督断朝援，实寝台捐，置兵械不问。公既苦饷绌，命军凡四十日关饷金一月，饷至补焉。及冬，璈瞰台北之无饷也，故令湘军发全饷，胁淮军，且声言台南之饷竭也。实拥金百万，不一佽淮军，激使变。

始，法船之禁海也，商船且往还通声息。璈独告英人曰：「法禁弛。」九月，法乃严海禁，并商船搜劫，不使通。以此坐困三月，援饷俱穷而瘴疠更作，将士十九病且死，军且绝炊。公则短衣草履卧山野，战辄亲出当军锋。一日，法兵开炸炮，所乘马忽屈伏于地，弹丸从顶上过，得毋伤。盖自中国外战以来，未有险绝如此者。嗟呼！外寇如彼，内患且更若此，向非公孤忠奇略，守死不挠，内结绅民，外拊将士，空拳白刃，洒血登埤，此其为状，尚忍言哉！

公之退基隆也，深见我军孤微，法军枪炮精利莫能敌，坚令各军掘长濠，严守御，俟精械，待援师，毋浪战以损精锐。朝旨屡饬复基隆，公独守，便宜不进。八月，我军血战复基隆，江闽争入告。诏大喜，询状。公知其难守也，寝不言。然敌卒不克越基隆乘我。左公既莅闽，争言战。明年春，特遣两大将六千人，潜济以东。朝廷亦命故陕督杨公岳斌间入台督战，大集官、土军二万，誓死复基隆。基隆山后故有河，我军固坚壁河北。及战，湘军大将独慷慨北渡河，当前敌，淮军继之前。敌军大败，将士死伤如积，乃急退河南，掘濠堑，仍公策拒之，湘军将乃不复言基隆矣。

四月盟成，法兵退基隆，乃归，朝旨犹以未克基隆为公咎。

方公之舍基隆以啖敌也，部将章高元痛哭伏地下，阻焉。公大怒，拔佩刀砍前案，叱曰：「不舍基隆，台北不能保也，违者斩！」乃全师壁后山。故司马懿论兵谓非上智不能割弃。嗟乎！战阵凶危，万变呼息，当局且不能喻其几，枢府书生乃欲制胜万里之外，明之季世复何远哉！故详著其事，告后之任兵御将者。（朱、刘情状，详《惩暴略》中，知言君子，可并考焉。）

抚番略叙四

陈澹然

台峤生番，亘古不通人迹。明季郑成功始逐荷兰，居台南，日经营战舰，西通滇将李定国之师，冀获江海诸行省，以存明社，未暇内及生番也。

全台形状若巨鱼，尾南而首北，前山若鱼腹内向，广而平，后山若脊梁乃狭。生番所处，则梁骨万山中，亘山南北七百里，番社都八百有奇。光绪间，众且二十万，各规地势为酋，相雄长，与黎、獞、苗、猺等，盖大地生人之始类然也。番既无衣冠，昧伦纪，踞深山，狎禽兽。山中多宝藏，居民外至，辄艳之，用此治铁，制镖枪，工战斗。互市既开，西枪入中国，奸民假番地为薮，益盗精械济诸番，诸番益横桀不可制，尝突外山，火民居，恣杀掠，岁杀千百人。文武吏瞠视，莫敢相何问。

光绪初，日本人入番境，番怒杀之，日本始遣舟师踞基隆要我。朝命船政大臣沈文肃公葆桢莅台北治之，事定，乃请辟番地，设流官。然所辟仅后山埤南、恒春两厅县。未几，移镇江南，事辄罢。

厥后，吴公赞诚理船政，复经营番地，以病归。闽抚丁日昌继之，亦半途以去。最后岑襄勤公踵其事，复擢滇督而西。坐此，番地多犬牙厅县间，非搜濯不治。

公始莅台览形势，深念地孤险，非财足，自守不能；以为非辟番地、广耕桑，则财无自出。莅台十日，辄抗疏言之。法事定，复疏言非清赋、抚番，不足言守御。且番地多薮盗，不清其内，猝当外患，将有腹背受敌之忧。武侯谋魏，先靖南蛮，理势然也。顾番乃人类，苟无害，安忍残杀相加，即见虐官民，亦非自惩不足平其怒。

十一年夏，法兵告归，台南副将潘高升残杀无罪番，虐甚。公抗疏劾治之（疏具《惩暴略》中，为番事之始，因参劾，故别隶之）。番感，通译言谓，新帅一视民番，不复袒官吏，固已忻忻向化矣。是年冬，彰化、新竹、淡水间绅民，屡上言番杀居民，扰耕获，请剿。公乃命绅吏挟通译谕导之，降则纳，不则威以兵。淡水马来番者，岑襄勤抚而不至者也，及是辄降。乃定规约凡十条，以社长为社丁，月给勇粮如营制，总目月银六两，躬至县署领其银。使与官吏洽，社长各遣子弟入城塾读书，使还耕故地，军民夺者罪之。番至咸薙发被衣冠，与民齿。于是新、彰、罩、兰番咸就抚以安。

台湾故制，取屯租备抚番经款。屯兵敝久，不能军，乃请减屯兵积饷，专抚事，庶番至日多，饷不加劳，而用自给。优诏许之。故前后六年，未尝一增兵饷，此抚番之始也。

既念番地多僻险，非开道不能达也，乃命提督刘朝祜，首自马来辟番险百里为巨道，通宜兰。

十二年春，淡水东南大科坎与新竹、菜瓮诸番，既就抚，肆杀如初。朝祜率军逼大科都十三社，咸就抚，旁社不下者，克之。惟猫里翁八社不下，朝祜瘴疾归，公乃自将拔之。于是菜瓮以南六十余社番毕下。春深瘴作方息军。而三角、屈尺诸化番忽见杀，侦其为加九岸竹山番也，复请剿。乃命唐仁元深入百五十里，涉蚕丛绝险拔之，而北道以靖。林朝栋之壁罩兰也，武荣十余社番虐，克之。而带目二十余社不下，乃命提督柳泰和以师往，并克之。

于是新竹、大湖番迭出火民居，暴甚，两将辟道四十里。深入拔之。中路彰、新、前山番毕克。自土匪横嘉义，南道不通，特命提督章高元壁嘉义。高元别遣将抚后山莲港六十余社，下之，后山统领张兆连亦抚恒春、埤南番百七十二社，复请自嘉义开道达埤南，减恒春道数百里。公大喜，许之。半岁间，招抚四百社，暑作，兵乃归。七月，而苏鲁之役作。苏鲁番者，既就抚，突杀罩兰民，复结马那社，缴归化旗以叛。朝栋、泰和连剿，困山中。公大怒，特檄澎湖总兵吴宏洛合四将兵，亲督战，大兵逾绝险，环攻一月，拔其巢。番酋誓天不复反，乃诉官民侵虐状。公怒，易垦吏，划其地，乃安军欲还，而白阿之役作。白阿社者，亦就抚番也，既定，复杀民勇二十人。学士林维源请讨。乃复合诸将越羊肠辟道五十里，深入袭之。其酋马来诗眛率妻子以降，赦不杀。分遣诸将拔余社，毕下之。十二年秋冬事也。

初，张兆连之请开中道也，遂自后山水尾凿石磴而西，章高元自彰化集集街凿石而东。峭壁深溪，悬崖伐木，自冬及春，辟道建飞桥，百八十里横澈，前后山扼其中，万众轰腾，声威震叠。山腹中不闻王化者，皆震怖乞降。于是兆连复招后山二百十八社，高元抚前山二百六十社，都八万八千人，辟田园亩数十万。成功数月，不折一兵。遂颁宪书，奉正朔，设条教，薙发，立社长束之。盖通道之功如此，十三年春夏事也。

内山既定，方檄诸将息其军，而内山疫作，隘勇徙山外避之。番俗喜杀人禳灾，于是北道大坝诸番复肆杀，竿其头于门。勇勘，复见杀，诸将请讨。公曰：「疫甚，不可为也，徐之。」九月乃请维源率将讨平之。而中路里冷、白茆复肆杀，林朝栋、朱焕明并往讨之。八月间连战二十日，军且殆，卒攻其穴，迭败之，番埋石且誓天不反，乃归。

吕家望者，后山埤南强社也，诸番尊其主，号曰番王，既降矣，十四年六月复出杀，诛其凶。外山匪首刘添汪助之，大集四千人以叛，所过焚杀无留行，全台大震。兆连千五百人壁埤南，分防六百里，弱甚。贼围厅治及张营，攻守十七日，几死。急命总兵万国本鼓兵轮炸炮解其围，别命吴宏洛往讨。电乞北洋总兵丁汝昌以兵轮炸炮佐之。八月，贼集邻番以死拒，诸将血战半月，毁其巢，于是诸叛番皆乞抚，获匪首刘添汪，诛之，南路再定。而中路万雾社，独悍虐异他番，通判吴本杰令各社壮丁为营勇籍之，辄逃归肆杀。乃下令绝盐粮火药入山中，万雾惧，乃复降，送子入学，且为质许焉。惟北路绕食、竹加山、衣卯、京孙儿诸番数十社，既降仍肆杀不可制。十一月军至，其酋红衫佩铃鹄立待战，于是郑有勤、刘朝带苦战，冒绝险尽拔之。独陈罗剿内溪既定，雨作而桥亡，疑番之毁陷官军也，斩六级。番怒，袭杀营官练勇十余人。有勤移军讨之，内溪四社复乞抚。公怒，罢罗军，诸番辄送子为质，北路复安。于是全台番八百社，众二十万人，靡不就抚者。此十四年秋冬事也。

十五年，全台大定，方论功而后山之难忽作。

初，八、九月间，番例杀人曰「做享」。九月，副将刘朝带请自内山开巨道八十里，遥达花莲港，通海岸，利耕民。道中伏，弁勇死者二百人。公愤甚，察其地近老狗社加九岸也，则令吴宏洛统诸军，十一月入内山攻剿。十二月大军至，白阿社番酋筑碉堡死拒。我军筑台山巅，用炸炮环击，破其巢，获其酋有敏阿歪，斩之，加九岸以平。

十六年正月，公亲赴宜兰、苏澳督战。老狗番去苏澳深入八十里，山高路绝迹且穷，乃命军开道设桥梁以往。二月，宏洛自南澳循高山以进，诸将自溪底赴之，社番拒辄破，师行十日乃至。老狗社隘口，两山壁立，绝壑巉岩，中道仅一人出入。总兵傅德柯鼓勇方入隘，伏作，死之。后军至，已无迹矣。宏洛自武搭山巅走西北，抄老狗社后，与溪底军悬绝二十里，声息俱穷，山险不得下，众番数百人突至，血战破之。是日，公自登武搭山勘形势。宏洛已去二十里，不相闻。武搭以西，奇峰叠嶂，天日不开，师危甚。土人言：「老狗诸番无村落，散处群谷间，虽深入不获也；独地狭无田，非出山不获食，大军诚壁隘，绝其粮，可不战下也。」公从之，乃令宏洛毋下山折兵锐，设地雷群隘绝之。开道武搭山南，与溪底军合。番夜出求粮，值地雷尽死，三日饿益甚，痛哭送子以降，乃振旅而返。是役也，始以游击郑有勤冒饷，违节度，诛之，终以提督李定明失援傅德柯，罢其军，夺职，万众竦然。此十六年春事也。盖自十一年冬抚诸番，至此乃克大定。

初，台之抚番也，动需兵饷数十万，剿一社辄用兵数十营。公既未增一兵饷，特奏林维源任垦事佐之。疏请免船资，招闽海贫民，垦亩辄数万，使番众狎居民，深慕衣冠文物伦理婚姻之乐，群化无形，则耕织自精，货财自殖。抚事既定，各就垦抚局设义塾，番童读书者千数百人，父母来观，辄跳舞歌呼以去。使尽其功，微特田园百数十万亩，设官分县，富庶在指顾间，即古木、名香、珍禽、奇兽、宝石、五金之饶利赖，宁复可亿。公经营六年，三亲绝域，蒙瘴涉险，不骑而徒，彼岂不知暇逸哉！其所志者远也。乃番叛粗安，公已不安其位，令坐岩疆千里，拱手强邻。呜呼，可胜言哉！可胜言哉！

设防略叙五

陈澹然

台湾南北七百里，东西广者三四百里。其海口大甲以南至凤山，沙线阔者五十里，兵轮不能泊岸。惟大甲以北至新竹，港汊纷歧，迤逦达宜兰，兵舰皆能近泊。基隆、沪尾虽可泊，而山险犹多，部以雷炮，尚堪自守。惟新竹沿海皆平沙，后垅、中港三号兵轮皆堪出入，非全恃兵力不为功。然以视澎湖犹可为也。

澎湖者，距台、厦皆二百五十里，拳石孤危，地不过数十里，石沙迷漫，草木不生，四顾惊涛，莽无撮土，炮台之筑，待土邻疆，此天下绝地也。然内深口狭，船坞天然，据狭口以建炮台，辟船坞以为重镇，扼南洋之枢筦，通台闽之咽喉。别择台港，增炮台，布雷炮，以为守御，广置兵轮，练海战，纵敌轮飞渡，吾且乘便以袭其师。敌虽狡，即焉能睨视吾国哉！故公尝言：「台、澎之防，岂特台、澎，所以固吾国也。」初，刘璈之久任台道也，岁糜饷百数十万，不闻购一精利枪炮，以备军防。故虽基隆险要，炮台仅足当一面，且失势不能支，炮仅五尊，莫能一战。

公始赴台也，道上海，仅购毛瑟枪三千，乞江督佽前门炮十、后门小炮二十、水雷数十，备基隆；别请巨金四十万购枪炮。当时固未遑也。

台地四面皆海，无兵轮则声息俱绝。当时台地四轮（「永保」、「琛航」装煤台北，「伏波」、「万年青」两兵轮，专住台南），皆岁久行迟不适用。船政故有四轮备台用（「澄清」、「登瀛洲」、「开济」、「靖远」），乃悉赴江南。江南新购二钢船，合旧轮已足。请饬江督以「澄清」四船返台湾资缓急，江督止焉。及战，乃无一舰，仅租英德商轮运兵械，遇敌则逃。敌无禁海，台固已坐困矣。伊古军势，瞬息万端，自电报兴，而万里乃如一室。台居海外，乃未一图，故战急而声闻具绝。（法禁海时在十年九月。公上一疏，次年二月始奉批折，其隔绝如此。）并此数者，公辄痛之。和议成，亟请设防，备不测，诏嘉纳之，然非巨款不能为也。

初，公请以左文襄济台洋款百万金助防事。十二年春，部议借款仅余六十万，已入海署，莫能资，请饬台抚节台款存储，可次第为也。公抗疏力争之，且言上年法兵退后，臣即饬各员赶造基、沪炮台，与洋商定购巨炮三十一尊，款银六十万。全台岁入，初只九十万，臣逐而理之，约增十余万。防军裁减，仍存三十五营，月饷并轮船制造各要需，岁且百五十万。闽省关协银四十四万，尚不足百五十万要需，何由撙节？诏饬部速议，乃名拨各海关三十六万诳之。以询各关，部拨为已欠矣。盖中国苟安已成故习。（庚子，李文忠奉召至上海，阴语所亲曰：「世人诟我海军不能一战，吾办海军名为三百万，实则每百万只三十万，余皆莫知所之，事焉能办？」）法军退后，事已经年，明诏设防，实乃若此。公愤甚，辗转至冬，乃无一钱，于是举全台细款入告（此单现附《理财略》），且言：「法人围攻之际，宵旰忧劳，内外臣工，无不以未备台防为恨。解严后，诏由英德购钢甲快船四只，专备台、澎，需款二百万，并开行省竭力经营，斯固发愤图强矣。顾从前沿海造一炮台，款辄数十万。臣于澎湖、基隆、沪尾、安平、旗后五口，购炮筑台，请款仅八十万，部推两载，未获纤厘。炮价到期，洋人催索，何以答之？万不获已，拟由闽、台各借洋款四十万金，专筹炮价，闽、台各还。」诏曰：「览。」乃就借款购巨炮三十一尊，备五口焉。

初，十一年夏，法军之甫退也，公复请南北洋拨兵轮三艘，驻基、沪、澎湖。闽厂拨运轮二艘，运城台物料。十四年，埤南之变，陆道自台北至埤南千三百里，远甚。复奏言：「前诏购四快船备台用，已归北洋，请拨次快兵船二艘，臣再购水雷船数艘。」诏询三省及海署，未之详也。

十三年五月奏言：澎湖仅「海镜」兵船供差遣（此似三省所拨），台北「伏波」船已损待修，「万年青」亦沉没。今各工并举，仅购「威利」轮，价三万八千金，不敷运载。复以二万六千金购德商轮船，命曰「威定」。

十五年复奏言：「威利」、「威定」皆沉失，「伏波」、「海镜」皆敝不支，臣前由商务局招股，购钢快船二，曰「斯美」，曰「驾时」，都计银三十六万。今诸商允以两轮为官物，仍作商轮，以运资抵两船用款，运台官物，不费养船之资。其价由海防经款陆续筹还。「伏」、「海」两船，岁用六万，今并撤裁，即以此抵新船之价，六年即可清偿。既于公款无亏，所裨于海防甚巨。诏许之。

台之为港也，内浅外深，巨轮苦难泊岸。十年，法事急，连购「南通」、「北达」、「前美」、「如川」四小轮。十四年，工作复造小轮驳船一，无事载运，有事乃置水（电）［雷］。又见海口之易塞也，复制挖泥机器船，备疏凿。通计购兵商轮四，小轮六，然后战守可资。

更虑海外音问之难达也，十二年，复自基、沪至淡水，绕彰化达台湾府城，分达安平、旗后，造陆线八百里，除木杆需银三万两。复造海线，自沪尾绕抵石川，至福州，更自安平、澎湖六百里，需银十万两，都水陆千四百里，设水陆报房凡九所。又虑海线之断而难续也，以银九万两购钢轮一艘，复以万两制修电线器附之，外购测量器凡一，电报器凡三，运放保险银二万两，逾岁成之。又废驿站，创邮局，然后声气悉达自时。

厥后，复就台北府建机器厂百七十间，购制造枪弹机器实之。更虑军械之难储也，复建军械所七十间，别建制炮弹厂，以待缓急。于是澎湖、基隆、沪尾、安平、旗后建台凡十座，用铁水泥十五万箱，购水雷八十具（保险运费在内共二万金）。艰难缔造，猪瘁万端。

更谋铁道达全台，通间阻，振商务，以速兵机，而其心为益苦矣。初，公屡上言，非铁道不足振中国。清流无远虑，扼之。及镇台，深念省治必居彰化，山溪奇险，更非铁道不为功。十三年春，特命商局李彤恩，函致南洋西贡、新嘉坡闽商陈新泰等，还台振商局，首集巨资三十六万，购二轮（即「驾时」、「新美」）通中外。各埠为之倡，乃请自基隆造道达台南，计款百万金，本资就铁道取偿，不劳公款。公大喜，上言：台环尽海，虽基、沪、安、旗四口购炮筑台，差资守御，而新竹、彰化海口纷歧，安能设兵遍守。建置省城，必居彰化，不邻水道，货物难通。加以大甲、房里、曾文三溪，大者阔乃十里，其次小溪二十余，亦宽百丈，春夏奇涨，淹溺尤多。岑毓英创大甲石坝，耗银币三十万元，数月冲流，乃归乌有。自非铁桥铁柱终不足御横流。省治初开，何来巨款？今铁道成，即有兵端，随地皆堪飞驶，策应无穷。南北流通，必经彰化，人物易集，建省无难。溪上铁桥，皆归铁道，不劳公款，坐致坦途，实惟台省无疆之福。诏许焉。

十四年冬，复上言李彤恩之谋铁道也，勘地南北，径直六百里，除地价、车房、码头、土工外，估银百万两，议令兵代土工。惟基隆、淡水间，须辟山洞九十丈，大小桥梁百二十座，削高补低，工程险巨。军士筑台剿社，代工莫由。商局雇夫，民劳费剧。今基隆六十里，已造坦途辅轨。乃三十里费夫价桥梁十九万金。始议办时，众商闻利巨，两月集银七十万，现收三十万金。已购两轮，由官垫三十万。及工师细勘土工，已须三十万金，众商观望。彤恩急公好义，慷慨不挠，已购钢轨三百二十里，火车七十具。自基隆至彰化，材器裕如。今彤恩既没，替代无人，禀由官办。细叩工师，估计基、彰三百里，按里需银三千两；自彰至台南里需二千五百两。今两轮入官，已还官垫。基隆工毕，后属坦途。闽协岁四十四万，尚欠百二十万金，原备建城之用，今城工可缓，路工未可稽延，请移缓就急。诏可之。盖办事之难如此。

建省略叙六

陈澹然

台疆当郑氏时仅三县。厥后榛莽日辟，官吏日增，然规模固未备也。

光绪初，沈文肃公始建台北府，固台北；移同知治埤南，以固后山。建省之议自此始。朝廷惮兴作，乃议闽抚建行署于台，以半岁驻台，如直督始驻天津制。诏从之。岑襄勤之抚闽也，尤锐意更张，亲勘彰化，为形势建省之地，东西奔走，疲惫寡成。

十一年五月，法事初平。六月，公上言：「臣病不胜闽抚，乞辞，专驻台疆任防守。」诏强任之。当是时，醇贤亲王参大政，锐意厉海军，深计必划台疆设台抚，专力经营，庶可作东南保障。九月，诏改闽抚为台抚，议分疆。十月，公奏言：台地分疆，必俟抚番、清赋措置无遗，财堪自立，处常处变，乃可自全。今利未开，非闽协无能自给，一经划省，督臣虽无畛域，司道以下歧视必多。请专令闽抚驻台，专台事，闽事一任督臣。五年后筹进止。复引疾乞归，诏不可，疏再三入，诏卒强之。

十二年四月，总督杨公昌濬躬渡台视疾，两帅甚欢。公深虑台防之无款也，杨公许还闽图之。公见其忠坦，四月目渐瘳，乃赴闽中筹建省，建议台抚仿甘肃新疆，号福建台湾巡抚，兼学政；设布政使，佐用人理财；加台道按察使衔，理刑法。所任文武将吏，均请敕部宽文法，擢真才。

初，前山彰化、嘉义、凤山、新竹、淡水五县，大者纵横二三百里，耳目难周。后山中北两路，延袤三四百里，仅划五区，设碉堡，无专驻之官，尤称难治。乃亲巡考图籍度焉，彰化桥孜图，山环水抱，气象宏开，全台适中，足为省治。分彰化东北境设首府，曰台湾府，附郭曰台湾县。改故台湾府曰台南，县曰安平。嘉义之东，彰化之南，自浊水溪止石圭溪，长约百里，增县一，曰云林。新竹苗栗街左右，扼内山之冲，地多新垦，分新竹西南，增县一，曰苗栗。裁鹿港同知，合彰化及埔里通判。四县一厅，为台湾府。淡水之北，东抵三貂岭，番社纷歧，距城过远。基隆为台北门户，商埠纷烦，分淡水东北四保隶基隆厅，改通判为理事同知，重其职。此前山也。

后山形势，北以苏澳为总隘，南以埤南为要区，控扼中权，厥惟水尾其地，与云林县东西相值，已自丹社集集街达彰化，辟路百八十里贯山中。

省城既定，中权前后，脉络贯通，水尾实台东锁钥，设台东直隶州驻之。左界宜兰，右界恒春，地纵五百里，横三四十里，通隶此州，而属诸台道埤南厅旧治，设直州同治之。水尾迤北，曰莲港，新垦既多，海口水深数丈，设直州判驻之，而均隶台东州。此后山也。诏从之。

建置既成，必谋兵备，台兵水陆营凡十有八，水七而陆十一，共额万四千人，三次迭裁，陆存四千五百，岁饷十七万金。水师七营，分隶澎湖、安平、沪尾、噶玛兰诸港，船舰无存，今昔势悬，非兵轮不能战守。安平既设副将，台湾总兵又驻台南府城，距安平才七里，两大员并居一地，势等骈枝。谨裁水师各营，以安平副将驻水尾，为台东协。移北路副将驻埔里社，均改陆师，并扼前后山适中地。陆兵月饷四两五钱，视勇粮尤重，将贪兵滑，简练莫由，请月加考试，能中五枪以次者，分别补署，不论年资，庶钻营可除，疲残自去。部议经制副将移改不行，廷议不能决也。番兵精悍，实过绿兵，请仍旧额四千人加饷，严训练。许之。澎湖旧制，副将与通判主兵，地重势孤，非大员不治，请以福建海坛镇移澎湖，曰澎湖总兵，裁水师，以兵轮炮台专战守。郡县吏缓部选惟其才。诏悉从之。

彰化省城久定议，而筹防既急，巨款难资。公之始莅台北也，军饷皆集府城。所居淡水县署，幕僚或处草庐，城内多水田，不能通舆马，兴造既众，局所渐繁，不得不暂恃台北为根本，乃先购民田筑官道，招商设阛阓，通货财，商务渐兴，始就城西北建抚藩行署，设兵房银库，八局所附焉。淡水改厅为县，旧治乃为新竹县所居，淡水县令及参将各官，多赁居城外，非便也，因复各署于城内壮之。

海外商民重神道，礼关帝天后益虔，则庙以祀之。又念船政大臣沈公葆桢、吴公赞诚抚番开垦，劳苦实多；水师提督林公文察，文功海疆，亲平台乱；基隆之战，淮、楚将士死者千六百人。既建三公专祠，复建淮楚昭忠祠以祀。益创西学堂，课西国语文、测绘、格致诸术，厉人才，建番学，教番民子弟，复就考试学额，以广振士风。台事粗备，乃建澎湖城于妈宫，与炮台相联络。既念省城与分治两县之无城署也，复合台绅筹捐集造之。逾年而公去矣。

清赋略叙七

陈澹然

台湾一岁两熟，田日辟而赋不增，垦户之租未减也。盖绅民包垦，但呈一禀，募佃垦荒，其私纳曰大租、屯租、番租、隘租，于公家无与也。公上言：「雍、乾之世，迭诏减台赋，不准升科。此盖全盛之时，台无足重。今建为一省，财足方可自存，舍维正之供，一听豪强之私纳，而乞济邻疆，非政体也。」故当法兵初退，首陈善后策，即以清赋为断断，而其事必以查户丈田为简要。

十二年春，建省议定，始令台南北两知府，各设清赋局董其成。调官吏三十人履各县，合正绅切勘之。其法逐户问田园多寡，然后勘丈以校之。前匿者免其罪，私租悉革，一入公家。严官吏赏罚，为策励，善者按异绩补署，贿匿者劾之。两年而事毕。原额赋银才十八万两，今溢原额田辄数倍，约四百万亩。官屯各地，一律清厘，岁征银七十万两。按亩瘠腴定赋增减，额增于旧，民减于前。丈毕，由藩司给田单，杜田、亩两乖之扰。故事剧而民乐趋。惟彰化蔡、施二族，私匿独多，不利官丈，阴煽土寇围县治，挠其成，十日之间，竟归殄灭。黠者复赂台谏劾之（辨疏见《谟议略》）。公抗争，持益固，卒底厥成。其操纵得宜，则尤在屯田一事。

初，乾隆间大学士福康安之征台也，番目潘明慈以番丁助战有功，乱定，选番属四千人，设屯十有二，以番社长授千把外委十八人，为屯军授番地及民田近十万亩，岁折征番银四万元，备屯军俸饷。阅岁既久，番不能耕，辗转归民，番乃益病。公念番丁训练实过绿营，请仍番军四千人，月饷四元，今倍之，过勇饷，而以田归民，亩征赋为番饷，台镇主之。节赋羡入公家，豪强不得擅其利。盖其术皆夺豪强私利入之官，故赋溢而民不病。

嗟乎！庚子以来，中国之祸亟矣。新政日烦，赔款益急，掘罗竭泽，国敝而民志益乖。然正赋之供，侵匿不知凡几。朝廷永严加赋，而豪强蚀蠹，官吏吞剥，莫敢谁何。况乃江湖河海之滨，满、蒙、新疆之地，苟加垦辟，且倍正供。所虑姑息成风，一媪喧挠，万官辟易；富强大计，何自而谋。得强毅如公，举全国土疆，概归严丈，辟荒土以富游民。内杜豪强，外绝邻国。十年之后，中国其有豸乎！惜乎本计无闻，日令大司农仰屋而忧坐，叹理财之无术也，哀哉！故综其事，告天下有财政之责者。

理财略叙八

陈滄然

理财之法，莫大乎开源；不绝虚糜，源何由拓？国朝定鼎中原，所恃燕、齐、晋、豫、吴、皖、豫章、湘、鄂、陇、秦、粤东、闽、越十四行省之赋已耳，若至川、滇、黔、桂，赋额已等羁縻。不满、蒙、藏、海、新疆，且无不仰资国帑。而台无论矣。夫天下有一地之土，自足生一地之财。即其地，以辟其源，而徒恃邻疆以求自保。呜乎，此岂谋国之道哉！

公始莅台，即上言辟全台自有之利，养全台自守之兵，其识固已卓矣。然沈文肃有言，台局未成，譬若商不费财，焉能获利？廷议乃思片言建省，遂不相资，抑何颠欤？

当法事之殷，战守不暇，自部拨六十万金购炮外，未助其他。刘璈既擅财权，复谋挠抗。苍茫绝海，几致覆亡。自非廷诏纷纶，群帅环协，虽圣者不能谋矣。然观林维源托身厦岛，一书远达，卒捐四十万元。明诏借捐，璈方抗阻。一闻公命，台人卒以五十四万，捐恤危军。自非英风伟略，忠恳动人，乌能上下感孚若此。

法事既定，外济辄停，公奏言，全台入款，正供外仅恃关税厘盐抵饷，不过九十万。撤军而后，存者三十五营，军饷杂支，至少需百五十万。而设防、建省不与焉。

十二年夏，总督亲履台疆，见公苦心经画，敬之，乃定闽省关岁协四十万金，备建设，期限五年。而购炮急需，尚赖闽台分借八十万。其拮据如此。

公首招商股购二轮，以护商务，而以官购兵商大小轮十艘助之。又设电报达闽疆，严水陆巡防，清匪盗。复谋铁道，辟番途，开港口，以振农商之气；免船金，招垦佃，以广耕艺之谋；开海禁，制樟脑，疏矿藏，以博官民之利；然后农商浩乐，百物繁兴。更虑赏罚偶乖，莫由鼓人心而驱夙弊也，首荐林维源、刘寿铿，以奖其义侠。部捐过重，则请减成数招徕之。捐民被虐，则黜县令奖慰之。台吏死难，则蠲官逋矜恤之。奸商赂吏，则俱惩而更易之。局员朦蚀，则严劾而勒偿之。然后改货厘，肃关税，推茶捐，追田赋既清，归时，岁入且三百万。自购炮借款，终已合偿。虽平匪剿番，迭兴师旅，建城设署，时创巨工，未尝再乞闽援，更需部拨。惟矿学未兴，矿谋屡蹶，公实憾之。初，沈文肃之创基隆煤矿也，阅年未几，耗折已多。公始控台，月亏至八千金之巨。核其月报，均屡赢余。战事方兴，不遑根澈，乃奏磁矿道员何维楷任之，未至。而法踞基隆，乃徙机器，毁其庐，免资敌寇。法退，张学熙以人工续办，未筹机器，积水难胜，积亏以去。公曰：「煤之为用，固船厂、兵轮、机局所必需，未可弃也。」乃约沪局、闽厂及台各凑母金二万两，知府张士瑜集商股六万，综十二万金，聘洋师购机器。十三年春，去积水，续之尽岁，日出煤百吨，支局用。士瑜上言：基隆浪险，难用驳船，陆通逾山，运资益巨，非铁道不为功。请辞时，全台铁道方兴。公念道成，煤用既多，销售益利，乃自十二月收还官办，聘洋人玛体荪，以商法治焉。令铁道自矿达基隆，期迅捷。岁久煤质且穷，月亏三四千两。洋师言：「非集资百万，另辟新基不可。」于是英商范嘉士愿集百万金承其乏，偿旧矿本四十万两，另辟新窑二所采之。

十五年五月，并议章入告。总署奏驳之。诏令择贤员仍自办。十月，洋商已告退，另委任之。十六年六月，公复上言，通政司副使林维源、推荐知府蔡应维，集洋币三十万元，与官合办，官一商二，期十二年，仍缴原矿本银十二万两，承局中机器以十万元为官本，余按月扣煤。矿务归商，官不与，而利乃三分得一。奏入，诏令户部及总署议之。会议稽延，而诸商已定七月朔承其局。八月望议上，严诏斥止焉，谓官商合办，宜主自官。而疑议章总管，以洋人为影冒，以浚港为撤藩篱。且曰敕议擅行，其交部议处。部议夺官，诏留任。公疏谢，仍官办解之。

公恢廓大略，恶拘牵，不乐事朝贵。其赴台也，明诏许便宜。及任台抚，谋省防，屡抗言台疆草创，难泥部章，乞旨饬部臣宽文法。文墨吏已阴嫉之。时醇贤亲王当国政，所请辄行，乃获稍行其志事。王蕘，户部嫉公甚，已，抗疏罢海军，公迭疏方乞退，忌者益衔之，故所议如此。明年春，公乃坚乞以归。实则公赴台时，即疏请官商办矿，主自商人，祛积弊，诏固嘉纳之云。

奖贤略叙九

陈澹然

天下万事，莫大乎用人。顾才俊用人，其败也或加于庸暗，何则？庸暗可腹心豪杰，才俊辄睥睨自尊也。

公之始赴台北也，所部既分防江海留不遣，挈亲卒才百二十人，将吏十数。当是时，刘璈以台道拥湘军将士二万人，诸将皆位尊势重。孙开华且以湘将出霆军，摄提督，与湘将曹志忠并驻基隆，相逼甚。公乃以直隶提督加巡抚衔，未官闽抚。主客之势，既已相猜，而又无实权，以伸其节制。且湘淮、铭霆之不协二十年矣。

公道津时，李相国见孤身入台，兢兢以难制台军为公惧。公笑谢之。其始至也，淮铭军将章高元、刘朝祜，至者才六百人，湘军已三千人驻台北。

法舰逼基隆，闻者皆战色。公至，即召湘霆将慰劳之，疏其才以上，纵横谈宴，欢若故人。诸老将固已震其声威，而乐其风采矣。故当时之战，孙、曹诸将，皆奋死不挠。既捷，上其功，则首志忠，次高元。尊开华之摄提督也，述其功于前疏，而别请奖励于附折，不敢相属也。朝祜固公从孙行，则述其功而辞其赏，而于开华诸将士，尤特奖之，示大公之无我也。盖自是而湘、霆诸将士，无不竭肝胆效死于公矣。朝廷虑其难协也，特诏开华佐台军，公益剖肝胆，相左右，每奏辄偕。故虽左文襄视师闽海，杨公昌濬且以湘帅督闽疆，刘璈怙湘军威抗节度，促法军禁海，绝其生。险绝孤危，自分必死，公独从容谈笑，竟不一言。湘霆将感其诚，益誓死，绝未有忍相背负者。太史公慕淮阴破赵，驱市人与战，以为奇功；诚见公之锐身虎穴，肝胆仇雠，悲歌叹悼，宜何如哉！

且台民悍狡，易动难驯，国家所恒惧者也。法事之来，诏谕乡人举团练，于是狡桀之徒乘风而起，争请募数百千人助官军。公深见外洋火器之精，训练之久，非若昔时寇盗之可揭竿胜也。且起家团练，深知乡民无器无法，终不足助官军，而败且滋累，饷绌则练多，益且不支。更虑事平而盗益众也，恒谢绝之。独见郎中林朝栋，生长将家，负地望，则令统乡练佐之。故战法之后，剿匪抚番，恒得其死力，而团练亦无尾大难制之忧。凡此皆危难可法者。

军事之艰，莫如筹饷。而官之所忌，莫若绅权。公独惟绅是赖，林维源前助军饷八十万，公至，复助四十万佽官军，特奏擢京卿，以风厉台人。故百万之金，不劳而集。厥后省城之建，台民复争请输巨金，皆维源、朝栋之所为也。故凡抚番、清赋、垦荒诸大政，公辄请诏维源佐之，而亟叹其贤，遂自五品卿晋通政副使。每奏必挈其衔秩，辟官廨，刻关防，势乃与钦使等。故凡所规画，靡不坐致其成。而彰化之围，朝栋解围旬日，郎中蔡占鳌复解匪党三十六庄，缚其族匪渠以献。主事林启东，不待官檄，且倡练保其乡，卒未见夺官权者。而今之大府，独绝贤绅，何异去弓矫以自求弋猎乎哉！

公肝胆贤豪，绝无畛域，而用沈应奎、陈鸣志则尤奇。应奎者，官贵州布政使，婴严谴夺官。十年冬，法困台时，左文襄檄令赴台察团练。渡海以东，近岸二十里，遇法船炮击，船几覆，舟人大哭，应奎独坚坐不挠，卒潜身抵台北。公大奇之，抗疏表其状，乞赏原衔，为冒险援台劝。诏称其罪重，不许。公独举全台军饷付之。时法军禁海独严，饷援俱绝。刘璈复拥巨饷阻民捐。应奎拮据万端，劝民捐数十万，察奸商匿税济危军。法事定，公复上言：「全台裁勇留军，饷需屡绌，扶危济困，实赖应奎。」且言：「臣不谙吏治，清赋要政，查户为先，皆应奎一人所规画。」今上亲政，复密荐之。始诏以湘人邵友濂任台藩，公迭称其才，请勿调，已而邵疾去。廷议谓公之嫉湘人也，乃命蒯德标继之。公复奏：德标与臣同里至交，忠勤廉朴。然台居海外，情势多殊。应奎久劳此间，迭请归里，臣以清赋烦剧悉赖主持，请为蒯助。意盖以台藩属之也。已而德标果不至，应奎卒授台藩，代公护巡抚，乃归。鸣志者，湘人也，官江苏候补道。刘璈之狱，公独檄鸣志代，使整治之。或曰湘人门户重，台南将吏皆湘人，且将掩覆之也。公卒任之。鸣志竟并散局，撤冗员，岁节银四万两。公复迭奏请留闽，题奏存记军机。

嗟呼！党援门户，牵怒不辜，以快其意者多矣。今沈来自左，陈出自湘，公独坚任不摇，而奇效辄获，抑独何哉？湘军之战也，王诗正丧师失地，吴鸿源援渡无功，奏保不行，而求恩奖，则固英雄之权略者已。自古豪杰，大都谗谤滋纷，而一眚微瑕，辄足困非常之士。李彤恩谤成重辟，公独请同罪，雪其冤。郑渔罪已遣台，公独惜其才，而留为将选。此管仲所为甘心鲍叔，李严所为痛哭武侯者也。故虽张兆连始附刘璈，卒邀荐达；吴光亮因贪罢秩，卒被覃恩。至乃远念宾僚，奏征贤士；近伤部曲，恤及黄泉。斯则贤帅之常，良不足为公异。独其白林文明冤狱，足令千载下歌泣不衰。

文明者，彰化林文察母弟，朝栋叔父也。文察署福建提督。同治二年，台湾戴万生反，踞彰化城，蔓延三百里。文察东渡灭之，师还，死彰州之难，谥刚愍，立传，建专祠。公疏建祠台省者也。文明从战浙、闽，擢副将，性粗豪。台民喜诬告，吏不严反坐，巨室辄危。文察之平戴贼也，文明实从，乱党多见杀，遗种仇之。文明归，兄亡，势且替，文明多武断，仇益恨之。同治九年，遂以谋反告，督抚饬镇道用便宜。时台道黎某，悍甚，委吏凌定国莅彰城牒问状。文明坦然冠带入县庭，以为就质也。定国出不意缚杀之，以露刃登堂、率众拒捕报。其母戴氏年八十，痛子冤，四人京控都察院，事下督抚，辄蔽之。光绪七年，编修何金寿、御史吴鸿恩、孔宪珏察其冤，争入告。举人邱敏光等，复合数十人，呈察院雪之。严诏促断结。时久控十三年，家已落，戴泣留闽，誓不归。朝栋念祖母年逾九十，羁省病且危，而黎道方擢京卿督船政，与总督何璟皆粤人也，势不雪。承审吏许雪文明谋反冤，请旌戴氏。朝栋乃痛哭，用祖母姓氏具结乞销。总督遂据请罢其狱，奏言当时告示谋反一语为过当，未能尽雪其冤也。附片乃言林朝栋为善于乡林，戴氏深明大义，恳旌表以慰其心。戴固不知狱定也，死闽时犹执朝栋手，坚嘱舍生命雪叔冤。自法寇台疆，朝栋与文明子朝昌，捐饷练乡军，战守有功。明年法退，乃乞辞两人官，追复文明副将，白奇冤。籍绅益争禀陈状。公恻焉，奏复之。诏不可。公复奏建刚愍祠，蹇其悲。然公疏皎然，公论已悬日月。闽人言朝栋积功晋二品阶候选道，再平彰乱，解围城，践父志，特赏黄褂宠异之。日本据台，朝栋独华装不归日，曰：「吾不忍负刘公也。」嗟乎，林氏三世如此，可不谓奇烈哉！惜乎，执法者之不悟也。

惩暴略叙十

陈澹然

台湾之暴，莫大于刘璈，而彰化盗次之。朱守谟、潘高升则狐兔之属也。

昔者，李相国之潜兵上海也，始至，以延建邵道晋二品阶，督苏军处上海绝地。上海道吴煦兼布政使，摄饷权，势盖与刘璈等。相国叹曰：「饷，军命也，寄命为军，其可饱乎？」一夕，单骑岸帻入吴廨，谈谑甚欢。濒行，微问曰：「君司苏饷，月出纳几何？其簿帙可一览观乎？」吴坦然出帙示之。相国一浏览，顾左右，怀之，曰：「猝难遽罄，明旦返君矣。」上马径去。吴大愕，不敢言。相国归，摘其隙，疏劾罢之。卒按吴帙命专官司出纳，军以不饥。盖英雄大略固如此。

公之渡台也，视上海军危益甚。相国知台军之难制也，诚请一人代台道，始战既胜，即请授抚帅，重公权，台难其可苏乎？惜乎，两公雄略之不及此也。

自古外战易，内战难，内外交攻，靡不危且覆者。

璈之穴此四年矣，督抚久居闽，璈拥大兵二万，皆湘人，生杀号令若大帅。一旦以客帅临之，况乃挟湘淮之见，假故帅之威，重之以守谟之谗，乘之以基隆之退，其能帖焉奉节度乎？奈何守谟煽噪，公不执法以诛，且纵其去，而不先发以制之也。

嗟乎，左相之来，年且八十矣，诚若李相之豁焉大度，尽遗关陕之嫌，则璈与守谟之谤将斥不行；李彤恩之难，且将不作。璈虽跋扈，即乌敢遏民捐，挟巨饷，激军变，以困新帅；促敌禁以绝全台也？且璈之遏饷，公既密荐龚照瑗为代矣，江督曾忠襄辄复挽照瑗不使东。故公益坚忍刻厉，法事既定而后图之。向非濡忍岁时，即台北湘军服公无变，而台南湘将三倍北军，内外交讧，台事尚忍言乎？

故窃以谓璈之骄淫贪黩，植党鸷财，犹为当时之公罪，而激军陷帅，险丧封疆，其罪乃不容诛。惜乎，杨勇悫之贤（讳岳斌，故湘帅，为陕督，与刑部尚书锡珍勘狱至台），奉诏以治斯狱，终乃调停左相，举彤恩、守谟两罢之，而因斥绝守谟，示不用，以彰其罪。璈则遣戍以毕之。故公辞台抚一年，几不复与军事。

十二年春，闽督杨公昌濬度公愤，亲渡台北慰结之，既伙台饷四十四万，凡五年，复借洋款四十万，偿购炮。公乃慨焉复起，为建设之谋。嗟乎，贪戾佥壬无责已，大臣意气忍不忍之微，其效乃积于军国，可畏哉！可畏哉！君子是以叹门户之足亡天下，而杨公昌濬之为不可及也。

自璈参劾，公以陈鸣志摄之，乃得稍行其志。以此见任吏之权操之政府官方，兵政将必至于不可为。诚以属之督抚，而严法以戢其私，疆事其犹可治乎？循是而公于将吏乃可见矣。副将潘高升，璈所任也，滥剿化番，肆焚掠，则劾夺戍之。游击郑有勤，公所奏为将才，使统一军者也，始纵凶番，隘勇四十人皆被杀。公亲出剿。复以垦民三百人冒营勇，吞其饷。及战，复观望不前。则并其将吏三人斩之。湘将提督方春发、柳泰和，迭保为将才任统带者，减勇冒饷，则并其营官劾夺之。傅德柯之死也，淮将李定明拥兵不进，则并其营官劾降之。凡此皆公所奏为将才者也。

刘璈之狱，台绅林文钦、吴朝栋各减长夫饷百九十人，则严劾以督其偿；既偿，又原而请复之。罗建祥者，嘉义令也，始勤断狱，减巨盗，则擢知府奖励之；继任清赋，饰虚縻，则严劾勒偿之。李嘉棠者，彰化令也，峻法严刑，叛绅鼓乱，虽守城坚定，卒获乱民，终奏劾罢之。此固公所奏调特保者也。其磊落无私如此。

故彰、嘉多盗，巨首至百四十人，首饬将吏殄灭之。彰化民变，叛绅鼓众四千人，冀免清丈，快其私，终缉乱首叛绅骈诛之。

嗟乎，瘴疠悍疫之乡，绝海惊涛之地，风云万态，起灭无端，战守皆危，死生俱幻，欲求展布，非重赏不足以激人心，苟有智才，且将掉臂以去。故自战法来，战守协援，苟劳寸绩，靡不颂言天阙，迭沛恩纶。事平之后，经纶草昧，海国震惊。三驾穷荒，不增兵饷，群才辏辐，战守交资，是遵何道以致此哉？重赏而已。故凡部臣偶驳，抗论不挠，不得当不止，人尤感之。然恩多则怠，非杀夺不足振其威，贤帅亦将致败。曾文正不能定中原之捻，李文忠不能御日本之师，岂必运筹之未当哉！年老则气衰，喜恩赏而恶杀戮，其弊固足以致此也。然斯二者，苟有偏私，微特杀夺致危，即恩赏亦将致祸。何则？一私则功罪不当，固无能服天下也。善乎，彭刚直疏言：「人以好恶为是非，臣以是非为好恶。」公之保沈应奎也，曰：「臣统兵数十年，独赖用人无畛，赏罚无私，差获勉图寸效。」嗟乎，是二公者，名将风流，并高天壤。有以哉！有以哉！

按，铭军大将，自唐忠壮殿魁战死尹隆河后，其弟定奎镇江阴，从沈文肃定台湾，已著闻矣。保台之役，名者惟吴宏洛、章高元。高元故以师戍台，公至即归台北。基隆之退，高元痛哭伏地以死争。公大怒，拔佩刀砍案角，誓曰：「军家大计，非若辈所知，违令者视此。」果遭重谴，某自当之，不累若曹也。」乃定计全师而退。沪尾之战，高元功最奇，袒身锐入，敌始退。惟嗜酒，战毕乃痛饮，为豪醉，卧不能起。孙开华独以首功闻，高元既醒上言，公已入告矣。厥后，甲午辽战，高元死守盖州，尝讥宋庆善退，庆恶之。敌围盖州，高元孤守，才七百人，莫能敌，乞宋援，不答。事定，乃弃军归。德占胶州，高元实官胶镇，德舰炮环击焉，乃师公基隆策扼山后，绝敌入陆地吭，德将大惊，阳请为好，会欢饮德舰中，而潜兵袭其垒。诏乃徙高元避之。自是竟落拓常不给，可叹也。宏洛性至孝，笃友爱。公困台北，宏洛方守粤，督帅强留之，屡疏调不遣。宏洛闻公急，独舍军孤身诈渔服，用大雪抵台，入军帐大呼曰：「吴宏洛来。」公大惊，狂喜出见。其寒且冻也，急脱狐裘服之。事定，乞归养，公以澎湖事函乞，乃来，皆贤将也。

清史稿刘铭传传

王树楠

刘铭传，字省三，安徽合肥人。少有大志，会天下乱，起倡团筑堡寨自卫。淮、淝里豪并起，相雄长。一日，其父惠途遇别堡大豪，为所辱。铭传蹑豪数里，夺其佩刀杀之，乘马缓辔而归。时年甫十八耳。西乡诸堡皆怖慑，不敢平视。

咸丰九年，率乡勇从官军克六安。十年，援寿州，皆有功。

同治元年，江苏巡抚李鸿章募淮勇东征，铭传以千总率所部从至上海，独立一帜，号曰「铭军」。战降南汇贼首吴建瀛、刘玉林，以其众来属。别贼吉庆元寇南汇，击却之。克川沙，连破奉贤、金山卫。累功擢参将，予骠勇巴图鲁名号。再踣贼野鸡墩，解四江口围，擢副将。

二年，会攻福山，驱常昭之贼，升总兵。杨厍汛者，沿江要隘也，悍贼密布营垒，为死守计。铭传会水师攻之，战六日，江阴援贼屡受创，不得逞。而伪忠王李秀成渡江，率五伪王水陆军数十万，分道来援。铭传合诸军迎击，大破之，乘势克江阴，取无锡、金匮。苏州之势遂孤。诏以提督记名，赏头品顶戴。既，大军克苏州，降贼皆见杀。伪护王陈坤书死守常州，不下。而程学启又战死嘉兴。鸿章亟檄铭传，特将一军攻常州。铭传遣将壁奔牛镇，降贼渠邵小双，即令扼丹阳，断援贼。而躬率敢死士攻城，破贼十余垒，降万余人。伪章王犯奔牛，牵我师。李秀成复鼓轮船济师，炮击奔牛，饷且绝。铭传闻之，宵驱五百人袭贼后，内外夹击，呼声震天地，铲贼垒三十余座，斩馘十万，蹙诸江。三年，遂拔常州，生擒陈坤书，磔之，常州平。赏穿黄马褂。

时湘军既复金陵，士卒苦战久，诸老将功成名立，多散归。而淮军继兴，志锐气盛。铭传又独年少，勇略冠诸军，铭军之名遂噪海内。会大河南北捻匪大炽，四年春，僧格林沁战没曹州。朝命曾国藩督师山左，乃奏募淮勇，设四镇重兵。特檄铭传壁周家口，连破捻于瓦店、南顿，解扶沟之围。国藩以其兵精捷，改为游击之师。于是诏授直隶提督，仍命率师援鄂，克黄陂，追北至颍州，破之茅屋店。兼旬之间，逐贼千七百里。优诏褒美。

铭传独念中原平旷，捻骑飘忽分合，狼奔豕突，动辄数千里，我师专主游击，与贼并驱，不能制其死命。于是建议筑长堤，扼沙河，蹙贼河南，为聚歼之计。铭传自任朱仙镇以下河防，分汛兴筑，工甫竣，而贼毁汴防以出。铭传分军蹑击，创之于巨野。捻首张总愚遂窜陕西，任柱、赖汶光窜山东，自是捻有东西之目。

李鸿章寻代国藩督师。铭传提所部自郓城至京山，东西数十战，贼望风披靡，无敢撄其锋者。六年正月，贼走尹隆河，铭传与鲍超约期会战，不及期，失利。四月，破贼于黄安，东追至宛郡，屯信阳，整兵再战。于是东自应山、黄陂，西出安陆、襄、枣，北从南阳至郑州，铭军常为选锋，贼狂奔连日夜，不获一战。乃复议防运河，扼胶莱，筑长墙，北起夏店，南抵柳林口，以遏贼西。

秋，引兵破沭阳围贼，追北至诸城、日照，殪任柱于赣榆。赖汶光图窜青、济，间道驰潍邀击，破之。贼西走新城，为所截；东走寿光，薄之于洋、浵两河间，悉歼其众，河流尽赤，诸任既殄绝，汶光寻投死扬州，东捻平。论功以铭传为首，诏赏三等轻车都尉世职。

铭传自剿捻以来，血战四载，积劳成疾，莫能骑，乃乞归养疴。

七年，西捻张总愚渡黄河，突畿疆，京师大震。诏起铭传，驰抵东昌，会师进剿，叠破之盐山、沧州、德平。鸿章仍筑长墙困贼。贼图扑运河，适马颊河黄水并溢，铭传会诸将纵横遮击，贼众尽殪。张总愚挟数十骑走茌平南镇，蹈水死，西捻平。晋一等男爵，诏壁军张秋。

九年，上命督军陕西，剿北山回匪。部署诸军既定，上疏陈大势，复引疾归里。

铭传善用兵，能以少击众，与程学启齐名。其初出也，将五百人，稍增至七千，常敌贼数十万。讨捻，益骑兵，合万二千人。其用械器悉改泰西新式，战发贼，戡捻匪，率以此收功。平居持议，尤以建铁路为自强要图。

光绪六年，俄人争伊犁，应诏至都，因力陈造铁路之益，请修南路由清江经山东，由汉口经河南，俱达京师；北路则由京师东通盛京，西通甘肃。其疏略言自强之道，练兵造器固宜次第举行，然其机括则在急修铁路。铁路之利不可殚述，而于用兵一道，尤为急不可缓之图。中国幅员辽阔，画疆而守，防不胜防。铁路一开，则东西南北呼吸相通，视敌所驱，相机策应，无征调仓皇之虑，无转输艰阻之虞，合我国二十二行省，联为一气。从此裁兵节饷，并成劲旅，则一兵可抵十数兵之用，而权操在上，又不为疆臣所牵制。所以立自强之基础者在此，所以杜外人之觊觎者亦在此。疏上，议虽格不果行，而中国铁路之兴实自铭传发之。

光绪九年，法人夺越南，扰闽越，窥台湾，扼我南洋门户。十年，上命李鸿章趣铭传治军，不之应。闰五月，法事岌，诏给巡抚衔督台湾军。乃强起，条上海防十事。行抵基隆，巡视炮台，仅存五炮，不能军；居七日，法来犯基隆，台立碎。基隆南距省治台北府六十里，而狮球岭横亘万山之中，法既毁台，更筑坚垒，置巨炮。铭传移军基隆山后，晓乘大雾，选骁将率精卒百人，潜入垒旁空室，出不意猝以炮击垒，近陴者半伤死。别以镇兵出僻道，超敌后，鼓噪薄之。敌惊溃，争赴舟，多堕水死。是役也，毙法酋三人，斩馘数百，夺礮二，他兵械数十，遂复基隆。事闻，上嘉奖，出帑银三千两犒军。

铭传念沪尾为濒海要区，距台北仅三十里，军资饷械皆萃台北。死守基隆，敌且袭后路，制吾命。且敌舰驶海上，我无舰以应之。而江督以三轮舟济师，辄败返。此绝域也，不舍基隆啖敌，避舰攻，致陆战，直坐毙耳。乃徙军沪尾，留将卒二百人扼狮球岭。明日，法果以巨舰十二载师至基隆，而别分精卒袭沪尾，毁垒而进。我以羸卒诱近大军，战移时，别将张李成伏兵突出丛箐中，腹背夹击，殊死斗。敌大溃，蹙至海滨，斩千余人。时法人毁我炮台殆尽，我军全恃肉薄。铭传每当阵一呼，将士皆奋跃致死。法人既三犯沪尾，不得志。月眉山之战，将士忍饥冒雨誓死拒，营将跣足往来督战，无不一当百。法人益惊慑，自此不敢轻试。

初，铭传之弃基隆也，将卒皆力谏。朝士闻之，骇然大哗。铭传不为夺，曰：「兵事变化，岂局外人所能遥度耶！」一躬壁淡水，策应指挥，短衣麻履，时亲出当军锋，炸丸堕马下，从容谈笑不顾，坚持八阅月，卒保危疆。上嘉其劳，授福建巡抚。

明年媾成，朝议台湾阻海，为南洋锁钥，当立行省自治，乃改铭传为台湾巡抚。于是斟酌旧制，奏增府一，曰台湾；县三，曰台湾、云林、苗栗；厅一，曰基隆。改旧台湾府为台南府，台湾县为安平县，卑南厅为台东直隶州。增设布政司一，澎湖镇一。台湾之立行省自此始。

生番窟宅台南北七百里，与民居犬牙交错，岁戕民千余。盗贼出没其间。土豪假防番醵金募士抗官吏、违号令，赋税不以时至。铭传檄将吏分路剿抚，时亲督大队入山，威慑惠怀，南、中、北三路及前后山生番，皆薙发归化。复集番童教之台北府。久之，语言衣食皆如腹地人，至不愿归。

又念足兵必先足食，于是丈田亩，清粮赋，四年溢经额三十六万三千三百两有奇。其诸所创土田、茶、盐、金、煤、林木、樟脑之税，充羡府库。始至，岁入金九十万，后至三百万。因筑炮台，购火器，设军械局、水雷学堂。要以兴造铁道为纲纽，辅之以电线邮政，穴山梁水，辟巨道七百里，以通南北，台防益固。

先是，铭传两上疏，陈铁路为强国计，既屡沮于朝议，至是始建路台湾，创兴一切新政。其意不但为保障东南七省已也，且将举一隅之设施，为全国树之范焉。

时醇亲王奕譞督海军，李鸿章佐之，皆锐意任铭传，特加太子少保，十六年加兵部尚书衔，命帮办海军。铭传益感奋，思致身自效，尝登沪尾炮台东望日本，欷歔叹曰：「即今不图，我为彼虏矣！」未几，醇亲王薨，鸿章孤立。户部忽奏请天下海军十年内毋增舰炮。铭传喟然太息曰：「人方悉我，我乃自抉其藩，亡无日矣！」鸿章争之，不能得。铭传遂三上疏求去。去四年，而朝鲜之难作。

铭传才兼文武，治兵喜用奇，信赏必罚，善于弛张将卒。沪尾之战，以千余疲病之师，当十倍强敌，尝令军中，杀敌一级赏百金。有哨官朱某者，见前军不利，裸身衔刀，大呼衷敌师，裂其阵，血淋漓至不能辨面目。战归，即戮前军之却者，以其众畀朱率之。故人人皆乐为效死。然性恬淡，功成不居，自始出治兵，讫居方镇，凡五进，而乞退之疏至十八上。识者谓见几而作，不俟终日，铭传庶几近之。然观于士大夫出处进退之间，亦可以觇世变矣。

甲午中日之役，铭传方卧病山居，朝廷命李鸿章谕意，铭传不肯出，乃以书报之曰：「朝廷果使铭传督师，则请练兵四十万，以二十万分屯沿海，而以二十万扼鸭绿江，不使日人越江一步，兵法所谓先人制人者也。」一时翁同龢当国，素忌淮军，故但使鸿章促其出，而延不降明诏，实阴尼之云。

二十一年，以疾卒于家，年六十。是年，台湾割隶日本。遗书入，天子轸悼，赠太子太保，谥壮肃，建专祠。平生所著有《大潜山房诗集》二卷、《奏议》二十四卷，藏于家。

刘壮肃公家传

程先甲

公讳铭传，字省三，氏刘。庐州合肥人也。先世耕邑之西乡，至公而不以屑，意有大志，尝登所居大潜山，仰天叹曰：「大丈夫当生有爵，死有谥。」

咸丰四年，粤匪踞安徽，陷庐州、六安，公倡团筑堡，贼惮之。西乡豪杰蜂舞起，数十里间往往堡寨棋置，互相雄长，亦时有攻伐。一日，别堡来攻，力却，枪药不继，其妻程夫人躬自造药，犹不继，老媪发其家所窖药十数瓮以进，堡卒不动。西乡豪杰莫不怖公矣。

九年，从大军克六安，保千总。明年，援寿州，晋都司衔。

同治元年，李公鸿章摄江苏巡抚，次上海，募淮勇，雅知公，檄为管带官。于是铭军立焉。降南汇贼首吴建瀛、刘玉林，复南汇。建瀛所部三千人，玉林所部千人，皆属焉。别贼犯南汇，击却之。克川沙，擢都司，晋游击衔。攻奉贤、金山卫，克之，擢参将，予骠勇巴图鲁名号。从浦东还援，破贼野鸡墩，又解四江口围。

二年，常昭苦贼久，会诸别军攻福山，克之，遂解常昭围，擢总兵。与水师提督黄翼升同攻杨库汛，六日克之。江阴贼复犯杨库，击却之。伪忠王李秀成渡江还救，合伪章王、护王、普王、潮王、侍王军，水陆数十万，分道内犯。公与诸别将各迎击，大破之。七月，进攻江阴，克之。诏以提督记名。九月，攻无锡、金匮，克之，赏头品顶戴。十一月，进规常州，至奔牛镇，贼目邵小双乞降，受之。攻常州小北门大土城，克之。伪章王犯奔牛，欲以牵我常州之师。往援，大破之。伪忠王以小轮船济兵来争，并击毁之。六日，奔牛围解。

三年，复规常州，铲城外贼垒数十，环攻之，会擒伪护王陈坤书，遂克常州。赏穿黄马褂。六月，江宁残贼操伪幼主窜踞广德，公从建平往击，克之，复追北，大破之。

四年春，忠亲王战没曹州，捻人横。曾文正公奉命视师，赴山东，重公智略，奏设四镇重兵，以周家口重任付之。公于是属曾公，大破捻于瓦店，又破之南顿，解扶沟围。以公兵精，易为游击之师。冬，率师援鄂，克黄陂，追北至茅屋店。上褒美之，时公已授直隶提督，特命交部优叙。其明年，公念张、牛、任、赖四捻渠者，忽分忽合，驰马队于中原平旷之地，剽忽数千里，我师专主游击，非策也。于是创扼守沙河之议，驱捻于沙河以南，以蹙其势。公任朱仙镇以下河防，分汛筑长墙。俄，汴梁堤墙为捻毁，分军进击之，破之巨野。无何，捻渠牛老洪死，张总愚窜陕西，任柱、赖汶光窜山东，于是有西捻、东捻。

李公代曾公视师，公于是复属李公，督师逐东捻，东至郓城，西至京山，大小数十战，皆捷。又与鲍超军追击之安陆。四月，破捻黄安东，又追北至宛郡，屯信阳，整军两月，复蹑捻逐之，东自应山、黄陂，西出安陆、襄、枣，又从南阳至郑州，日踔百里，捻望风奔，不得战。于是创防守运河、进扼胶莱之议。六月，与潘鼎新相度胶莱河道形势，乃合诸别军，分筑长墙，北起夏店，南至柳林口。秋，破捻沭阳南，解沭阳围。追北至诸城、日照，枪殪任柱。赖汶光图窜青、济，公从安邱间道驰潍，迎击之。又夜击之潍东北，大破之。捻西走新城，截击之；东走寿光，薄之于洋河、淤河间，尽歼之，暴尸四十余里，河流尽赤。诸任殄绝，汶光寻自投扬州防军，东捻平。李公疏称是役为军兴罕有之奇捷，论功公当第一。诏赏三等轻车都尉世职。

公自四年办捻以来，转战数省，略无一日休，病莫能骑，乃乞假旋南。

七年，西捻张总愚由陕窜河朔，诏旨促公，乃驰赴东昌，会诸别军，追击张总愚于盐山、沧州、德平，叠破之。捻图扑运河，与诸别将环遮之徒骇、黄、运间，纵横夹击，尽殪之。张总愚蹈水死，西捻平。晋爵一等男，诏次张秋。

九年，上命督办陕西军务，乃之陕。秋屯乾州，部署戎下诸将略定，未几引疾归。自号大潜山人，莳花木竹石，筑盘亭以庋克常州时所得周虢盘，围棋赋诗，若将终身焉。

上即位之十年，法兰西扰海疆，命督办台湾军务，宠以巡抚衔。闰五月甲辰朔丁卯抵基隆，行其炮台，仅有洋炮五，且仅守前面，不能应敌之旁攻，叹曰：「不足恃也。」居七日，法来犯基隆，炮台果毁。公以台湾无兵舰，不可与海战，乃移军基隆山后以诱之，且以屏炮。顷之，法登陆趋山巅而阵。命章高元、邓长安东西抄击之，枪毙法酋三、法兵百余，夺纛旗二、洋枪数十杆、帐房十余架，余卒奔其舰。奏入，有诏褒美。皇太后为颁内帑银三千两以劳军。

七月，法以偏师绁我基隆军，别以五舰犯沪尾。沪尾者，基隆后路也，台脆兵单，去台北府三十里，而器械军食悉萃台北府。沪尾失利则台北危，基隆之师将自溃。公乃夜率全师移驻淡水，立挥诸将赴沪尾援。内地闻公退基隆，则骇然。公曰：「兵事变化，恶有隔海可遥度者邪。」不为夺。已而，法益增兵舰，我军肉薄而杜枪炮。法舰别游弋沪尾口外，「汇利」、「万利」、「华安」三轮船，又不克济师，其势岌岌。然公一呼劳，将士莫不奋激，卒大破法师于沪尾，斩馘千余人。坚持数月不懈，由是虽四夷亦詟公矣。

公为人果毅伉爽，貌威厉，眸子烁烁如岩下电，语音喤大；戏下见者毫毛竦树。用兵不主故常，多机变，躬冒烟弹，为士卒先，故人乐为之死。幼不慧，十五六岁，尝夜寝，见有虎搏己，遂敏达。喜读医药、壬奇、占候、堪舆、五行之书，尤好兵家言。常以古兵家皆以治兵列奇零之数，其正者则在治国，故雅不以武功自震㬥，尤殚精经世之务。

十一年春，和议成，台湾解严。

台湾旧设府一、县四、厅二，隶台湾道，军事隶台湾镇。穆宗末年，沈公葆桢始增设恒春县。其明年，复增设台北府，领淡水、新竹、宜兰三县，规模草创。上念台湾南洋门户，非改立行省不可。公既以是冬由福建巡抚改拜台湾巡抚，于是斟酌旧制，议增设府一，曰台湾；县三，曰台湾、云林、苗栗；厅一，曰基隆。改旧台湾府为台南府，台湾县为安平县，卑南厅为台东直隶州。增置布政司一、澎湖镇一。上悉从之。台湾之立行省自此始。

生番蔓延台湾南北七百余里，与民居犬牙交错，戕杀岁至千余人。盗贼出没其间，土豪借防番以醵钱募士，官吏莫敢谁何。南北四路声气堙阏，公剿抚四年，而南中北三路若前后山各路之生番，咸薙鬓发，奉正朔，喁喁向化。集番童于台北府而教育之，被衣火食读书，久遂化为内地人，肌肤言语如一，至不愿归。又倡办清赋事，四年而竣，较旧额年征银十八万三千三百两有奇，已溢出三十六万三千三百两有奇。而公之治台，尤以兴造铁道为亟，其烦费亦最巨。

初，我国之与俄罗斯争伊犁约也，诏公起。公至京，上书曰：「中国今日非速开铁道万不能自强，铁道成，非特利于漕务、赈务、商务、矿务与厘捐行旅，而于用兵尤急不可缓。盖呼吸灵通，则可裁兵节饷，并成劲旅，转运军火朝发夕至，十八省合为一气，一兵可抵数兵之用。此后兵权饷权尽归朝廷，不为疆臣所牵制，利孰大焉。」诏下其议于直隶总督李公，李公深韪之，欲请朝廷以其事属公矣。而刘参赞锡鸿新使日耳曼还，疏争甚力，议遂废。公为之叹惜者累月。至是周览全台，谓台南台北相距六百余里，崇山大泽，绵亘上下。卒有敌师截其中，则消息陡绝。乃奏请开办铁道，拔林辟途，孔山梁川，悉安施镔轨而驶火车，而南北通，台防愈益巩。公之素志始于是发舒焉。

十五年，晋太子少保衔。十六年，赐兵部尚书衔，诏命帮办海军事务。旋乞病归。邵友濂、唐景崧相继代。盖自中国有台湾巡抚以来，起自公，讫邵、唐而止。中日之役，诏旨叠促公，海内知与不知皆延项蹋足以觊公出，卒以病不克赴。二十一年冬，终于家，年六十。天子轸悼，追赠太子太保衔，赐谥，立传，建专祠。官其长孙朝仰员外郎。仲子盛芸，举人；三子盛芾，亦擢员外郎。寻赐祭葬。二妾李绝粒殉焉，旌祠如例。

程先甲曰：余儿童时即知海内有公，其季子盛芥，余同岁生也。公尝第江宁，欲见之而弗果。后其次孙朝望从余学，舍于其家，获读公之《大潜山房诗》。公之没数年矣，父老往往为余道公初起时事，乃求登所谓大潜山者，寻公发叹之所，为想见之焉。然沪尾一役，血肉相薄，仅乃完之，日夜靡心力以缔构其土。公去五年，乃指挥谈笑而赍敌人，岂不哀哉！

赠太子太保兵部尚书衔福建台湾巡抚一等男爵刘壮肃公墓志铭

马其昶

公姓刘氏，讳铭传，字省三。合肥人。曾祖某，祖廷忠，考惠，世业农。后皆以公贵，赠如公官爵。

公生而英特，有伟抱，尝登所居大潜山，叹曰：「生不爵，死不谥，非夫也。」会天下乱，淮、淝居民争筑堡寨自卫，各相长雄。一日，有大豪呼公考至马前，责供给不时，至诃骂而去。公愤甚，蹑豪行数里，夺其佩刀杀之，乘马徐归。于时年十有八矣。

同治元年，合肥李公以曾文正公奏荐巡抚江苏，募淮勇东征。公以千总从，所将卒号「铭军」。连击破川沙、奉贤、福山，解常昭围，合水师夺杨舍汛要隘，苦战六日，乘胜下江阴，取无锡，进攻常州，奇兵出奔牛镇，降其酋，推锋直进。寇复犯奔牛，还军却之。再攻围常州，先登，生获寇酋陈坤书，常州平。积功至提督，赏黄马褂。而程忠烈已前定苏州，遂越境应浙军攻嘉兴，克之。至是，公平常州，亦出屯句容，以应江宁围军。于是湘军拔江宁，殄洪寇，积苦久，遂皆散遣。

群捻复纵横齐、豫、吴、楚之郊，曾公受命督师，湘军将既已罢归，乃益募淮勇。设四镇重兵，公屯军周家口，战捷于瓦店，于南顿，于扶沟。诏授直隶提督，率师援鄂，克黄陂。追贼至颍州，大破之。公以中原平旷地，贼四走疲我，乃建议筑堤扼沙河为守。贼溃突汴梁堤，追创之于巨野。捻首张总愚窜陕西，任柱、赖汶光窜山东，自是有东捻西捻之目。

李公代曾公督师，公率所部自郓城至京山，西东数十战，贼皆披靡望风遁，由是东至黄陂，西至安陆、襄、枣，北至南阳、邓，铭军常为选锋。复议防运河，扼胶莱，筑长墙，北起夏店，南抵柳林口，遏贼骑西。

六年，引兵南救沭阳，追北至诸城、日照还，殪任柱于赣榆。赖汶光图窜青、济，间道驰潍西北击破之，蹙之海滨，歼其众，河流尽赤。汶光自投扬州防军以死，东捻平。论功最，给三等轻车都尉。乞假归。

七年，西捻张总愚由陕窜河朔，畿辅大震，诏责诸将。率公卧疾在家，李公假朝命强起之，会师进击盐山、沧州、德平。李公仍议筑墙临邑，属之马颊河。墙成，值大雨，徒骇河盛涨，贼不得渡，张总愚赴水死，西捻平。晋一等男爵，诏驻师张秋资镇守。旋命督军陕西，剿北山回匪，引疾归。

论者谓李公江苏之功推程忠烈，平捻功公为大。忠烈攻嘉兴遽战死。而公初起将五百人，稍增至七千；讨捻益骑兵，合万二千人；西防陕，增多至二万。逮后台湾之役，以异数改巡抚，位望乃益崇矣。自程忠烈始识外国械器利，其战江苏，悉改用新械，淮军竟以此胜。

而公尤以铁道实自强要图，其关于兵事利害为重。光绪六年，与俄罗斯争伊犁约，应诏至都，即上言铁道便利数大端。李公因奏公主办，议格不行。

十年，法兰西扰海疆，再起公，以巡抚衔督台湾军务。至七日，基隆炮台毁。公以台湾无兵舰，不利海战，移军基隆山后避炮弹，且诱敌登陆，寻击毙法酋二、兵百余，夺二纛，他兵械数十。有械皆聚台北。公夜退师驻淡水，犄角沪尾。谤讥流闻，取断于中，不眩时议。敌益增舰来攻。是时马江已挫，上海用三轮船济师，皆遏不达。诸将冒风雨跣足督战，坚守八阅月。诏授福建巡抚。

明年，媾成。朝议台湾阻海峙南洋门户，当设立行省自治，乃改公台湾巡抚，奏增一府一厅三县。生番窟宅台南北七百余里，奔狂叫呶，风气湮阏，捣虚斧颃，厘其驯稚，一皆化熟，不以异类自疑。念兵制久敝，不饶给财用无能革新，于是清丈田亩，赋收倍经额。而诸所创土田、茶、盐、金、煤、林木、樟脑之税，亦充羡府库。始至，岁入金九十万，其后至三百万。因益筑炮台，购火器，设军械局、水雷局、水雷学堂。要以兴造铁道为纲纽，辅之以电线邮政，功费大万百余。公思以一岛基国富强，迹所已效，威名树立，如其初志。累加太子少保兵部尚书衔，又特命襄办海军事务。尝登沪尾炮台东望日本，欷歔感发曰：「即今不图，我为彼虏矣。」已而户部奏请天下十年内毋增置舰炮。复喟曰：「人方甚我，我顾欲樽俎折之乎。」遂三疏求去。

台湾之立行省自公始，公治台湾凡七年而归。归四年，而朝鲜难作，屡召不出。遂以疾终于家，春秋六十。是年台湾割隶日本。遗疏入，天子轸悼，赠太子太保，谥壮肃，建专祠，史馆立传。

长子盛芬，直隶候补道，前卒官。其长孙朝仰，三子盛芾，皆员外郎。朝仰承袭男爵。次子盛芸，赐举人，记名道。季子盛芥，举人，候选道。女四人，皆适望族。配程夫人。侧室有出者，曰项氏、陈氏；绝粒以殉得旌者，曰二李氏。

公以某年月日葬某乡某原。其诸孙朝望，举人，刑部郎中，致公所为《大潜山房诗》二卷，并致状曰：「先公墓碑未刻，敢请铭。」乃铭。公所著别有《奏议》二十四卷，藏于家。

辞曰：公专阃寄，方壮其齿。金节雕戈，谑浪书史。蛰居在壑，公欢无止。皇怵外讧，诏速公起。公来氓骧，彼骄亦骇。韬智衔勇，创古未有。涨天大泽，纳于一沚。公胡遽归？公归不俟。疆场成坏，彼此一时。悲膺雄志，虽死而视。焯功镌词，万古是记。

清太子太保兵部尚书台湾巡抚合肥刘壮肃公神道碑

陈澹然

圣清光绪二十年夏，日本夺朝鲜，我师壁牙山不战。朝命李鸿章传旨，召故台抚刘公于里第，公卧病不出。海军熸。明年夏，割台湾，盟成，公辄悲啸数月，竟以是冬薨于家。

初，咸丰间，粤寇踞苏、常，为金陵内府。同治元年，大学士李公鸿章起淮军东讨，自将程学启讨苏、松，命公与其弟鹤章讨常州、太仓，断苏、松援。贼伪忠王李秀成合五伪王军数十万，连屯二百里，来援。公合诸将血战破之，诸列城毕拔，苏援绝，乃降。伪王陈坤书痛苏降之见杀也，则死守常州不下。程公既没，李公亟表公，特将逼常州。公则遣将壁奔牛镇，断贼援。伪忠王鼓轮炮环击，奔牛军饷援绝且死。公闻，宵驱五百人袭贼后夹击，呼声动天地，遂以四千人斩馘十万，鏖诸江。三年夏竟拔常州，磔坤书，军威达于皖、浙。逾月，湘军始克金陵。当是时，湘军围金陵三年不下，朝论辄推淮军功，骎骎出湘军上。

淮军固后起，公少特起冠诸军，湘中诸老将益惊叹，以为弗及。自粤寇据东南，淮捻、陇回并起，飚荡数千里，中国无宁土者殆二十年。公竟以此名震中国。

同治四年春，僧忠亲王战死曹州，朝命大学士曾公国藩壁徐州，统四镇兵讨捻。特拜公提督直隶，为大将，壁周口重镇摄之，尝兼旬逐寇千七百里，曾公特表叹奇之。

逾年，李公代帅，壁济宁，公益发舒骋奇略，捻骑恒突数千里，公则创议建提堑，扼沙、汴、黄、运、胶莱诸河二千里，罟之。斥巨金练奔卒万人，蹑击齐、豫、皖、鄂、淮徐五行省之郊，血战三载，卒灭东捻王任柱、赖汶光。病剧乃归。

同治七年，西捻王张总愚，自关北渡河突畿疆，京师大震。李公特表公节度诸军，为上将，血战灭之。中原大定，论功第一，诏锡一等男。

九年，回寇突关中，棘甚，特诏督陕西军，为大帅。未几，复引归。自是海内承平。公独宝古周盘，筑亭大潜山，抵要人不悔。尝角巾往来秦淮上，乐诗歌琴管十年，翛然若忘天下。独酒酣太息敌国外患，辄孤啸不忍言。

光绪六年俄罗斯夺我伊犁，特诏入都询方略，辄复归。又四年，而台湾难作，卒保危台，任巡抚，八年乃归。

初，光绪九年，法兰西夺我越南，遂荡闽海，觊台湾，扼南洋，要我。十年，朝命李公趣公出，公方泛西湖，未之应。闰五月，台湾事岌，始诏用巡抚衔督台湾军事，乃强起以东。

台峤孤绝海中，危甚。公至，建军府台北，而基隆适当敌冲。莅台十日，法将驱铁舰辄大至。基隆仅五炮，不能军，舰炮攻，台辄毁。公曰：「台北萃饷为根本地，死守基隆，敌且袭台北，制吾命，且敌舰横海上，我独无。江督赁三舰济师，辄败返。此绝域也，不舍基隆啖敌，避舰攻，致陆战，如何哉？」则徙军沪尾，扼基隆山后，断其冲。躬壁淡水，策前军卫军府。朝士大哗，坚不动。血战逾年，屡破法军于岸上，斩其将，法兵死者千数百人。军士至饮溺为活，身为大帅，短衣草履卧山野，战辄亲出当军锋。一日，炸弹堕马下，左右皆惊，公则从容指挥，距跃奋进。众以是益服其神勇。

当是时，法既大破闽海军，绝台援，基、沪距台北裁八十里，卒不获夺台湾要我。天子闻其状，特拜福建巡抚，宠嘉之。盖自中国外战数千年未有险绝如此者，公自是威名震海外矣。

十一年，和议成，朝议建行省台湾，坚国蔽。天子鉴其忠，遂拜巡抚台湾之命。公念制敌莫先自守，以台保台，而后可纵横海上。台疆周二千里，生番亘山中七百里，岁出杀掠苦吾民；绅吏贪残，赋财益绌。则抚剿悍番六百社，廓垦疆，惩贪墨，清赋税，增设府、厅、州、县、布政使，固其民。建澎湖总兵，移两副将制前后山，扼中权，合台镇，张厥武。创商轮、邮电，广硫磺、盐、茶。凿前后山二百里，辟巨道。谋铁道七百里纵之。拟建省城于彰化镇。全台始至岁入九十万，及归，岁乃三百万。既，开制造厂，兴武校，拓营台，广兵轮、枪炮，制水雷。

当是时，醇贤亲王督海军，李公佐之，皆锐意任公经营海表。两宫大喜，特晋太子少保兵部尚书衔，帮办海军，公益慷慨激发，锐志辟海军，谋日本，为国家东南保障。未几，醇王薨，李公孤立，户部抗疏，令海军十年毋增炮舰，李公争，不获，公乃迭疏乞骸骨以归。归四年，而朝鲜之难作矣。

公钟声铁面，雄侠威棱，为治用兵曰勤、廉、简。少读书喜奇略，功成勇退，则益静研中外得失之林，尝慨古兵法多主奇，其正乃在治国。故虽年二十九提督畿疆，三十五辄拜钦使，督关军，顾不乐以武功㬥天下。居恒目营心摹，思耸国家于富强之列。事权既不尽属，辄郁郁不得发舒。晚治岩疆，艰难缔造，虽绩效炳然，顾未竟其志。性伉爽刚毅，谋国一本血诚，不顾问流俗毁誉。虽李公患难久，知独深，及抗论大计，辄面赤眥裂，李公恒屈下之。盖其纵横奇侠，实有非常度所能测者。同治间，士大夫方咏太平，竞党争，诟西法，公独谓非罢科举，火部案，辟西校，拔真才，不出十年，中国将不可问。及伊犁事起，独抗言开铁道，通国脉，使兵饷出朝廷，督抚无能牵制，然后天下可为。今事败，乃践公谋，患且不可治矣。

公尝登基隆山，张远镜东望，慨然曰：「彼葱郁者，非日本三岛耶？失今不图，吾且为彼虏乎？」及闻海军罢，则顿足叹曰：「人方盗我，我乃自抉其藩，亡无日矣！」故卒归不出。

今公殁十年，李公亦崎岖庚子间以死，中兴诸老尽矣。自古忧微之士，每不获行其说于未败之前；衰世之臣，每不恤以国家殉其门户，固如此。然则公之进退生死，其重系天下为何如哉！

公讳铭传，字省三，安徽合肥人。咸丰之乱，年十八，独起诛土豪，团练保乡里。尝登所居大潜山，谓大丈夫当生爵死谥，安能龌龊科举间。当异军特起，辄思独树淮南北，不乐隶他人，卒建铭军，名天下。薨年六十。两宫震悼，赠太子太保，谥壮肃，赐专祠，列传，爵子孙，如其志。乃最其大者，著于墓道之碑。铭曰：

霍古天柱，雄镇江淮。郁彼间气，荡厥丛霾。赫赫徐常，越刘代起。旷五百年，英风畴似。既平大难，独藏厥躬。玄鹤丽天，万籁斯融。晚镇危疆，气吞强敌。壮志沉埋，卧我岩壁。台亡公逝，函夏安归。浩浩江淮，万古长忆。

书刘壮肃公碑阴

陈澹然

同治间，海内承平，文儒喜党争，竞门户。李、刘二公皆豪杰。尤厌绝之。霍山黄从默言：虢季子白盘者，固周宣王十二年所制故物也。道光间，常州徐燮钧任陕西郿县，得而宝之。常州陷，没于贼。刘公克常州得之，则大喜，筑盘亭于所居大潜山为乐。某氏者，常熟巨家也，出巨金购之，公不可；则请连婚媾，阴图之，公辞益坚，则大怒。

李公之克苏城也，见苏人颂李秀成碑壮丽甚，苏巨家某氏名皆列焉，始固未之诘也。既克苏，军多，饷益绌，取富捐佐之，苏人劾诸朝。李公怒曰：「若辈颂贼酋吾不问，乃假此怼我哉！」则命五百人匝其碑，将按治。苏人大惧，敛饷金数十万谢之，乃已。

苗沛霖之乱淮北也，某氏之兄方抚皖，结师弟右之，乱作，逮诸朝。其父固师相，贵甚，乞皖人疏救之，皖人持不可，益大恨，仇皖益深。同光间，两人方以名士主朝局，奔走清流，二公益傲睨不下。李公常笑曰：「若曹但善走东华门耳，乌足与言天下事哉！」自西人之起，二公辄深忧太息，非变科举，重西法，练海军，开铁道，不足图吾存。清流溺文字，目不见西书，益大哗以为乱法。故李公困畿疆二十年，疑谤纷拏，终不获行其志。公益痛心不出。厥后铁道之阻，海军之罢，甲午之战，嫉者固未达中外强弱之殊，要其议主自李、刘，则固有不惜舍封疆以殉门户者。

方朝鲜之乱作也，我师壁牙山，寡甚。桐城陈澹然方报罢，客京师，拟疏乞某公达诸朝，请拜刘公钦差大臣督朝军，与李公相表里。某公不可，强争之，不获。则请某给谏达之。翌日，而廷寄命李公传旨召公出。公曰：「吾任封疆，即引归，固大臣也，今廷寄等之列将，岂朝廷所以待大臣之义哉？」辞不出。八月，朝军溃，复召之，卒不出。其明年，同里张云锦过谒公，叩之。公叹曰：「朝事方起，朝廷苟命吾为帅，督前军，吾当重扼鸭绿江，保全辽，观衅而动，边事尚可为也。迨平壤既败，其事尚可为耶？且观吴大澂之出，何啻王化贞之抚辽？夫已氏之处枢廷，何啻叶向高之为相？微论铁道不兴，海军久罢，事固未易谋也；即勉图一出，有不千挠百折，致吾熊襄愍之续哉！」呜呼，此公急流勇退之不可及也。

公伟干雄豁，始，年十五尚不慧，一日梦虎搏己，惊而寤，辄奇敏绝人。年十八，土豪假团练虐其父，豪去，公自书塾归，怒谓诸兄曰：「丈夫当自立，安能耐此辱哉！」徒手蹑豪马，请决战，豪顾狂笑曰：「孺子敢当我哉？吾授若刀，能杀我则壮士也。」公喜，手豪刀，猝斩之，乘其马，手其头，登高大呼曰：「某豪虐乡里，吾斩之，能从我者，当保若里。」壮士大喜，归者数百人。遂筑堡寨，为其长。寺中有铜佛数百尊，寇侮之辄死，公独冶铜佛制炮，佛竟寂然，里人益相惊，以为天授。当是时，官军寇盗错肥西，公辄奴下之，谓莫足当吾意者。尝思独树淮南北，骋其奇，久不获。同里张靖达公树声言于李公，请召之。李公困曾幕久，自请讨苏州，则召公以出。始将才五百人，及防陕，铭军乃至二万。淮军独行中国三十年，铭军辄冠其曹。告归，所部辄戍重边，当一面。其讨捻也，捻方阻河冰自固，诸将争演剧祷河神。河神者，状类蛇，微甚，独奇变若神。尝平地涌水数十丈，朝廷敬惮之，所封某大王者也。及是，公独手佩刀掷神案，叱曰：「吾奉天子命讨捻，明日冰不开，当斩汝。」是夕，冰竟豁然。

其自台归也，有巨物拥其舟，海涛壁立，舟荡甚。军将大恐，请曰：「龙物送公返，请谢之。」公出，命发炮挥赤帜遣之。巨物竟去，风涛晏然。其神勇天授，盖有非人力所能为者。

公性傲睨厌华士，得贤才辄尊礼之。和州李煌言其师朱景昭者，号默存，合肥优贡生，奇士也，博学多奇识。英果敏公翰抚皖，重其才，尝为兄弟交，英公阅武坐将台，朱独布衣手蒲扇以往，英公虚左席敬之，朱辄岸然不怍。李公既相，诮朱曰：「君深《汉书》，近何读？」曰：「读霍光传耳。」李公严惮之，不能用也。公独尊入幕宾，礼之。讨捻之师久不效，公问之，朱笑曰：「捻如马贼，官军欲以步武胜之，如何哉？惟以捻制捻耳。」公大悟。即日焚短香，置巨金壁门外，令曰：「能刻寸香绕六营三匝首至者取此。」军士皆乐奔，最后至有刻寸香绕十四营三匝者。故捻飙疾如风雨，铭军亦风雨赴之，卒以成大功，名天下。朱死，公独厚赙之。既贵，家居，有石超者，湖北童生也，年少，独以兄弟称请见，长揖踞上坐。公奇之，命属对，则应如响。（出云：「持三寸帖，见一等男，童生大胆称兄弟。」对云：「手八行书，行万里路，布衣长揖傲王侯。」）公大喜，延为上客。当告归时，清流论将才，于公率訾议，独闽人陈阁学宝琛奏议中一语推重之。厥后，公抚台，陈适罢，贫甚，公恒以他事给之，其肝胆如此。

光绪十七年，余客金陵，落拓甚，上书李文忠公于天津，冀得一言于南帅刘忠诚，俾得著书养母。李公笑曰：「此才类省三，舍老夫，惟省三能用之耳，刘岘庄安能用此才哉！惜乎其归也。」然卒不获见两公，而国事乃不忍言矣，故于两公尤耿耿云。自记。

纪刘省三宫保守台湾事状

张传韶

华夷交聘，乃前古未有之变局，而战争遂不可以宁。光绪乙酉，法兰西构难于安南，既而东窥台湾，谋内犯。朝廷顾念南服，以今宫保刘公省三抚其地。

台湾者，本孤岛，为地数千里，悬海外。国初，降草窃者郑成功之孙克塽，始入版图，置郡县，隶于闽，而为东南海疆之屏蔽。至是，更改设行省焉。

命下之日，有以书致公京师，谓敌将邀于海，而为公危者。公阳惧，先期征师船为卫。至沪上，更示趑趄状，而阴则潜舟以济。比至，敌人蹑公者之舟亦至，而已无及矣。

当是时，台湾绝未备，师不逾千，饷不盈亿，战守之具无一可恃者。公虽至，仓卒不遑有施设，第檄镇兵八百人扼基隆而已。基隆为涉海遵陆之首途，南距省治曰台北府六十里，连峰绝巘，而狮球岭横阻于其中。越日，法兰西以兵舰九艘集，瞭其垒，更筑垒置巨炮，为仰攻狮球计。公夜窥敌形，谓左右曰：「征师未既至，敌锐甚，恐不可久守。盍战而却之。」将曙，天大雨雾，乃命骁将率精卒百人，潜入敌垒旁之空室；更以镇兵从别将出他道趋敌后，百人者出不意猝举炮击敌垒，近陴者多死，镇兵复鼓噪薄之，敌惊溃，争奔其舟。舟泊处近断岸，陡绝不可攀，挤而堕溺者，若凫鹜之集。毙其巨酋一，获级数百计，遂复基隆。

初，法兰西之入安南也，以为必可举其国，及至其境，刘永福以谅山之众，撍拄于其间。朝廷复以冯、鲍诸军遏之，其分兵窥闽疆，犯台湾，盖智穷思有所袭据，以为和议地耳。不图公甫临治，即以单师却之，用是益忿公，而公亦知其必不已也。

省治西百八十里，有涉海要隘曰沪尾者，由基隆鼓轮舟半日可至。复基隆后数日，敌更以巨舰十二载师续至，而以前所至舟攻沪尾，若为以劲师袭基隆者也。公下令弃基隆，独留二百人扼狮球岭。左右皆以基隆必不可弃，环跪而谏。公曰：「是吾意也，咎吾自当之，若以基隆失他隘，君等能任其咎乎？」众不能对。公遂以师夜驰入沪尾，密为备。明日，敌舟果悉至，毁垒而登，众以万计。我师接战不利，将败北，别将率伏兵从他道突出，殊死斗，敌始溃却，蹙至海滨，其舟不可近，乃争以漆艇渡，艇小不任重，满则溺焉，遗械弥地，斩馘逾千。盖至是士气始大张。未几，闽师失利，和议成，遂无可战矣。

是时，法兰西屡见绌于安南，其在台湾者复被创，不得逞，倘闽疆得人，直可使无片帆归耳。而惜乎不能，夫宁非天欤？且法兰西为泰西强国，果使大有所挫，则海外国必震惧，修睦惟谨，况其余孤弱岛国，尚敢为他日患乎？而惜乎不能，夫宁非天欤？

是役也，以千余疲病之师，当十倍之强敌，非公机智沉绝，不能至是。然闻战之日，敌所用炸炮，多堕泥淖中，不能再发伤人，其间抑又似有天焉。先是，公下令军中曰：「杀敌一级者赏百金。」有朱哨官者，见前军乍却，乃尽裂其衣服，袒身衔利刀，持炮狂呼，轰击而进。其属五十人，亦大呼驰进，遂衷敌师，裂其阵。比罢战，朱哨官血淋漓满身，不可睹面目。公戮前军之却者，即以其众俾朱率之。观此，则公之弛张进退，与素所以待将士者，为何如哉！

公在台湾数岁，多惠政，而平番社、辟疆土，尤有伟绩。乞归后，以诗酒自娱，时与田夫野老相过从，笑语为乐。后数年，日本人犯辽阳，我师辄挫衄。有劝公出就征召者，公喟而不应。呜呼，公之心人或未能尽知之，而东边之事，则固已为公所料矣，其可慨也。夫公从孙伯海太守宦于蜀，台事固其所目睹者，他日，述于余，至危险处，犹栗然变色。余因获闻其详，而辄状其颠末如此。

书先壮肃公守台事

刘朝望

先大父壮肃公，既夷粤、捻之难，放浪山水者十余年。晚镇台疆，威信敌国。治台八载，厉行新政，奏疏具载，世可得稽。独其战守之情状，公牍既不尽备，论者多莫能详。爰考之奏议，征诸故老，务求翔实，书其梗概，将以上史馆，备采择焉。

光绪十年，法兰西扰海疆，诏以公督办台湾军务，加巡抚衔。公既奉命，率亲卒百余人，部将邓长安辈十数，闰五月甲辰朔丁卯抵基隆，时淮军至者才六百人，合湘、土诸军士，不逮四千人。

湘军将曰孙开华，宿将也，尝隶鲍超。淮军将名者章高元，位望不逮开华，而勇略与之齐。两人皆先数月各率所部防台。公以兵单，连奏请令江闽兵轮赴援，皆不获至。公既至基隆，行其炮台，仅有炮五，且仅守前面，不能左右应，曰：「此绝地，恶足恃。」居七日，法兵舰来犯基隆，炮台果毁。公以台湾无兵舰，不可与海战，乃移军基隆山后以诱之。顷之，法人登陆，趋山巅而阵，势锐甚。我军仰攻不利，公念敌炮瞰射莫能御，欲出奇计阴毁之，未知所使，乃召诸将议而激挑之。诸将至，公方食，语幕客曰：「吾尝以数千人，破粤、捻十万之众，然皆吾将唐殿魁、刘盛藻力也，使是二人者在，吾岂忧法人哉？」于是，章高元、邓长安闻之，气咻，眦尽裂，乃进曰：「某等从公亦十余载矣，公今困绝域，某等义不生还，唯公命之。」公释箸遽起，前握两人手曰：「好男儿勉立功名，唐、刘不得专美于前矣！」乃各授以计。于是长安夜率壮士，冒雨蛇行，潜破法垒，毁其炮。高元与苏得胜、曹志忠东西袭击之，敌死拒良久，高元冒雨奋进，敌兵披靡。阵毙法将三、兵百余，夺纛二、洋枪数十杆、帐房十余架。余卒奔其舰。奏入，有诏褒美。皇太后为颁内帑银三千两以劳军。

七月，法以偏师绁我基隆军，别以五舰犯沪尾。沪尾者，基隆后路也，去台北三十里，而军资饷械悉萃台北。孙开华时守沪尾，告急书一日三至。公念事急，不得出十全，必有所弃，而后有所取。今敌既不得志于基隆，必以全力攻沪尾，沪尾失则台北危，基隆之师将自溃。狮球岭去海稍远，地险阻易守，乃下令退军。诸将以为方战胜而退军非计，有叩马泣谏者。公按剑叱曰：「吾计已决，罪谴吾自当之，有违令者斩！」诸将乃不敢复言。

我军既退扼狮球岭，立遣高元驰援沪尾，而自驻淡水策应。用知府李彤恩计，填石塞海口。彤恩宦台久，有智略，然郁郁不得志。公一见奇之，数称其才。彤恩于是言：「公欲诱敌陆战，非填石塞海口不可。」公从之。彤恩因益进张李成。张李成者，台湾人，任侠，喜结交死士，人未之奇也，彤恩独知之，言于公，使募士勇五百人。

中朝闻公退基隆，则大骇，严旨趣公旋军基隆。公曰：「兵事变化，恶有隔海可遥度者。」卒守便宜不进。

当是时，法既摧闽军于马江，毁兵舰三十，法大将孤拔益鼓胜兵攻沪尾。朝命江督用三轮船济师，皆遏不达。会盛暑，疫疠流行，我军既疲劳，复感瘴，多疾病，军中炊烟日减。公短衣草履，亲拊循士卒，吊死问疾，与同食饮。将士感奋，人人皆乐为吾帅死。

法既增舰攻沪尾，公令开华、高元分大军为三，距海数里缘山而伏，诫曰：「待敌薄我而后战。」令张李成以士勇五百人，伏海滨丛草中，而以羸兵数百当海岸。法舰开巨炮，声震屋瓦，然莫能中，欲入海口，为石所阻，则登陆攻我海岸军。海岸军佯北，法人逐之，薄我大军。我大军殊死战，开华、高元身先士卒，血肉相搏，法人死力进，枪弹雨注，卒不可败。鏖战久，法军稍益懈，我军逾濠奋击。张李成所将五百人者，突出敌背，敌愕顾。我军前后夹击，士卒皆一以当百，短兵接，呼声动天地。法军乱，则反走其舰。我军乘胜纵击，大败之，斩馘千余人，余众奔走相蹂躏。我军益进，蹙之海，敌众登小舟，相挤舟覆，死于海者无算。自是，法人不敢复犯沪尾。其踞基隆者，扼于狮球岭，不得进尺寸。十二月，法人攻我月眉山，林朝栋、曹志忠、刘朝祜等苦战败之。

公以孤军悬隔海外，屡摧强寇，凡战守八月，而孤岛卒全。外人观战者，皆惊叹以为不可及，于是公威名动海外矣。

初，公之衔命过沪也，法使数来会，探行期。公则置酒高会，声言某日乘某舰渡台。是夜大风雨，公乃微服乘小艇，登他舰疾行。去岸数时，法使乃觉，疾发兵舰追之。思要之于海，比至沪尾，则公已登岸两时矣。

其督师基隆也，尝亲出当军锋。一日，法军开炸炮，所乘马忽屈伏于地，弹丸从顶上过，左右皆惊失色，公独夷然，益挥军进，众以是益服之。

初退基隆，朝士以为怯，论者前后数十疏。诏旨切责，有谤书盈箧之语。公卒守便宜，不为动，然朝士终以为怯。及沪尾战捷，军威大振，中外人士闻其战状者，始交颂刘公艰苦绝人云。

咨吏部履历

光绪十六年十月初八日，准贵部咨考功司案呈前事等因，内开：恭查乾隆二十四年二月二十日奉上谕，向来内外文武三品以上大员，遇京察军政之年，援例自陈，文具相沿，无裨实政，曾经降旨停罢。第念伊等荐陟崇阶，并有特简，其人贤否优劣，虽已均在洞鉴，然其间亦不乏旅进旅退持禄恋栈之人。若以平时既无大过，足干例议，又不按例甄核，任其回翔，日久必致职业不振，甚非澄叙官方之道。嗣后吏部于京察时，将在京之尚书侍郎以下至三品京堂以上，在外之总督、巡抚，分列为二本；兵部于军政时，将在京之都统、副都统，在外之驻防将军、都统、副都统，各省之提督、总兵官，分列为三本。缮具简明履历清单进呈，候朕鉴裁，以重考绩大典，著为令。钦此。兹届光绪辛卯年京察之期，相应移咨等因，到本爵部院，准此。

窃本爵部院刘铭传，年五十五岁，安徽合肥县人。由军功咸丰九年办理本乡团练，屡胜发、捻，由前安徽巡抚福济保奖千总，并五品顶戴。

咸丰十年，自备粮饷，带练勇五千，救援寿州，经前两江总督曾国藩查明保奏。同治元年三月奉上谕：「千总刘铭传着以游击补用，钦此。」

是年五月，应募管带铭字营，随前江苏巡抚李鸿章，驻札上海，克复南汇县，保奏。奉上谕：

「以游击补用，并赏戴花翎，钦此。」又连克奉贤县川沙厅、金山卫各城，浦东肃清，保奏。奉上谕：「以参将尽先补用，并赏给骠勇巴图鲁名号，钦此。」旋因游勇滋事，枪毙奉贤［知］县，经前江苏巡抚李鸿章奏参，失察革职。

是年十一月，奉调统领铭、树等营，战败四江口大股贼匪，杀贼数万，保奏。奉上谕：「开复原官，以副将尽先补用，钦此。」

同治二年正月，奉调统领铭军，救援常熟县，解围。奉上谕：「以总兵补用，钦此。」旋署江苏狼山镇总兵。

是年五月，克复江阴，保奏。奉上谕：「著以提督记名简放，钦此。」又于克复无锡案内，奉上谕：「著赏给头品顶戴，钦此。」

同治三年三月，克复常州，保奏。奏上谕：「著赏穿黄马褂，钦此。」六月，收复广德等城，奉上谕：「刘铭传著补授直隶提督，钦此。」

十一月，奉调随前两江总督曾国藩统军剿捻，行抵安徽六安州，僧亲王在山东曹州剿捻阵亡，奉上谕：「刘铭传著一并革职，钦此。」同治四年，克复湖北黄陂县城，保奏开复原官。

同治六年，在江苏赣榆县克复大股捻逆，击毙捻首任柱。十一月初三日奉上谕：「刘铭传忠勇耐劳，追贼迅速，著加恩赏给白玉柄小刀一把、火镰一件、大荷包一对、小荷包两个，钦此。」又于山东寿光地方，剿平刘〔牛〕、赖大股捻逆，东、豫、皖、鄂一律肃清案内，十二月二十二日奉上谕：「刘铭传著加恩，赏给三等轻车都尉世职，钦此。」

七年，奉调统领各军，于山东在平地方，剿平张总愚大股捻匪，直、东肃清。七月初十日奉上谕：「提督刘铭传，著由三等轻车都尉晋为一等男，钦此。」是年因病请假。

八年，呈经直隶总督李鸿章奏请开缺。奉上谕：「刘铭传著准其开缺，钦此。」

九年，天津教案，经直隶总督李鸿章奏调，奉上谕：「刘铭传著即赴天津，钦此。」十月，奏请陛见。初四日奉上谕：「前任直隶提督刘铭传，著督办陕西军务，钦此。」军机大臣面奉谕旨：「著即行请训，钦此。」初六日陛辞。十一月初六日到陕。

十年，因病请假，并请开去差事。九月十六日奉上谕：「提督刘铭传著赏假三个月，所统铭军交提督曹克忠接带，钦此。」是年十二月，曹克忠、王家璧先后奏参，暂行革职。十三年，奉特旨：「已革提督刘铭传著赏还原官，钦此。」

光绪六年，奉旨到京，召见后因目疾请假，到津调理。七年正月，续假回籍。

十年，奉旨：「刘铭传著来京听候差遣，钦此。」五月二十九日，到京请安。闰五月初一、初二日，召见两次。初四日奉上谕：「刘铭传著赏加巡抚衔，督办台湾事务，钦此。」初五日谢恩，十二日请训召见，陛辞出都。二十四日到台。七月初二日，于基隆战胜法兵案内，奉上谕：「交部从优议叙，钦此。」部议：照一等军功从优议叙例，给予军功加三级。九月十一日奉上谕：「刘铭传著补授福建巡抚，仍驻扎台湾，督办防务，钦此。」是年于澎湖失守案内，奉上谕：「刘铭传困守台北，鞭长莫及，自应稍示区别，著交部议处，钦此。」部议降二级留任。

十二年十二月十二日，于剿平中北两路生番案内，奉上谕：「交部从优议叙，钦此。」部议：照二等军功从优议叙例，给予军功加二级。续因奏保剿服中北两路生番出力人员请奖折内，未将各员籍贯履历另立清单，奉部议：照违令公罪律，罚俸九月。奉旨销去纪录一次，仍罚俸三月。

十三年，恭逢皇上亲政，恩诏加一级。是年，奏办商务折内抬写错误，四月初十日奉上谕：「刘铭传著交部察议，钦此。」部议：罚俸一年，公罪例准抵销。奉旨销去纪录二次，免其罚俸。

十四年正月十九日，接受新颁巡抚关防，当即奏报启用，并请旨撤销督办防务差使。是年恭逢京察，奉上谕：「福建台湾巡抚刘铭传，著开复降二级留任处分，照旧供职，钦此。」是年四月十九日，于捐助皖赈案内，奉朱批：「交部从优议叙，钦此。」部议给予随带五级。台湾改设行省，学政改归巡抚兼管，十四年十月初七日，据台湾道委员赍送学政关防，即于是日祗领，兼管任事。

十五年六月十五日，准贵部咨，正月二十二日钦奉慈禧端佑康颐昭豫庄诚皇太后懿旨：「现在归政伊迩，允宜分别施恩，福建台湾巡抚刘铭传著赏加太子少保衔，钦此。」又恭逢归政典礼，恩诏加一级；归政礼成，崇上皇太后徽号，恩诏加一级。

十六年，恭逢皇上二旬万寿庆典，正月二十六日奉上谕：「福建台湾巡抚刘铭传著赏加兵部尚书衔，钦此。」恭逢皇上二旬万寿，恩诏加一级。是年四月初十日准贵部咨，三月初二日奉上谕：「朕钦奉慈禧端佑康颐昭豫庄诚寿恭钦献皇太后懿旨，福建台湾巡抚刘铭传著帮办海军事务，钦此。」九月十三日，承准军机大臣字寄，八月十五日奉上谕：「户部、总理各国事务衙门会奏台湾煤矿招商承办章程纰缪请敕停办一折，刘铭传著交部议处，钦此。」未奉部议，现供今职。

伏念本爵部院忝任封圻，受恩深重，涓埃未报，寝馈难安。兹逢考绩巨典，合将年岁履历备叙咨达。为此，合咨贵部，请烦察照施行，须至咨者。

诰授光禄大夫诰授建威将军太子少保兵部尚书福建台湾巡抚赏穿黄马褂世袭一等男赠太子太保予谥壮肃显考省三府君行状

呜呼，不孝等罪无可逭矣！府君竟弃不孝等而长逝矣！呜呼，岂非天哉！天之生府君，以成圣朝中兴之盛，功德在民，何至今日而忍施惨酷至于此极乎？纵不孝等蝼蚁微生，不足以代府君之命，独不可以一家子姓，合减数十年之算，俾府君少假数年，不孝等得以团聚侍奉，稍赎不孝之罪于万一乎？而今竟不可得矣。呜呼！天乎！痛念府君起自行间，受三朝恩遇，以武臣迁巡抚，扬历封疆，列班师保。赠及先人，赏延后嗣。殁而晋阶予谥，国史立传，行省建祠。殊恩叠沛，隆重逾恒。不孝等虽捐縻顶踵，未足仰酬。而府君立身行政，威名伟绩，卓著一时，讴颂称扬，无间于乡里妇竖与学士大夫之口，有非可以市恩售伪得者。不及此时敬谨诠次，以备当代名卿巨儒发为鸿文，垂法家乘，则于家为不孝，亦于国为不忠。不孝等用是终夜彷徨，吞声饮泣，苫块之中，各忆见闻，濡泪和墨，述府君状。惟是哀痛余生，言弗能文，语弗能详，惟名卿巨儒之哀其志而幸赐采择焉。

府君姓刘氏，讳铭传，字省三，安徽合肥县人。祖讳廷忠，父讳惠，皆赠如府君之官。府君生而英毅果敏，伉爽多智略。家居大潜山下。读书务博览，通医药、壬奇、占候、堪舆、五行家言，尤喜兵法，善权谋形势。每为诗歌，慷慨磊落。尝自慨曰：「大丈夫当生有爵，死有谥。」朋好劝以应试，曰：「此非吾发名所。」

咸丰四年，粤匪踞皖，陷庐州、六安。府君与前太子少保张勇烈公、前两广总督张靖达公、前湖南提督周武壮公等，倡团筑堡，屡遏贼氛，禁戢土匪，百数十里内，居民安堵，耕市不变。是为府君倡团御贼之始。九年，带练随官军收复六安，叙功，奉旨以千总用。十年，自备饷糈，救援寿州，叙功，奉旨加都司衔。

同治元年，今大学士前署江苏巡抚合肥李公募军东下，知府君知兵，招为管带官。府君慷慨从间道至上海，连战皆捷，军声大振，遂立「铭军」。是为府君创立铭军之始。五月，会同潘公鼎新，招抚南汇降贼，拔难民无算。遂合鼎军移扎杭州，就近钤制降将吴建瀛等，责令剿贼自效。伪忠王李秀成养子闻吴建瀛降，由金山窜扑南汇，与署县邓君贤芬、降将吴建瀛相持，府君从旁击却之。贼窜川沙，复招川沙贼，合股回扑，蔓延二十余里。府君督吴建瀛守城，别派军出城夹击，贼溃退，官军乘胜直逼川沙，贼由海塘窜去，遂于初五日收复川沙。奉上谕以都司留江苏补用，并加游击衔。旋又攻复奉贤县、金山卫，奉上谕免补游击，以参将补用，并赏给骠勇巴图鲁名号。时四江口久围未解，复随合肥李公大破贼于四江口，围解。时常昭亦久困贼中，二年正月，贼攻益急。合肥李公议攻福山，以解城围。二十日，府君会各军攻福山，城贼来援，府君身先士卒，击败之，遂克福山，常昭围解。奉上谕以总兵补用。

四月，与水师提督黄公翼升合攻杨库汛。汛为沿江著名险要，悍贼坚守。十六日至二十一日，先后击退援贼。二十二日，督队猛攻，大呼登城，毙贼无算，立将杨库汛克复。时江阴至无锡数十里，贼营密布。其江阴另股，于五月十四五日复扑杨库。府君痛剿，擒斩千余人。忠逆复渡江回援，将合章、护、普、潮、侍五逆，水陆数十万众，分路内犯。遂议各军滚营前进，府君以七营进攻北涸，为左路。二十二日，复于北岸扎两营，为右路，轰倒北涸河边五逆营五座。是夜，府君攻破北涸贼营二十七座，追杀至八字尖。顾山以西，一律肃清。

七月，由杨库进攻江阴，十一日，蹋毁北门贼垒，十二日，合各军攻克东门石营，断贼归路。各军滚营前进。贼由苏、常等处集大股来援，绵亘数十里。府君周览贼势，于七月二十九日，由中路进剿，各军继进，贼大溃。踞贼见援贼败去，大惧，我军乘势促之，遂复江阴。奉上谕以提督记名，尽先简放。

九月，进驻青旸镇，攻克芙蓉圩卡馆，护逆遁去，遂率五营绕攻焦垫之后。时忠、侍各逆力援无锡，以护苏州。援贼一日不清，苏、锡不能进取。护逆一股受创已深，侍逆亦为府君击败，我军遂专意并图忠逆。

十月，府君率铭六营至鸭城桥会剿。初十日，分营诱敌。十一日，复调各军由西合攻锡城。十二日，连毁贼营，擒斩无算。是日，侍、护等逆来援，潮贼亦出相助，自东南门屯扎至新塘，纵横十余里。府君与李公鹤章商令张公树珊等，先向侍逆土城后进扎。十三日，府君率各营乘夜三面环攻，暗绕贼后，烧贼更楼十余座，节节追杀，贼垒尽毁，毙贼逾万。十六日，贼复来扑，击败之，驰赴东路会剿。时锡城东面已无贼营，遂进攻皋桥，直逼城北。英逆率贼二万余，与护逆合援，二十三日，围扑万寿桥营，一股由横山牵制青旸官军，另股由钱周村扑石撞桥。府君令徐君得胜固守勿出，自带三营堵钱周村桥口，调唐君殿魁等折回堰桥，以顾后路。二十四五等日，该逆叠扑西万寿桥，均经击败。二十六日，忠逆带大股二万余，离我军里许筑垒。府君督各军分三路进攻，力战败之，追杀数里，擒斩二万余，会擒伪潮王黄子隆父子，遂克无锡、金匮等城。合肥李公疏称府君血性忠勇，摧锋陷阵，请旨优加奖赏。奉上谕著加恩赏头品顶戴。

十一月，进剿常州，由羊头桥间道深入奔牛镇。贼目邵小双乞降，即令驻该处，以扼丹阳援贼。十四日，督军攻西北门，破贼垒三，贼蜂拥出救，力战败之，乘胜攻城，连破贼营十数座，降贼一万五六千人。十五日，会攻小北门口大石营，府君正用千里镜测望炮路，忽顶额中枪子，登时晕倒，幸入骨未深，子旋取出。十七日，裹伤督各营攻克小北门外大土城。

十二月初，章逆困奔牛急，守将乞援，密派弁卷洋药四万筒赍之，谕令坚守五日待援。初七日，带队往援，途中皆贼垒，无懈可击，府君偏师直捣，倚营自固。初九日，十伪逆之众，围扑前营，另股万余，抄袭我后，府君率各营分投迎剿，自辰至未鏖战，大破之，擒毙六七千人，追逐十余里。十四日，我军分三路进剿，密饬奔牛守将唐君殿魁等冲出夹击，先破东南贼营，贼惊溃，对河贼拼命来拒，亦经我军击退，并将忠逆所购飞而复来轮船焚毁。府君遂督队向奔牛猛击，贼分股三、四万绕后围扑。值郭君松林马队突至，冲之，贼鸟兽散。唐君殿魁等追击十余里，破贼营三十余座，擒斩无算，奔牛之围遂解。奔牛为镇、常交界冲途，降众投诚后，即派唐君殿魁、黄君桂兰二营，冒险并扎。忠、护等逆死护金陵老巢后路，并力纠集各巨股，窥我兵单，重围困裹，用轮船炸炮，力争此地。官军以四千余人，当十余万狂寇，力战解围，厥功尤伟。

三年三月十八日，府君督队踏毁常州城外贼垒数十座，四面合围。四月初六日，轰蹋北门城墙数十丈，贼悉力抵御，府君挥军直进，将护逆大股逼入街心，节节追剿，会擒伪护王陈坤书等，遂克复常州府城。合肥李公疏称，府君屡却大敌，请旨优奖。奉上谕著赏穿黄马褂。七月二十七日，湖州城克复。奉上谕俟广德、四安克复后，查明劳绩，一并从优保奏。时金陵老巢已克，昭逆方挟伪幼主据广德。合肥李公檄府君由建平（今郎溪县）往剿。府君探知踞贼在城外筑垒，遂于建平布置粮道，先令盛军各营移扎白茅岭、水口，自率刘君盛藻等直抵城下。贼众迎拒，我军枪炮齐发，贼奔溃，追至西门，盛军亦至，贼遂由南门逃窜，截杀数百人，广德收复。捷闻，奉上谕：刘铭传一军，探知广德贼在城外筑垒，督军驰剿，当将广德城克复，剿办甚为得手。广德克复，府君追寻贼迹，复两遇贼于山谷中，连战皆捷。

四年，谕旨赴山东一带剿捻。五月十四日，行抵济宁，营于城东北。十九日，阵毙悍贼千余，拔难民无算，遂克长沟圩。闰五月十八日，自济宁拔营疾行，二十四日即抵徐州。由濉溪口进剿，于六月初二三等日，力破崔家楼、孙家寨等处踞贼。石弓山、龙山之贼闻风胆落，悉数自溃。三十日，前大学士曾文正公条奏：周家口最为扼要，不可无重兵镇压。各军惟府君将略最优，因以周家口重任付之。旋大破贼于瓦店，贼窜南顿，复于南顿击之，毙贼千余。贼乘夜越周家口，渡沙河，复奔睢州。追府君追至，贼已先发，乃督马队驰三十余里追及之，贼四散狂窜。据擒贼供称：此次东窜之匪，系任柱为主，而赖汶光、牛洛红亦在其中。嗣窜贼至扶沟，围县城，知县告急。府君闻信驰援，抵宏济桥遇贼，追之至城西。贼分三大股包抄我军。府君结阵自固，四面环击，连开炸炮，追杀十余里，毙贼千余，城围立解。十八日，别军移扎周家口，乃腾出府君之师，作为游击之师，由确山进剿牛、赖股匪。

十二月，率师援鄂，闻贼踞黄陂，即由长仙岭进规，抵乇家河，唐君殿魁在下石港扎营。城贼数千出扑，我军迎击，贼不支，张君景春追杀至西关外，唐君殿魁继之，贼退入城。二十八日，府君派刘君盛藻等攻城，贼出万余来扑，府君分投迎剿，贼败入城，其马贼数千仍排列城外东南一带。府君令毕君乃尔、李君锡增，由北门开炮，王君德成首先登城，头受刀伤见骨，田君履安继之，各军蚁附而上，立将黄陂克复。贼众逃窜，追杀至茅屋店，其马贼折回抵敌，亦经我军击败。奉上谕：「刘铭传一军甫经到鄂，立克坚城，实属著有微劳，自应量加奖励，直隶提督刘铭传著交部从优议叙。」又谕：「黄陂之役，非刘铭传速到，何能攻拔城池。」

五年，任、赖败后，自鄂回窜皖省，至江口，我军击败之，擒贼目金添禄、马汰山二名，贼狂奔过谷河。我军营于杨家圩左右，府君以重兵在东，贼必西窜，率师截之，前军果与贼遇。贼忽西忽东，马步二万余人，分路来扑，府君遣黄君桂兰、张君士元两营迎击。贼另股扑亲军、洋炮等营，府君令毕君乃尔等连开炸炮，张君胜琦等冲入贼中，生擒数人，贼气沮。

府君率军跟剿至山东。三月二十二日，于巨野西北遇牛洛红，经黑龙江马队击败之，擒贼三十趾。现在杞县、陈留一带，筹备米粮，仍即赶踪追剿。此次贼锋已挫，疏入，奉上谕："铭、鼎两军，两旬之间，往来一千六七百里，纵横追逐，迄未停

九月十九日，曾文正公奏称："铭、鼎两军，两旬之间，往来一千六七百里，纵横追逐，迄未停

贼毁离汴梁十余里堤墙，府君派乌君尔图、那君逊等东剿，唐君殿魁向北截剿未过之贼。

月分防各汛工竣。十一、十二两日，赶赴汴梁，帮修省北濠堤。十四日，府君回至尉氏。十六日夜，

路。府君遂自徐州拔赴沙河，取道中牟、尉氏一路迎击。自朱仙镇以下河防，由铭军兴筑堤墙，八

议，驱贼于沙河以南，以蹙其势。张、牛等逆既渡沙河以南，任、赖等逆亦将渡沙、淮，并趋南

先是，捻逆各股回窜豫、皖两省，中原平旷之地，四通八达。府君察看地势，遂创扼守沙河之

数窜出徐境。

军跟踪紧蹑。五月，任、赖一股扰桃山等处，乃会总兵董君凤高军，败之于荆山桥，逆势不支，全

四月十六日，府君自考城折回，饶匪尤多。逆众败窜东南，入江南徐郡，与赖逆等合股。府君仍率

府君以铭军自四年以来，援鄂援皖援豫援齐，将士疲劳已极，呈请休息一、二月，借资整顿。

之间，我军蹑之，叠有斩擒。

大破贼众。二十七日至曹县，乘夜掩扑贼馆，歼杀数十名。张、牛二逆败后，盘旋虞、砀、丰、单

贼仍结队南行，我军亦南下，与贼并驱，抵乌官屯，令黄君桂兰冲击，贼向西溃去，追杀十余里，

余名。二十三日，追过韩氏桥，步贼伏林中，以马队伪败，诱张君景春军，府君知其诈，不令追逐。

军追贼至山东汶上境内，将梁山之贼三面攻剿，并在郓城、菏泽、曹县、东明等处，叠次获胜，尽力穷追至豫省睢、杞一带，贼势已挫。著曾国藩檄饬刘铭传等，赶紧追剿，务乘该逆疲乏之余，穷其所向，不令喘息。」

是月，府君率师会合鼎军，自梁山追贼于郓城之季家庄、曹州府之新集、曹县之朱家寨、考城之敬胜寨等处，节节进剿，无役不胜。奉上谕：「刘铭传等军，由金乡、郓城、曹州等处追贼，几于无日不战，先后败贼二十余次，斩馘甚多，实属异常出力。」

十二月二十四日，府君由宋河追贼至京山，值大股贼扑县城，奋击却之，追至旧口。二十八日，贼向西佯走诱我军，复击杀数十人，追至宜城之流水沟。六年正月初一日，府君督队抄出贼前，擒杀千余名，并擒贼首王信等数名。贼窜安陆，我军跟追，与霆军遇，分路夹击，大捷。奉上谕：「鄂贼盘踞杨家洚、拖船埠、永乐河一带，经刘铭传、鲍超先后进剿，将贼击退，官军追杀六十里，毙贼甚多，办理尚为奋勉。」

四月十二日，师抵黄安紫屏铺，遇大股贼东窜，击之。鏖战逾时，贼始大溃，十四日窜至孝感。十五日，我军追抵云梦，乘夜进剿，贼惊溃，擒贼陈大溃一名。贼向早市奔窜至宛郡。

府君在信阳整顿两月，由枣阳紧追，与贼驰逐，东自应山、黄陂，西出安陆、襄、枣，又由南阳至郑州等处，日行百里，贼望风奔逃。遂创防守运河，进扼胶莱之议。

六月，与潘君鼎新会勘胶莱河道形势，会铭、鼎、奇、凤四军与东军，先后起筑长墙，北起夏店，南至柳林口。

八月，师抵赣榆之沙河，行二十里遇贼，败之。贼西南奔至沭阳，踞西新河一带。我军至黄泥河，水势陡涨，仅一桥可通。任逆堵住桥口，我军轰击，毙贼百余名，贼弃桥走，我军追杀甚多。忽任逆率众回犯，府君挥军力剿，贼溃散，擒三百余名，死者千余，追至沭阳城南，沭阳围解。

九月，由邳州进发。初八日至王堰地方，贼馆遍地，派队抄袭，贼惊溃，追至牛山，擒斩三百余名。是夜，贼聚房山一带，复经陈君振邦等惊溃。初九日追至房山，贼已北趋赣境。府君因行粮不继，仍回邳州。

时大股贼东窜青州，连扰乐安、寿光，掠粮安邱、潍县一带。府君派队侦探，复恐贼闻风潜遁，于十月十七日分三营迎击，将松树山以西贼馆十余处，贼二千余名，全数扑灭。时任、赖两逆由东南拥至。府君自督中、左各营，东拒任逆；派陈君振邦、唐君定奎，南击赖逆。赖逆不战，回奔。任逆踞牟山顶，复又东奔。我军蹑追，任逆忽纠牛逆步贼回拒，我军御之。任、牛两逆亦不敢久拒，过汶河北走。当赖逆之奔往牟山以南，为大军所隔，不得与诸逆合股。至是任、牛两股潜由安邱城西与赖逆合。府君遂派步军抵任逆，派陈君振邦等四路合击赖逆，擒杀无算。任、牛各逆见势不支，绕至东北甯、潍。此次各逆窜潍，难保不折回青、济，窥伺黄防。经府君间道绕前，连战却之，赖逆一股被创殆尽。奉上谕嘉之。

时贼向诸城南趋。二十二日追至日照，马勇枪伤任逆，该逆奔江南赣境。府君同善君庆等，于二十四日追抵赣榆城南，伏贼数万，天忽大雾，昏不见人，贼蜂拥扑来，善君庆等拦击三、四次，渐不能支。府君亲督先锋马勇，将赖、牛两股击败，复督步队接应。任逆包抄我后，经善君庆等击回，该逆犹拼死拒敌。府君督马步各军，大呼杀入，枪炮如雨。贼中忽自惊喊曰：「鲁王受枪伤死矣！」一贼登时溃散。我军乘胜追杀，见群贼用快马负任逆尸身狂奔而去。奉上谕著加恩赏给白玉柄小刀一把、火镰一个、大荷包一对、小荷包两个。

十一月，府君军赴莒州，知会郭君松林、杨君鼎勋等，由莒、诸［城］北会剿。时善君庆军至，进剿东北。府君亦统兵赴之，至诸城之小石桥及高密之驻沟等处，五战皆捷。初七日，抵诸城东十余里遇贼北窜，当派善君庆等击之，贼东走，我军追击四十里，贼马千余回拒，经陈君凤楼、徐君邦道等迎击，阵斩红旗贼酋郑马糊，擒蓝旗贼目张碇柱，并毙贼二百余名，夺获战马二十余匹。该逆狂奔东北而去，其已过潍河之贼，悉为我军冲散。据降贼供称：赖逆欲沿黄捞粮，再由济宁上下抢扑运河。府君恐贼窜青、济，黄防吃重，即由安邱间道驰抵潍县，拦头迎剿。初十日，贼窜潍县东北安堌地方，不虞我军之先至也。府君急起迎之，适唐君仁廉军亦至。我军行抵安堌，日已薄暮，逆众方四散投宿，探知任逆蓝旗住东北，牛、李各股已至西北寿光一带。府君令陈君振邦、丁君寿昌，由东路兜击蓝旗一股，府君亲督刘君克仁、唐君定奎、滕君学义、刘君盛休、徐君邦道、陈君凤楼，由正北截剿。是夜月色正明，我军沿途追杀，贼向东北逃去。府君督中军沿河截杀，三更后追抵稻田，已四十余里，月落夜黑，分投追捕，惟闻枪声喊声停而复起。府君从火光中急行二十余里，至寿光境之仇家庄，遇唐君定奎一军，攻破贼馆，讯擒贼，知即牛逆宿处，乃发号收队。

十一日，逆众复由东北蜂拥而至，仍图西窜。府君督军拦击，令刘君克仁当白旗牛逆、黑旗李逆两股；唐君定奎当蓝旗任碇、任三厌、刘三猫两股；滕君学义迎击马贼；府君亲带刘君盛休五营接应。白旗贼先败，各军乘势齐进，贼众不支，全数崩溃。是役也，共擒斩三千余名，降散近万人，斩获朱凤池等大小头目四十余名。

二十四日，府君与郭君松林等会于安邱途次，商定分路兜逐。二十五日赴青州会剿，贼已西走，二十八日窜至新城境，见我军紧追，不敢再西，由海边折回，东窜寿光。二十九日，我军自南而北，逼贼于海滨、洋河、弥河之交，贼无路逃窜，拼死抵战，我军大胜，共擒贼匪万余人，著名大小贼首数百，杀毙不可胜数，尸横四十余里。仅剩马贼数百，夺路而走。据擒贼供称，任柱之兄任碇死于弥河。

合肥李公疏称，府君首倡扼守运河，并军兜剿之议，卒能大获奇捷，实属劳苦功高。又云寿光、弥河之役，斩获几三万人，贼之精锐器械、骡马辎重，抛弃殆尽，盖军兴以来罕有之事。诸将剿捻论功，以府君为第一。

奉上谕：「李鸿章奏派军南追，生擒赖汶光，余逆剿灭净尽，庆幸良深。捻逆伪鲁王任柱与伪遵王赖汶光，纠众肆扰，流毒中原，极恶穷凶，神人共愤。朝廷特授李鸿章为钦差大臣，督师进剿，广设方略，将士同心，捷书屡奏。旋毙任逆，贼势衰落，率党南奔。复经刘铭传昼夜穷追，未及旬日，赖逆生擒，其余逆酋，悉数歼除，洵足以彰天讨。从此江南、安徽、山东、湖北等省生民，得以安业。自宜特沛恩施，以酬劳勚。刘铭传著赏给三等轻车都尉世职。」

自四年五月奉命剿捻，转战数省，驰逐三年，几无一日休息，府君积劳成疾，髀肿不能乘骑，以贼氛未净，不敢乞休。至是全股削平，乃请假回籍调养。

七年，西捻张总愚出窜，将入河朔，奉上谕假期已满，速赴北路剿贼。合肥李公疏陈府君病状，极言连年战功劳苦，苏省肃清，府君与程君学启之功多；任、赖捻股歼灭，府君一人之功也。并言府君于捻情地势，最为熟悉；湘、淮、皖、豫各统将，素皆心折，可否仰邀恩旨，令总统前敌马步各军，饬下江皖督抚，就近催令视师。并称府君通习书史，素明大义，必能急难赴公。奏入，奉上谕：「江皖督抚就近催令赴军，总统前敌马步各军。」

六月初八日，府君行抵东昌，调齐旧部，会同各军，追剿张逆于盐山、沧州、德平等处，叠次大捷。贼向博平、清平一带图扑运河，适马颊河黄水漫入，河西北岸长墙筑就，府君即日进追。

二十五日，会郭君松林军，由陵县南追。贼由博平向东昌迤南李海务，窜扑河墙，经守军击退。府君与郭军圈贼徒骇、黄、运间，议于徒骇河沿桥口扎住，令步队由桃桥守至南镇。

二十八日，贼回窜，击之，追剿数里，值河道分歧，水溜泥陷，府君与郭军纵横合击，大股贼匪全数斩擒。张逆仅带数十骑北逃，马勇追及，该逆弃马遁入高粱丛中，投水淹毙。府君当派邓君长安，兜寻张逆之侄张政江，该逆逃至南镇，正遇府君所派骆君国忠军，两军堵击，获之，擒贼三、四千人，余贼剿灭，张逆全股削平。捷闻，奉上谕，著由三等轻车都尉晋为一等男爵。又奉上谕，暂扎张秋，以资弹压。

九年，奉命督办陕甘军务，十一月初六日抵陕，十八日移驻乾州。以缠金道路隔绝，贼势趋重南路，奏请饬定君安就近拨队驻守；又奏请唐君定奎一军驻宝鸡。并分派左军滕君学义驻陇州，右军黄君桂兰驻凤县。嗣因二麦登场，宜防扰掠，调队驻防边境，并密陈边情。旋搜剿北山回匪。以久病未痊，奏请赏假。奉上谕赏假三月，准其回籍调理。

光绪六年，府君奉诏，力疾至京。十一月初二日，条陈开造铁路，言时局日艰，中国非速开铁路万不能自强。盖铁路之利，于漕务、赈务、商务、矿务，以及厘捐行旅者，不可殚述，而于用兵一道，尤为急不可缓之图。铁路造成，呼吸灵通，声势联络；裁兵节饷，并成劲旅；转运枪炮军火，朝发夕至；十八省合为一气，一兵可抵数兵之用。将来兵权饷权，尽在朝廷，不为疆臣所牵制。

十年，法人扰海疆，府君奉旨督办台湾军务。闰五月初二日陛见，条陈整顿海防、讲求武备十条。二十四日，行抵基隆，登岸查看炮台形势，周历数日。二十八日，移驻台北。

六月初，法人犯基隆，府君闻惊，飞速亲往。法人于辰刻开炮，营官姜君鸿胜还炮相击。府君到台后，即奏炮台本不足恃，盖我炮台只有洋炮五尊，炮台只守当门一面，敌人由旁攻击，即不能旁应。时章君高元、苏君得胜，各伏炮台墙外沟中。敌炮猛攻不息，自辰至午，炮台前墙全行打碎，火药房亦同时轰倒，炮台我不能守，法人亦未占踞。

府君以法人一意逞强，有轻我之心，非诱之陆战不足挫其凶焰，即将海边不能守御各营饬移山后，以避敌炮。曹君志忠正营并中营，离海虽近，中隔小山，仍令照常设守。一面激励士卒，豫备恶战。

十六日卯刻，果有法兵四、五百人，以一半在曹军北山头踮队筑营，以二百余人直薄曹君志忠营，仍用轮船炸炮助攻，自卯至午不息。曹君志忠督队二百余人迎剿。府君派章君高元、苏君得胜，率队百余人，由东路抄击。复派邓君长安，率亲军小队六十人，由西路绕击。曹军见两路兵至，士气益壮，奋勇直前。敌见我军齐进，连放大炮排枪。鏖战一时许，我军所持后膛枪，皆能命中，击倒法军山上持旗兵酋二名，山下法兵头一名，敌溃败。我军乘胜追上山头，将敌营踢毁，夺获洋枪数十杆，帐房十余架，并获坐纛旗二面，此外洋行军最耻之事。斩首级一颗，法军伤亡不下百余人。

追至船边始行收队。我军伤亡仅数人。奏入，奉上谕：「调度有方，深堪嘉尚，著交部从优议叙。」奉皇太后懿旨，发内帑银三千两，赏给此次出力兵勇。

七月初十、十一两日，敌兵开炮，我军凭山为障，开炮对击，彼炮无所施，我炮屡中其船，彼族颇有伤亡，退泊口门、沪尾海口，离基隆八十里。该处仅孙君开华所部三营与李君彤恩添募土勇一营，兵力单薄，危急万分。

彼族不得志于基隆，十四、二十等日，复窥沪尾。孙、李二君赶将堵口石船接连沉塞。敌见口门已塞，旋驶去。十九日，府君亲至沪尾，添派炮勇百名，略为布署，即日回基隆。敌遂日以一二船拦泊沪尾，搜查商船，以阻我军援应，商船多日不来，消息不通。

八月初二日，大雨飓风之中，上海所雇「汇利」、「万利」两船，装载江阴刘君朝祜勇六百人驶到，赶用驳船接卸百余人，风势紧急，两船皆避风入海。「汇利」仍将原勇装回，「万利」仅卸五十人。初九日，「华安」轮船装勇三百余人，甫抵沪口，即遇法船追回。

初十日，法船三只攻基隆，十二日复来法船八只。十三日黎明，敌兵千人于口门外之西山登岸，陈君永隆、毕君长和各带勇百余名接战，相持两时之久，敌复从山头抄击，章君高元、陈君永隆等退出山口，拼命抵御，直至酉刻，敌人猛扑，经我军击退，斩法酋一名，我勇伤亡百余人。将士防守两月之久，各军日在炎瘴潮湿之中，人多疾病，八营之众，能战者仅千余人。曹君志忠、章君高元、苏君得胜，皆督率将士，身自搏战，毫无退心。

正在全力相持之际，忽报沪尾来敌船五只，直犯口门。该处炮台尚未完工，只安炮三尊，以保沈船塞口之处。敌炮如雨，孙君开华等督队还炮相击。炮台皆系新用泥土沙袋堆壅，不能坚固，中炮即毁，阵亡炮勇十余名，张君邦才受重伤，危急待援。

府君度基隆前敌正万分危迫，绝无兵力可分；而沪尾为基隆后路，离府城只三十里，仅恃一线之口，藉商船稍通声问，军装粮饷尽在府城；该口除沈船外，台脆兵单，万不足恃，倘根本一失，前军不战立溃，必至全局瓦解，不可收拾。不得已，先其所急，移师顾守后路，连夜率章、曹各营，由基隆拔营，赶回淡水，立派各军驰救沪尾。

十六日，敌船又添三艘，猛扑沪尾海口，蓄锐登岸，意在必得。我军自炮台被毁，全恃士卒肉薄相拼，虽枪炮如雨，士气毫无畏避，竟能斩将搴旗，遏其狂逞。

自六月至次年二月，先后共八个月，孤岛危悬，苦战苦守，力支危局。寓台洋人无不钦服，以为非战守有方，台必不支，且退基援沪，非有过人定识、定力，不能从容调度，于此尤见将略焉。

十二月初九日，法人添兵犯月眉山一带，我军与敌相持五日，恶战三日。敌兵皆著雨衣，更番接战。我军力薄，无可更换，将士忍饥冒雨，目不交睫，遍身沾湿。曹君志忠、林君朝栋与各营官，皆跣足督战，月眉山赖以力保。自和议订后，息战罢兵，君府旋拜特授台湾巡抚之命，办理抚番事宜。

台湾生番横亘南北七百余里，与民地处处毗连，每年戕杀生命至千余人之多。匪盗藉番地以出没，聚众抢劫。土豪藉防番以敛费，养勇抗官，号令不能行，赋税不能清。从前官斯土者，相率苟安，生番杀人，坐视不问，致南北四路声气不通。府君以如人身血脉不通，即呼吸不灵，百病丛生。且时事孔棘，海上多故，内患不除，何以御外。乃于法防撤后，察看全台情形，前后山荒地未辟者甚多。民番仇杀，官不究问，未免有乖政体。况改设行省，正欲辟土以分治，缉暴以安民，洵非抚番不可。遂于十一年十月奏明开办，或檄调各路将领分头剿抚，或亲督大队入山，先示以威，后怀以德。所有南中北三路及前后山各路之生番，均于十五年二月间，一律薙发归化，送来番童，于台北府城中择地安置教养。

时台地赋久未清，府君办理清赋事宜。十五年十二月，全台丈量清楚给单，一律完竣。计旧额人丁税饷、供粟余租、官庄耗羡，年共征银一十八万三千三百六十六两有奇，现定正额除补水平余银外，计正额溢出银三十六万三千三百四十两。辛苦经营，视内地清丈为倍难，而府君之心力瘁矣。

是年正月二十三日，奉皇太后懿旨，赏加太子少保衔。十六年，皇上二旬庆典，正月二十六日，奉上谕著赏加兵部尚书衔。三月初二日，奉皇太后懿旨，著帮办海军事务。

府君感激，力图报效，乃积年劳苦，旧疾缠绵，深恐旷职误公，不得已乃告归调养。回籍后，病势愈沈。二十年，日本失和，府君忧愤时事，恒中夜起立，眦裂泣下，恨不置身行间，效古人马革裹尸之义。以旧病固结，不能奉诏视师，忧思郁结，病益增剧。不孝等百方医治，呼天吁地，祈延府君之命，乃竟无灵。至冬月二十七日，自知不起，伏枕口授遗疏。延至二十八日，遂弃不孝等而长逝矣。呜呼痛哉！

府君自剿平发捻，已积劳成疾，休养未愈，复力疾视师。迨经营台省，尤属任人所难。告归后，犹日以时事关心。此心力所由毕耗，而沈痾卒至不起也。

遗疏入，上轸悼，谕曰：「刘铭传秉性忠勇，卓著战功。咸丰年间，粤、捻各匪窜踞安徽，倡办团练，为曾国藩所识拔。同治初年，随同李鸿章募兵东下，连拔郡县，会合诸军苦战，克复常州，积功补授直隶提督。剿捻山东、河南等省，与悍贼纵横追逐，大小数百战，旋授三等轻车都尉世职。复与各军穷追首逆张总愚，斩首无算，捻匪一律荡平，晋封一等男爵。朕御极后，特授巡抚，叠加太子少保兵部尚书衔。于一切应办事宜，克称厥职。嗣因患病，准其开缺回籍调理，方冀宠眷克承，长资倚畀。兹闻溘逝，轸惜殊深。刘铭传著晋赠太子太保衔，照巡抚例赐恤，加恩予谥，准其于立功处所建立专祠。生平战绩事实，宣付国史馆立传。任内一切处分，悉予开复。应得恤典，该衙门察例具奏。伊长孙刘朝仰，著赏给员外郎。伊子副贡生刘盛芸，著赏给举人，准其一体会试；附贡生刘盛芾，著以员外郎用。用副笃念荩臣至意。钦此。」

恩逮泉壤，有加无已，非府君忠勤尽瘁，深契宸衷，亦乌可以幸致也哉！

府君性情介直，临机果决。部下将士，精锐善战，纪律严明，尤为淮军之冠。故转战苏、豫、皖、鄂、东、晋、直、陕数省，大小数百战，卒能剿平巨寇，肃清大乱。年二十登坛，三十膺疆寄，受爵赏，扬历封疆，列班师保。部属偏裨，皆为大将，致显官。儿童走卒，皆知其名。外洋人咸畏服焉。

西捻之平，曾文正公疏陈战功有云：巨憝肃清，余氛尽扫，定谋以合肥为主，论功以府君为先。府君之战绩卓绝一时矣。

府君条陈海防十事：

一、各海口设防，宜分轻重缓急，以期握要。

一、各海口炮台，亟宜改建，以重防守。

一、洋面水师兵船，宜次第筹办，以固海疆。

一、长江、太湖水师，亟宜改制，以收实用。

一、福建船政局、上海机器局，宜加意整顿。

一、请筹购大批枪炮，以节经费而免欺朦。

一、稽查军械，整顿矿务，宜特设军器局，切实讲理，以专责成。

一、新募勇队，宜加裁并，参用练军，以节饷需。

一、严定赏罚，以求将才。

一、请设局译刻泰西各书，引掖后进，以造人才。

洋洋数千言，切中时事。府君平日之悉心讲求经济可想见也。

府君著有《盘亭小录》一卷、《行间余事》两卷、《抚台奏议》十六卷、《督办陕甘奏议》四卷、《督办台湾奏议》四卷。

配程爵夫人，诰封一品夫人，侧室氏项、氏陈、氏王、氏陈、氏秦、氏陈、氏李、氏李。两李氏绝粒殉节，奉旨建坊入祀节烈祠。子四：长盛芬，优廪生，三品衔直隶候补道，程夫人出，殁；次，不孝盛芸，乙酉拔贡，癸巳副榜，花翎三品衔，分部行走郎中，恩赐举人，世袭三等轻车都尉世职，程夫人出；三，不孝盛芾，附贡生，候选同知，恩赐员外郎，侧室项氏出；四，不孝盛芥，辛卯举人，花翎候选知府，侧室陈氏出。长孙朝仰，恩赐员外郎，世袭一等男爵。诸孙朝望、朝钰、朝侍、朝倚。女四：长适两淮候补盐大使程志怀，殁；次适浙江候补道张云逵；三适分部候选主事薛保桂；四待字。

呜呼！不孝等侍奉无状，天降鞠凶，至于此极。不孝等肝肠摧裂，凭棺擗踊，而府君音容已不可复睹矣。呜呼痛哉！

兹将卜吉安葬，贞石之文，砻治以待。伏维蓄道德能文章之君子，幸垂矜鉴，锡之铭诔，俾光先烈于无穷，则不孝等世世子孙感且不朽。

不孝子刘盛芸芾芥泣血稽颡谨状

赐进士及第诰授光禄大夫经筵讲官工部尚书毓庆宫行走乡世愚弟孙家鼐顿首拜填讳

《安徽古籍叢書萃編》書目

定本莊子故
康輶紀行　東槎紀略
北山樓集
疑庵詩
方望溪遺集
識小録　寸陰叢録
東萊詩詞集
明太祖集
王侍郎奏議
朱楓林集
敬孚類稿
施愚山集（全四册）
吴敬梓吴烺詩文合集
張孝祥詞箋校
竇山公家議校注
翠微南征録北征録合集
阮大鋮戲曲四種
老子注三種

杜詩説
朱書集
論語解注合編
郭祥正集
皖人詩話八種
績學堂詩文鈔
唐詩評三種（上下）
鈍齋詩選
老子注譯
莊子詮詁
説文假借義證（全五册）
劉銘傳文集
包世臣全集（全三册）
田間易學
莊屈合詁
田間詩集
田間文集
古事比（上下）
安徽出土金文訂補

道聽途説
蘭茗館外史
青泥蓮花記
秋崖詩詞校注
舌華録
明語林
夜雨秋燈録（上下）
包拯集校注
毛詩後箋（上中下）
壹齋集（上下）
孟子講義
楊仁山全集
不得已（附二種）
敘事閒譚（上下）
惜抱軒詩集訓纂
張孝祥詩文集
吴汝綸全集（全六册）
青溪集
藏山閣集

田間詩學（上下）
俞正燮全集（全三册）
皖人戲曲選刊　鄭之珍卷
詠懷堂詩集
所知録
文選箋證（上下）
七頌堂集
程瑶田全集（全四册）